rororo sachbuch Politische Erziehung

Bisher veröffentlicht:

Elin-Birgit Berndt u. a.
Erziehung der Erzieher:
Das Bremer Reformmodell
Ein Lehrstück zur Bildungspolitik
[6782]

Wendula Dahle
Deutschunterricht und
Arbeitswelt:
Modelle kritischen Lernens
Materialien für Lehrer
und Schüler [6785]

Michael Masuch
Politische Ökonomie der
Ausbildung
Lernarbeit und Lohnarbeit
im Kapitalismus [6813]

Heiner Boehncke (Hg.)
«Vorwärts und nicht vergessen»
Ein Lesebuch
Klassenkämpfe in der
Weimarer Republik [6805]

Projektgruppe Arbeitslehre
Marburg
Schule, Produktion, Gewerk-
schaften [6908]

Hamburger Lehrerkollektiv
Jahrbuch für Junglehrer 1975
Perspektiven für die Berufs-
praxis [6884]

Gerhard Vinnai
Sozialpsychologie der
Arbeiterklasse
Identitätszerstörung im
Erziehungsprozeß [6812]

Johannes Beck
Lernen in der Klassenschule
Untersuchungen für die Praxis
[6820]

Herbert Nagel
Wer will die
klügsten Kinder?
Vorschulerziehung und
Chancenungleichheit [6837]

Dieter Richter /
Jochen Vogt (Hg.)
Die heimlichen Erzieher
Kinderbücher und politisches
Lernen [6843]

Götz Dahlmüller,
Wulf D. Hund, Helmut Kommer
Politische Fernsehfibel
Materialien zur
Klassenkommunikation [6849]

D1665840

Analysen, Modelle, Mate
für Schüler, Lehrlinge, Studenten, Lehrer

sachbuch

Erziehung und Schule

Bisher veröffentlicht:

Ivan Illich
Schulen helfen nicht
Über das mythenbildende Ritual
der Industriegesellschaft
Einleitung von Erich Fromm
[6778]

Ivan Illich
Entschulung der Gesellschaft
Entwurf eines demokratischen
Erziehungssystems [6828]

Initiativgruppe Solingen
Schule ohne Klassenschranken
Entwurf einer Schulkooperative
[6724]

Mosse Jørgensen
Schuldemokratie – keine Utopie
Das Versuchsgymnasium Oslo
[6802]

Everett Reimer
Schafft die Schule ab!
Befreiung aus der Lernmaschine
[6795]

Edgar Faure u. a.
Wie wir leben lernen
Der Unesco-Bericht über Ziele
und Zukunft unserer Erziehungs-
programme [6835]

Hans-G. Rolff u. a.
Strategisches Lernen
in der Gesamtschule
Gesellschaftliche Perspektiven
der Schulreform [6854]

Helmut Klein
Bildung in der DDR
Grundlagen, Entwicklungen,
Probleme [6861]

Autorengruppe ASP/MV
Abenteuerspielplatz –
Wo verbieten verboten ist
Experiment und Erfahrung,
Berlin Märkisches Viertel [6814]

Paulo Freire
Pädagogik der Unterdrückten
Bildung als Praxis der Freiheit
[6830]

Lutz Schwäbisch, Martin Siems
Anleitung zum sozialen Lernen
für Paare, Gruppen und Erzieher
Kommunikations- und
Verhaltenstraining [6846]

Erhard Meueler (Hg.)
Unterentwicklung
Arbeitsmaterialien für Schüler,
Lehrer und Aktionsgruppen
[2 Bde; 6906, 6907]

Modelle emanzipierter Erziehungspraxis

Zu diesem Buch

«Blumen und Märchen» hatten die Planer des Märkischen Viertels versprochen. Beton und Monotonie haben die Versprechungen erstickt. Heute bescheinigen Architekturkritiker aller Spielarten dem Märkischen Viertel, abschreckendes Beispiel zu sein für verfehlte städtebauliche Konzeptionen. Die psychischen und sozialen Folgen der Unwirtlichkeit müssen allerdings die Bewohner tragen. Zusammen mit studentischen Gruppen haben sie in zahlreichen Initiativen versucht, der Deformation ihrer Lebensverhältnisse entgegenzuarbeiten. Innerhalb des Spektrums der Aktivitäten nahm die «Märkische Viertel Zeitung» eine besondere Stellung ein. Sie war nicht nur eine der ersten und auflagenstärksten unabhängigen politischen Stadtteilzeitungen, an ihr läßt sich auch modellhaft aufzeigen, wie sich politisches Bewußtsein aus konkreten Bedürfnissen entwickelt und sich wieder in gemeinsamer Arbeit konkretisiert. Entstanden als Projekt zur Handlungsforschung der PH Berlin, wurde die «Märkische Viertel Zeitung» von Arbeitern und Angestellten aus dem Märkischen Viertel geplant, geschrieben, gedruckt und verkauft. Dieser Band beschreibt nicht nur die Entwicklungsgeschichte eines Lehrstücks zur «Freiheit der Presse», er analysiert zugleich den Zeitungsinhalt und die Reaktionen der politischen Umwelt.

Hinweise auf die Autoren finden Sie auf S. 8.

Autorengruppe
«Märkische Viertel Zeitung»

Stadtteilzeitung

**Dokumente und Analysen
zur Stadtteilarbeit**

Rowohlt

ERSTAUSGABE

Veröffentlicht im Rowohlt Taschenbuch Verlag GmbH,
Reinbek bei Hamburg, Dezember 1974
Umschlagentwurf Jürgen Wulff
Alle Rechte vorbehalten
© Rowohlt Taschenbuch Verlag, Reinbek bei Hamburg, 1974
Satz Aldus (Linotron 505 C)
Gesamtherstellung Clausen & Bosse, Leck/Schleswig
Printed in Germany
ISBN 3 499 16888 x

INHALT

Manuskript:
Autorengruppe Stadtteilzeitung
Hans Bleyler, Michael Drechsler, C. Wolfgang Müller, Tilman Müller,
Ursula Schröter

Wichtige Teile des Kapitels II schrieb Fritz Neumeyer. Wichtige Informationen über die Entstehung des Märkischen Viertels verdan-
ken wir Arthur de Fries.

Dokumentation und Organisation:
Ursula Schröter

Manuskriptbearbeitung:
Mitarbeiter der Redaktion Märkische Viertel Zeitung
Michael Fiedler, Claus Hebler, Richard Kirste, Horst Lange, Irene
Rackowitz, Klaus Rath, Helga Reidemeister, Hans Rickmann, Janine
Rickmann, Harald Richter, Karin Teske, Manfred Schmidt, Rudi Unger,
Max Willutzki u. a.

Stadtteilzeitung
Bemerkungen zu diesem Buch

Alle, die dieses Buch gemacht haben, sind auch in der einen oder anderen Phase der fünfjährigen MVZ-Entwicklung in der Redaktion dieser Berliner Stadtteilzeitung tätig gewesen. Sie wissen, wovon sie schreiben. Sie denken, daß ihre Erfahrungen anderen nützen können, welche die Lösung der Probleme in ihren Wohnvierteln selber angehen.

Das ist leichter gesagt als getan. Erlebnisse werden nicht automatisch zu Erkenntnissen, und Erzählungen werden erst unter bestimmten Umständen zu Erfahrungen. Unter welchen Umständen?

Man geht *einen* Mißstand an: die Monopolstellung einer Supermarktkette in einem Neubauviertel, die die Preise diktiert, die sprunghafte Steigerung der Mieterumlagekosten, die von einer Wohnungsbaugesellschaft auferlegt werden, die Spitzeltätigkeit eines Hauswartes, die Zwangsräumung einer Arbeiterwohnung. Indem man diesen Mißstand angeht, macht man ihn bekannt. Reicht das?

Es reicht nicht, wenn man nicht gleichzeitig zeigen kann, woher dieser Mißstand kommt, was ihn verursacht, mit welchen Mitteln er wirksam bekämpft werden kann, welche weiterführenden Ziele in diesem Kampf angegangen werden und welche Bevölkerungsgruppen diesen Kampf unterstützen können.

Diese Fragen tauchen nicht gleichzeitig auf, und sie können nicht gleichzeitig beantwortet werden. Aus Erfahrungen lernen heißt Entwicklungsprozesse nachzeichnen und dabei herausarbeiten, was an ihnen zufällig war, was typisch für die Situation im Märkischen Viertel und was beispielhaft für Neubauviertel mit überwiegend proletarischer Bevölkerung in der Bundesrepublik Deutschland.

Aus Erfahrungen lernen heißt aber auch, daß diejenigen, die an dem Prozeß der Zeitung und ihrer Entwicklung beteiligt waren, aus den Erfahrungen dieses Prozesses lernen und die in ihm gewonnenen Erkenntnisse in neue Handlungsschritte umsetzen. Das Schreiben dieses Buches ist deshalb nicht nur als Hilfe für andere gedacht, sondern auch als Hilfe für die Mitglieder der Redaktion.

Alle, die an diesem Buch geschrieben haben, haben geholfen, den Gegenstand dieses Buches herzustellen: eine Viertel-Zeitung. Aber nicht alle, die an der Märkischen Viertel Zeitung mitgearbeitet haben, haben auch an dem Buch geschrieben. Sondern nur jene, die im Rahmen der gesellschaftlichen Arbeitsteilung entweder für ein paar Jahre freigestellt werden, um sich akademisch zu qualifizieren, oder die ihr Leben lang dafür bezahlt werden, Forschung und Lehre zu betreiben, also Studenten und Hochschullehrer.

Es liegt auf der Hand, daß sie bei aller Parteilichkeit für die Interessen der werktätigen Bevölkerung eine Ausbildung durchlaufen, die nicht darauf gerichtet ist, zuverlässige Bündnispartner für die werktätige Bevölkerung zu erziehen.* Es wäre daher ein Trugschluß, darauf zu vertrauen, daß die Schreiber des Buches aus ihrem parteilichen Ansatz unvermittelt die Geschichte der Märkischen Viertel Zeitung *so* rekonstruieren könnten, daß in ihr die Lebensinteressen der Bewohner des Märkischen Viertels ungebrochen zur Geltung kommen. Deshalb hielten es sowohl die Schreiber als auch die Mitglieder der MVZ-Redaktion für notwendig, die Herstellung des Manuskriptes gemeinsam zu kontrollieren. Auf drei mehrtägigen Werkstattseminaren sind sie die verschiedenen Teilmanuskripte durchgegangen und haben sie gemeinsam verändert, präzisiert und verbessert. Ein erstes Teilmanuskript, das bereits im Juni 1973 vorgelegt worden war, wurde als Konsequenz dieser Diskussion zurückgezogen, weil es nach Meinung der Redaktion zu akademisch geschrieben war, zu langweilig auf die Leser wirkte und die Geschichte der Zeitung zu einseitig vom Interesse der Forscher her erzählt hatte.

Ein solcher Prozeß ist nützlich, weil alle an ihm Beteiligten ihre vielfältigen Erinnerungen vereinheitlichen und ihr Bewußtsein von den Ursachen und Folgen ihres Handelns schärfen können, aber er ist gleichzeitig auch langwierig und mühselig. Zumal wenn nicht nur Profis beteiligt sind, denen ihre Arbeitszeit zur Verfügung steht, sondern Arbeiter, Angestellte und Beamte, die ihr Geld mit anderen Sachen verdienen als mit dem Machen und Dokumentieren einer Stadtteilzeitung und die den Löwenanteil ihrer eh schon knappen Freizeit in ein solches Projekt stecken müssen.

Eine solche langfristige, nämlich fünfjährige Tätigkeit, die von Untersuchungsarbeit begleitet wird, ist nicht ohne ein Minimum an Geld zu schaffen. Wir brauchten eine Forschungsorganisatorin, die ein Kleinbüro

* Wir verwenden in diesem Buch den Begriff «werktätige Bevölkerung» als einen umfassenden Begriff, der neben Arbeitern auch Teile der Angestellten, Beamten und der abhängigen Intelligenz umfaßt. Unter «Proletariat» (oder «Lohnabhängige») verstehen wir im engeren Sinne ungelernte, angelernte und qualifizierte Arbeiter im Produktions- und Dienstleistungsbereich.

unterhielt und über die gesamte Zeit hinweg Dokumente sammelte, Sitzungsprotokolle anfertigte, Tonband-Transkripte schrieb und auswertete und die Auswertungsseminare organisierte. Die Mittel für diese Auswertungstätigkeit – es waren rund 25 000 DM – wurden der Pädagogischen Hochschule Berlin im Rahmen eines größeren Forschungsprojektes von der Stiftung Volkswagenwerk zur Verfügung gestellt.

Die schriftlichen und mündlichen Dokumente, auf deren Basis wir die Entwicklung der Märkischen Viertel Zeitung rekonstruiert haben, sind zu drei verschiedenen Zeiten entstanden: zur Zeit des Geschehens selbst (Zeitungsexemplare, Arbeitspapiere und Protokolle aus den Redaktionssitzungen, Flugblätter, Dokumente, Tonbänder und Filmdokumente), als Rückerinnerungsdiskussionen von Redaktionsmitgliedern jeweils sechs bis zwölf Monate nach Beendigung ihrer Arbeit und als Einschätzungsdiskussionen von Redaktionsmitgliedern angesichts der von uns vorgelegten Manuskripte im Sommer 1973 und im Frühjahr und Sommer 1974. Alle durch Anführungszeichen («») gekennzeichneten Texte sind, sofern nicht auf andere Quellen verwiesen wird, Originalzitate aus den oben gekennzeichneten schriftlichen und mündlichen Dokumenten.

Das Buch ist so aufgebaut, daß es dem Ansatz und der Entwicklung unserer Arbeit im Stadtteil entspricht: Wir beginnen mit einer Ortsbeschreibung des Märkischen Viertels (Kapitel I) und versuchen, dieses Viertel in die Tradition von Arbeitervierteln der letzten hundert Jahre zu stellen (Kapitel II), wir versuchen anschließend, die Entwicklung der Märkischen Viertel Zeitung chronologisch einigermaßen genau in drei Phasen zu rekonstruieren, der ersten Phase vom Bürgerforum zum Delegiertenrat (Kapitel III), der zweiten Phase vom Delegiertenrat zu den Stadtteil-Kommissionen (Kapitel IV), der dritten Phase von den Mietkampagnen bis zur vorläufigen Einstellung unserer Arbeit (Kapitel V). In einem weiteren Kapitel beschäftigen wir uns mit anderen Stadtteilzeitungen im MV (Kapitel VI) und mit dem technisch-organisatorischen Entstehungsprozeß einer Nummer der MVZ. In einem Schlußkapitel versuchen wir, unsere Erfahrungen zu verallgemeinern, hüten uns aber davor, voreilige Strategien als gemeingültige Rezepte zu entwickeln (Kapitel VII).

Aus dieser Gliederung, die von einer Ebene mittlerer Allgemeinheit zunächst zum Konkreten und Besonderen und von dort zum Allgemeinen führt, ergibt sich auch für Leser unterschiedlichen Interesses die Möglichkeit, die Lektüre des Buches mit verschiedenen Kapiteln zu beginnen. Wer zunächst wissen will, wie wir die MVZ gemacht haben, sollte mit dem Kapitel III beginnen, wer sich für unsere eigenen Konsequenzen aus der Arbeit interessiert, mit dem Kapitel VII. Wer die Geschichte der Zeitung nachvollziehen will, könnte mit dem Kapitel I beginnen und mit den Kapiteln III, IV und V die Lektüre fortsetzen. Wer daran interessiert ist, das Märkische Viertel in einem Zusammenhang mit dem Massenwohnungsbau der letzten hundert Jahre zu sehen, wird auf die Lektüre des Kapitels I das Kapitel II folgen lassen.

Die in dem Buch vorkommenden Personen haben ihre tatsächlichen Vornamen und Berufe – nur in einzelnen Fällen haben wir auf ausdrücklichen Wunsch von Mitarbeitern andere Vornamen gewählt. An der Märkischen Viertel Zeitung haben in ihren verschiedenen Phasen unterschiedliche Gruppen von Bewohnern mitgearbeitet: In der ersten Phase waren es 15, in der zweiten Phase 35, in der dritten Phase wieder 15. Nicht jeder von ihnen kommt zu Wort, aber jeder von ihnen hat seinen unverwechselbaren Beitrag zur gemeinsam verantworteten Arbeit geleistet.

Voraussichtlich im Januar 1975 erscheint unter dem Arbeitstitel *Wohnen und Widerstand* eine Selbstdarstellung von Bewohnern des Märkischen Viertels in Diskussionen und Protokollen. Die meisten Bewohner des MV, die in diesem Buch zu Wort kommen, haben ständig oder zeitweise an der MVZ mitgearbeitet.

Das Geld, das durch den Verkauf dieses Buches hereinkommen wird, steht ohne Abstriche denen zur Verfügung, die auch in Zukunft im Stadtteil arbeiten werden.

Autorengruppe   Redaktion
Stadtteilzeitung   Märkische Viertel Zeitung

Sommer 1974

Kapitel I
Das Märkische Viertel
Versuch einer Ortsbeschreibung

«Wir haben nirgendswo Zentren, wo wir uns in größeren Mengen zusammenfinden können. Wir hocken alle in den Mauselöchern, wir haben überhaupt keine Nachbarn, im Grunde genommen. Selbst auf dem Flur, wo du mit vier Familien hockst, du kommst da nich zusammen, weil das so geschachtelt is – das is Glückssache, wenn du da jemand triffst: Da sind fünf extra Abzweigungen – bedenke da die Ecken mal, das is wie im Kittchen, Mensch! Lange Flure mit einzelnen Zellen, das isoliert so richtig schön.

In diesen Häusern, das is auch raffiniert gemacht, du: daß immer so durchlaufend Wohnungstypen dadrin sind, wo dann Leute einziehn, die besser gestellt sind vom Beruf her und eben vom ganzen sozialen Kram. Wo se beide arbeiten, keine Kinder haben, die leben im täglichen Saus und Braus, die fahrn alle die Autos, und die haben unsere Probleme nich, und die können die auch nie verstehn. Da sind eben kleinere Wohnungen von vorneherein gemacht, und das is wirklich Absicht: damit die Leute sich nicht solidarisieren! Wo wir in Bergkamen gewohnt haben, da waren alles Bergleute. Wenn es um was Besonderes ging, da hielten die zusammen. Das war einfach der gleiche Stand. Die hatten alle dieselben Probleme. Du wirst eben nur die Leute aktivieren können, denen es dreckig geht, die anderen fallen aus. Und so is eben das ganze Märkische Viertel gemacht: Überall haben se immer solche Hemmnisse eingebaut in Form von Leuten, denen es gut geht.

Da unten im Langen Jammer [längstes Haus Europas, 700 m, ca. 2800 Bewohner, AG.], da is eher was zu machen in puncto Solidarisierung, wenn's wirklich drauf ankommt: Da haben se alles zusammengeknallt, was se so zusammengefegt haben aus Sanierungsgebieten. Hier oben haben se schon mehr gesiebt, und was se noch hier zuletzt gebaut haben, das is ganz schlimm: Da haben se prinzipiell nur Leute reingenommen mit höchstens zwei Kindern, da haben se gesiebt auch nach Einkommen.

Wir sind 48 Familien in unserem Haus, mehrere Mieter haben sich da abgesprochen – wir wollten unten die ganzen großen Kellerräume nutzen und uns einen großen Gemeinschaftsraum einrichten, wo also jeder mal seine Fete feiert und weiß der Teufel, nich? Und für die Kinder wollten wir so'n Hauskindergarten aufziehn – nee, du, haben se uns nich erlaubt. Da haben se lauter so kleine Buden abgemacht mit Tür zu: Jetzt *vermieten se jedes Eckchen extra und kassieren 300 Mark im Monat, da schlagen se mehr raus. – Stell dir mal vor: Unser Keller hat jetzt so'n Klub, der Nachbarkeller hat auch so'n Klub, aus irgendeinem Grund kommste mit dem jetzt zusammen, und schon sind's mehr Leute, und das könnte ja durch das ganze Märkische Viertel so gehn.»*

Eine Mieterin des Märkischen Viertels.[1]

«Mehr als alle anderen Ortsteile Reinickendorfs stand in den letzten Jahren das Märkische Viertel im Blickpunkt der Öffentlichkeit. Auf einem früher ungeordnet besiedelten Gelände, das wegen der unzureichenden hygienischen Verhältnisse überwiegend ein ‹grüner Slum› war, entstand seit 1963 ein Neubauviertel mit 16 625 Wohnungen für fast 50 000 Menschen. Städtebauliche Gestaltung und Architektur schufen hier neue, ungewohnte Dimensionen, die erwartungsgemäß heftige Diskussionen auslösten. Das Projekt, das man gelegentlich mit Überzeugung als gelungenen Versuch, heute so zu bauen, wie wir morgen in Ballungsgebieten werden wohnen müssen, bezeichnet, wird international beachtet und vielfach auch stark kritisiert.

Die Notwendigkeit, angesichts des 1969 drohenden ‹weißen Kreises› (Aufhebung der Mietpreisbindung) und des großen Wohnungsmangels, innerhalb kürzester Zeit möglichst viele Wohnungen zu schaffen, führte zeitweilig zu Schwierigkeiten in der Ausstattung des Neubaugebietes mit kommunalen Einrichtungen – Kindertagesstätten, Schulen, Freizeitstätten – für die und bei der Nahversorgung. Zusätzliche Probleme entstanden für die Bevölkerung aus der Gewöhnung an die neue Umgebung und wegen der beträchtlichen Mietbelastung. Mittlerweile jedoch konnte der Nachholbedarf an kommunalen Einrichtungen größtenteils gedeckt und die meisten Schwierigkeiten überwunden werden. Mit seinen fast fertiggestellten Außenanlagen und 30 km neuer Straßen präsentiert sich das Märkische Viertel nicht mehr als Großbaustelle, sondern als – trotz aller Kritik – attraktives Wohngebiet. Der Wohnungsbau wird im Frühjahr 1974 abgeschlossen sein, nach Realisierung des kommunalen Bauprogramms wird das Märkische Viertel zwölf Schulen, zwölf Kindertagesstätten, ein Hallenbad, zwei ausgedehnte Sportanlagen, ein Mehrzweckhaus, ein Kinderklubhaus und ein Kinderspielzentrum haben. Ein zentrales Einkaufszentrum mit zwei Warenhäusern, siebzig Einzelhandelsgeschäften und einem Berliner Wochenmarkt sowie mehrere Einkaufs-Nebenzentren gewährleisten ein vielfältiges Warenangebot. Alle Wohnungen in den bis zu 18geschossigen Gebäuden, die von zwanzig in- und ausländischen Architekten entworfen wurden, sind an ein zentrales Heizwerk angeschlossen.»
Der Bezirksbürgermeister
von Berlin-Reinickendorf.[2]

Was bedeutet es, im Märkischen Viertel zu wohnen? Für den Bezirksbürgermeister offensichtlich etwas anderes als für die Mieterin. Für die Bezirksverwaltung, daß ihr Bezirk vom 10. Platz im Bevölkerungsreichtum der Westberliner Bezirke auf den 2. Platz vorgerückt ist. Für den Jugendstadtrat bedeutet es die höchsten Anteile von Kindern und Jugendlichen bis zum vollendeten 21. Lebensjahr innerhalb des Bezirks (rund 30 Prozent gegen rund 20 Prozent im Westberliner Durchschnitt)*. Für den Schulstadtrat bedeutet es die höchste Zahl von Volksschulabschlüssen im Bezirk (74 Prozent gegen rund 69 Prozent im Westberliner Durchschnitt). Für die Reinickendorfer SPD bedeutet es einen Wahlkreis mit dem höchsten SPD-Wähler-Anteil Reinickendorfs (59,2 Prozent gegen 51,6 Prozent im Reinickendorfer und 50,4 Prozent im Westberliner Durchschnitt) – aber auch mit den relativ meisten SEW-Stimmen (2,9 Prozent gegen 2,3 Prozent im Westberliner Durchschnitt)**. Für Architekturseminare an bundesdeutschen Universitäten bedeutet es ein immergrünes Diskussionsthema, an dem sich Konservative wie Progressive profilieren können.

Was bedeutet es, im Märkischen Viertel zu wohnen, wenn man im Märkischen Viertel wohnt? Was bedeutet dieser Umzug für die knapp 50 000 Menschen, die in den letzten zehn Jahren in die neue Stadt im Norden Berlins gezogen sind, begrenzt von Wittenau und Lübars, von einer Industriebahn im Norden und von der DDR-Grenze im Osten? Die Viertelbewohner setzen sich aus vier Bevölkerungsgruppen zusammen: aus Obdachlosen, die von den Bezirksämtern aller anderen Westberliner Bezirke ins MV umgesetzt wurden – sie machen einen Großteil der Fünf-und-mehr-Personen-Haushalte aus, welche die Statistik im MV mit 7,3 Prozent gegenüber einem Westberliner Durchschnitt von 3,4 Prozent ausweist –, aus Lauben- und Wochenendhausbewohnern des Märkischen Viertels selbst und aus Umsetzmietern, die durch Flächensanierungen in Wedding, Kreuzberg und anderen traditionellen innerstädtischen Arbeitervierteln und durch neue Autobahntrassen vertrieben worden waren, aus jungen Familien, für welche die Wohnung im MV die erste gemeinsame Wohnung überhaupt war, und aus westdeutschen Arbeitnehmern.

Diese «Neumärker» stießen in der Tat auf die vom Reinickendorfer Bezirksbürgermeister Grigers angedeuteten «Schwierigkeiten in der Ausstattung des Neubaugebietes mit kommunalen Einrichtungen», und sie hatten Probleme bei «der Gewöhnung an die neue Umgebung und

* Alle Bevölkerungsprozente stammen aus dem Jahr 1970, in dem bereits rund 30 000 Menschen im MV wohnten.
** Alle Wählerprozente stammen aus den Berliner Wahlen des Jahres 1971.

wegen der beträchtlichen Mietbelastung». Nach einer Untersuchung von Karl-Heinz Hasselmann waren im Herbst 1970 mehr als die Hälfte der von ihm Befragten mit ihrer neuen Wohnung im MV unzufrieden. Über schlechte Verkehrsverbindungen klagten 26 Prozent, über zu hohe Mieten 23 Prozent und über unzureichende pädagogische Einrichtungen für Kinder und Jugendliche 14 Prozent. Ein Viertel aller Befragten gab an, daß sie bereits wieder auf Wohnungssuche seien.[*3]

An den neuen Wohnungen im MV werden nicht vorrangig Ausstattung und Schnitt der Behausung kritisiert, obwohl die Architekten auch hier offenbar für eine andere soziale Bevölkerungsgruppe geplant haben als für die, welche dann tatsächlich einzog. So kritisiert eine Mieterin die auf die Spitze getriebene Aufteilung ihrer Wohnung in winzige Zimmer mit langen Verkehrswegen:

«... du hast also hier 'ne Tür und da 'ne Tür, da fällste mit einer Tür in die andere – das is doch Wahnsinn, so was! Ich würde überhaupt für Wohnungen plädieren, die möglichst ohne Türen sind – ich stell mir ja 'ne familiengerechte Wohnung ganz anders vor: einen großen zentralen Raum, den du den Bedürfnissen entsprechend immer ändern kannst, und dann von der Erde bis zur Decke alles eingebaute Schränke, daß du alles so'n Dreck nich kaufen brauchst, und das müßte in jeder Wohnung sein. Ich könnte mir das phantastisch vorstelln: Dann kannste mit den Kindern toben, und dann kannste mal mit den Blagen spielen. Hier in so 'ne Bude kannste das nich, da schreiste dauernd bloß: Hau den Tisch nich um, schmeiß die Lampe nich weg, geh nich an die Blumen; und paß auf dies auf und kuck auf das ...»[4]

Auf der anderen Seite wird der, häufig ungewohnte, Komfort der neuen Wohnung selbstverständlich als positiv und energiesparend empfunden: die Fernheizung und die Warmwasserversorgung, die eingebaute Kücheneinrichtung und der Müllschlucker, die Innentoilette und der Fahrstuhl. Anpassungsschwierigkeiten an diese neue Art zu wohnen traten nur selten und nur in den Anfängen auf; etwa bei jenen Alt-Wittenauern, die früher in Wochenendlauben und kleinen Einfamilienhäusern auf dem Gelände des späteren Märkischen Viertels gewohnt hatten oder die aus Schlichtwohnsiedlungen zuzogen. Geschichten von Umsetzmietern aus der Vorstadt, die ihre Ziege auf dem Balkon weiterfüttern und in der Badewanne Kaninchen halten, werden immer und überall dort erzählt, wo es darum geht, Minderheiten zu diffamieren und sich gegen sie

---

* Nach Berechnungen der Pädagogischen Hochschule Berlin betrugen die Auszüge aus dem MV in den Jahren 1970 und 1971 zwischen 5 und 10 Prozent der MV-Bevölkerung pro Quartal.

abzugrenzen, wenn man schon gezwungen ist, in enger Nachbarschaft mit ihnen zusammen zu leben. Mögen sie in Einzelfällen zutreffen, so berühren sie doch nicht den Kern des Problems. Zum Kern des Wohnproblems im MV gehören offensichtlich drei Faktoren: *die Tatsache, daß die neue Wohnung an direkten und indirekten Kosten mehr Geld verschlingt, als der Durchschnitt der Haushalte aufzubringen imstande ist; die durch diese Kosten verursachte verstärkte Berufstätigkeit verheirateter Frauen mit mehreren Kleinkindern und der mit dem Umzug erzwungene Verlust kurzer Kommunikationswege und zuverlässiger wechselseitiger nachbarschaftlicher Selbsthilfe.*

Umzüge sind eine teure Sache. Vor allem wenn man die alten Klamotten aus Neukölln oder Wedding nicht mit in die Neubauwohnung bringen will (oder kann – denn die neue Wohnung hat viele Türen, aber wenig Stellfläche). Vor allem wenn prächtig eingerichtete Musterwohnungen der Berliner Möbelindustrie im Viertel verlocken, Wohn- und Schlafzimmereinrichtungen en bloc zu kaufen, und wenn die Hausbriefkästen der Mieter jeden Tag von Sonderangeboten überquellen. Schon beim Umzug haben sich viele Familien im MV durch solche Ratenkäufe auf Jahre hinaus verschuldet.

Die Miete selbst ist für viele Familien hart an der Grenze des Tragbaren, zumal sie in vielen Fällen zusätzlich durch ein zinsloses «Mieterdarlehen» von 2000 DM bzw. ca. 50 DM für jeden Quadratmeter Wohnraum belastet wird, das zu zahlen die GeSoBau den Wohnungssuchenden nahelegte, wenn sie sich für besonders gefragte Wohnungstypen interessierten oder besonders schnell einziehen wollten. Obwohl das Märkische Viertel im Rahmen des sozialen Wohnungsbaus kalkuliert wurde, betrug die Quadratmeter-Miete beim Einzug zwischen 2,70 und 3,30 DM. Sie lag 1973 bereits zwischen 3,65 und 4,10 DM (plus Umlagekosten zwischen 0,30 und 0,70 DM). Die neue Miete ist also doppelt bis dreimal so hoch wie die Miete in den Altbaugebieten, aus denen zumindest die Umsetzmieter stammen. Nach der Untersuchung von Karl-Heinz Hasselmann bezahlten 65 Prozent der Mieter vor ihrem Umzug ins MV zwischen 100 und 150 DM Miete, nach dem Umzug waren es nur noch 11 Prozent. Dagegen zahlten nach dem Umzug 67 Prozent der Mieter 200 bis 350 DM, vor dem Umzug waren es 16 Prozent.[5]

Aber Umzugs-, Anschaffungs- und Mietkosten machen nur einen Teil der finanziellen Belastungen im MV aus. Hinzu kommt die mangelhafte Verkehrsanbindung des Viertels an die Arbeitsstätten der Pendler – ein Viertel aller Berufstätigen des Viertels verbringt 90 bis 180 Minuten auf der Fahrt zum und vom Arbeitsplatz.[6a] Die Anschaffung eines Privatwagens wird in solchen Fällen zur absoluten Notwendigkeit. Die Einkaufsmöglichkeiten im MV selbst waren lange Zeit begrenzt, weitgehend monopolisiert und die Preise spürbar teurer als in den traditionellen Einkaufszentren Reinickendorfs, des Wedding oder selbst der Innenstadt.

Für jeden vierten Haushalt im MV ist die Miete zu hoch. Das bedeutet konkret, daß die Ehefrauen mitarbeiten müssen, selbst wenn sie kleine Kinder haben. Mehr als die Hälfte aller verheirateten Frauen im Viertel sind berufstätig. Unter ihnen ist der Anteil, der weniger als 600 DM monatlich nach Hause bringt, vier- bis fünfmal so hoch wie im Westberliner Durchschnitt.[6b] Das bedeutet ungelernte Tätigkeit im Einzelhandel und im Dienstleistungsgewerbe, angelernte Halbtagsarbeit in der Produktion, unbezahlte Überstunden, Unsicherheit des Arbeitsplatzes. Und es bedeutet eine ungleich höhere Nachfrage nach kommunal organisierter, außerfamilialer Kindererziehung als in gutbürgerlichen Bezirken wie Zehlendorf, Grunewald oder Frohnau. Die jungen Familien, die 1970 ins MV zogen, hätten pädagogisch betreute Kinderspielplätze und Abenteuerspielplätze, Krippen und Kindertagesstätten, Miniklubs und Schulhorte gebraucht – aber diese Einrichtungen waren *Folgeeinrichtungen*, sie fehlen teilweise bis auf den heutigen Tag.

In einer Situation permanenter finanzieller und sozialer Bedrohung, von der jeder vierte Haushalt im MV betroffen ist – und da es sich meist um Haushalte mit vier und mehr Personen handelt, überschreitet der betroffene Personenkreis deutlich die 25-Prozent-Marke –, können kleine, alltägliche Unregelmäßigkeiten zur Katastrophe führen. Vierzehn Tage länger Frost für die Arbeiter im Tiefbau, Kurzarbeit zwischen Weihnachten und Neujahr, ein selbstverschuldeter Verkehrsunfall mit Materialschaden, ein Scharlachfall, der zur wochenlangen Schließung der Kindertagesstätte führt, eine unerwartete Erhöhung der Umlagekosten um 20 Pfennig pro Quadratmeter, das um drei Monate verspätete Eintreffen des Wohngeldes . . ., nichts kann mehr aufgefangen werden, die Reserven sind erschöpft. Arm sind heute nicht die, welche hungern, arm ist, wer gezwungen ist, von der werktätigen Hand in den Mund zu leben, wer nichts zuschießen kann.

In den innerstädtischen Altbaugebieten, in den Obdachlosensiedlungen, aus denen ein Teil der MV-Bewohner kommt, hat es diese Probleme selbstverständlich auch schon gegeben – allerdings mit zwei wichtigen Einschränkungen: Die untere Grenze der Reproduktionskosten eines Haushaltes (das Existenzminimum) lag dort absolut und relativ zur Arbeitskraft der Familienmitglieder niedriger als heute im MV. Und: in den «gewachsenen» Arbeiterquartieren gab es offensichtlich ein engmaschiges Netz kurzer Kommunikationswege und zuverlässiger wechselseitiger nachbarschaftlicher Selbsthilfe. Auf das Vorhandensein nachbarschaftlicher Selbsthilfe haben Lebensberichte deutscher Industriearbeiter des 19. und des beginnenden 20. Jahrhunderts aus Berlin, Hamburg und dem Ruhrgebiet hingewiesen. Sie ist zum Leitmotiv proletarischer Romane aus den zwanziger Jahren geworden,[7] Stadtplaner und Städtebauer haben sie in alten Bergarbeitersiedlungen[8] und in innerstädtischen Sanierungsgebieten[9] wiederentdeckt, und der nordamerikanische Sozialpsychologe Marc Fried hat sie in den sechziger Jahren im Bostoner Westend systematisch untersucht.[10]

Andere Sozialwissenschaftler bestreiten sowohl das Vorhandensein dieses engmaschigen Netzwerkes nachbarschaftlicher Selbsthilfe als auch das Bedürfnis nach ihr, insbesondere in den Neubauvierteln der sechziger und siebziger Jahre. Sie unterstellen vielmehr eine weitgehende «Privatisierung der Wohnung und des Familienlebens» und betonen etwa, daß die alte Großküche im «Gehen» und die «Kochbar» im «Kommen» sei[11] und daß sich das allgemeine Bedürfnis nach wohnungsnahem Grün als ein Bedürfnis nach einem abschließbaren, gegen fremde Einsicht abgeschirmten Freiraum äußere.[12]

Diese Untersuchungen machen den Fehler, daß sie die Reaktion der Bevölkerung auf eine von den Städtebauern und Architekten vorgegebene Entwicklung als «Bedürfnis» interpretieren. Nach unseren Erfahrungen beklagen viele Bewohner des MV – vor allem, wenn sie aus innerstädtischen Arbeiterquartieren oder geschlossenen Bergarbeitersiedlungen der Bundesrepublik zugezogen sind – die weitgehende «Privatisierung» und «Isolation» im Märkischen Viertel und bringen diesen Trend in Verbindung mit der von den Wohnungsbaugesellschaften angestrebten Mischung der sozialen Schichten im Neubauviertel.

«In diesen Häusern, das is auch raffiniert gemacht, du: daß immer so durchlaufend Wohnungstypen dadrin sind, wo dann Leute einziehn, die besser gestellt sind vom Beruf her und eben vom ganzen sozialen Kram . . .

Du wirst eben nur die Leute aktivieren können, denen es dreckig geht, die anderen fallen aus. Und so is eben das ganze Märkische Viertel gemacht: Überall haben se immer solche Hemmnisse eingebaut in Form von Leuten, denen es gut geht . . .»[13]

Voraussetzung für das Zustandekommen eines engmaschigen Netzwerks wechselseitiger nachbarlicher Hilfe ist offensichtlich eine geringe Fluktuation proletarischer Stammieter, welche neuhinzukommende Familien schnell integrieren können, und eine vergleichsweise geringe

Mischung zwischen den Arbeiterfamilien auf der einen und Angestellten- und Beamtenfamilien auf der anderen Seite. Denn Angestellte und Beamte zeichnen sich in ihren Wohnbedürfnissen und -gewohnheiten durch eben jene Privatheit und Isolierung aus, die von den Arbeiterfamilien als Ursache für ihre soziale Hilflosigkeit erlebt wird.

So gesehen war es folgerichtig, daß die Wohnungsbaugesellschaften im Märkischen Viertel ihre Mietpolitik in der dritten Phase der Besiedelung radikal veränderten: Während bis 1970 vorwiegend Umsetzmieter, Kinderreiche und Obdachlose eingewiesen worden waren, legte man ab 1971 besonderen Wert auf kleine Familien, Angestellte und Beamte.

Das bestätigte ein Direktor der GeSoBau in einem Film-Interview vom 22. 1. 1971, als er ausführte:

«‹Wir können das Märkische Viertel ziemlich genau einteilen in Gebiete, wo die Wohnungen für meine Begriffe falsch belegt worden sind. Ich halte es für falsch – auch wenn die Wohnungen relativ groß sind –, wenn Sie einen Hausflur betreten und rechts ist eine Familie mit sieben Kindern und links ist eine mit neun, und das setzt sich dann abgestuft fort. Das ist meiner Meinung nach sozial danebengegriffen, das war damals das Aushauchen der Wohnungsämter . . .

In diesen Gebieten haben Sie – obwohl das jetzt drei bis vier Jahre her ist – in vernünftiger wie auch stabiler Weise Gruppen, die sich immer wieder bemühen [die Bevölkerung zu mobilisieren, d. Verf.] und die auch am Ball bleiben; in den Gebieten, die in den letzten anderthalb bis zwei Jahren bezogen worden sind, wo diese Diskrepanz nicht aufgetreten und wo die Zusammensetzung der Mieter besser bedacht worden ist, haben Sie diese Gruppen kaum oder gar nicht.›

Interviewer: ‹Daran ließe sich eine gewisse Zufriedenheit ablesen?›

‹Oder ein Mangel an allgemeinem politischem Interesse.›»[14]

HAUSHALTSGRÖSSE
im Märkischen Viertel (1970)
im Vergleich mit Berlin (West)*
(Hundertsätze)

	MV	Berlin-West
1 Person	35	47
2 Personen	31	29
3 Personen	16	14
4 Personen	11	7
5 Personen	4 } 7	} 3
6 und mehr Personen	3 }	}
	100	100

* Karl-Heinz Hasselmann: ‹Neue Bevölkerungs- und Sozialstrukturen›. A. a. O., S. 10.

ALTERSSTRUKTUR
im Märkischen Viertel (1970)
im Vergleich mit Berlin (West)*
(Hundertsätze)

	MV	Reinickendorf	Berlin-West
unter 6 Jahren	15	7	7
6 bis 15 Jahre	16	9	8
15 bis 20 Jahre**	5	5	5
20 bis 45 Jahre***	41	33	32
45 bis 65 Jahre	14	27	27
65 Jahre und älter	9	19	21
	100	100	100

* Karl-Heinz Hasselmann: ‹Neue Bevölkerungs- und Sozialstrukturen›. A. a. O., S. 7.
** Im MV nur bis 18 Jahre.
*** Im MV ab 18 Jahre.

EINKOMMENSSTRUKTUR
im Märkischen Viertel (1970)
im Vergleich mit Berlin (West)*
(Hundertsätze)

	Netto-Einkommen im MV		Brutto-Einkommen aller Erwerbspersonen in Berlin-West
	Haushaltungsvorstand	Ehefrau	
bis 400 DM	3	16	4
400– 600 DM	5	29	5
600– 800 DM	16	24	7
800–1000 DM	25	22	13
1000–1200 DM	22 } 38	5 } 8	
1200–1750 DM	16 }	3 }	41
1750 DM und mehr	13	1	30
	100	100	100

* Karl-Heinz Hasselmann: ‹Neue Bevölkerungs- und Sozialstrukturen›. A. a. O.,
S. 24.

MIETHÖHE
im Märkischen Viertel
vor und nach dem Einzug (1970)*
(Hundertsätze)

	vorher	nachher
unter 100 DM	34	2
100–150 DM	31	10
150–200 DM	17	13
200–250 DM	11	22
250–300 DM	3	23
300–350 DM	2	22
350–400 DM	1	4
über 400 DM	1	4
	100	100

* Karl-Heinz Hasselmann: ‹Neue Bevölkerungs- und Sozialstrukturen›. A. a. O.,
S. 29.

Anmerkungen

1 Irene Rakowitz, Helga Reidemeister: ‹Schöner Wohnen. Protokoll aus dem Märkischen Viertel›. In: *Kursbuch* 27, Berlin 1972, S. 9.

2 In: ‹Berliner Statistik›. Berlin 1973, S. 510.

3 Karl-Heinz Hasselmann: ‹Neue Bevölkerungs- und Sozialstrukturen in West-Berlin, erläutert am Beispiel des Märkischen Viertels›. Berlin 1971, Maschinenmanuskript, S. 34 f.

4 Irene Rackowitz in: ‹Schöner Wohnen›. A. a. O., S. 7.

5 Karl-Heinz Hasselmann: ‹Neue Bevölkerungs- und Sozialstrukturen›. A. a. O., S. 28–30.

6a Ebenda, S. 30 f.

6b Ebenda, S. 24–26.

7 Siehe etwa Klaus Neukrantz: ‹Barrikaden am Wedding›. Neudruck Berlin 1970, Oberbaumpresse; Walter Schönstedt: ‹Kämpfende Jugend›. Neudruck Berlin 1970, Oberbaumpresse; K. A. Schenzinger: ‹Der Hitlerjunge Quex›. 1936.

8 Projektgruppe Bochum: ‹Rettet Eisenheim. Gegen die Zerstörung der ältesten Arbeitersiedlung des Ruhrgebietes›.

9 Stadtteilgruppe Kreuzberg: ‹Sanierung – für wen?›. Berlin 1971.

10 Marc Fried: ‹Functions of the Working-Class Community in Modern Urban Society›. In: *Journal of the American Institute of Planners*, 1967, März, S. 90–103. Auszugsweise übersetzt in: C. Wolfgang Müller und Peter Nimmermann (Hg.): ‹Sozialplanung und Gemeinwesenarbeit›. München 1971, S. 56–64.

11 Norbert Schmidt-Relenberg: ‹Soziologie und Städtebau›. Stuttgart 1968, S. 181.

12 Hans Paul Bahrdt: ‹Die moderne Großstadt›. Hamburg 1969, S. 143 und Norbert Schmidt-Relenberg: ‹Soziologie›. A. a. O., S. 183.

13 Irene Rakowitz in: ‹Schöner Wohnen›. A. a. O., S. 9.

14 Filminterview am 22. 1. 1971.

Kapitel II
Das Märkische Viertel
Wie es gemacht wurde

Das Märkische Viertel in Berlin ist ein typisches Beispiel für die städtebaulichen Veränderungen in den letzten zehn Jahren. Überall in der Bundesrepublik, in Frankfurt und Hamburg, in Mannheim und München, konnte man in dieser Zeit beobachten, wie in den alten Zentren der Städte Wohn- und Geschäftsviertel abgerissen und durch vielgeschossige Banken, Versicherungen, Konzernverwaltungen und Bürohochhäuser ersetzt wurden. Ihre Eigentümer demonstrierten auf sinnfällige Weise durch die Besitzergreifung der Innenstadt ihre gestärkte wirtschaftliche und politische Macht. Sie demonstrierten gleichzeitig die Menschenfeindlichkeit ihres privatkapitalistischen Konzeptes, denn sie haben die Wohnbevölkerung aus der City vertrieben. Sie haben das zerstört, was man früher dem Berliner Kudamm nachsagte, aber heute eher in der Neuköllner Karl-Marx-Allee findet: daß man dort zu jeder Tages- und Nachtzeit *Menschen trifft, viele Menschen*. Menschen, die arbeiten, und Menschen, die wohnen. Menschen, die verkaufen, und Menschen, die einkaufen, Menschen, die essen, und Menschen, die trinken, und Menschen, die lieben.

Durch die Konzentrationsbewegung des Grundbesitzes in der City werden die ursprünglichen Bewohner, Arbeiter, Angestellte und kleine Gewerbetreibende, aus ihren Vierteln vertrieben und in riesige Schlafstädte an der Peripherie verwiesen. Für diesen Zusammenhang zwischen dem Kahlschlag in innerstädtischen Wohngebieten und dem Aufbau stadtferner Trabantenstädte ist das Märkische Viertel typisch. Stellen die innerstädtischen Monumentalbauten die Macht und die Lebensfeindlichkeit ihrer Besitzer dar, so sind die Trabantenstädte Ausdruck von Isolation.

Das Märkische Viertel drückt zwar den exemplarischen Charakter der allgemeinen städtebaulichen Veränderungen aus, seine Entstehung muß aber auch vor dem Hintergrund der besonderen Entwicklung in West-Berlin gesehen werden. Diese Entwicklung ist gekennzeichnet durch die besondere Stellung der gemeinnützigen Wohnungsbaugesellschaften am Berliner Wohnungsmarkt, durch die seit 1960 drohende Einführung des «weißen Kreises» und durch den Mauerbau im Jahre 1961.

Der Westberliner Wohnungsbau nach dem Zweiten Weltkrieg war vor allem öffentlich finanzierter, sozialer Wohnungsbau. Der Anteil der frei finanzierten Wohnungen am gesamten Wohnungsbau betrug zum Beispiel 1962 in West-Berlin nur 10 Prozent. Er ist zwar im Jahre 1966 auf 17,4 Prozent angestiegen, spielt jedoch im Gegensatz zu Westdeutschland, wo der Anteil des frei finanzierten Wohnungsbaus über 60 Prozent liegt, eine untergeordnete Rolle. Der Grund für die starke Einflußnahme der öffentlichen Hand lag jahrelang in der besonderen, isolierten stadtstaatlichen und deutschlandpolitischen Situation dieser Halbstadt. Private Baufinanzierung war insbesondere in den fünfziger und sechziger Jahren trotz großer Vergünstigungen im Rahmen des Berlinhilfe-Gesetzes kaum anzutreffen – der Westberliner Wohnungsbau wurde überwiegend von gemeinnützigen Wohnungsbaugesellschaften beherrscht.

Die wirtschaftlich und politisch labile Lage der Stadt zwang zu zusätzlichen öffentlichen Anstrengungen, um Arbeitskräfte für die strukturbestimmende Metall- und Elektroindustrie zu halten und neu anzuwerben. Insbesondere nach dem 13. August 1961, dem Tag der Befestigung der DDR-Grenze, mußten gleichsam auf einen Schlag neue Wohnungen für jene rund 60000 Arbeitsplätze geschaffen werden, die bisher von Arbeitern und Angestellten eingenommen worden waren, die zwar in West-Berlin arbeiteten, aber in Ost-Berlin wohnten.

Diese Besonderheiten der Berliner Situation sind dafür verantwortlich, daß diese Stadt die ersten beiden Phasen der Nachkriegsbebauung schneller durchlaufen hat als andere Städte der Bundesrepublik: die Phase des staatlich subventionierten, aber privat organisierten Wiederaufbaus zerstörter Bausubstanz nach dem Weltkrieg und die Phase des öffentlich organisierten Neubaus kleiner und mittelgroßer Wohnsiedlungen in innerstädtischen Bebauungslücken und am Stadtrand. Gleichzeitig setzte in Berlin die dritte Phase der Nachkriegsbebauung früher und markanter ein als in der Bundesrepublik: die Phase der Flächensanierung innerstädtischer Wohnquartiere und der Umsetzung ganzer Bevölkerungsgruppen in «autonome» Trabantenstädte am Stadtrand durch kommunale oder von der Kommune abhängige Bau- und Sanierungsträger.

Man hat häufig die verstärkte Flächensanierung in Berlin mit der Macht der Berliner Bauindustrie als einer für diese Stadt strukturbestimmenden Industrie erklärt. Diese Erklärung stimmt gerade für West-Berlin nicht, weil Berlin von der Stärke der exportorientierten Industriezweige abhängt und weil die Bauindustrie gerade in Berlin extrem standortgebunden produziert. Gerade an der Berliner Sanierungspolitik läßt sich erkennen, daß die Interessen der Bauwirtschaft den Interessen der in Berlin dominierenden Metall- und Elektroindustrie untergeordnet werden *,

* Der Anteil der Bauindustrie am Westberliner Brutto-Inlandsprodukt ist in den Jahren zwischen 1950 und 1969 mit durchschnittlich 6 Prozent konstant geblieben. Mit diesem Anteil steht die Bauindustrie auf dem 3. Platz nach dem verarbeitenden Gewerbe und dem Handel.

die, um ihre Standortnachteile auszugleichen, besonders stark an einem ausreichenden Angebot von billigen Wohnungen interessiert ist und die eine Zeitlang wegen dieses Interesses sogar in einen gewissen Gegensatz zur Sanierungspolitik des Westberliner Senates kam.

Man kann diesen Gegensatz recht gut an der Politik der Berliner Industrie- und Handelskammer (IHK) nachweisen. Die IHK, in der Industrie, Handel und Grundbesitz zusammengeschlossen sind, hat sich in den sechziger Jahren vorrangig dafür eingesetzt, den Altbaubestand individuell zu modernisieren* und die Baukosten im sozialen Wohnungsbau dadurch zu senken, daß der Senat auf eine ehrgeizige Hochhausbebauung und auf zu hohe Anforderung an die Ausstattung der Arbeiter- und Angestelltenwohnungen verzichtet. Die Industrie- und Handelskammer argumentiert mit dankenswerter Offenheit:

«Es geht letztlich um die Frage, ob es Aufgabe des Staates ist, jedermann eine Wohnung zur Verfügung zu stellen, die mindestens den Anforderungen des sozialen Wohnungsbaus entspricht, und ihn gegebenenfalls zu zwingen, Wohngeld in Anspruch zu nehmen, wenn er die Miete nicht selbst aufbringen kann. Warum gibt man dem einzelnen nicht die Freiheit, eine Wohnung minderer Qualität vorzuziehen, deren Miete entsprechend niedrig ist?

Niemand zwingt einen Autofahrer, sich einen neuen Kraftwagen anzuschaffen, wenn er sich mit einem gebrauchten Wagen begnügen will. Warum sollen Wohnungen abgerissen werden, nur weil sie Ofenheizung besitzen, einige Wohnräume nach Norden liegen oder der Fahrstuhl fehlt, wenn sie dafür z. B. weniger als 100 DM Miete kosten und sie auf einem freien Wohnungsmarkt Mieter finden?»[1]

Die Politik der Industrie- und Handelskammer ist klar: Der Westberliner Senat soll billige Wohnungen für die einkommensschwachen Gruppen der werktätigen Bevölkerung bauen, aber er soll die Hände von «gehobenen Ansprüchen» lassen, die durch den frei finanzierten Wohnungsbau gewinnbringend bedient werden können. Diese Politik, die einen Kompromiß zwischen den Interessen der Industrie, des Investitionskapitals und der Haus- und Grundbesitzer darstellt, geriet in Widerspruch zu den

---

* «Es gibt aber auch zahlreiche Gebäude, die von ihren Eigentümern gepflegt worden sind. Hier lassen sich die Wohnungen ohne große Kosten erneuern, daß sie einfachen Ansprüchen an eine billige Wohnung genügen . . . würde man auf solche Anforderungen (an Ausstattung) verzichten, dann könnten diese Wohnungen mit verhältnismäßig geringen Aufwendungen in einen durchaus brauchbaren und vertretbaren Zustand versetzt werden, der ihre Benutzung zu niedrigen Mieten noch viele Jahre erlauben würde.»[2]

Senatsplänen, die durch aufwendige Neubauten (Hansaviertel, Britz-Buckow-Rudow, Märkisches Viertel) «den ungebrochenen Freiheitswillen West-Berlins» zur Schau stellen und für die überregionale Attraktivität dieser Halbstadt sorgen wollten.

Das Sanierungskonzept des politischen Senates setzte sich langfristig gesehen durch. Mit dem Mangel an Arbeitskräften nach dem 13. August 1961 wurde die schnelle Intensivierung des sozialen Wohnungsbaus zu einem tragenden wirtschaftspolitischen Thema. Gleichzeitig gewann die Planung für den Bau des Märkischen Viertels – die bis dahin in den Händen des Bezirksamtes Reinickendorf gelegen hatte – überregionale, gesamt-Westberliner Bedeutung: Sie wurde der Zuständigkeit des Bezirksamtes entzogen und direkt von der Senatsverwaltung für Bau- und Wohnungswesen übernommen. Dieser Zuständigkeitswechsel bedeutete die Revision der Bezirksamtsplanung von zunächst 6500 Wohnungseinheiten auf 13 020 und im Jahre 1968 gar auf 17 522. Der Gestaltwandel von der Gartenstadt zur hochgeschossigen Betonlandschaft war vollzogen.

Am 13. Dezember 1962 wurde die Gesellschaft für sozialen Wohnungsbau (GeSoBau) vom Senat als Sanierungs- und Bauträger bestätigt. Zu jener Zeit war die GeSoBau die kleinste von insgesamt sechs in West-Berlin operierenden gemeinnützigen Wohnungsbaugesellschaften. Noch im März 1962 hatte sie das Angebot des Bezirksamtes Reinickendorf, als Sanierungsträger zu fungieren, mit dem Hinweis abgelehnt, daß sie für diese Aufgabe zu klein sei. Aber das Aktienkapital der GeSoBau befindet sich praktisch ausschließlich im Besitz des Landes Berlin, und gerade die Kleinheit dieser Gesellschaft schien dem Senat eine gute Gewähr dafür zu sein, daß die GeSoBau als ausführendes Organ der Senatsplanung fungierte und keine zeitraubenden Eigeninteressen verfolgte.

Kennzeichnend für die GeSoBau – wie für jede andere gemeinnützige Wohnungsbaugesellschaft – ist der Widerspruch zwischen kapitalistischer Rationalität und ihrem zumindest ursprünglichen sozialen Anliegen. Um diesen Widerspruch aufzuweisen und um jegliche sozialstaatliche Maßnahme im Wohn- und Mietbereich einschätzen zu können, ist ein historischer Rückgriff auf die Entstehung von Arbeiterquartieren, auf die Entwicklung von Wohnungsbaugenossenschaften und auf die staatliche Wohnungspolitik notwendig.

Vom Werkssiedlungsbau zur Trabantenstadt

Das, was wir heute in Berlin beschreiben, hat Engels vor rund hundert Jahren bereits für die europäischen Großstädte erkannt:

«Die Ausdehnung der modernen Großstädte gibt in gewissen, besonders in zentral gelegenen Strichen derselben, dem Grund und Boden einen künstlichen, oft kolossal steigenden Wert; die darauf errichteten Gebäude, statt diesen Wert zu erhöhen, drücken ihn vielmehr herab, weil sie den veränderten Verhältnissen nicht mehr entsprechen, man reißt sie nieder und ersetzt sie durch andere. Dies geschieht vor allem mit zentralgelegenen Arbeiterwohnungen, deren Miete, selbst bei der größten Überfüllung nie, oder doch nur äußerst langsam über ein gewisses Maximum hinausgehen kann. Man reißt sie nieder, baut Läden, Warenlager, öffentliche Gebäude an ihrer Stelle ...»[3]

Diese Methode der Bourgeoisie nennt Engels «die allgemein gewordene Praxis des Breschelegens in die Arbeiterbezirke», wobei es gleichgültig ist, aus welchen Gründen die Häuser niedergerissen werden:

«Das Resultat ist überall dasselbe ... die Brutstätten der Seuchen, die infamsten Höhlen und Löcher, worin die kapitalistische Produktionsweise unsere Arbeiter Nacht für Nacht einsperrt, sie werden nicht beseitigt, sie werden nur – verlegt.»[4]

Die Entstehung der Wohnungsfrage ist gekoppelt an die Entstehung der industriellen, kapitalistischen Produktionsweise und ist auch nur zu lösen mit der Aufhebung eben dieser Produktionsweise.

War in der Zeit der vorindustriellen Produktion der Feudalherr wenigstens noch verpflichtet, seinen Abhängigen (Kätnern und Leibeigenen) einen Wohnraum, und war er noch so dürftig, zur Verfügung zu stellen, so fiel diese Verpflichtung für die Fabrikbesitzer weg. Die Abhängigen wurden von der Leibeigenschaft befreit, sie waren jetzt «freie» Arbeiter und hatten die Freiheit, sich als Ware auf dem Arbeitsmarkt zum Verkauf anzubieten, sie hatten jetzt auch die Freiheit, sich Wohnraum zu beschaffen, der in den Städten nicht vorhanden war. Einen direkten Eingriff des Staates in dieses Wohnungselend hat es nicht gegeben, weil das als eine Bedrohung der herrschenden kapitalistischen Grundordnung angesehen wurde.*

In dieser Phase der industriellen Entwicklung machten sich das Kleinbürgertum und besonders die sogenannten Salonsozialisten zum Ankläger

28

der katastrophalen Wohnungssituation und propagierten die «gemeinnützige» Bauweise als Lösung der Wohnungsfrage. In Wirklichkeit versuchte das Kleinbürgertum durch diese Methode, wieder zu ihrem bedrohten und aus individueller Kraft nicht wieder zu erwerbenden Eigentum zu kommen. Die Arbeiter jedoch hatten weder genügend Geld noch die Möglichkeit, auf Grund der unsicheren Verhältnisse langfristige Abzahlungsverträge einzugehen, um in den Besitz eines Hauses zu kommen. Alle Versuche in dieser Zeit, die mit dem Hintergrund eines sozialen Engagements an die Wohnungsfrage herantraten, mußten scheitern: Die sozialistische Arbeitersiedlung von Richard Owen in England konnte auch nur ca. sechs Jahre bestehen (1839 bis 1845, Owen war Unternehmer und Sozialpolitiker) und zerbrach dann unter dem Konkurrenzdruck der anderen Fabrikbesitzer. Owens soziale Idee, allen Menschen, auch im Kapitalismus, ein menschenwürdiges Dasein zu ermöglichen, erwies sich als Utopie. Friedrich Engels bemerkte zu der Owenschen Siedlung «Und auch diese ist schließlich eine bloße Heimat der Arbeiter-Ausbeutung geworden.»[7] Die einzige sich durchsetzende «Wohnungspolitik» in dieser Zeit wurde von den Fabrik- und Hausbesitzern selbst betrieben. Und das bedeutete: Die Arbeiter mußten massenhaft in die von der Bourgeoisie erstellten Wohnungen drängen, die ihnen angesichts der unglaublichen Arbeitszeit von 12 bis 18 Stunden nur als Schlafstelle dienen konnten. Dies um so mehr, als ihnen teilweise nur das Bett vermietet wurde. (Ähnlich wie heute unseren «Gast»-Arbeitern.)

Die Verkürzung der Arbeitszeit lag auch im Interesse der Fabrikbesitzer und war notwendig, um die Produktivkräfte weiterzuentwickeln. Vor der Erfindung der Dampfmaschine war es ihnen nur möglich, ihren Mehrwert herauszuholen, indem sie die menschliche Arbeitskraft total einsetzten und verschlissen. Für diese Entwicklungsphase der Produktion beschränkte sich die «Freizeit» ohnehin nur auf Essen und Schlafen. Mit anderen Worten: Die Fabrikbesitzer gestanden der von ihnen gekauften Ware Arbeitskraft nur so viel zu, als gerade nötig war, um am nächsten Tag die schwere Arbeit zu verrichten.

* «David Ricardo und Robert Malthus plädierten deshalb sogar für eine Abschaffung der Armenfürsorge, die die Arbeitslosen vor dem Verhungern schützen sollte. Denn diese Fürsorge würde die notwendige Dezimierung der Arbeiter behindern.»[5] (Zit. n. Bernd Janssen, Kursbuch 27, S. 14.)

Dieses Zitat macht deutlich, daß an eine sozialstaatliche Wohnungspolitik überhaupt nicht zu denken war. Vielmehr griff der Staat indirekt in die Wohnungsfrage ein, durch Erfüllung der Bedürfnisse des Kapitals nach schnelleren Transportwegen, das hieß: Niederreißen alter Wohnviertel. Engels nannte diese Methode «Breschegen», das bedeutet: «In Wirklichkeit hat die Bourgeoisie nur eine neue Methode, die Wohnungsfrage in ihrer Art zu lösen, daß die Lösung die Frage immer von neuem erzeugt.»[6]

Mit Einsatz der Dampfmaschine wurde es möglich, die Arbeitsvorgänge zu rationalisieren. Dies erforderte aber auch eine anders qualifizierte Arbeitskraft. Brauchten die Arbeiter jetzt nicht mehr so stark ihre Muskeln, mußten sie nun blitzschnell auf die monotonen Anforderungen der Maschine reagieren. Dazu braucht es Arbeiter mit guten Nerven. Dies waren die objektiven Gründe für die Freizeitverlängerung. Eine Verlängerung des Arbeitstages war nicht mehr möglich, weil einerseits die Arbeiter sich dagegen wehrten, andererseits zu viele Arbeiter nicht mehr in der Lage waren, für die Fabrikbesitzer den Mehrwert zu erarbeiten.

Auf diesem Hintergrund wird es verständlich, daß die Arbeiter zunächst gegen die Ausbeutung im Betrieb kämpften und die Wohnungsfrage erst mit der erkämpften Verbesserung der Arbeitsbedingungen für sie wichtig wurde. Das heißt: Erst mit mehr Freizeit entsteht die Möglichkeit, sich einer Organisation anzuschließen, ein Interesse am «schöneren» Wohnen zu entwickeln und gegen die Schlafstellen zu protestieren. Aber bis dahin waren noch harte Kämpfe der Arbeiter nötig. Einstweilen konnte das Kapital, seiner uneingeschränkten Machtposition entsprechend und den Bedürfnissen für die wirtschaftliche Weiterentwicklung seiner Fabriken folgend, die Wohnstrukturen auf die von Engels beschriebene Weise zerstören und nach seinem Interesse neu formen.

Die englischen Fabrikbesitzer erkannten sehr früh den Wert der Investition in Arbeiterwohnungen. Als Fabrik- und Hausbesitzer in einer Person konnten sie jeden «Unruhestifter» sowohl arbeits- als auch wohnungslos machen. In Deutschland trat entsprechend der langsameren Entwicklung der Industrie diese Werkswohnungspolitik erst etliche Jahre später in Form der Krupp-Siedlungen auf den Plan. Was selbstherrlich als soziale Handlung dargestellt wurde, war nichts weiter als die bewährte englische Kapitalistenmethode, die Arbeiter zu disziplinieren. Krupp verfolgte mit dem Werkswohnungsbau das Interesse, sich einen Stamm Facharbeiter auszubilden. Um diese in Hochkonjunkturzeiten nicht an die Konkurrenz zu verlieren, koppelte er das Arbeitsverhältnis an die Wohnung.

Auf diese Weise züchteten die Fabrikbesitzer die sogenannte Arbeiteraristokratie, die die Berliner so treffend «Stehkragenproletariat» nannten. Neben der Bindung an die Maschine und die Fabrik oder besser an den Unternehmer, der sich ja in dieser Zeit noch als Patriarch verstand und verhielt, verfolgten die Unternehmer das Ziel, diese Bindung und Abhängigkeit zu verschleiern, indem sie in rosigen Farben die Vorteile der Werkswohnung mit Garten priesen. Mit anderen Worten, in Krisenzeiten können sich die Arbeiter selbst ernähren, sie können das Gefühl haben, daß das Stück geliehene Erde «Sicherheit» bringt. Sicherheit erhofften sich jedoch bloß die Unternehmer vor revolutionären «Umtrieben». Hier liegen auch die ideologischen Wurzeln des späteren Krieger-heimstättenbaus und der Eigenheim-Ideologie. Der Werkswohnungsbau bedeutete für die Arbeiter den Verzicht auf die Inanspruchnahme der bürgerlichen Rechte wie Streikrecht, Koalitionsrecht, den Verzicht auf freie Berufswahl, bis hin zur Bespitzelung durch Vorgesetzte und zum Verbot sozialdemokratischer Zeitungen in den Werkswohnungssiedlungen.

Die Unternehmer haben die unvorstellbare Wohnungsnot des Proletariats benutzt, um sich selbst mit geringstem Aufwand ein Instrument gegen die Arbeiter zu schaffen.

Neben der Disziplinierung der Arbeiter bewirkte der Werkswohnungsbau auch eine Senkung des Lohnes.

Weil Teile des Proletariats offensichtlich zu beruhigen waren mit einem Dach über dem Kopf und einem Gärtchen, traten die Reformer des 19. Jahrhunderts für das kleine Eigenhaus ein, das ihnen als «Sinnbild der Verbundenheit mit der heimatlichen Scholle» und als Lösung der sozialen Frage erschien.

«Die Höhepunkte der Werkswohnungsbautätigkeit liegen parallel zu den Hochkonjunkturen des 19. Jahrhunderts. Die ‹Gründerjahre› von 1870 und der Boom der Schwerindustrie ab 1895 bis hinein in den Ersten Weltkrieg begleiten die Anlage von zahlreichen sogenannten Arbeiterkolonien. Während die früheren Werkswohnungen je nach ihrer Lage in der Stadt oder auf dem Land in der Regel aus Mietskasernen oder Kleinhäusern bestehen, entwickelt der Werkswohnungsbau der Jahrhundertwende unter den Existenzbedingungen des Imperialismus einen neuen Wohnungs- und Siedlungstyp: die Gartenstadt und das Reihenhaus.

Die Monopolisierung der Industrie, die verschärfte Konkurrenz durch die Herausbildung eines Weltmarktes, begleitet von den ersten Weltwirtschaftskrisen, die starke gesellschaftliche Erschütterung bis hinein ins Bürgertum verursachen die Expansion der Produktion und Verlagerung der Betriebe an den Stadtrand und sind die materiellen Voraussetzungen für diese Veränderung im Wohnungsbau.

Das Industriekapital tritt nicht mehr nur als Bauherr von Wohnungen, sondern als Planer ganzer Stadtviertel auf. Die Gartenstadt, von reformfreudigen englischen Kapitalisten ins Leben gerufen, und das Reihenhaus, als ein Kompromiß zwischen Einzelhaus und Mietskaserne, über-

nehmen die Funktion neben der Individualisierung, die ja allen von bürgerlichen Bauherren entworfenen Arbeiterwohnungen zugrunde liegt, jetzt ganze Schichten und Gruppen aus der Gesellschaft räumlich herauszulösen und am Stadtrand, dem Herd sozialer Unruhen fern, abgesondert anzusiedeln. Die Privilegierung ganzer Schichten der Arbeiterklasse ist darauf ausgerichtet, sie zu spalten und zu schwächen.

Die zweite bürgerliche Gruppe neben den Fabrikanten, die gesellschaftliche Mißstände auf dem Weg der Überwindung der Wohnungsnot beseitigen will, ist die Bewegung, die um 1850 in erster Linie von den durch die aufkommende Industrialisierung in ihrer ökonomischen Position bedrängten Handwerkern ausgeht und unter dem Begriff der Genossenschaftsbewegung bekannt geworden ist. Diese Genossenschaften, getragen von dem Prinzip der Selbsthilfe, sahen vor, Anteilscheine an ihre Mitglieder zu verkaufen und das so gesammelte Kapital zum Bau von preisgünstigen Mietwohnungen zu verwenden. Das Los entschied darüber, welcher ‹Genosse› eine fertige Wohnung beziehen durfte. Arbeiter konnten sich auf Grund ihres niedrigen Lohnes nicht an diesen Genossenschaften beteiligen. Diese Wohnungen, um 1900 etwa 5 Prozent des Gesamtbestandes, kamen hauptsächlich Kleinbürgern und der Mittelschicht zugute. Die Genossenschaftsbewegung setzte sich trotz anfänglichen Widerstandes der sozialdemokratischen Arbeiterbewegung gegen Ende des 19. Jahrhunderts stärker durch.

Das erste Genossenschaftsgesetz setzt den ‹gemeinnützigen Charakter› eines Unternehmens fest, das nicht mehr als 4 Prozent Dividende im Jahr auf das Stammkapital ausschütten durfte. Der ‹soziale Wohnungsbau› nimmt in den Baugenossenschaften des 19. Jahrhunderts seine erste Form an.»[8]

Die Initiative von Krupp und der Baugenossenschaftler bedeutete also einen privatkapitalistischen Vorgriff auf die notwendig werdende und nach dem Ersten Weltkrieg praktizierte staatlich organisierte Wohnungsbaupolitik. Der Eingriff des Staates nach dem Ersten Weltkrieg in den freien Wohnungsmarkt wurde aus zwei Gründen notwendig: Einmal war durch die im Krieg aussetzende Bautätigkeit und den Verfall der überalterten Häuser die Wohnungsnot so verstärkt worden, daß sie vom privaten Wohnungsmarkt nicht zu beheben war. Zum anderen war eine staatliche Wohnungspolitik notwendig, um mit dem Mietpreisniveau auch das Lohnniveau niedrig zu halten – als Voraussetzung für die Restaurations- und Konzentrationsphase des Kapitals.

«In der Weimarer Zeit waren die politökonomischen Bedingungen für die Kapitalverwertung im Nachkriegsdeutschland nicht besonders günstig. Gebietsverluste und Rohstoffeinbußen, eine zwar weiterentwickelte Produktionsmaschinerie, im ganzen aber in schlechterem Zustand, und eine starke politische Bewegung in der Arbeiterklasse, die sich in der Revolution vom November 1918 den Achtstundentag erkämpfte, schienen zunächst keine Aussicht auf große Profite zu garantieren. Die Industrieproduktion wollte nur langsam ansteigen, die Inflation kennzeichnete die Jahre 1919 bis 1923. Erst mit der Währungsreform und der Verminderung der Reparationszahlungen setzt ein Wiederaufschwung ein; ausländische Kredite und staatliche Subventionen geben Investitionsanreiz, Zusammenlegung von Betrieben und verschärfte Rationalisierung der Produktionsmethoden sind die Ursachen einer 25prozentigen Steigerung der Arbeitsproduktivität.

Nach der Weltwirtschaftskrise von 1929 übernimmt der Staat zur Stützung der Großindustrie teilweise die Finanzierung der Verluste, die die großen Gesellschaften erleiden.

Das wesentliche Merkmal, das den Massenwohnungsbau der Weimarer Republik von dem des 19. Jahrhunderts unterscheidet, ist, daß der Staat den passiven Standpunkt mit der Beschränkung auf baupolizeiliche Verordnungen verläßt. Der Staat sieht nun selber wirtschaftliche Organisationsmaßnahmen vor und übt durch gezielte Eingriffe im Finanzsektor starken Einfluß auf die Bauwirtschaft aus.

Die Veränderung des Werkswohnungsbaus, eines Teilbereichs industrieller Investition, vom ‹reinen› Werkswohnungsbau zum ‹werkgeförderten Wohnungsbau› macht den Prozeß der ökonomischen und gesellschaftlichen Veränderung durch die Weimarer Republik beispielhaft deutlich. 1920 wird das erste Mieterschutzgesetz in Deutschland erlassen, das die direkte Koppelung von Miet- und Arbeitsvertrag, eine essentielle Bedingung der patriarchalischen Wohnungsfürsorge, verbietet. Der gesetzlich garantierte Kündigungsschutz verbietet die freie Verfügungsgewalt des Kapitals über seine Wohnungen, die ‹Fremdbelegung›, mitverursacht durch Krieg und folgende Wohnungsnot, ist die Folge dieser Maßnahme. Die seit dem Krieg bestehende Zwangswirtschaft hatte ferner eine einheitliche staatliche Mietfestlegung hervorgebracht; die Industriewerke paßten sich an die Richtmieten an.

Damit war das alte Werkswohnungssystem, das auf dem Prinzip materieller Privilegierung beruhte, um ein weiteres ausgehöhlt. Die Stagnation des Werkswohnungsbaus in seiner alten Form wird nicht nur durch die Gesetze verständlich, auch die ökonomischen und politischen Bedingungen lassen das plötzliche Einschlafen des Bauinteresses, das von seiten der Industrie immer ideologisch mit einem humanitär-sozialen Anstrich verklärt wurde, verständlich werden. Zum einen garantiert nach Zeiten des wirtschaftlichen Zusammenbruchs die Investition in der Produktion höhere Verwertung als im Reproduktionsbereich. Andererseits aber war auch der Widerstand gegen die Werkswohnungen, die als materielle und ideelle Korruption von den Gewerkschaften und der SPD politisch bekämpft wurden, in der Arbeiterschaft gewachsen. Vor allem das klassenbewußtere Proletariat in den Großstädten widersetzte sich dem Werkswohnungsbau, so daß es vorkam, daß in der Stadt Werkswohnungen teilweise unvermietet blieben. Das Klassenbewußtsein der städtischen Facharbeiter ist ein wesentlicher Grund, weshalb der Werkswohnungsbau sich in den Großstädten nicht durchsetzen konnte, sondern überwiegend auf ländliche Industrieregionen beschränkt blieb.

Daß die Industrie auf den Bau von Arbeiterwohnungen zur Stabilisierung der Produktion nicht verzichten konnte, war eine bekannte Erfahrung. Der Werkswohnungsbau ist schon seit 1900 ein wesentliches Element der Produktionsbasis geworden, ohne die eine Intensivierung der Produktion nicht möglich geworden wäre. Die erweiterte Rationalisierung, die Einführung des Dreischichtensystems, das die Arbeiterzahl stark vergrößerte, die politische Unruhe der breiten Masse der Bevölkerung und die Revolutionserfahrungen ließen den Arbeiterwohnungsbau für die Industrie gerade in der Weimarer Republik zu einem wichtigen Produktionsfaktor werden.

Die neue Form des Werkswohnungsbaus erklärt sich aus der Verschmelzung von Staat und Kapital. Der Staat, der selber Monopolbetriebe aufgekauft hat, agiert als die zentrale Verwaltung der industriellen Interessen; das Management der Wirtschaft übernimmt zugleich auch Leitungsfunktionen im Staatsapparat. Die direkte Abhängigkeit durch die Koppelung von Arbeits- und Mietsvertrag wird von einer indirekten Bindung abgelöst. Zwischen den Betrieb und den Arbeiter wird eine ‹gemeinnützige› Baugesellschaft geschaltet, an der der Staat durch Hergabe von Steuermitteln und die Industrie durch Kapitaleinlagen wesentlich beteiligt sind. Diese ‹betriebsfremden› Baugesellschaften, die in der Regel 100prozentige Töchter der Konzerne sind, treten als Bauherr und Verwalter des werkgeförderten Wohnungsbaus auf. Die Vorteile für die Industrie bei dieser Verfahrensweise liegen auf der Hand: Einmal wird das Industriekapital von dem Planungs- und Verwaltungsaufwand befreit, zum anderen wird durch die Subventionierung mit Steuermitteln der Bau von Großsiedlungen möglich, die aus eigener Tasche nicht finanzierbar wären.

Die Erweiterung der Finanzierungsbasis durch die Aufnahme billigen Kredites und damit die Verlagerung des Schwergewichts vom werkseigenen Wohnungsbau zum werkgeförderten Wohnungsbau, die schon kurz vor der Jahrhundertwende mit der Verwendung von Geldern der Landesversicherungsanstalten einsetzt, ist durch staatliches Engagement sichergestellt. Den Mietvertrag schließt der Arbeiter mit einer scheinbar neutralen Gesellschaft ab, an der teilweise sogar die Gewerkschaften mitbeteiligt sind und an deren Verwaltung der Betriebsrat laut Betriebsrätegesetz von 1922 ‹mitwirken›, d. h. ohne Stimmrecht beratend partizipieren darf.

Auf diesem Wege wird die direkte Abhängigkeit formell umgangen. Der Druck auf den Arbeiter ist zwar durch Mieterschutzgesetz direkt nicht mehr wie bisher möglich – später eingeführte Lockerungsbestimmungen verändern auch diese fortschrittliche zuungunsten zugunsten der Mieter –, dies bedeutet aber nicht, daß kein Abhängigkeitsverhältnis mehr vorhanden ist. So gründet die Montanindustrie, die seit der Jahrhundertwende in Deutschland komplett monopolisiert ist, nach dem Krieg einen Wohnungsverband zur Erstellung von Wohnungen für etwa Dreiviertel der Bergarbeiter des Ruhrgebietes. Dieser Verband wird von den größten fünf Konzernen in der Hauptsache getragen. Eine solche Kartellisierung kann zur Folge haben, daß Arbeiter, die der einen Konzernleitung mißliebig sind, entlassen werden, zwar weiterhin das Recht auf ihre Wohnung behalten, aber jetzt möglicherweise auf Grund der Existenz von ‹schwarzen Listen› bei keinem der anderen Konzerne einen Arbeitsplatz in ihrem Beruf finden und zur Abwanderung gezwungen sind. Mit der Ausdehnung des werkgeförderten Wohnungsbaus auf ganze Wirtschaftszweige – auf Grund der Kartellisierung und staatlicher Finanzierungspolitik – kann das formale Recht durch die objektiven Machtverhältnisse legal außer Kraft gesetzt werden; insoweit besteht kein inhaltlicher Unterschied zwischen beiden historischen Formen des industriellen Arbeiterwohnungsbaus.

Die staatliche Finanzpolitik mußte sich auf den Wohnungsbau allgemein beziehen, da durch Hauszinssteuer und Zwangsmiete der private Wohnungsbau zurückging. Die ‹gemeinnützigen Wohnungsbaugesellschaften›, die zum Teil mit ausländischen Krediten, Beteiligung von Privatkapital, Industrie, Gewerkschaft und Staat gegründet wurden, waren die Träger des Mietwohnungsbaus. Mit der Form des gemeinnützigen Bauens, dem sozialen Wohnungsbau, hat der Staat eine Art Werkswohnungsbau, auf nationaler Ebene betrieben, eingeführt.»[9]

Mit anderen Worten: Da sich die Sozialdemokratie entschlossen hatte, den Sozialismus an den Nagel zu hängen und das Kapital nur hier und dort ein wenig zu piken, war ein Grundstein für die Sozialstaatsillusion gelegt. So parzellierte man Grund und Boden oder stülpte den Arbeitern bürgerliche Wohnverhältnisse über. Dort, wo die Arbeiter nicht an ein Stückchen «Heimaterde» zu binden waren, propagierte man die Zeilenbauweise, damit in jede Wohnung Licht, Luft und Sonne käme. Dies war ohne Zweifel ein notwendiger Versuch, die größten Übel des kapitalistischen Wohnungsbaus der Gründerzeit auszumerzen, bot aber auch noch andere Möglichkeiten:

«In wehrpolitischer Beziehung bringt die Auflockerung der Großstädte . . .: vermehrte Sicherheit gegen feindliche Angriffe aus der Luft durch Auflockerung der Bauweise. In innerpolitischer Beziehung bringt die Auflockerung der Großstädte: Beseitigung gefährlicher Brutstätten für Unzufriedenheit und offenen Aufruhr.»[10] (Heinrich Dräger, 1932.)

Dies schrieb Herr Dräger nach den Erfahrungen der Berliner Barrikadenkämpfe am Wedding und auch des Hamburger Aufstands, also, wie man sieht, eine neue Methode «Haussmann» oder «Breschelegen», wie Engels sagte.

Zur gleichen Zeit, etwa ab 1923, bauten die österreichischen Sozialisten Arbeiterwohnblocks, die von ihren Kritikern als höchst gefährlich bezeichnet wurden:

«Nicht nur der militärisch geschulte Fachmann, sondern auch der Laie muß die strategische Anordnung dieser Bauten auf den ersten Blick erkennen. Keine einzige ‹Anmarschstraße›, die nicht von Gemeindebauten flankiert wird . . . keine Donaubrücke, die nicht aus den zahlreichen Balkonen, in einspringenden Winkeln oder gar auf betonierten Ständen vorgesehenen Maschinengewehr- und Geschützplacements unter Flankenfeuer genommen werden könnte. Das fast allen Gemeindebauten eigentümlich auffallende Moment sind enorme Höfe, die natürlich ganz harmlos als ‹Spielplätze für Kinder› bezeichnet, aber ebensogut als Rallierungs- und Aufmarschplätze für die möglichst verläßlichen Hausbewohner und solche aus der näheren Umgebung verwendet werden können. Einer Umsturzgruppe ist hier die gefährliche Möglichkeit geboten, sich nicht erst auf der Straße unter den Augen der Polizei sammeln zu müssen, sondern in den meist unbewachten geschlossenen Höfen.»[11]

Die österreichischen Sozialisten konnten ein derartiges Wohnungsbauprogramm, das 64 000 Wohnungen umfaßte und bis 1934 geplant war und das auch noch an den Bedürfnissen der Massen orientiert war, nur durchführen, weil die wirtschaftliche und politische Lage dermaßen verheerend war, daß sowohl Industrie als auch Finanzkapital zustimmen mußten, um vor revolutionärer Umwälzung sicher zu sein. Dieses Wohnungsbauprogramm wurde nur mit Steuermitteln finanziert, und die Häuser waren praktisch schuldenfrei, als die ersten Mieter einzogen. Die

Miete war lediglich als Rücklage für die Erhaltung der Häuser notwendig. Die Wohnungsverteilung erfolgte nach einem Punktesystem des Elends, was bedeutete, daß praktisch nur Arbeiter Punkte bekamen und damit eine Wohnung, das heißt, die Wohnungen fielen dem Proletariat zu.

Die Finanzierung mit Steuermitteln bewirkte zweierlei: Einmal mußte die Gartenstadt-Idee des Engländers Ebenezer Howard (1907), die durch Deutschland und Österreich geisterte, aufgegeben werden, man war gezwungen, in die Höhe zu bauen. Zum anderen wäre ein Wohnungs-bauprogramm mit eigenem Versorgungsnetz für Wasser und Strom weitaus teurer geworden, so daß die Planer darauf angewiesen waren, die Wohnblocks an bereits bestehende Versorgungsnetze anzuschließen. Man erreichte damit, daß die Blocks ziemlich verteilt wurden in der Stadt Wien. Daraus ergab sich ganz nebenbei, daß die SPÖ in Bezirken, in denen sie vorher nicht einen Fuß auf die Erde bekam, plötzlich Stimmen-zuwachs, zeitweise sogar Stimmenmehrheit erhielt.

Kennzeichnend für die Wiener Gemeindebauten war neben ihrem fe-stungsähnlichen Aussehen der Hof als zentraler Kommunikationsort. Hier waren Spiel- und Sportplätze, Erholungsflächen und Ruhebänke untergebracht. Daneben gab es eine Menge Gemeinschaftseinrichtun-gen, Aufenthaltsräume für Kinder, deren Betreuung in Selbsthilfegrup-pen organisiert wurde, es gab Räume für gemeinsamen Sport oder Wei-terbildung. Auffallend war, daß

«demgegenüber die Konsumsphäre einen verhältnismäßig geringen Raum einnimmt. Dies scheint ein entscheidender Faktor für das Entste-hen von Solidarität gewesen zu sein. Man kann vermuten, daß hier in Teilbereichen der Reproduktionssphäre eine Kooperation, ähnlich wie in der Produktionssphäre, möglich war ... Es soll nicht behauptet werden, daß dadurch Solidarität geschaffen wurde, aber sie wurde begünstigt und erleichtert.»[12]

Dagegen nahm sich in Deutschland die Wohnungspolitik kleinbürgerlich aus. Selbst die KPD propagierte die Siedlungsbauweise, allerdings mit einem wesentlichen Unterschied zu den staatlichen oder unternehmeri-schen Siedlungsprogrammen. Die KPD wollte die Arbeiter nicht an die «heimatliche Scholle» binden, sondern trat für die Kommunalisierung von Grund und Boden ein und die autonome Selbstverwaltung der Kommune durch die Arbeiter. Allerdings hatte die KPD nicht die Chance, ein solches Programm zu realisieren. Es läßt sich feststellen, daß die politischen Gruppen von links bis rechts ein relativ einheitliches Woh-nungsprogramm hatten, mit jeweils anderen ideologischen Verklei-dungen.

Ebenfalls anders als in Wien finanzierte hier der Staat den Wohnungsbau. Die Wohnungen sollten aus dem «freien Markt» ausgesondert
werden, hingegen aber nicht der Handel mit Grund und Boden, ebensowenig die Profite der Bauindustrie. Das brachte nichts weiter mit sich als
den Anschein, als seien die Wohnungsmieten sozial; billiger waren sie
deshalb, weil durch die Kontrolle über die Verwendung der Gelder durch
den Staat sich eine Art «Mündelsicherheit», die Anreiz für die Anlage in
solchen Projekten sein sollte, ergab. Die «freie» Wohnungswirtschaft
mußte höhere Risiken einkalkulieren, weil sie nicht die Möglichkeiten
des Staates hatte, im Interesse des «Gemeinnutzes» Enteignungen vor-
zunehmen. Die Steuereinnahmen aus den Profiten der Bodenspekulation
meinte der Staat für die Durchführung seines Wohnungsprogrammes
nutzen zu können.

Diese scheinbare Ausklammerung des Wohnungsmarktes aus dem freien
Markt sollte die Illusion wecken, als wäre da tatsächlich ein Unterschied
zur Konsumwirtschaft. Tatsache ist, daß beide profitorientiert sind und
kein Kapitalist in ein Geschäft eine müde Mark investiert, wenn es sich
für ihn nicht lohnt. So wundert es nicht, wenn die Wohnungsnot nicht
behoben werden konnte, wenn doch die Investitionen in die Rüstungsindustrie höhere Profite versprachen und erbrachten, als Investitionen im
Wohnungsbau.

In welcher Weise der Staat die Erhaltung und Bewirtschaftung des
Altbaus betrieb und welche Auswirkungen das für das Proletariat hatte,
beschreibt die KPD in ihrem kommunalpolitischen Programm (1922):

*«Durch die ruchlose Politik des 10prozentigen Lohnabzugs und die indi-
rekten Massensteuern bei nahezu völliger Steuerfreiheit der Besitzenden ... (und das) Reichsmietengesetz (und Mietsteuergesetz) wurden
die Kosten aller Wiederinstandsetzung der zerfallenen Häuser sowie
aller künftigen Reparaturen restlos den Mietern auferlegt ...»*

Mit anderen Worten:

*«In dieser gefährlichen Situation [der unbeschreiblichen Not des Prole-
tariats, d. Verf.] ... kam der kapitalistische Staat auf den Ausweg, den
er schon bei der Bezahlung von Militär, Schupo, Polizei und Justiz
gegangen war: die Kosten der Mörder und Mordmaschinen vom Opfer
selbst tragen zu lassen.»*

Andererseits aber versuchte die staatliche Wohnungspolitik durch Preisbindung und Kündigungsschutz die Mieter vor «ungerechtfertigten»
Übergriffen durch die Hausbesitzer zu schützen. Wo die Grenzen dieser

gesetzlichen Schutzmaßnahmen liegen, haben wir bereits beschrieben. Diese Politik hatte die Aufgabe, die von Kapital und Hausbesitzern nicht mehr zu lösende Wohnungsfrage in die Hand zu nehmen, die Mieter vor Übergriffen zu schützen, neuen Wohnraum zu schaffen und die als «Unruheherde» gefürchteten «Asyle» auf ein unvermeidbares Minimum zu beschränken. Die staatliche Wohnungsbaupolitik reihte sich damit in die «große» Wirtschaftspolitik nach dem Ersten Weltkrieg ein, die ganz im Zeichen der «Arbeitsgemeinschaftspolitik» stand. Diese sollte durch die Zusammenarbeit zwischen Kapital, Gewerkschaften und Staat das durch die Revolution von 1918 bedrohte kapitalistische Wirtschaftssystem vor der Umwälzung bewahren. Diese Politik war aber in keiner Weise geeignet, die Wohnungsnot zu beheben. Vielmehr wurden die wenigen fortschrittlichen Ansätze des Arbeiterwohnungsbaus durch die Machtübernahme der Faschisten im Keim erstickt. Kennzeichnend für die Politik der Weimarer Zeit bleibt, daß sie aus Angst vor einer revolutionären Umwälzung den Boden für die Blut-und-Boden-Ideologie des Faschismus bereiteten. So sollte das Kriegerheimstättengesetz die aus dem Kriege zurückkehrenden Soldaten davor bewahren, sich aus Protest über den an ihnen begangenen Betrug einer revolutionären Arbeiterbewegung anzuschließen, und sollte darüber hinaus dazu geeignet sein, «die Wehrkraft des Volkes zu erhöhen», indem die ehemaligen Soldaten durch die Bearbeitung der «Heimaterde» in ihren Gärtchen wieder eine Verbundenheit zum Vaterland bekämen. Daneben entwikkelte die Industrie

«mit der ‹Kurzarbeitersiedlung› einen besonderen Typ des Kleinhauses für ihre Arbeiter. Die Siedler mußten sich verpflichten, nicht mehr als drei oder vier Tage in der Woche in der Fabrik zu arbeiten, die restlichen Wochentage sollten sie damit verbringen, dem Boden, der ‹Allmutter Natur, der Spenderin wahren Lebensglückes›, Lebensmittel abzuringen. Auf diese Weise konnten die Betriebe eine größere Anzahl Facharbeiter auch während der Krisenzeit am Betrieb halten und hatten bei steigender Konjunktur sofort genügend qualifizierte Arbeitskräfte zur Verfügung.»[13]

Im Faschismus entfaltete sich die Blut-und-Boden-Ideologie vollends, der Arbeiterwohnungsbau wird zum «Volkswohnungsbau» und dient letztlich dem Zweck, die «deutsche Herrenrasse» vor der «Bedrohung» durch «minderwertige fremde Rassen» zu schützen.

«Rasse, Kultur und Nation können nur bestehen, wenn sie fest im Heimatboden verankert sind. So ist vor allem anderen der Erbhofbauer für das Bauerntum und der Stammarbeiter für das Arbeitertum das Fundament, auf dem alles andere errichtet werden muß.»[14]

Die Stadtplaner und Architekten verfielen auch dem Hitlerschen Größenwahn; sie nahmen sich griechische Paläste und Tempel zum Vorbild und planten schließlich für das «Volk ohne Raum». Einige Denkmäler dieser Art verblieben uns ja noch, so das Olympiastadion in Berlin oder auch der Fehrbelliner Platz in Berlin.

«Die Siedlungspolitik des Faschismus, die unter dem Motto ‹Zum Kampf gegen den Marxismus gehört auch zugleich eine bewußte und großzügige Siedlungspolitik› (Heinrichsbauen, Industrielle Siedlung im Ruhrgebiet, 1936) antritt, initiiert im Zusammenhang mit der Neugründung von kriegswichtigen Industrien auch die Planung für neue Städte. Wolfsburg ist ein Beispiel für das Aufgeben des Werkswohnungsbaus mit der staatlichen Politik: Eine ganze Stadt, fast vollständig aus Werkswohnungen bestehend, abhängig von einem einzigen Industriebetrieb, wird als Ganzes auf dem Reißbrett geplant und realisiert. Der Wohnungsbau des Faschismus bleibt allgemein hinter der Entwicklung der Produktion zurück, wie überhaupt der gesamte Konsumgütersektor, der 1935 bei gewachsener Bevölkerung noch immer unter dem Stand von 1928 liegt. Die wenigen fortschrittlichen Qualitäten der Weimarer Bauepoche gehen verloren. Der Standard der Wohnungen verschlechtert sich, die fortschrittlichen städtebaulichen und architektonischen Ideen werden als marxistisch verketzert, das Mieterschutzgesetz wird geschmälert, die Mitbestimmung im Betrieb aufgehoben. Der Bau von Großsiedlungen wird außer der Beendigung von Projekten, deren Beginn noch in die Zeit vor 1933 fällt, gänzlich aufgegeben. Die Kleinhaussiedlung und die genormte Volkswohnung sind die vorherrschenden Typen des Massenwohnungsbaus, für die auch staatliche Darlehen zur Verfügung gestellt werden.

Neue Bautechnologien, deren Erfindung größtenteils aus der Weimarer Zeit datiert, werden im Massivbau Bunker, Brücken, Autobahnen usw.) extensiv verwendet. Der Wohnungsbau bleibt von dieser Entwicklung ausgeschlossen. Schon 1937 darf kein Stahl mehr im Wohnungsbau verwendet werden, und ab 1940 setzt der Krieg der Wohnungsbautätigkeit überhaupt ein Ende.»[15]

Der Zweite Weltkrieg mit seiner wahnwitzigen Vernichtungsmaschinerie brachte eine Wohnungsnot ungeahnten Ausmaßes. Noch 1950 betrug die Differenz zwischen der Zahl der Haushaltungen und der Zahl der vorhandenen Wohnungen 4,6 Millionen.

Erneut mußte eine staatliche Wohnungspolitik mittels des sozialen Wohnungsbaus und verschiedener Subventionierungsmaßnahmen zum

Wohnungsbau*, durch Mietpreisbindungen, Kündigungsvorschriften und Zuteilungen der Wohnungen durch Wohnungsämter das leisten, wozu der private Wohnungsmarkt nicht in der Lage war, nämlich ein Wohnungsdefizit langsam auszugleichen und zu vermeiden, daß die wohnungslose Bevölkerung auf die Barrikaden steigt. Daß der «freie» Wohnungsmarkt die Wiederaufbauphase nicht selbst tragen konnte beziehungsweise wollte, erklärt sich ganz einfach daraus, daß das private Baukapital nur dann mit Investitionen einsteigt, wenn lohnende Profite abzusehen sind – Profite zu machen kann sich aber auf diesem Sektor angesichts der Tatsache, daß die Masse der Bevölkerung in Wohnungsnot ist, kaum einer herausnehmen. Also überläßt man lieber dem Staat eine Zeitlang das Feld, bis dieser die Wohnungsnot gemildert hat und die Profitsituation wieder besser aussieht.**

Die Prinzipien und Ziele der «großen» staatlichen Wirtschaftspolitik wirken – wie schon dargelegt – eben immer auch auf die Wohnungsbaupolitik zurück. Die Wirtschaftspolitik der BRD war, kurz gesagt, nach dem Zweiten Weltkrieg darauf angelegt, durch umfangreiche, stark von den Amerikanern finanzierte staatliche Investitionen in Form von Darlehen und Zuschüssen die vordringlichsten Notsituationen in allen gesellschaftlichen Bereichen zu beheben, die Wirtschaft wieder anzukurbeln und den Weg für eine Wirtschaft zu ebnen, die alsbald wieder nach privatwirtschaftlichen, kapitalistischen Prinzipien funktionieren sollte. Genauso stand es mit der staatlichen Wohnungsbaupolitik:

«Die auf Grund des ungeheuren Wohnungsmangels notwendige Wohnungspolitik war also von vornherein so angelegt, daß sie die Wiederherstellung des freien Marktes auch für diesen Sektor innerhalb eines kurzen Zeitraumes ermöglichen sollte.»[16]

Dieser Absicht geht die staatliche Wohnungsbaupolitik vor allem nach, wenn sie ab 1956 in erster Linie den Bau von Eigenheimen fördert, ihr sozialpolitisches Anliegen also immer mehr für ihre eigentumspolitischen Ziele der Schollenbildung und im weiteren der Kleinfamilienideologie einsetzt. «Wir müssen durch die Förderung des Eigenbesitzes aus besitzlosen Proletariern verantwortungsbewußte Staatsbürger machen.» (Wohnungsbauminister Lücke) Sobald etwa Mitte der fünfziger Jahre die

* In den Jahren 1949–1952 wurden durch zinslose Darlehen, Steuervergünstigungen und Zuschüsse rund 70 Prozent aller in der BRD neu gebauten Wohnungen errichtet.
** Es ist beinahe zynisch, daß die Wohnungsnot nach dem Zweiten Weltkrieg von bürgerlichen Wohnungspolitikern auf die staatliche Wohnraumbewirtschaftung nach dem Zweiten Weltkrieg zurückgeführt wird.

ärgsten Schwierigkeiten auf dem Wohnungsmarkt behoben waren, das heißt der größte Teil der Bevölkerung eine Wohnung hatte, zog sich der Staat schrittweise aus dem Wohnungsmarkt zurück* und überließ diesen mehr und mehr dem «freien» Spiel zwischen Angebot und Nachfrage.** In der Folge arbeitete die staatliche Wohnungsbaupolitik insofern dem privaten Wohnungsmarkt in die Hände, als sie die Mieter von diesem verstärkt durch die Beseitigung von Mietenbegrenzung, Wohnraumbewirtschaftung und Kündigungsschutz abhängig machte. Dies geschah durch das «Gesetz über den Abbau der Wohnungszwangswirtschaft» und über ein «soziales Miet- und Wohnrecht», das 1960 in Kraft trat.

«Daß 1960 von Beseitigung auch nur der schwersten Wohnungsnot keine Rede sein konnte, daß die Mieten in einem ungeahnten Maße anstiegen und daß viele Familien deshalb obdachlos werden mußten, all das war von vornherein abseh- und berechenbar. Gerade diese Situation mußte den Hausbesitzern und Spekulanten besonders zupaß kommen; sie erlaubte es ihnen, die Profite, die der freie Markt versprach, voll auszuschöpfen.»[19]

Bis zur Zeit der Rezession 1966/1967 setzte sich die private Finanzierung auf dem Wohnungsmarkt immer stärker durch. Sie wird unterstützt durch Abschreibungsvergünstigungen, was besonders für den Berliner Wohnungsbau durch das Berlinhilfe-Gesetz gilt und durch Steuervergünstigungen von Bausparverträgen nach dem Prinzip «Wer hat, dem wird gegeben». Auf der anderen Seite steigt der Anteil des Einkommens, der für den Mietpreis zu zahlen ist, ständig.***

Im Zuge des staatlichen Eingreifens in die Wirtschaftspolitik nach der Rezession verstärkte auch die staatliche Wohnungsbaupolitik wieder ihre Aktivitäten, indem sie den sozialen Wohnungsbau wieder belebte, ein neues Mieterschutzgesetz erließ und das Städtebauförderungsgesetz verabschiedete, welches als rechtliche Grundlage für Eingriffe des Staates unter anderem bei der Sanierung von Städten und bei der Regionalplanung dienen sollte.

* Die Quote von 70 Prozent mit staatlicher Beteiligung erbauter Neubauten ging bis 1970 auf 17 Prozent zurück, vgl. B. Janssen[17].

** Mitte der fünfziger Jahre wurde bereits die Hälfte aller Neubauten wieder von privater Hand finanziert, vgl. B. Janssen[18].

*** «Bei dem bekannten statistischen Vier-Personen-Arbeitnehmerhaushalt ist er von 9,3 Prozent auf 13,8 Prozent gestiegen. Da auch hier Wohnungseigentümer statistisch mitgerechnet sind, ist die tatsächliche Belastung für die Mieter noch wesentlich höher und hat in vielen Fällen schon wieder die von den Hausbesitzern als ideal bezeichnete Marke von 25 Prozent, die vor dem Ersten Weltkrieg galt, erreicht.» B. Janssen.

Regionalplanung und Widerstand von unten

Während der Wiederaufbau in der BRD weitgehend lokal vor sich gegangen war, also meistens von den Entscheidungen der städtischen oder bezirksamtlichen Selbstverwaltung getragen wurde, setzte Ende der sechziger Jahre die Maßnahme der städtebaulichen Veränderung und «Sanierung» ein, deren Erscheinungsform und deren Folgen wir eben für die Bevölkerung kurz angedeutet haben. Diese städtebaulichen Veränderungen werden von den Planungsexperten «regionale Strukturplanung» genannt. Die von einer Sanierung betroffenen Mieter, die kleinen Gewerbetreibenden und der Kleinhandel wurden von den Maßnahmen der Stadtplanung meist ziemlich unvermittelt überrascht, und es mußte bei ihnen der Eindruck entstehen, daß diese Planungsentscheidungen auf irgendeiner hohen, undefinierbaren staatlichen Ebene getroffen werden.

Die Regionalplanung steht in engem Zusammenhang mit der Konzentration der Warenkapitale. Diese Konzentrationsbewegungen gehen sowohl im Produktionsbereich, wo immer weniger, aber größere Konzerne den Markt beherrschen, als auch im Verbraucherbereich vor sich, wo immer wirtschaftlich mächtigere Kaufhausgiganten die Waren zum Verkauf bringen. Mit der Konzentration der Warenkapitale fällt auch die Zentralisation der mit diesen verquickten Banken, Versicherungen und der Ausweitung der staatlichen Verwaltungsinstanzen zusammen. Alle diese sich immer stärker wirtschaftlich konzentrierenden Machtzentren in unserer Gesellschaft spiegeln sich zunehmend auch in einer räumlichen Konzentration in der City oder in den Zentren der entsprechenden Region wider. Für die genannten Machtzentren ist es unabdingbar, ihre von ihnen abhängigen Arbeiter, Angestellten usw. – auch in ihrer Eigenschaft als Käufer von Waren – um sich herum oder jedenfalls verkehrsmäßig günstig neu zu gruppieren, sie also rund um die Zentren zusammenzuballen.

Solche von Konzentrationsvorgängen der Warenkapitale hervorgerufenen städtebaulichen oder regionalen Umstrukturierungen sind nicht etwa der «Profitgier» einzelner Hausbesitzer oder Spekulanten vorrangig anzulasten, sondern sie sind als wirtschaftspolitische Entscheidungen im großen Stil zu begreifen. Sie nützen dem großen Warenkapital insofern, als er ihm einen größeren Kaufkraftstrom und eine beschleunigte Zirkulation (kürzere Umschlagszeit) gewährt und alles in allem eine Rationalisierung und Zentralisierung im Sinne der großen Machtzentren bedeutet.

«*Je besser die Verkehrserschließung und je höher die Attraktivität, desto größer der Kaufkraftstrom; je größer wiederum dieser, desto differenzierter und reichhaltiger kann das Angebot werden, desto höher werden die Umsätze und damit die Gewerbesteuereinnahmen der Stadt, die wiederum für eine bessere Verkehrserschließung und Erhöhung der Attraktivität eingesetzt werden können.*»[20]

Der Ausbau der Verkehrswege mit den eben genannten Konsequenzen stellt sich so als Existenzbedingung für die wirtschaftliche Weiterentwicklung der regional konzentrierten Kapitale dar. Die Entscheidungen solcher Regionalplanungen werden von Kommissionen, die sich aus Vertretern der Industrie- und Handelskammern, den Verwaltungsspitzen und Planungsexperten zusammensetzen, getroffen. Dabei haben die Entscheidungen meistens nicht mehr den Charakter eines überschaubaren, lokalen Interessenkampfes,

«*sie haben sich vielmehr offensichtlich der übergeordneten Rationalität des regionalen Wachstums unterzuordnen . . . Die Planung kann dann ihre Legitimation nur noch auf einen quasi technischen Sachzwang gründen, ohne die Motivationsbasis der ‹öffentlichen Meinung› zu besitzen. Viel eher wird hier die direkte Abhängigkeit öffentlicher Maßnahmen von unternehmerischen Interessen für die kommunale Öffentlichkeit sichtbar, und den Bürgern kann die reale Funktionslosigkeit ihrer kommunalen parlamentarischen Institutionen ins Bewußtsein treten . . .*»[21]

An diesem Punkt der theoretischen Herleitung der «regionalen Strukturplanung» wird der Entstehungsgrund von Bürgerinitiativen offenkundig. Bürgerinitiativen sind *eine* Antwort auf die Regionalplanung. Da die Regionalplanung sich weitgehend über die Köpfe der sie betreffenden Bevölkerung vollzieht, bleibt der Bevölkerung eigentlich nichts weiter übrig, als sich selbst gegen die Folgen der Planung zu wehren.

Solche Bürgerinitiativen bildeten sich in den letzten fünf Jahren in fast allen großen Städten der BRD – sowohl in den vom Abriß bedrohten alten Stadtteilen als auch in den neuen Trabantenstädten, wie zum Beispiel im Märkischen Viertel.

Eine politische Einschätzung von Möglichkeiten und Grenzen der Bürgerinitiativen wollen wir an dieser Stelle noch nicht geben – zuerst sollen die Erfahrungen der Stadtteilarbeit im MV und des Redaktionskollektivs der MVZ dargestellt werden. Nur so viel, daß im folgenden zur Orientierung, auch für die derzeitige Diskussion um Bürgerinitiativen und Stadtteilarbeit, die wesentlichen zur politischen Arbeit im Reproduktionsbereich vertretenen «Positionen» thesenartig abgesteckt werden:

a) In verschiedenen Stadtteilen in der BRD arbeitende Gruppen/Parteien:

– Die Jungsozialisten setzen auf die Strategie der antikapitalistischen Strukturreformen in den etablierten Institutionen, die mittels Druck der über Konfliktfälle mobilisierten Bevölkerung auf die Partei in Angriff genommen werden soll (Doppelstrategie 1971).

– Die Rote Hilfe Berlin, die wir stellvertretend für verschiedene, parteipolitisch nicht festgelegte basisdemokratische Gruppen im Stadtteil erwähnen, steht Bürgerinitiativen grundsätzlich positiv gegenüber. Sie geht davon aus, daß auf dem Wege der Bürgerinitiativen die Bevölkerung einerseits die Möglichkeit hat, sich über ihre eigenen Widersprüche und Probleme zu politisieren, andererseits in der Konfrontation mit dem Staatsapparat Erfahrungen macht, inwieweit man im Rahmen einer Bürgerinitiative politische Ziele durchsetzen kann. «Wenn sich im Laufe des Bestehens von Bürgerinitiativen Veränderungen in der Qualität der Beziehungen zur Verwaltung ergeben, dann entweder zur Kooperation oder zur Gegnerschaft. Neutralität als Endstadium ist praktisch ausgeschlossen.»[22] Von vornherein auf Kooperation angelegte Bürgerinitiativen lehnt die RH ab (1973).

– Die DKP sieht in den Bürgerinitiativen ein Instrument, die breite antimonopolistische Front aller demokratischen Kräfte in der Aktion herzustellen.

b) Theoretische Einschätzungen

– Helga Faßbinder warnt vor einer Politik in der Stadtteilarbeit, die glaubt, auf dem Weg *der Beteiligung* an politischen Entscheidungs- und Kampfprozessen im Reproduktionsbereich zur sozialen Revolution zu gelangen. Sie begründet diese These damit, daß der lokale Wohnzusammenhang und die Bindung der Selbstorganisation der Betroffenen an ein bestimmtes Ereignis es nicht möglich mache, politisch einheitliche Ziele zu verwirklichen (1972).
– Faßbinder weist neuerdings (1974) darauf hin, «daß der inzwischen erreichte Verflechtungsgrad der Produktion mit den gesellschaftlichen Lebensbedingungen nicht mehr erlaubt, städtische Struktur- und Umweltprobleme und innerbetriebliche als zwei getrennte Seiten zu behandeln, vielmehr die Bürgerinitiativen und der *gewerkschaftliche Kampf* um das Reproduktionsniveau der Lohnabhängigen in ihrem inneren Zusammenhang begriffen werden und sich selbst begreifen müssen.»[23] Hier ist darauf hinzuweisen, daß die Gewerkschaften mittlerweile in den Bodenpreissteigerungen ein Hauptproblem der Ver-

teuerung der Lebenshaltung und Verschlechterung der Lebensbedingungen sehen, was sich auf einem Gewerkschaftstag 1973 in Freiburg erstmals artikulierte, als Vetter an zweiter Stelle seines Katalogs die Kommunalisierung des Bodens in den Ballungsgebieten nannte.

– Claus Offe vertritt für die politische Arbeit im Reproduktionsbereich eine partizipatorische Konzeption *planungsbezogener* politischer Basisorganisationen. Offes Konzeption übt einen Einfluß auf die Politik der Jungsozialisten aus.

c) Die Position des Fachbereichs Sozialpädagogik
der Pädagogischen Hochschule Berlin

Die Hochschullehrer der Pädagogischen Hochschule Berlin, die im Jahre 1969 zusammen mit Studenten Projekte im Märkischen Viertel Berlin organisierten, hatten eine dreifache Absicht:
– Ihnen ging es darum, in der Hauptstudienphase von Diplomstudenten längerfristige Projekte von ein- bis zweijähriger Dauer zu organisieren, die es den Studenten ermöglichen sollten, praktische Erfahrungen in sozialpädagogischen Arbeitsfeldern innerhalb und außerhalb sozialer Institutionen zu sammeln, dabei die allgemeinen gesellschaftswissenschaftlichen Erkenntnisse ihres Grundstudiums zu konkretisieren und ihre Bündnisfähigkeit mit Teilen der arbeitenden Bevölkerung zu erproben;

– im Rahmen eines von der Stiftung Volkswagenwerk geförderten Forschungsprojektes herauszufinden, ob und mit welchen Methoden es möglich sei, die auf Selbsthilfe gerichteten Kommunikationsstrukturen alter Arbeiterquartiere in überwiegend proletarischen Neubauvierteln zu rekonstruieren, und welchen Beitrag dazu eine Viertel-Zeitung leisten könne, die längerfristig gesehen von den Bürgern dieses Viertels selbst gemacht wird und die ihnen helfen soll, sich um Wohn- und Mietprobleme zu organisieren und dabei die Analyse und Lösung ihrer Probleme selbst in die Hand zu nehmen;

– damit einen politischen Beitrag zur Beantwortung der Frage zu leisten, wie Angehörige der pädagogischen Intelligenz helfen können, den Handlungsspielraum der Werktätigen im Viertel zu erweitern, mit dem Ziel, einsichtig zu machen, daß der Wohn- und Mietbereich Teil der kapitalistischen Ausbeutung ist.

Diese drei Interessen (das Ausbildungsinteresse, das Forschungsinteresse und das politische Interesse) waren selbstverständlich eng miteinander verbunden und beeinflußten sich wechselseitig. Die Richtung des politischen Interesses veränderte sich im Laufe der fünfjährigen Arbeit auf Grund der laufenden politischen Diskussionen über Möglichkeiten und Grenzen der Arbeit im Wohn- und Mietbereich und auf Grund der Erfahrungen im Märkischen Viertel selbst. Diese Richtungsänderung kann man wahrscheinlich am besten an der wechselnden Definition der Zielgruppe für eine Viertel-Zeitung ablesen. Ursprünglich erklärten wir «alle Bürger des MV» zur Zielgruppe für unsere Zeitung; in der zweiten Phase der Arbeit waren es «alle Arbeiter», deren Interesse und Aktivitäten durch die bürgerlichen und kleinbürgerlichen Mitglieder der verschiedenen Initiativgruppen im Viertel verfälscht und behindert würden; in der letzten Phase der Arbeit waren es schließlich «alle Arbeiter, Angestellten und Teile der Intelligenz, für die der Wohn- und Mietbereich Teil der kapitalistischen Ausbeutung ist».

Wohnen im MV – Barriere bei der Herstellung einer einheitlichen proletarischen Bewegung

Charakteristisch für den kapitalistischen Wohnungsbau ist, daß die Arbeiter ihre Wohnumwelt zwar mit eigener Hand errichten, aber unter der Aufsicht und Planung ihrer Gegner. Selbst da, wo von seiten des Kapitals und deren Planer Bedürfnisanalysen gemacht werden, kommt es infolge der ökonomischen Rationalität zu arbeiterfeindlichen Wohn- und Lebensbedingungen. Die Schaffung von Wohnraum unterliegt in der kapitalistischen Gesellschaft in erster Linie den Gesetzen der Warenproduktion. Wohnung ist genauso Ware wie jede andere, die ihren Tauschwert realisieren muß. Die Wohnungsbaugesellschaften setzen der Architektur sozusagen ihre «natürlichen» Grenzen. Aber selbst wenn Architekten einen größeren Spielraum haben, zeigen die von ihnen entworfenen Bauten oder Wohnkomplexe, wie zum Beispiel das Hansaviertel in Berlin, fast immer ihre Fixierung an bürgerliche Normen und Vorstellungen vom «schönen Bauen und Wohnen». Beispiele einigermaßen adäquater Wohnformen für das Proletariat findet man dagegen kaum. Die Arbeiter, die zwar unter Verausgabung ihrer ganzen Kräfte unsere Städte bauen, haben an der Gestaltung des Gesichts ihrer Umgebung keinen Anteil. Der Stempel, der ihrer Umwelt aufgedrückt wird, ist ein fremder.

Es ist deshalb zunächst einmal gleichgültig, ob wir die Arbeitersiedlungen um 1900 betrachten oder das MV um 1970. Damals wie heute spiegeln sich die Gesetzmäßigkeiten der kapitalbestimmten Lebens- und Denkweisen wieder. Verändert hat sich nur das Erscheinungsbild. 1930 schrieb Otto Rühle über das Problem:

«Für das Zustandekommen einer proletarischen Kultur bildet die Wohnungsnot das stärkste Hindernis. Nicht nur, daß Enge und Überbevölkerung, Roheit und Schmutz, Mangel an Hygiene und Behagen die Menschenwürdigkeit der Lebenshaltung in hohem Maße beeinträchtigen. Selbst wo die Verhältnisse erträglich liegen, erweist sich das System der individuellen Familienwohnung, der getrennten, gegenseitig abgeschlossenen Einzelbehausung als stärkster Widerstand auf dem Weg zur Wohngemeinschaft. Vor allem aber erzeugt die enge körperliche und seelische Berührung der Menschen innerhalb der Einzelwohnung eine psychische Atmosphäre, die der Entwicklung gemeinschaftsfördernder Tendenzen in keiner Weise günstig ist.»[24]

Das, was Heinrich Zille in ‹Mein Milljöh› mit grimmigem Humor darstellte – von Axel Springer heute wieder verbrämt und verbreitet –, ist eine einzige erschütternde Anklage gegen die dem Proletariat feindliche kapitalistische Gesellschaft. Erst unter dem Kapitalismus konnte sich diese Armut, die Enge der «Mietskasernen», das Bangen um den nächsten Tag entwickeln. In Zahlen ausgedrückt heißt es, daß zum Beispiel 1925 von etwa 4 Millionen Einwohnern in Berlin weit mehr als 250000 Menschen zu viert in einem Raum schlafen mußten. Zur selben Zeit gab es im Wedding etwa 86 Prozent Kleinstwohnungen (2 Zimmer ohne Küche), die mit drei bis vier, zum Teil mit neun oder zehn Personen belegt waren.[25]

Die technische Entwicklung im Bauwesen, neue Baugesetze und nicht zuletzt die Angst der Kapitalisten vor dem revolutionären Potential eng zusammengedrängter Proletarierwohnungen zwangen die Kapitaleigner, «bessere» Wohnungen zu erstellen. Der Sinn dieses Nachgebens wurde jdoch schon von Alfred Krupp 1871 verkündet, der mit dem Wohnungsbau den Arbeitern den «revolutionären Wind aus den Segeln» nehmen wollte.[26]

Das Wohnungselend wie der Wohnungsbau konnten aber zu Beginn des 20. Jahrhunderts die Organisierung des Proletariats nicht verhindern; während es trotz der schlechten Bedingungen hinsichtlich des zur Verfügung stehenden Wohnraums damals in den Arbeiterbezirken ein proletarisches Eigenleben gab und auch heute noch dort eine Anzahl von Orientierungs- und Bewegungsmöglichkeiten vorhanden sind, so kann man von einer Trabantenstadt wie dem MV nur sagen, daß sie für Menschen gebaut ist, die von der Arbeit nach Hause eilen, isoliert und selbstgenügsam mit einem Bier vor dem Fernseher sitzen und schließlich todmüde ins Bett fallen, um am nächsten Tag erneut zur Arbeit eilen zu können.

Die Abkapselung der Menschen voneinander ist aber ein Phänomen, das nicht in erster Linie von der Entwicklung der Wohnverhältnisse abgeleitet werden kann. Denn hauptsächlich durch die Produktions- und Aneignungsweise vollzieht sich die Scheidung der Menschen voneinander. Schon bevor die Lohnabhängigen in den Arbeitsprozeß eingegliedert sind, müssen sie als Konkurrenten auf dem Arbeitsmarkt ihre Arbeitskraft dem Kapitaleigner gegenüber als Ware veräußern. Am Arbeitsplatz wirken sie zwar kooperativ zusammen, werden aber von dem Kapitalisten zwecks verstärkter Mehrwertabpressung genötigt, sich zu spalten in Hand- und Kopfarbeiter, die Arbeitsvorgänge selbst in viele Einzelabläufe zu gliedern und nur spezielle Fähigkeiten auszubilden. Im hochtechnisierten Betrieb schließlich werden die schöpferischen, ganzheitlichen Kräfte am Fließband vollends eingefroren und zerstückelt. Die Arbeitsteilung in der bürgerlichen Gesellschaft hat Auswirkungen auf alle Lebensbereiche. Die Befriedigungen – Film, Fernsehen, Auto, Reisen usw. –, die diese Gesellschaft zu bieten hat, erweisen sich bei genauem Hinsehen meist als Ersatzbefriedigungen; sie trennen die Menschen in der Freiheit ähnlich wie während der Arbeitszeit.

Diese allgemeinen Aussagen erklären indessen nicht hinreichend das viel häufigere Auftreten von psychischen Erkrankungen in Schlafstädten wie dem MW im Vergleich zu ähnlichen Erscheinungen im proletarischen Altbauviertel. Offenbar finden wir dort eine größere Anzahl von Treffpunkten wie Kneipen oder kleine Kaufläden, die nachbarschaftliche Beziehungen fördern und zur Kommunikation der Bewohner untereinander beitragen. In der Eckkneipe können Arbeiter ihre Sorgen und Nöte aussprechen; in bestimmtem Umfang kann hier noch Geselligkeit entstehen. Lange Zeit waren für Arbeiter die Kneipen außerdem Orte der politischen Diskussion und der Selbstorganisation des Proletariats im Stadtteil. In welchem Umfang die Wohnumwelt das Verhalten der Bewohner beeinflußt, zeigt eine Untersuchung über die Kommunikationsdichte der Arbeitersiedlung Eisenheim bei Oberhausen und einer Neubausiedlung in Oberhausen. Hielten sich in Eisenheim etwa 30 Prozent der Bevölkerung im Freien auf und waren die Hälfte davon in Kontakt miteinander, so konnte man in jener Neubausiedlung nur eine Kommunikationsdichte von 9 Prozent feststellen.[27]

Daraus ist jedoch nur hinsichtlich der Kommunikationschancen eine vergleichsweise günstigere Situation in alten Arbeitervierteln abzuleiten. Die physische Gesunderhaltung dagegen ist hier oft stärker als in Neubauvierteln in Frage gestellt. In der Naunynstraße beispielsweise, einem sehr vernachlässigten Arbeiterviertel in Berlin, treten häufig noch Erkrankungen wie Tuberkulose, Bronchitis und Haltungsschäden infolge ungesunder Ernährung sowie durchnäßter, vom Schimmelpilz befallener, schlecht beheizbarer und mit miserablen sanitären Einrichtungen versehener Wohnungen auf. Im MV hingegen stoßen wir auf die Tatsachen, daß weitaus mehr Kinder Sonderschulen besuchen als im Gesamtdurchschnitt von West-Berlin, daß viele Kinder außerordentliche Verhaltensstörungen und Aggressionen zeigen und die höchste Selbstmordquote von Berlin zu verzeichnen ist. Mit anderen Worten: Die Krankheitssymptome sind durch die Errichtung einer neuen Wohnsiedlung nicht beseitigt worden, sie haben sich nur verschoben. Aus organischen Beschwerden werden psychische Störungen. Die Barriere, die infolge der Arbeitsteilung eh schon zwischen den Lohnabhängigen besteht und die Schaffung einer einheitlichen proletarischen Bewegung behindert, wird unter solchen Wohnbedingungen noch größer.

Trotz der grundsätzlichen Einwände, die wir bisher gegen den kapitalistischen Wohnungsbau vorgebracht haben, ist zu bemerken, daß auch jetzt schon Wohnkomplexe entstehen, die dem MV und anderen durchschnittlichen Trabantenstädten qualitativ weit überlegen sind, obwohl sie keine höheren Kosten verursachen. Von einigen Architekten werden inzwischen Wohnhäuser mit veränderbaren Wohnungsgrundrissen erstellt. Sie ermöglichen ein Variieren der Wohnungen nach Bedarf und Nützlichkeit. Darüber hinaus werden heute mehrfach Foren, Kinderzentren, Sportzentren, Spielplätze usw. von Anbeginn in die Planung des Wohngebietes miteinbezogen und auch rechtzeitig errichtet. Ein interessantes Beispiel dafür ist «t'karregat» in Eindhoven-Herzenbroeken in Holland, das der Architekt Frank van Klingeren entworfen hat, von dem auch die bekannte «Agora» in Dronten stammt.

Die Gemeinschaftseinrichtung «t'karregat» ist der Kern eines mittelgroßen Neubauviertels. Sie umfaßt neben einem Supermarkt fünf bis sechs kleinere Läden, ein Café-Restaurant, ein Stadtteil-Gesundheitszentrum, eine Zentralbibliothek, zwei Schulen, ein Dorfzentrum, zu dem ein Jugendraum, ein Hobbyraum, ein Gymnastik- und ein Versammlungssaal gehören, sowie einen zentralen Gesellschaftsraum. Die offene, dorfähnlich wirkende Gestaltung des Zentrums wird durch vielfältige Nutzungsmöglichkeiten anziehend für die Bewohner und bleibt dennoch überschaubar.[28]

Doch zurück zum MV. Die Isolierung der Viertel-Bewohner vollzieht sich in mannigfacher Weise. Vom Architektonischen her gesehen, sind die Wohnblöcke des MV im wesentlichen für Kleinfamilien gedacht. Die Wohneinheiten sind vollkommen abgeschlossen, bestehen aus zwei bis vier Zimmern mit den entsprechenden Zusatzeinrichtungen und sind wenig variabel; Gemeinschaftsräume fehlen in den einzelnen Wohnblocks. Darüber hinaus ist die Ferne von den Produktionsstätten bezeichnend. Da das MV ein junger Stadtteil ist und eine wirklich positive Identifikation kaum gelingt, haben selbst kommunikationsfreundliche Bewohner große Schwierigkeiten, Kontakt zu finden. Bewohner des Viertels sagten in der MVZ dazu folgenden:

Frage: Welche Kontakte haben Sie zu Ihren Nachbarn, Mitbürgern?
Herr B.:
Es gibt vier bis fünf Mieter hier, wo man wirklich sagen kann, na ja, mit die kannst de dich mal unterhalten und so, nich, die andern kennt man fast gar nicht.
Frau B.:
Hier hat's sich so ergeben, weil ich achteinhalb Monate im Krankenhaus war, da hat sich eine Frau hier im Haus sehr schön um die Kleinen gekümmert; wenn ich sie brauche, ist sie immer für mich da. Die sind alle sehr freundlich und nett. Durch diese Kinder nun auch, da haben sie jetzt auch schon geklingelt, haben gefragt, dürfen wir Ihre Kleinen mal ausfahren. Die (Nachbarin) hat einen Farbfernseher, hat sie auch schon gesagt, kannst mal kommen und gucken.
Herr F.:
Es ist sicher nicht richtig, wenn man sich einigelt, aber mehr Ruhe hat man wahrscheinlich. Ich weiß noch nicht mal, wie die Leute hier ganz oben heißen. Mich interessiert das nicht mehr, ich lebe so für mich.
Frau F.:
Ich gehe ja so zu niemanden, aber ich unterhalt mich schon mal, vor allem mit meiner Nachbarin. Es ist schwer, mit Leuten Kontakt zu kriegen, vor allem in so 'nem großen Haus. Ich habe in Westdeutschland mehr Kontakt gehabt, da waren die Menschen irgendwie zugänglicher.
Frau B.:
In Schöneberg hat man sich nur freundlich guten Tag gesagt.
Frau H.:
Es hat was Gutes für sich, daß man allein ist, nur eben, daß man vielleicht doch zu allein ist.
Frau F.:
Manchmal möcht ich schon, daß ich ooch mal jemanden hätte, weil man eben allein ist.
Frau H.:
Irgendwie so'n Club, daß man mal so'n bißchen unter Leute kommt, sich so'n bißchen aussprechen kann. Eventuell in die Zeitung gesetzt, hier, heute abend, da treffen wir uns, wer Lust hat, kann kommen.
Herr F.:
Sie werden von vielen hören, daß sie sich eingeigelt haben.
Herr H.:
Mit der Nachbarin von oben, mit der wollten wir schon so'n bißchen was machen, die Frau geht auch arbeiten, ja, daß wir einmal die Kinder

nehmen, und dann nimmt die unsere. Das ist der einzige Weg, also, der gangbar ist.»[29]

Die Isolation ist denn auch die bedrückendste, fast alle betreffende Erscheinung in diesem Wohngebiet. Zwar gibt es manche – durch die verschiedensten Schichten hindurch –, die sagen: «Ich bin hierhergezogen, um meine Ruhe zu haben» oder die die Aufdringlichkeit und Geschwätzigkeit in ihrem alten Kietz negativ empfanden. Diese fühlten mit der neugewonnenen Abgeschlossenheit sogar eine gewisse Befreiung von den Zwängen der ehemaligen Umwelt. Doch läßt sich hieraus nicht schließen, daß diese Menschen Isolation wollen. Im Gegenteil. Für viele, die eine solche Auffassung kundtun und die häufig aus Arbeiterschichten kommen, bedeutet die Aufhebung der Isolation in erster Linie die Aufhebung des Aufeinanderhockens der Individuen, wie wir es in Arbeiterbezirken noch feststellen können. Die Konsequenz allerdings ist oft das tatsächliche gewollte Zurückziehen von anderen Menschen. Trotzdem noch einmal: Nicht die räumliche Ballung von vielen hebt die Isolation auf, sondern die Verfügbarkeit des Raums zu Kommunikationszwecken.

Natürlich wird der Versuch gemacht, der Bevölkerung das MV als Errungenschaft modernen Städtebaus einzureden. Allerorten wird die Mär vom märchenhaften MV verbreitet. «Das MV bei Nacht» wird in den Berliner Tageszeitungen vorgestellt – eine Idylle. Ein vom Senat gefertigter Propagandafilm will dem Zuschauer die Vision vom Wohnen der Zukunft, das jetzt schon Wirklichkeit wurde, vermitteln. Der *MV–Express* stellt vierzehntäglich für die Bewohner der Schlafstadt die neuesten Meisterstücke des Senats vor. Er glorifiziert die wüste Betonwelt und meint, es käme «nur auf die Perspektive an», um sich im MV wohl zu fühlen. Die Bewohner des MV gehen einer solchen Verzerrung der Wirklichkeit gewöhnlich nicht auf den Leim. Dennoch läßt sich nicht bestreiten, daß auf Grund der lang anhaltenden Proteste das Bezirksamt in der Tat manche zusätzliche Einrichtung wie Spielplätze, Schulen, Kindertagesstätten schaffen mußte, damit viele Bewohner befriedet würden. Dieser Prozeß bewirkt, daß auch weniger gut gestellte Einwohner des MV gegen Kritiker – selbst aus dem gleichen Viertel und der gleichen Schicht – starke Abneigung entwickeln können. Für die MVZ und die anderen fortschrittlichen politischen Gruppen im MV ist es deshalb in letzter Zeit schwerer geworden, zu agitieren und die Bevölkerung zum politischen Kampf zu mobilisieren.

Vor diesem Hintergrund hat die Mischung der Schichten, die ein Hemmnis zur Solidarisierung des Proletariats bedeutet, einen anderen Stellenwert. Es ist richtig, daß Lohnarbeiter materiell von der kapitalistischen

Wohnplanung am stärksten betroffen sind. Als unfreiwillige Umsetzmieter kommen sie in eine dem Schein nach bessere Wohnumwelt (trocken, gute Installationen, sauber usw.), bluten jedoch beträchtlich für die fast unbezahlbaren Kosten. Dennoch erscheint einem Großteil der Angehörigen dieser Klasse die räumliche Veränderung und der damit verbundene Komfort zugleich als sozialer Aufstieg.

Untere und mittlere Angestellte und Beamte dagegen erhoffen sich von dem Wechsel, der für sie in stärkerem Umfange ein freiwilliger ist, weniger eine Änderung des sozialen Ansehens als vielmehr eine Bestätigung ihrer sozialen Lage und eine Verbesserung ihrer alten Wohnsituation. Bedroht aber sind auch sie von den stetig steigenden Lebenshaltungskosten. Da sie keine Überstunden machen können und nur einen geringen Spielraum für Extraverdienste haben, wird für diese Schichten die allmähliche Senkung der Reallöhne ebenso wirksam wie für die Arbeiter. Im Unterschied zu Beamten haben Angestellte fernerhin, ähnlich wie die übrigen lohnabhängigen Gruppen, mit einer immer unsicherer werdenden Arbeitsplatzlage zu rechnen. Es ist deswegen erforderlich, von einer gewissen materiellen Angleichung der verschiedenen Schichten zu sprechen, insbesondere dann, wenn die relative Verarmung der Beamten und Angestellten in die Überlegungen miteinbezogen werden. Arbeiter wie Angestellte und Beamte mit durchschnittlichen Verdiensten sind gleichermaßen von der Inflation und der Verschlechterung der Lebensbedingungen betroffen. Für sie bedeutet das, daß die Preise den Löhnen davoneilen, daß sie nicht mehr planen können und ihr Haushaltsetat von den Preisen aufgefressen wird.

Dieser objektive Tatbestand weist in groben Umrissen die Richtung auf, in die eine wirksame politische Überzeugungsarbeit gehen soll. Sie muß die objektiven Entwicklungen in ihrer Vorgehensweise berücksichtigen. Konkret heißt das, daß potientiell auch unter Angestellten und Beamten Verbündete für die Arbeiterklasse zu finden sind, daß sie infolge ihrer materiellen Lage Einsicht in die Notwendigkeit der strukturellen Änderung der gesellschaftlichen Verhältnisse haben können und die Agitation durchaus auch auf diese Schichten gerichtet werden soll. Das trifft vor allen Dingen auf den Wohnbereich zu, wo die Bedingungen noch mehr angeglichen sind als im Arbeitssektor. Es ist dabei aber zu beachten, inwieweit die objektive Lage subjektiv im Bewußtsein verankert ist und welche Konsequenzen daraus gezogen werden. Gewiß kann man in dieser Hinsicht bedeutsame Unterschiede zwischen Arbeitern, Angestellten und Beamten entdecken. Schließlich ist ja die Mentalität von Arbeitern besonders geprägt durch ihre Stellung im Produktionsbereich. Die weitaus stärker an die Kooperation gebundene Handarbeit der Proletarier findet in ihren familiären Beziehungen, in der Kindererziehung, in der

Art des Sprechens und Denkens den analogen Ausdruck. Vermutlich gibt es, solange wir den Kapitalismus haben, durchweg bestimmte Grenzen zwischen den Schichten, die nicht überschritten werden können. Ebenso scheint es gegenwärtig noch besonders schwierig zu sein, Angestellte oder gar Beamte für eine fortschrittliche politische Praxis zu gewinnen. Dessenungeachtet ist es notwendig, das objektiv Verbindende der getrennten Schichten zu erkennen, um zu einer angemessenen Strategie im Wohnbereich zu gelangen. Interessengegensätze zwischen den lohnabhängigen Schichten müssen als oberflächliche Gegensätze aufgedeckt werden, die die Funktion haben, Konkurrenz und Spaltung zu erzeugen und die wahren Gegensätze zwischen Lohnarbeit und Kapital zu verdecken.

Anmerkungen

1 IHK-Bericht, 1968, S. 312 f, zitiert nach Artur de Fries: ‹Einfluß von Wirtschaft und Industrie auf die Stadtplanung›. Unveröffentlichtes Manuskript, 1971.
2 IHK-Bericht, 1966, S. 304, a. a. O.
3 Friedrich Engels: ‹Zur Wohnungsfrage›. MEW, Bd. 18, S. 215.
4 Ebenda, S. 263.
5 Bernd Jansen: ‹Wohnungspolitik – Leitfaden durch ein kalkuliertes Chaos›. In: Kursbuch 27, 1972, S. 14.
6 Friedrich Engels: ‹Zur Wohnungsfrage›. A. a. O., S. 260.
7 Ebenda, S. 244.
8 Fritz Neumeyer: ‹Von der Werkswohnung zum sozialen Wohnungsbau. Ein Überblick›. Unveröffentlichtes Manuskript, 1974.
9 Ebenda.
10 Heinrich Dräger: ‹Arbeitsbeschaffung durch produktive Kreditschöpfung›. Nationalsozialistische Bibliothek, H. G. 41, München 1932, S. 64 (zitiert nach Helms/Janssen (Hg.): ‹Kapitalistischer Städtebau›. Neuwied und Berlin 1971, S. 80.
11 J. Schneider, C. Zell: ‹Der Fall der roten Festung›. Wien 1934, S. 17 (zitiert nach Helms/Janssen: ‹Kapitalistischer Städtebau›. S. 123 f.)
12 Karla Krauss, Joachim Schlandt: ‹Der Wiener Gemeindewohnungsbau – Ein sozialdemokratisches Programm› In: H. G. Helms, J. Janssen (Hg.): ‹Kapitalistischer Städtebau›. A. a. O., S. 122 f.
13 F. Neumeyer: ‹Von der Werkswohnung›. A. a. O.
14 Ludowici: ‹Das deutsche Siedlungswerk› 1935, zitiert nach: F. Neumeyer, a. a. O.
15 F. Neumeyer, a. a. O.
16 B. Janssen: ‹Wohnungspolitik›. A. a. O., S. 20.
17 Ebenda, S. 22.
18 Ebenda.
19 Ebenda, S. 25.
20 Ebenda, S. 73.
21 Ebenda, S. 74.
22 Rote Hilfe Berlin: ‹Staatsgewalt, Reformismus und Politik der Linken›. In Kursbuch 31, 1973, S. 48.

23 H. Faßbinder: ‹Thesen zur Bürgerinitiative und Stadtsanierung›. Manuskript 1974, S. 2.
24 O. Rühle: ‹Illustrierte Kultur- und Sittengeschichte des Proletariats›. Berlin 1930, Neuaufl. Frankfurt/M. 1971, S. 404.
25 Ebenda, S. 385.
26 Projektgruppe Eisenheim: ‹Rettet Eisenheim› Bielefeld, West-Berlin 1973, S. 41.
27 Ebenda, S. 83.
28 Bauwelt 13, Berlin, April 1974, S. 478–485.
29 Aus MVZ 1970, 5, S. 5.
30 Die «Daten aus Ökonomie, Politik und Gesellschaft» wurden von Fritz Neumeyer zusammengestellt.

Daten zum Massenwohnungsbau im 19. und 20. Jahrhundert[30]

Ökonomie und Politik	Arbeitsbedingungen
1835 Erste deutsche Eisenbahnlinie (Nürnberg–Fürth) Gründung von Actien-Ges. im Eisenbahnbau; erste industrielle Spekulationswelle 1840 Borsig baut in Berlin die erste Lokomotive in Deutschland 1846 21700 Dampfmaschinen-PS in Deutschland 1846/1847 Mißernte, Agrar- und Industriekrise	Arbeitsverhältnisse in Industrie und Gewerbe sind bestimmt durch: 16–18-Stunden-Tag Koalitionsverbot Kinderarbeit
1848 Februar/März «Revolution» des Bürgertums; keine politische und wirtschaftliche Einigung Bündnis von Bourgeoisie und Adel kennzeichnet den preußischen «Halbfeudalismus» 1850 Dreiklassenwahlrecht 10 Prozent der Bevölkerung in Deutschland sind Lohnarbeiter.	Veröffentlichung des ‹Kommunistischen Manifestes› von Marx und Engels 1820–1850 500000 Auswanderer aus Deutschland
	Die Industrieproduktion steigt von 1851 bis 1860 durch extensive Anwendung von Dampfmaschinen, Erweiterung der Arbeiterzahlen auf das Doppelte von 1841 bis 1850; die Tendenz zum Großbetrieb wird in der Zusammenlegung von Betrieben sichtbar Kulmination der freien Konkurrenz kennzeichnet die Aufschwungphase des Frühkapitalismus
1861 137000 Dampfmaschinen-PS in Deutschland 1864/1866 Kriege gegen Dänemark und Österreich 1867 Gründung des Norddeutschen Bundes schafft begrenzten einheitlichen nationalen Markt und belebt Industrie und Handel	In den sechziger Jahren vollzieht sich der Übergang von der extensiven zur intensiven Produktion: – erweiterte Arbeitsteilung und Mechanisierung läßt die Arbeitsproduktivität steigen (im Kohlenbergbau um 50 %); – steigende Reallöhne bei

1841 Der Berliner Architektenverein lehnt einen Wettbewerb zum Bau von Arbeiterwohnungen ab; Begründung: diese böten ein zu geringes architektonisches Interesse

1844/1848 Erste Werkssiedlung eines Industriebetriebes im Ruhrgebiet: Kolonie Eisenheim der Gutehoffnungshütte
Kritik des großstädtischen Wohnungselends von bürgerlichen Reformern (Angst vor der Übertragung von Seuchen und anderen Krankheiten von den proletarischen Elendsquartieren auf bürgerliche Viertel)

1849 Gründung der ersten «Gemeinnützigen Baugesellschaft», der «Alexandrastiftung» in Berlin
Wohnverhältnisse in der Stadt:
Handwerker: 3-Zimmer-Mietwohnung (Küche, Stube, Kammer) im Bürgerhaus
Ungelernte Arbeiter, vom Land zugezogene verelendete Kleinbauern, «freie» Lohnarbeiter: Dachkammern, Hinterhofstuben, Notbauten usw.
Allgemeine Situation des Wohnungsmarktes:
Reine Arbeitermiethäuser werden noch selten gebaut; sie schienen zu minderwertig, als daß eine Investition sich lohnte; geringe Qualität und daher kurze Lebensdauer der Miethäuser lassen keinen hohen Zins erwarten

1853 Erste Bauordnung für Berlin:
Fünfgeschossige Bebauung für Innenstadt und Außenbezirke gestattet; Spekulation mit Bauland wird gefördert
Künstliche Steigerung des Bodenwertes beschleunigt den spekulativen Wohnungsbau und zunehmende Bebauungsdichte der Grundstücke. Beginn der Mietkasernenbauweise; Hinterhöfe, Seitenflügel und Quergebäude stellen die zweizimmrigen «Kleinwohnungen» für das Proletariat; das Küche-Stube-Muster wird von der spekulierenden Bourgeoisie zum Prinzip der Arbeiterwohnung erhoben

1861 Ein Zehntel der Berliner Bevölkerung in Kellerwohnungen; ein Fünftel der Bewohner Berlins teilt sich ein einziges heizbares Zimmer mit fünf oder mehr Personen
Um in ländlichen Industriezonen zugezogene Lohnarbeiter am Betrieb zu halten, werden «Logierhäuser» das sind Holzbaracken mit Betten, in Fabriknähe errichtet

1869 Aufhebung des Koalitions-
verbotes im Norddeutschen
Bund

1870 Zusammenlegung von 21
Banken zur «Deutschen Bank»
1871 Gründung des Deutschen
Reichs
Herstellung der wirtschaftlichen
und politischen Einheit
Einsetzende Hochkonjunktur,
die «Gründerjahre» (Aktienspe-
kulation)
1873 «Gründerkrach»; Wirt-
schaftskrise mit anhaltender
Stagnation bis 1879
Folgen: Zentralisierung des
Bankwesens, Aufsaugen von
Klein- und Mittelbetrieben,
Gründung von Großunter-
nehmen
1879 Verstaatlichung der Eisen-
bahn
1893 Erstes Kartell (Kohlen-
bergbau)
1896 250 Kartelle, davon 20 internationale
ab 1895 allgemeine Hochkonjunktur durch «Wettrüsten»
Die Einführung des «Taylor-
schen Prinzips» der Arbeitsteilung bedeutet zunehmende Ar-
beitshetze
1900/1901 Erste Monopolkrise
(Weltwirtschaftskrise)
Fortschreitende Monopolisierung ganzer Wirtschaftszweige;
Schwer- und Rohstoffindustrie
sind bis 1914 vollständig kartelli-

gleichzeitigem Sinken der Arbeitszeit auf durchschnittlich
12 Stunden;
– Vergrößerung der Anzahl ge-
lernter Arbeiter
Entstehen der modernen Arbei-
ter- und Gewerkschaftsbewe-
gung:
1863 Allgemeiner Deutscher
Arbeiterverein (ADAV)
1869 Gründung der Sozialdemokratischen Arbeiterpartei
Deutschlands
1872 Gründung des «Vereins
für Socialpolitik»; fortschrittliche bürgerliche Reformbewe-
gung
1876 Gründung des Zentralver-
eins Deutscher Industrieller
(ZVDI); Zusammenschluß der
Unternehmer zur Bekämpfung
der Arbeiterbewegung
1878 bis 1890
«Gesetz gegen die gemeinge-
fährlichen Bestrebungen der Sozialdemokratie»; Verbot der
SPD auf 12 Jahre
(1878 9 SPD-Reichstagsmandate
1890 35 SPD-Reichstagsmandate)
1883/1889 Gesetzliche Unfall-
und Krankenversicherung
1889 Großer Bergarbeiterstreik
im Osten und Westen
1891 Arbeiterschutzgesetze:
Sonntagsruhe, Beschränkung
der Frauenarbeit auf 11 Stunden
täglich, Verbot des Trucksy-
stems, Verbot der Kinderarbeit
unter 13 Jahren
1900 SPD stärkste Reichstags-
fraktion

seit 1900 Stillstand in der Real-
lohnentwicklung

Für Facharbeiter werden einzelne Werkswohnungen auf Fabrikgelände gebaut

1871/1872 Gründung von 40 Baubanken in Berlin
Der Statistiker Engel errechnet, daß in den Gründerjahren Wohnungs-neubauten durch die Spekulanten projektiert werden, die für eine 9-Millionen-Bevölkerung Berlins ausgereicht hätten, und das zu einer Zeit, als Berlin nicht einmal die erste Million erreicht hat; die achtziger und neunziger Jahre bilden den Höhepunkt der Mietkasernenbautätigkeit; die Bebauungsdichte dieser Quartiere, tausend Personen wurden nicht selten auf derart zugebauten Grundstücken gezählt, bleibt unübertroffen; die durchschnittliche Belegdichte einer Kleinwohnung von Stube und Küche beträgt vor 1900 sieben Personen
Die Fassaden der Mietkasernen tragen angegipste Stilelemente der feudalen Architekturordnung auf der Straßenseite zur Schau; die Taxierung des Wertes der Häuser durch die Feuerkasse, und damit die Festlegung der Höhe der Hypotheken, wird nach dem Zustand der Vorderhäuser vorgenommen!
In den ländlichen Industriegebieten entwickelt die Industrie rege Bautätigkeit in der Errichtung von Werkswohnungen für Stammarbeiter, damit diese in der Hochkonjunktur nicht zur Konkurrenz abwandern können; die Koppelung von Miet- und Arbeitsvertrag verhindert Lohnforderungen und Streik

1870–1900 Ansteigen der Wohnungsnot in den Städten
Mietpreissteigerungen, Exmittierungen, «Schlafburschenwesen»;
vor den Toren Berlins entstehen neue Stadtviertel aus Bretterbuden, die von Obdachlosen behaust werden, von der Polizei niedergerissen, erneut an anderen Enden der Stadt entstehen.

ab 1895 Verlagerung der Industriebetriebe an den Stadtrand (fehlende räumliche Expansionsmöglichkeit im Stadtinneren); neben dem Neubau von Fabrikanlagen werden ganze Stadtviertel mit Werkswohnungen für die Stammarbeiter geplant
Die «Gartenstadt» bedeutet die Aussiedlung ganzer Schichten und Gruppen der Gesellschaft, ihre Bewohner sind die privilegierte Schicht der Arbeiterklasse (Sozialhygiene, exklusive Kollektivbildung)
Trotz neuer Baugesetze verbessert sich die Wohnsituation der Lohnarbeiter nicht
Reformansätze werden vom Bürgertum getragen und beschränken sich auf den bürgerlichen Miethausbau; hier kommen, wie auch bei der Gartenstadtbewegung, neue städtebauliche und architektonisch fortschrittliche Ideen zur Anwendung: einheitliche Planung ganzer Straßenzüge, Hofbildung über Grundstücksgrenzen hinweg, bessere hygieni-

siert; die Verschmelzung von Großbanken und Großindustrie führt zum «Finanzkapitalismus»; Kapitalexport an Stelle von Warenexport

1914–1918 Erster Weltkrieg
Sinkende Produktion, außer in der Rüstungsindustrie
November 1918
Revolution: Proklamation der Republik
Einführung des Achtstundenarbeitstages
1919 Verfassung des Deutschen Reiches
1919–1923 Reprivatisierung enteigneter Betriebe; Entstehen staatlicher Konzerne durch Zusammenfassung und Aufkaufen
1923 Höhepunkt der Inflation
1924 Währungsreform
1924–1928 Phase der Modernisierung des Produktionsapparates; ausländische Kredite, Steuererlasse durch den Staat
1928 Deutschland modernste Industrie auf dem Kontinent
1929–1932 Börsenkrach, Weltwirtschaftskrise
1933 Machtübernahme
Ankurbelung der Industrieproduktion durch Aufrüstung
1935 liegt die Produktion des Konsumgütersektors noch unter dem Stand von 1928
1939–1945 Zweiter Weltkrieg

1949 Gründung der BRD
1950 Wiederaufbau der kapitalistischen Wirtschaftsordnung des «freien Marktes»
ab 1960 «Soziale Marktwirtschaft», «Wirtschaftswunder»

Das Entstehen einer Arbeiteraristokratie ermöglicht, daß der Revisionismus (Glaube an die «Sozialpartnerschaft») in der Arbeiterbewegung Fuß fassen kann

1914 Die SPD stimmt im Reichstag bis auf wenige Ausnahmen der Kriegskreditvorlage zu
Während des Krieges greift der Staat in die Wirtschaft ein (Materialbeschaffung, Produktionssicherung)
Verfilzung von Industriemanagement und Staatsleitung
Begriff der «Gemeinwirtschaft»; soziale Verpflichtung des Eigentums
1920 Reallöhne ein Drittel unter dem Stand von 1913
1922 Betriebsrätegesetz (Mitbestimmung)
1923 Reichsmietengesetz: Mietpreisbindung, Mieterschutz
1924–1929 Tendenz zur Arbeitslosigkeit verschärft durch Rationalisierung: Lohnsenkungen, Kurzarbeit
1929 Massenarbeitslosigkeit
1933 Aufhebung des Betriebsrätegesetzes; Einschränkung des Mieterschutzes; Sinken des Relativlohnes

1949 Gründungskongreß des DGB; Forderung nach Wirtschaftsplanung, Sozialisierung der Schlüsselindustrien und volles Mitbestimmungsrecht der Arbeiter
1956 Wiederbewaffnung mit Zustimmung der SPD und der Gewerkschaftsführer

sche Bedingungen (Licht, Lüftung)

1914 Rückgang der Bauproduktion um 100 Prozent

1915 Kriegerheimstättengesetz; Kleinhaus mit Garten für jeden heimkehrenden Krieger ohne Wohnung

1918 Staatskommissar für Wohnungswesen

Eingreifen des Staates in den Wohnungsmarkt

Baustoffknappheit; «Haus für das Existenzminimum in ‹Do-it-yourself-Bauweise›»

1920 Reichsheimstättengesetz: Darlehen aus der Staatskasse zum Bau von Wohnungen; Förderung «gemeinnütziger Unternehmen» (5 Prozent Gewinnausschüttung) durch Einkommensteuer

1919–1924 Überwiegender Bau von Kleinsiedlungen; Einfamilienhaus mit Kleinlandwirtschaft (krisenanpaßbar durch Kleinlandwirtschaft)

1924 Hauszinssteuer für Altbauten, die durch die Inflation alle schuldenfrei geworden sind

Vergabe von Hauszinssteuermitteln an «gemeinnützige Trägergesellschaften» zum Mietwohnungsbau («sozialer Wohnungsbau»); diese Gesellschaften werden von Industriebetrieben, den Kommunen und auch der Gewerkschaft gegründet; der Werkswohnungsbau geht auf Grund des Verbots der Koppelung von Arbeits- und Mietvertrag als «werkgeförderter Wohnungsbau» im «gemeinnützigen» auf; das Belegrecht bleibt erhalten

Bau moderner Großsiedlungen ohne Hinterhöfe; Zeilenbauweise; verbesserter technisch-hygienischer Standard (WC, Bad, Balkon); Lage am Stadtrand; «Durchgrünung, Luft und Sonne»

1950 1. Wohnungsbaugesetz:

Förderung von Wohnungen, «die für die breiten Schichten des Volkes bestimmt und geeignet sind»

Scheinbar nicht-kapitalistische Organisation der Wohnungswirtschaft

1959 2. Wohnungsbaugesetz:

Förderung des Einzeleigentums im Vordergrund staatlicher Politik; «Wir müssen durch die Förderung des Eigenbesitzes aus besitzlosen Proletariern verantwortungsbewußte Staatsbürger machen!» (Wohnungsbauminister Lücke, CDU)

Einfamilienhaus-Bauboom; Bausparkassenfinanzierung («Herrensitz à la Wüstenrot»)

1960 Gesetz über den Abbau der Wohnungszwangswirtschaft:

Die Wohnungswirtschaft soll wieder den Regeln der freien Marktwirtschaft unterworfen werden; «weißer Kreis» bedeutet die Aufhebung der Mietpreisbindung

1965 850000 Haushalte in Baracken, Kellerwohnungen und Dachkammern in der BRD geschätzt (offiziell)

1974 10000 Wohnungen in Frankfurt leerstehend, weil auf Grund der hohen Mieten des freien Marktes nicht vermietbar

Kapitel III
Die Märkische Viertel Zeitung (MVZ)
Vom Bürgerforum zum Delegiertenrat
Die erste Phase (Juni 1969 – Juni 1970)

Acht Leute saßen in dem alten Pfefferkuchen-Einfamilienhaus am Wilhelmsruher Damm und starrten beklommen auf eine Karte des Märkischen Viertel. 9000 Wohnungen waren – über den Daumen gepeilt – bezogen, das machte 25 000 Menschen; die Hälfte von dem, was spätestens 1974 zwischen Industriebahn, Heidekrautbahn, Nordgraben und S-Bahn angesiedelt sein würde. Diesen 9000 Haushaltungen wollten wir an diesem Tag – es war der 23. Mai 1969 – mitteilen, daß wir demnächst eine Zeitung *für sie* machen würden, eine Zeitung,

«die Ihre Zeitung ist. Aber nicht nur, weil Sie sie kaufen, sondern weil Sie sie selbst schreiben. Hier können Sie sich gegenseitig informieren. Warum machen wir das? Wer sind wir? Das erfahren Sie in der Nullnummer der MVZ, die Sie demnächst in Ihrem Briefkasten finden werden.»[1]

So stand es jedenfalls auf dem Flugblatt, das wir blödsinnigerweise im DIN-A3-Format gedruckt hatten. Blödsinnig, weil wir das Ding zweimal falten mußten, um es durch die Schlitze der Hausbriefkästen stecken zu können. Heute sind wir klüger, heute würden wir einen poppigen Poster drucken, den man nicht gleich in den Eimer wirft, der neben den Hausbriefkästen steht; für die Tonnen von Postwurfsendungen, die täglich ins MV schwappen.

Wir hatten uns das MV in sechs Verteilergebiete eingeteilt und schätzten, daß wir es in fünf Stunden schaffen würden. Später, als uns die Leute kannten, ging es schneller. Dann halfen uns die Kinder beim Verteilen.

Es war ein abenteuerliches Unternehmen, auf das wir uns da eingelassen hatten. Wir: das waren die Studenten der Pädagogischen Hochschule Berlin Klaus und Christina, Nikolaus, Elke, eine technische Zeichnerin, die sich zu uns verlaufen hatte, und Wolfgang, ein Hochschullehrer. Wir wollten versuchen, «die Kommunikationsstrukturen im Märkischen Viertel zu verbessern», wie es hochtrabend im Vorlesungsverzeichnis des Sommersemesters 1969 geheißen hatte. Die Sache mit den Kommunikationsstrukturen bestand aus zwei Teilen, unserer Zeitungsgruppe und einer Gruppe von Jungfilmern, die später mit Spielfilmen wie «Wir wollen Blumen und Märchen bauen», «Liebe Mutter, mir geht es gut», «Schneeglöckchen blühn im September» und «Der lange Jammer» bekannt geworden sind. Sie wollten die Kommunikationsstrukturen mit sogenannten «Kinogrammen» verbessern – wochenschauähnlichen Streifen über das MV, die abends im Einkaufszentrum unter freiem Himmel gezeigt werden sollten. Dann gab es noch andere PH-Gruppen, die in Kindergärten und Miniklubs arbeiten wollten, auf einem Bolzplatz und dem ersten Abenteuerspielplatz der BRD*, in einem Kinderhaus und mit Rockern in der «Brücke» am Wilhelmsruher Damm. Insgesamt waren wir hundert Studenten und acht Hochschullehrer. Wir hatten versucht, uns einigermaßen auf die Sache vorzubereiten. Wir hatten im Februar ein Wochenende zusammen im Märkischen Viertel verbracht, hatten mit Stadträten, Sozialarbeitern, Gemeinwesenarbeitern, Pfarrern und MV-Bürgern gesprochen und für jeden Studenten eine zweihundert Seiten starke Materialsammlung über das Märkische Viertel zusammengestellt. Aber im übrigen fühlten wir uns natürlich in unseren Hörsälen, Bibliotheken und an unseren Schreibtischen sicherer als in diesem Neubauviertel, das uns vorkam wie eine Betonwüste, in der wir uns verlaufen hatten.

Trotzdem sind wir recht schnell im Viertel heimisch geworden. Zwei von uns wohnten übrigens von Anfang an in seiner Umgebung. Nach den ersten Verteileraktionen, nach den ersten drei Redaktionskonferenzen, die öffentlich in der evangelischen Kirche stattfanden (bis wir dort rausflogen, weil wir nicht positiv genug waren), nachdem sich eine gewisse Routine herausgebildet hatte, wurden wir sicherer. Es ist wirklich erstaunlich, wie schnell man sich an etwas gewöhnt. Häuser, die man wiedererkennt, Leute, die mit den Köpfen nicken, Kinder, die fragen, wann die nächste MVZ kommt und ob sie beim Verkaufen helfen können.

Wir hatten uns für unsere Arbeit natürlich ein Konzept gemacht. Sonst wäre unser Unternehmen auch gar nicht als «wissenschaftliche Veranstaltung» von der Hochschule anerkannt worden, und wir hätten keinen Seminarschein bekommen, den wir brauchten, um uns zur Prüfung anzumelden, die wir brauchten, um wieder einen Schein zu bekommen, den wir brauchten, um unser Geld damit zu verdienen, den Kindern das ABC und die Mengenlehre beizubringen. Aber wir haben es damals nicht nur wegen des Scheines gemacht. Eine Zeitung, die in der Perspektive «von den Bewohnern für die Bewohner des Märkischen Viertels gemacht wird» – das war mal was anderes. Uns reizte die Praxisnähe des Projektes – und der politische Anspruch.

* Siehe Autorengruppe ASP/MV: ‹Abenteuerspielplatz. Wo Verbieten verboten ist›. Reinbek 1973.

Die MVZ sollte, so stand es in unserem ersten Arbeitspapier, eine *lokale Zeitung* sein, die sich an *Wohn- und Mietfragen* orientiert.

«Will die Zeitung wirksam sein, so muß sie die Bewohner bei ihrer Interessenlage und Bedürfnisstruktur abholen, so konservativ oder harmonistisch diese auch sein mag.»[2]

Sie sollte in einem sehr allgemeinen Sinne *politisch* sein, aber nicht «revolutionär». («Von revolutionärer Strategie kann keine Rede sein. Möglich ist vielleicht die Entwicklung revolutionärer Verhaltensweisen und Bewußtseinsinhalte. Mehr nicht. Aber immerhin.») Sie sollte innerhalb eines weiten linken Spektrums «*pluralistisch*» sein («Leserbriefe voll und in repräsentativer Auswahl [wenn nicht alle] abdrucken und als ‹Mitarbeiterbeitrag› kennzeichnen.»), und sie sollte so schnell wie möglich eine Zeitung werden, die *von den Bewohnern des Viertels selbst gemacht wird:* «Die Strategie der Redaktion ist es, den Abstand zwischen den Lesern und Zeitungsmachern zu verringern, ja die Zeitung zu einem großen Teil von den Lesern selbst machen zu lassen.»[3]

Um es vorwegzunehmen: Wenn wir uns heute, nach fünf Jahren, die MVZ ansehen, so können wir feststellen, daß sich die Zeitung (die jetzt von anderen Leuten gemacht wird) im ersten und vierten Punkt treu geblieben ist. Die MVZ wird heute in der Tat von den Bewohnern gemacht und nicht von Studenten, und sie ist eine lokale Zeitung geblieben. Sie beschränkt sich allerdings nicht mehr auf Wohn- und Mietfragen, sondern bezieht Probleme am Arbeitsplatz, im gesamten Reproduktionsbereich und in der internationalen Politik ein. Im Hinblick auf den zweiten und dritten Punkt hat sie allerdings wesentlich mehr Profil gewonnen: Sie ist nicht mehr allgemein politisch, sondern in ihr werden eindeutigere sozialistische Positionen bezogen, ohne daß die Zeitung jedoch für irgendeine der sozialistischen Organisationen und Stadtteilgruppen *insgesamt* Partei ergreift.

Am 23. Mai verteilten wir also unsere 9000 Mammutflugblätter, und zwanzig Tage später steckten wir 7000 Exemplare der ersten, zwölfseitigen MVZ in die Hausbriefkästen. Zwischen Flugblatt und Nullnummer der MVZ machten wir eine erste öffentliche Redaktionssitzung im evangelischen Gemeindezentrum, zu der wir die Professionellen im Viertel, die wir kannten (Sozialarbeiter, Lehrer, Pfarrer, Kindergärtnerinnen), und «Kontakt-Bürger», mit denen wir inzwischen bekannt geworden waren, einluden.

Es erschienen wir acht, zwei Sozialarbeiter, der Gemeindepfarrer und dreizehn MV-Bürger. Ein Mitglied unserer Gruppe berichtete über den

Stand der Arbeit, betonte,

«daß in Zukunft die Bürger miteinander in Verbindung treten sollen, die Kontakte dürfen nicht nur über die Zeitung und über die Redaktion laufen»,

und forderte alle auf, Probleme zu nennen, die in der Zeitung angesprochen werden sollten. Die Anwesenden machten sich ohne Umschweife an einen solchen Problemkatalog. Sie fanden die Idee mit der Zeitung gut, aber wir kriegten auch mit, daß es ihnen (aus guten Gründen) weniger um die Zeitung als *Zeitung* ging, also um ein Ding, in dem man etwas aufschreiben und drucken kann, sondern um Aktionen, also Veränderungen. Lang anhaltend diskutierten die Bürger eine von der Wohnungsbaugesellschaft unabhängige *Rechtsberatung* für Mieter und schlugen vor, eine zentrale Kartei mit Mängelrügen und Verstößen der Gesellschaft gegen die Mietverträge anzulegen. Sie regten einen morgendlichen *Mitfahrerdienst* aus dem MV in die Stadt an, den Bau einer Erste-Hilfe-Station und die Organisation eines lokalen *Baby-Sitting-Dienstes*. Ein LKW-Fahrer bot an, am Wochenende mit seinem Lastwagen Sperrmüll aus dem Viertel auf die Kippe zu transportieren.

Eine zweite Gruppe von Problemen bestand aus den typischen sozialen «Defiziten» in Neubauvierteln: nicht genügend Kindertagesstätten-Plätze, überfüllte Schulklassen, keine Spielmöglichkeiten für die Kleinkinder, kein Postamt, kein Friedhof, kein Naherholungs- und Grüngürtel. Hinzu kamen Probleme, die typisch für Neubauviertel mit überwiegender Arbeiterbevölkerung sind: die zahlreichen Kinder, Mietrückstände, verspätetes Eintreffen der Bewilligungsbescheide für Mietbeihilfen, Alkoholismus.[4]

Eine dritte Gruppe von Diskussionsbeiträgen bezog sich auf notwendige Informationen für Leute, die neu ins MV gezogen waren: regelmäßiger Veranstaltungskalender, Sprechstunden und Urlaubszeiten der Ärzte in der Nähe des Viertels, Apotheken-Notdienst und Preisvergleich zwischen dem Angebot der Supermärkte im Viertel und in den benachbarten Altbaugebieten von Reinickendorf und Wedding.

Wir haben uns in unserer Nullnummer ziemlich eng an die von den Bürgern genannten «einfachen» Probleme gehalten. Neun Beiträge beschäftigten sich mit Problemen der Kinder im MV, eine Seite war mit Veranstaltungshinweisen gefüllt, zwei Seiten enthielten Anzeigen, ein größerer Beitrag ging auf die Frage ein, ob man den neuen Dauermietvertrag der GeSoBau unterschreiben solle, zwei Artikel berichteten von Aktivitäten außerhalb des Viertels – einen Kindergärtnerinnenstreik in

Kreuzberg und Bürgerinitiativen in Berlin-Lichtenrade. Als Aufmacher für die Zeitung wählten wir ebenfalls ein Bürgerinitiativ-Thema: das Tonbandprotokoll einer Protestversammlung im evangelischen Gemeindezentrum, auf der 250 Eltern die Erhöhung der Kindertagesstätten-Plätze und die finanzielle Unterstützung von Elternselbsthilfegruppen gefordert hatten – und trotz angeblich nicht vorhandener Etatmittel zehn Tage später 50000 DM für ihre EKGs* abstauben konnten. Dies schien uns ein wichtiges Lehrstück zu sein, wie man die Sozialbürokratie durch Basisaktionen unter Druck setzen und gleichzeitig die Kommunikation der Eltern im Viertel durch Gruppenbildung vervielfältigen konnte.

Seit der Nullnummer entwickelten wir eine gewisse Routine. Jeden Monat erschien eine MVZ im Umfang von 12 bis 24 Seiten. Die Juli-Nummer war mit einem Mietproblem aufgemacht («Wer hat Anspruch auf Wohngeld?»), die August-Nummer mit Mängelrügen bei Neubauwohnungen («Was tun, wenn der Hahn tropft?» und «Unser Dauergast, der Handwerker»), die September-Nummer war mit einem Beitrag zur Generationsproblematik («MV erwachsenenfeindlich?») aufgemacht, als Antwort auf einen Beitrag in der August-Nummer, in dem das Viertel als jugendfeindlich bezeichnet worden war. Die Oktober-Nummer enthielt neben einer ausführlichen Kritik an den fehlenden Bildungseinrichtungen im Viertel scharfe Angriffe auf die Jugendpolitik der Berliner SPD und Disziplinierungsmaßnahmen der GeSoBau. Die Dezember-Nummer war mit der politisch profilierten Predigt eines Reinickendorfer Pfarrers aufgemacht und enthielt eine sechs Seiten umfassende Analyse des vorweihnachtlichen Konsumterrors («Warum sind die Säcke der Weihnachtsmänner so dick?»). Um die Jahreswende 1969/1970 verschärfte die Zeitung ihre Ausdrucksweise. Sie griff die GeSoBau frontal an («Zwangsräumung. 700 Familien in Gefahr», Januar 1970), protestierte gegen die 25. Grundschule, deren Rektor einen Schularbeitszirkel aufgelöst hatte, griff zum erstenmal ein Thema aus der Arbeitswelt auf («AEG-Telefunken – ein Vorteil für das MV?», Februar/März 1970) und forderte alle Bewohner des MV auf, am 1. Mai in einem «besonderen Marschblock von Bürgern aus dem MV» mit der außenparlamentarischen Opposition zu demonstrieren (April/Mai 1970).

Nach dem gemeinsamen Maimarsch im antikapitalistischen Block der Linken fand nachmittags ein Fest im MV mit Volkstheater und Musik statt. Die Festteilnehmer zogen anschließend zu einer leerstehenden, dem Verfall preisgegebenen und den Initiativgruppen mehrfach versprochenen Fabrikhalle, um sie demonstrativ zu besetzen.

* Eltern-Kindergruppen: Vorschulgruppen, die durch die Eigeninitiative von Eltern in Privatwohnungen und Läden eingerichtet werden und vom Senat finanziell unterstützt werden können, wenn sich die Eltern aktiv an der pädagogischen Arbeit beteiligen.

MIT WOHNGELDBEILAGE

MVZ

Märkische Viertel Zeitung

Impressum im Forum MV, Berlin 26, Wilhelmsruher Damm 192,
Arbeitskreis Heinzegraben, Arbeitskreis Mieten und
Wohnen im MV, Hannelore und Lutz Archner, Constan-
tin Bartning, Uwe Gluntz, Marlis Gosch, Angelika
und Norbert Günther, Horst Lange, Günter Jeske,
Klaus Krüger, Hans Rickmann, Christina Stier,
Fieweger, Harald und Margareta Richter.

APRIL · MAI   Nr. 4 / 70

INHALT

Preis o.3o   Auflage 6 ooo

1. MAI '70

Für Senat und GeSoBau — oder für die Arbeiter im MV?

Bürger mit u. ohne Auto treffen sich:

1. Mai 1970: Für Senat und GeSoBau – oder für die Arbeiter im MV?

Seit 1949 haben Berliner Arbeiter den 1. Mai gemeinsam mit Unternehmern und Senatsfunktionären "gefeiert" und im Interesse dieser zweifelhaften "Gemeinsamkeit" mit ihren Nöten und Forderungen hinter dem Berg gehalten. Im Laufe der Jahre wurden es immer weniger, die Spaß hatten an solchen Demonstrationen einer falschen Einheit.

In den Tagen nach dem Mordanschlag auf den Studentenführer Rudi Dutschke beteiligten sich – wie Senat und Polizei bestätigen mußten – immer mehr junge Arbeiter an den Demonstrationen gegen Springer und hinter dem Berg gehalten. In dieser Situation riefen Studenten und Arbeiter zu einer Maidemonstration gegen Unternehmer und die von ihnen abhängige Senatsbürokratie auf. 30 000 folgten diesem Aufruf. Zur Senatskundgebung auf dem Platz der Republik fanden sich kaum mehr ein. Im folgenden Jahr war das Zahlenverhältnis für den Senat noch ungünstiger.

Diese Entwicklung, und nichts anderes, hat den Senat gezwungen, die Einheitskundgebungen sterben zu lassen. Plötzlich dürfen die Gewerkschaften auch in Berlin wieder gewerkschaftliche Kundgebungen zum 1. Mai veranstalten.

Werden jetzt aber wirklich unsere Nöte und Probleme auf der Kundgebung angesprochen werden? Die Reden werden von den Spitzen der Gewerkschaft gehalten – also von jenen Leuten, die zusammen mit den Senatoren in den Aufsichtsräten der "gemeinnützigen" Wohnungsbaugesellschaften sitzen, die unmittelbar verantwortlich sind für jene skandalöse Wohnungs- und Sozialpolitik, die im MV sichtbaren Ausdruck gefunden hat. Wir wissen, was die für Reden halten werden. Wir wissen auch, was wir von ihnen zu halten haben.

Sollen wir da noch hingehen und die Bonzen beklatschen?

Es gibt auch in diesem Jahr eine Mai-Demonstration der Außerparlamentarischen Opposition. Dort werden Studenten und Arbeiter reden, keine Funktionäre. Vielleicht reden einige Studenten über unsere Köpfe hinweg. Sie haben große Schwierigkeiten, die ihnen anerzogene elitäre Wissenschaftssprache abzulegen und allgemeinverständlich zu quatschen. Die Arbeiter aber werden über unsere Probleme in unserer Sprache reden. Dort werden u.a. Forderungen nach niedrigen Mieten, nach Kindergärten, Schulen und Krankenhäusern vertreten werden. Das sind auch unsere Forderungen. **Deshalb gibt es auf dieser Demonstration einen besonderen Marschblock von Bürgern aus dem MV. Treffpunkt 10 Uhr 30 vor dem S-Bahnhof Karl-Marx-Straße.** Diese Forderungen werden allein nicht durchzusetzen sein, solang wir uneinig sind, solang es Unternehmen und Senat gelingt, die Außerparlamentarische Opposition zu diffamieren und zu verketzern. Aber haben wir ein Interesse daran, gegen Bürger vorzugehen, die unsere Forderungen den Herrschenden unter die Nase reiben? Wielange wollen wir es noch anderen überlassen, für unsere Forderungen auf die Straße zu gehen? Wenn wir alle dabei sind und uns einig sind, kann uns niemand mehr diffamieren.

Die Redaktion

Da bin ick wieda !!

FRÖHLICHE WEIHNACHTEN UND SKI HEIL!

Apropo "Heil", wußten Sie schon, daß die National-Zeitung kein Parteiblatt ist? Ick noch nich. Jetzt weeß icks aber. Det kam so.

Ein juter Nachbar von mir wollte, als der Herr Senator Ewerts zurückjetreten war alle erscheinenden Pressemeldungen studieren, und zu diesem Zwecke kaufte er in unserem Zeitungsladen im Zentrum ein Sortiment von Gazetten, von Springer zu Telegraf, Tagesspiegel; MVZ und unter anderem die Wahrheit. Es waren fünf bis sechs verschiedene Blätter und Blättchen. Als er nun besagte Wahrheit verlangte, sagte die Verkäuferin: "Tut mir leid, aber Parteiblätter führen wir nich!" Dajejen ließe sich ja normaler Weise nischt einwenden. Ick hab mir nun über meine eijenen Jedanken darüber jemacht und bin zu dem Resultat jekommen: Wenn die Wahrheit een Parteiblatt ist, was nich abzustreiten jeht, wat sind dann die Bild, BZ, Tagesspiegel und Telejraf? Wat aber sind det für Blätter wie Soldaten und National-Zeitung? Ick war ja bisher immer der Meinung, wir ham im schönen Wirtschaftswundaland ne Pressefreiheit und ne freie Meinungsbildung vom Grundjesetz jarantiert. Wie siehts damit aber in Wirklichkeit aus? Für mich als MV-Bewohner jelinde jesacht beschissen. Da dem Unternehmer die Wahrheit nicht in den Kram paßt, verkooft er sie nich aus. Also muß ick in der Stadt fahren und mir da meine Zeitung holen. Ick kann ick aber als Entschädigung die Faschistenblätter bei ihm koofen. Heil NPD. Det dollste aber kommt noch. Die MVZ, unsere von

det bin ick ➔

Bürgern des MV gemachte Zeitung, welche wirklich unparteiisch ist, da nur zwei Mitarbeiter des gesammten Teams in der SPD sind, verkauft dieser saubere Unternehmer nicht mehr aus rein profitjierigen Interessen, er sagt für 0,25 Pf ist ihm die Zeitung zu teuer, sagt er. Es lohnt sich für diesen sauberen Mister Monnemacher nicht, 5 Pf zu verdienen. Gleichzeitig dürfen diese Bürger, welche ohne jegliches Entgelt, ohne die geringsten eigenen Vorteile aus ihrer Arbeit – wenn man Opfern der sehr knapp bemessenen Freizeit, Opferung der wohlverdienten Nachtruhe zwischen zwei harten Arbeitstagen zwecks der Herstellung dieser MVZ-Bürgerzeitung einen Vorteil nennen kann – bei ihm ihre Hör Zu, BZ oder alle die Reaktionären National- und Soldatenzeitungen bei ihm kaufen, und zwar ausschließlich nur bei ihm! denn er steht hier ohne jede Konkurrenz, und nur darum kann er sich solche Touren leisten. Ick bin nu keen Kommunist, und keen Nazi, weder neuer noch alter, aber trotzdem muß ick die Möglichkeit haben, mich alseitig zu informieren, und nich nur soweit wie mir det mein Händler zudiktiert und zusteht. "Sieg Heil!"

So, det war nu jar nich meine Art zu schreiben, aber det mußte mal jesagt werden. Nun werde ick wieder der alte Schnüffel, und zwar mit een bißchen Romantik in den Fingerspitzen. Ick war vor een par Jahren mal im schönen Land der vielen jerühmten Zitronen, und zwar ooch uff Capri in der Blauen Grotte. Ehrlich, den Weg hätte ick mir sparen können, wenn ick jewußt hätte, det ick mal ins MV ziehen würde und war mir da erwartet. Wenn man zu Dr. Eisenhardt jeht (der beleibe nischt dafür kann und een juter und sympathischer Arzt ist), kann man det selbe Erlebnis jenießen. Leise rauscht det Wasser anne Wand des Koridors lang, dazwischen tropft es dann leise und gleichförmig im exakten Rythmus je nach Stärke des Regens von der Decke. Wenn man sich dann endlich dürch die Lachen und Pfützen zum Wartezimmer durchgearbeitet hat, empfängt einem der Hauch der nördlichsten Breiten. Nur mit 'em feinen Unterschied, ist der Hauch der Blauen Grotte angenehm kühlend und erfrischend, somacht der bei Dr. E. aus einem kleinen Schnupfen eine handfeste Grippe. Lungenentzündung. Wenn ick mir bei + 9 Grad ausziehen sollte, würde ick ja vielleicht ooch tun, aber mit dem eiskalten Horchjerät uff det Zwerchfell rumrutschen würde ick mir nich lassen. Ick hab da een juten Vorschlag an Herrn Limberg, wie wäre es denn, wenn er den Flur und die Praxis blau anstreichen ließe, denn könnte er sich vor den jingng stellen und für die Führung durch die "Blaue Grotte" Eintritt kassieren und sein Bankkonto könnte sich noch emens vergrößern. Außerdem wäre für doch noch ne mächtige Atraktion für die Senatsfremdenführer, "Besichtigung der Tropfsteinhöle im Märkischen Viertel von Berlin." Na, denn jesundheit!

Die Post hat sich ja nun ooch wieder een dolles Ding jeleistet. Det sie die Post im MV Zentrum jeschlossen haben, ist ja nich das schlimmste, die war ja sowieso nur als Provisorium jedacht, aber nu hatten ooch gleich noch den Briefkasten dicht jemacht, und det finde ick is doch mal wieder ein typischer Schildbürgerstreich. Ick hab mit dem Herrn Amtsstellenleiter jesprochen, und wißt Ihr, wat der jesagt hat? Es wäre nich im Interesse der Post, wenn die Geschäftsleute im Zentrum die Briefkästen mit ihrer Geschäftskorrespondenz voll stopfen. Na wie vich doch diese Schildbürger sind, an die nebenan wohnenden Mieter, welche nu bis zum Eichhorster Weg oder in den entgegengesetzten Richtung zur Treuenbrietzener Str. gehen müssen, hat man nich jedacht in der MV. Nu werden sich wohl einige Leutchen nur für den Zweck ihre Post in die dafür vorjesehene Kiste zu bekommen, eenen Drahtesel koofen müssen. Hier noch ein Tip, lieber Leser, wenn du zum Postamt Briefmarken koofen jehst, koof Dir vorhe noch een Kreuzworträtselheft oder een Tom Brax, der könnte jrade reichen, um die Wartezeit im dorjen Gehäuse zu überbrücken, det nennt man "Konsumzwang".

Bis zum nächsten mal

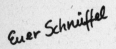

Euer Schnüffel

DIE 10 000. WOHNUNG IN DEN MÄRKISCHEN BETONALPEN BEZOGEN

Heute, ein Tag wie jeder andere? Vielleicht, aber nicht für die Bürger des MV; denn heute wurde die 10 000. Wohnung eingeweiht und 556 weitere Wohnungen gerichtet. Dazu in Verbindung ein "Volksfest". Fest kommt von feiern und feiern verbinde ich mit Freude. Haben aber die Bürger des MV einen Grund zur Freude?

Ich sage nein! Denn wenn sich in so einer jungen Stadt schon nach kurzer Zeit so viele Initiativ-Gruppen und Bürger zur Selbsthilfe zusammen gefunden haben, kann doch etwas nicht in Ordnung sein. Denn wo keine sozialen Konflikte bestehen ist Ruhe. Im MV ist keine Ruhe! Auf der einen Seite steht die GeSoBau, gestützt auf den Senat und die Bezirksvertreter, auf der anderen Seite sind wir Bewohner, die wir dieser Macht ausgeliefert sind.

Um meine Worte besser zu verstehen, brauchen Sie sich nur einmal Ihren Mietsvertrag mit allen seinen Zusatzverträgen ansehen, um zu wissen, welche Rechte und Pflichten Sie haben. Wenn Sie Ihre Rechte betrachten, dann bleibt nicht viel mehr, als daß Sie völlig unkontrolliert und in jeder Menge unsere versuchte und verpestete Luft atmen können. Bei Ihrem Wasserverbrauch müssen Sie schon wieder, lt. Vertrag, darauf achten, daß Sie nicht zuviel davon verbrauchen.

Um nun gegen diese einseitige Benachteiligung zu protestieren, haben sich Bürger aus dem MV zusammengetan und sind mit selbstgefertigten Flugblättern und Transparenten zu der spektakulären Einweihung gezogen, um von den Verantwortlichen menschenwürdige Bedingungen zu fordern. Damit wir auch überall gut gehört werden, haben sich jugendliche Bastler einen alten VW zu einem Lautsprecherwagen umgebaut. An demokratische Spielregeln gewöhnt, haben wir die offizielle Veranstaltung nicht gestört, sondern wollten nach dem letzten Redner für unsere Anliegen Gehör finden.

Was passierte? !? !? !? – Die protestierenden Bürger wurden, trotz vorheriger Anmeldung des Protestes, von der Polizei behindert. Nicht nur das! Die Polizei, die glaubte mit der Parole: "Die APO kommt!", die Bauarbeiter gegen uns aufhetzen zu können, hatte sich geirrt. Die in keiner angetrunkene Bauarbeiter haben sich die Arbeiter mit den Bürgern solidarisiert. In den Baubuden wurde noch heftig über den gerechten Protest diskutiert und die betrunkenen Störer wurden von ihren Kollegen auf ihre Art zurechtgewiesen. Ich frage nun Sie: "Wer hat hier die demokratischen Spielregeln mißachtet?" Selbst die BZ kommt nicht umhin, von einem Betongebinge und berechtigten Bürgerprotesten zu sprechen.

Aber lassen wir noch einen Bewohner des MV zu Worte kommen. Neben mir steht der Arbeiter Schulz in seiner blauen Arbeitsmontur. Aus verständlichen Gründen wurde der Name geändert, ist aber der Redaktion bekannt.

Frage: Wie ich sehe, sind Sie Bauarbeiter. Arbeiten Sie hier?

Schulz: Ja!

Frage: Warum tragen Sie ein Transparent?

Sch.:   Weil ich hier im MV wohne und mit den Zuständen unzufrieden bin.

Frage: Haben Sie denn an Ihrer Neubauwohnung etwas auszusetzen?

Sch.:   Ja, eine ganze Menge. Als ich vor einem Jahr hier eingezogen bin, habe ich erhebliche Mängel und Schäden in meiner Wohnung festgestellt. Wie Stoßschäden an der Badewanne, lose Plastic-Fliesen in der Küche, in einem Fenster fehlt teilweise der Kitt und Farbe, die Verkleidung der Badewanne löst teilweise immer wieder ab und andere Mängel, die man garnicht alle auf Anhieb sagen kann. Besonders ärgerlich ist für mich, daß ich den vorgesehenen Kinderwagenkeller nicht benutzen kann und folglich meinen Kinderwagen immer ein Etagen hinaufschaffen muß. Der Wagen wird davon nicht besser und ich werde ihn wahrscheinlich nicht mehr los. Meine Miete zahle ich mit aber für Fahrstuhl, Müllschlucker, Kinderwagenkeller etc. pro qm 0,80 DM. Außerdem verärgere ich mir die anderen Mieter, die sich behindert fühlen, wenn ich mit meinem Wagen den Fahrstuhl benutze.

Ein weiteres Ärgernis ist der Zugang zum Haus. Hier hat die GeSoBau in dem unbalbauten, modrigen Gelände nur einen etwa meterbreiten Trampelpfad angelegt, der, wenn es regnet von Kraftwagen bestellt ist, so daß sich die Mieter durch den Modder zu ihren Häusern arbeiten müssen.

Frage: Ist das nur bei Ihnen so, oder haben die Mieter in den anderen Häusern ebenso viele Klagen?

Sch.: Soweit ich hier andere Mieter aus anderen Häusern kennengelernt habe, klagen sie alle. Sie brauchen ja nur einmal aus meinem Fenster zu sehen und sich selbst ein Urteil bilden.

Frage: Haben Sie oder andere Mieter denn noch nichts unternommen, um diese Mißstände abzustellen?

Sch.: Ich persönlich habe mich mit einem Herrn Wegner von der GeSoBau unterhalten und zur Antwort erhalten, daß das unheimlich viel Geld kosten würde. Nun frage ich mich, wo die hohen Mieten, die wir hier bezahlen, bleiben?

Frage: Wie sieht es denn mit der Mängelbeseitigung in Ihrer Wohnung aus?

Sch.: Außer den Fliesen in der Küche und der Heizung im Bad ist bis heute noch nichts gemacht worden. Ich weiß aber, daß die GeSoBau meine Adresse kennt. Denn sollte es einmal vorkommen, daß ich eventuell 14 Tage mit meiner Miete im Verzug bin, habe ich bestimmt eine Mahnung im Hause.

Frage: Eben wird meinem Gesprächspartner von einem jungen angetrunkenen Arbeiter das Transparent entrissen und zerstört. (Der Interviewer wendet sich wieder an Sch.)

Frage: Wie ich von Ihnen gehört habe, waren doch Ihre Proteste zu Recht. Können Sie sich erklären, warum Ihnen einer Ihrer Kollegen das Transparent entrissen hat?

Sch.: Nein, dafür fehlt mir jedes Verständnis - - - - - - - Ich nehme an, der Kollege hat gar nicht gelesen, was auf den Transparenten und Flugblättern steht.

Und wie denken Sie ? ? ?

DIE GROSSE MANIPULATION AUS DEM HAUSE SPRINGER

Richtfest im Märkischen Viertel und offizielle Feierlichkeiten anläßlich der Übergabe der 10.000. Wohnung: Das war etwas, was sich selbstverständlich die Springer-Presse nicht entgehen lassen konnte. "Die Welt", "Morgenpost" und "BZ" hatten erneut Gelegenheit gefunden, die Aufbau-Arbeit des Westberliner Senats zu preisen. Mit dem Hinweis auf den guten Willen der "Offiziellen" und auf das Glück der Familie, welche die 10.000. Wohnung beziehen durfte, wurde alle Kritik an den Mißständen übertüncht. Ganz konnten die Springer-Schreiber diese Mißstände allerdings nicht leugnen, denn sie mußten bedenken, daß sehr viele ihrer Leser im MV wohnen, und diese wissen über das Viertel ein Lied zu singen.

Wie konnten die Berichterstatter es also anstellen, daß sie einige der katastrophalen Verhältnisse zwar antippten, sie gleichzeitig aber so verniedlichten, daß sie schon fast nicht mehr zu sehen waren?

Die Lösung war einfach, aber genial. Man brauchte nur in die Trick-Kiste zu langen. Und da kam hervor, was man brauchte: Demonstranten! Die hatten Schilder, auf denen man zu lesen: **"10.000 Höhlen sind gemacht — an 5.000 Kinder hat keiner gedacht"** und **"Bei hohen Mieten sind sie fix, für Krankenhäuser tun sie nix"**. Die Springer-Autoren schrieben also nicht, wie die Wirklichkeit aussieht: daß nämlich die Rechte der MV-Bewohner in verantwortungsloser Weise von Senat und Baugesellschaft mißachtet werden, sondern sie berichten lediglich über Transparente und Plakate von Demonstranten. Und daß denen möglichst keiner Glauben schenkt, dafür haben die Schreiber des Herrn Springer in ihren jahrelangen Diffamierungskampagnen den Griffel gewetzt. Sie arbeiten nach der Methode: Verdrehe die Wahrheit! Und wenn die Wahrheit sich nicht gänzlich totschlagen läßt, dann lege sie solchen Leuten in den Mund, denen sowieso keiner Glauben schenkt!

Die BZ verkündete in ironischem Ton: "Eine Gruppe von Demonstranten hatte etwas anderes (als der Bausenator und der Bürgermeister) zu sagen." So wie der Fabrikherr sich gnädig dem Mann an der Werkbank zuwendet: 'Sagen Sie es nur, wenn Sie etwas anderes als ich zu sagen haben', und dabei heimlich dem Betriebsleiter zuzwinkert, so macht sich diese ehrenwerte Zeitung über die Meinung von MV-Bewohnern lustig.

Für den Fall aber, daß immer noch ein Leser die Äußerungen der Demonstranten für richtig halten sollte, wurde der nächste Trick ans Tageslicht gezogen: Krawalle! Wenn ein Springer-Schreiber von "Zusammenstößen (der Demonstranten) mit Bauarbeitern und der Polizei" (BZ) berichten kann, hüpft ihm das Herz im Leibe. Denn wo es zu Prügeleien kommt, und wer die Gescwhlagene sind, danach sollte keiner fragen.

Doch kann bei diesem Thema man auch interessante Unterschiede zwischen den einzelnen Springer-Blättern feststellen: In der BZ ist von "kleinen Zusammenstößen" (der Demonstranten) die Rede, für die fünf Zeilen verwendet worden. "Die Welt" dagegen sieht die Sache anders: Eine fette Balkenüberschrift, in der von Prügeleien die Rede ist, — eine zweite Überschrift enthält das Wort "Schlägereien". — In sechs Doppelzeilen (fett gedruckt) und 22 Normalzeilen wird genüßlich der "Krawall" beschrieben, der "losbrach".

Woher die Unterschiede in der Darstellungsweise?

Die Redakteure aus dem Hause Springer wissen: Die BZ wird hauptsächlich von den Berliner Arbeitern gelesen. Da nun aber im Demonstrationszug Arbeiter des MV mitmarschierten, mußte man sich in der Berichterstattung Zurückhaltung auferlegen. Denn Arbeiter, die ihre Rechte vertreten, würden sich selbst von Herrn Springer persönlich nicht an der Nase rumtanzen lassen. Und mit ihnen würde ein großer Teil ihrer Kollegen sich gegen Diffamierungen in der BZ zu wehren wissen. In der BZ mußten also die an den Auseinander-

DIE WELT

UNABHÄNGIGE TAGESZEITUNG FÜR DEUTSCHLAND

Schlägereien im Märkischen Viertel

Nach dem Richtfest prügelten sich Bauarbeiter mit Demonstranten

Zu Schlägereien zwischen Demonstranten und Bauarbeitern kam es gestern nach der Richtfeier für weitere 556 Wohnungen im Märkischen Viertel, bei der gleichzeitig dem 10 000. Mieter eine Wohnung am Senftenberger Ring übergeben wurde. Rechtsanwalt Horst Mahler war auch zur Richtfeier erschienen. Dem Augenschein nach hatte er keinen Kontakt zu den Demonstranten. Die Bereitschaftspolizei, die offenbar vor Zwischenfällen gewarnt worden und mit zahlreichen Mannschaftswagen aufgefahren war, griff in die Auseinandersetzungen zu keinem Zeitpunkt ein.

Zu Zusammenstößen kam es jedoch nicht nur zwischen Jugendlichen und Arbeitern; auch einige Bauhandwerker griffen die Parolen der Agitatoren auf und wurden daraufhin von ihren Kollegen als „Puckelrussen" angepöbelt und tätlich angegriffen.

Drei Bauarbeiter zerrten einen Studenten, der ein Transparent mit der Aufschrift „Wer protestiert, wird exmittiert" in einen Rohbau. Die Autos der Besucher, die zur Feier gekommen waren, stauten sich, der Busverkehr kam zeitweilig zum Erliegen. Relative Ruhe trat erst ein, als die Lautsprecherwagen, mit denen die Demonstranten Parolen verbreitet hatten, abfuhr.

Auf den Schildern war unter anderem zu lesen: „Macht dem Schwedler Dampf für mehr Schulen — Klassenkampf", „10 000 Höhlen sind gemacht — an 5000 Kinder hat keiner gedacht", „Bei hohen Mieten sind sie fix, für Krankenhäuser tun sie nix".

Schon vor der Veranstaltung hatten Studenten und Schüler Flugblätter verteilt, die mit „Arbeitskreis Mieten und Wohnen" und „Jugendgruppen im Schülerladen Finsterwalder Straße" unterzeichnet waren.

Daß der Krawall nicht schon während der offiziellen Reden losbrach, ist offensichtlich auf mangelnde Koordinierung der Aktionsgruppen zurückzuführen.

In einem Punkte seiner Rede war der Senator widerlegt worden: Er hatte erklärt „Hier herrschen Optimismus und konstruktive Initiative. Manches ist noch nicht in Ordnung. Doch die vielen Beispiele ehrlichen Bemühens stärken meine Überzeugung, daß das Märkische Viertel für seine Bewohner und Besucher immer attraktiver wird — und für Agitatoren mit destruktiven Parolen immer unergiebiger."

Eine Gruppe von Demonstranten hatte etwas anderes zu sagen. Auf Flugblättern versprachen sie den neuen Mietern die baldige Räumungsklage. Auf Transparenten standen Sprüche wie: „Wer nicht pariert, wird exmittiert!" Es gab kleine Zusammenstöße mit Bauarbeitern und der Polizei.

Am Abend nahm der Bürgerverein Märkisches Viertel e. V. zu den Vorfällen Stellung. Er distanzierte sich von den Methoden der Demonstranten, die „uns in eine neue ideologische Fremdbestimmung führen wollen". Gleichzeitig vertrat er nachdrücklich die Auffassung, daß im Märkischen Viertel noch so viele Notwendigkeiten vermißt werden, daß ein Volksfest Hohn-Charakter hätte.   S.W.

Zwei Gründe zum Feiern

20 Pf

B·Z·

Nr. 90 ● 94. Jahr / Sonnabend, 18. April 1970 ● A 2032 A
● Dänemark dkr 0,65 ● Holland hfl 0,35 ● Italien L 60
Österreich ÖS 2,— ● Schweiz sfr 0,30 ● Spanien pts 7

Die größte Zeitung Berlins

setzungen beteiligten Arbeiter wie ein rohes Ei angefaßt werden. Ganz anders in der "Welt": Das ist das Blatt der "gehobenen Schicht", das Blatt der Bildungsbürger und der Wirtschaftsbosse. Hier kann sich der Haß gegen die Arbeiter und Arbeiterinnen ungehindert austoben. Hier kann man hoffen, daß kein Arbeiter-Finger auf die Hetz-Artikel weist: "Auch einige Bauhandwerker griffen die Parolen der Agitatoren auf und wurden daraufhin von ihren Kollegen als 'Puckelrussen' angepöbelt und tätlich angegriffen." In perfider Weise werden die Lohnabhängigen gegeneinander ausgespielt. Genießerisch lehnt sich der satte "Welt"-Leser (der sicher keine Mietsorgen hat, sondern höchstens Dividenden-Sorgen) in seinem Sessel zurück: 'Da haun sich doch diese dummen Proleten gegenseitig die Köppe ein.' Und lachend schlägt er sich auf die Schenkel. Ein kalter Schauer liefe diesem braven Bürgersmann über den Rücken, wenn er in seiner Zeitung das lesen würde, was sich in Wirklichkeit abspielte: Da ergriffen Bauarbeiter die Partei ihrer demonstrierenden Kollegen und riefen: "Wir alle sind die Angeschmierten. Wir alle schaffen das Geld ran, das sich eine Minderheit einsackt!" Das müssen die Herren von "Welt" und "BZ" verschweigen, ⸗n sie nicht ihre Brötchen verlieren wollen. Denn sie müssen ⸗erhin ihrer Aufgabe nachkommen: Den Bürgern das Märchen vom "Sozialen Rechtsstaat" aufzutischen.

Es ist bedauerlich, daß der "Bürgerverein Märkisches Viertel" nicht gemerkt hat, für welchen infamen Betrug er seinen Namen hergab, als er gegenüber der BZ eine Stellungnahme abgab, ohne sich richtig informiert zu haben. Dort stand nun — ob er es so gemeint hatte oder nicht — daß er sich von den Methoden der Demonstranten distanziere, die "uns in eine neue ideologische Fremdbestimmung führen wollen". Kein Wort der Erklärung, was damit gemeint sei. Ob die Forderung nach sozialen Mieten "ideologische Fremdbestimmung" ist oder vielleicht der Spruch: "Unser Geld in unsre Hände — macht der Gesobau ein Ende"? Der Bürgerverein sollte sich sehr genau überlegen, ob das für die Herren sind, die mit seinen Äußerungen ihr trübes Süppchen kochen. Für alle Gruppen, welche die Interessen der Bewohner des MV vertreten, sollte an diesem Beispiel klarwerden, daß eine verbesserte Zusammenarbeit notwendig ist. Nur in g e m e i n s a m e n A k t i o n e n können sie den Kampf um ihre Recht g e w i n n e n !

Wellutzki-Ziewer

An die
MÄRKISCHE VIERTEL ZEITUNG
im Forum MV

1 Berlin 26
Wilhelmsruher Damm 192

Ich bestelle die MVZ zum Preis von DM 0,30 pro Heft bis auf Widerruf.

Vor- und Nachname ist   :
Meine Postanschrift ist   :
Telefon   :
Unterschrift   :

Wir zahlen Spitzenlöhne
und Leistungszulagen

für

Formschleifer
Stahlformenbauer
Werkzeugmacher für Lehrenbohrmaschine
Werkzeugmacher für Schnitte, Stanzen und Vorrichtungen

Bewerbungen erbeten an:

Walter Bergmann, Werkzeug- und Formenbau,
1 Berlin 65, Gerichtstr. 12/13, Tel.: 465 24 59, Bus 12

Ausschnitt aus einer Tonbandaufnahme, die von der Filmgruppe "Wochenschau MV" anläßlich der Demonstration am 17.4.70 gemacht wurde.

Ein Bauarbeiter:

Det sind ja bloß ein paar Radauköppe! Die solln mal kommen . . . (erschreit) . . . acht Tage solln se bei mir mal arbeiten, dann loofen se uffm Zahnfleisch rum.

Eine Frau:

Ja, nun passen so doch mal uff, nu werd ick Ihnen mal was sagen. Sie ackern Ihr ganzet Leben. Mein Vater ist Eisenleger gewesen und wat wird aus uns Kindern? Genau nicht mehr. Sie sind die niedrigste Klasse einer Gesellschaft.

Der Bauarbeiter:

Is ja nicht wahr! Is ja nicht wahr!

Die Frau:

Sie kommen nicht dahin, wo Sie hinwollen. Sie ackern für Essen und Trinken, für mehr reicht es einfach nicht. Und die dicken Bonzen . . .

Der Bauarbeiter:

Wat is et? Für Essen und Trinken? Ick bau mir ein Haus, sag ick Ihnen! Soviel hab ick mir zusammengeschafft!

Die Frau:

Na denn sind Sie jut. Aber die meisten, den meisten jelingt et einfach nicht. Stimmt es?

Der Bauarbeiter:

Na ja! Det liegt an jedem selber.

Die Frau:

Und wer heute hier wohnt und vier Kinder hat. Menschenkinder, der kommt überhaupt nicht hier hoch.

Der Bauarbeiter:

Meine Dame, wenn ick die Kinder nicht ernähren kann, dann muß ick nicht soviel Kinder anschaffen.

Ein gutgekleideter Herr:

Was wolln Sie denn? Vier Kinder haben, die Frau nicht mitarbeiten, Mercedes fahren und denn noch ein eigenes Haus? Daß sowas der Schnitt für die Bevölkerung sein soll?

Die Frau:

Darum geht es nicht! Darum geht es überhaupt nicht! Es geht darum, daß die Kinder nicht gefördert werden. Es gibt keene Spielplätze. Die Kinder können hier überhaupt nirgends sein! Die Kinder werden in den Schulen nicht gefördert. Aus ihnen kann ja überhaupt nischt werden. Die züchten sich hier wat ran. Einfach wieder ein Prol ..... Proleten züchten se sich hier heran. Sonderschulen. Fünfzig Kinder in eener Klasse. Een Kind was een bißchen schwierig is? Sonderschule . . . ab!

Der Bauarbeiter:

Ja, aber wer is denn daran schuld? Doch die Familien selber! Warum schaffen sie sich so viel an?

Die Frau:

Wenn wir uns keene Kinder anschaffen, können Sie keene Rente kriegen. Können denn Sie nich soweit denken?

Hilfe und Rat

bei Zahlungsbefehl

415 59 43
415 58 28
415 54 34

Der Bauarbeiter:

Und wo kriegen Sie det Kindergeld her? Die bezahlen wir!

Die Frau:

Die fuffzig Mark, damit kann man keen Kind erziehen.

Der Bauarbeiter:

Wir arbeiten, damit Ihr leben könnt.

Die Frau:

Und Ihr? Ihr wart immer brav. Ihr habt Euch allet jefallen lassen! (auf die Umstehenden weisend) Diese Leute, die müßten angesprochen werden. Gucken Sie sich doch die mal an! Det is ergreifend, wie dumm die Menschen sind, daß se sich det jefallen lassen! (Umstehende lachen höhnisch über die Frau)

Die Frau:

Hier jeht det nich um materielle Werte, überhaupt nicht! Det is zweitrangig einfach dabei. Hier jeht es darum: Unsere Kinder, die können keinen Lebensstandard ... aus ihnen kann überhaupt nichts werden. In Zukunft wird Geist gefordert und nicht Kraft. (Nach einer langen Pause, während die Umstehenden nichts sagen) Is Ihnen denn det nich klar? (Auf die Demonstranten weisend) Warum laufen Sie denn nich mit? Warum stehn Sie hier alle rum? Det is so wichtig! Sie alle sind angesprochen und nicht hier ein paar. Wir sind keene Linksradikalen! Wir sind ganz einfache Leute, die hier wohnen. (Nach einer Pause) Gucken Se sich unsere Kinder an, die kennen keen Wald. Keine Buslinie is hier! Man kommt nich nach Tegel obwohl es so nahe is! Warum is et allet nicht. Det jehört einfach dazu wenn ick 360 Mark Miete zahle für ne Drei-Zimmer-Wohnung.

Witz des Monats: von Hola

Ick stelle erst mal die Tapeten hin damit die Mieter einzieh'n können. Die Wände komm' später.

CeSeBau

Am Donnerstag dem 14.5.70

NÄCHSTE ÖFFENTLICHE REDAKTIONSSITZUNG

WOZU?

Damit die Bewohner des MV über ihre Zeitung selbst bestimmen. Was drin stehen soll und was nicht.

WIE?

Reden Sie doch mal mit. Fordern Sie doch mal was. Oder hören Sie sich das mal an.

WO?

Im Tagungsraum des ev. Gemeindezentrums.

Wilhelmsruher Damm 123

Bürger mit und ohne Auto treffen sich:

10 000 WOHNUNGEN IM MV

Am letzten Freitag hat man hier bei uns am Senftenberger Ring die 10 000. Wohnung eingeweiht. Man — das sind der Senator, der Bezirksbürgermeister, der Direktor der GeSoBau, die hohen Herren von Wirtschaft und Finanz, von Fernsehen und Presse. Wir hier, die Mieter, haben dabeistehen und uns noch über die Blumenstrauß freuen müssen, den die Frau, die in die Wohnung einzog, gekriegt hat. Wir mußten uns anhören, daß durch den strengen Winter die Bauplanung um 4 Monate hinterherhinkt, das heißt die Arbeiter müssen das wieder aufholen, sie werden gezwungen, noch schneller und gegen ihren Willen noch unsorgfältiger zu arbeiten. Denen muß es doch auch oft in der Hand zucken, den Hammer hinzuschmeißen, weil sie nicht mehr mitansehen können, daß durch dieses Tempo ihre Arbeit immer schlechter wird. Welcher Arbeiter will den Mietern solchen Schund noch abliefern!

Als all die hohen Herrn mal so kurz hier bei uns ihre großen Reden geschwungen haben, da habe ich gedacht, das kann man sich als Mieter nicht gefallen lassen. Die haben sich nämlich nicht entschuldigt, daß hier zu wenig Schulen und Kindergärten sind, keine Jugendheime und Krankenhäuser, viel zu wenig Ärzte. Sie waren nur froh, daß 10 000 Wohnungen stehen, weil sie dann nämlich 10 000 mal durchschnittlich 300,— DM Miete kriegen in jedem Monat. Das soll man sich nämlich mal ausrechnen, das sind Monat für Monat 3 Millionen Mark. Mit dem Geld kann man ohne viel Kopfzerbrechen die großen Banken und Geschäftshäuser in der Innenstadt bauen. Bei uns sahnen sie ab und stecken es den Unternehmern in die sowieso schon prall gefüllten Taschen.

Denen ist es auch egal, wie es hier aussieht. Wenn man schnell im Mercedes durchs MV fährt, ist es ja auch ganz schön bunt anzusehen. Aber hier zu wohnen, würde den Herren doch nicht einfallen — die fahren so schnell wie möglich wieder weg in ihre Villen in Dahlem und Zehlendorf; dahin wo genügend Kindergärten und Fachärzte sind, wo die Klassengröße in den Schulen unter 25 liegt und nicht über 40 wie hier im MV. Da treffen sich dann auch wieder die Bonzen aus Industrie und Handel und sprechen sich ab, was sie weiter machen sollen. Für die macht Herr Schwedler und der Senat seine Politik, nicht für uns. Denn sonst würden die doch nicht zusehen können, wie immer mehr Kinder aus dem MV auf die Hilfsschule gehen müssen, weil die Ausbildung in den überfüllten Schulen zu schlecht ist. Das ist doch eine Sauerei, daß im MV dreimal soviel Schüler auf die Hilfsschule gehen wie in Dahlem.

Aber über all das und vieles Notwendige sonst haben die hohen Herren nichts gesagt, davon wollen sie nichts wissen, daran können sie nicht verdienen. Die wollen uns sogar dumm halten, damit nur sie an der Spitze sein können, aus Dahlem und Zehlendorf. Wenn die Arbeiter vielleicht mehr Möglichkeiten hätten zu lernen, wie sie von oben verschaukelt werden, würden sie denen sicher schnell die Stühle wegziehen.

Als ich mir das alles gedacht hatte zu den Reden, die da über unsere Köpfe hinweg gehalten wurden, wünschte ich, daß hoffentlich schon mehr so denken wie ich. Und daß immer mehr so denken lernen müssen, damit wir endlich selber entscheiden können, wohin die Steuergelder fließen. Nämlich wieder zu uns zurück und nicht in die Taschen von ein paar Reichen und für Handgranaten und Panzer für die Polizei.

Diese Tatsachen hätte ich den Bewohnern des MV gern gesagt am letzten Freitag. Aber damit wäre ja auch nichts geändert. Die hätten dann vielleicht genickt und gesagt: "Der hat ja recht." Schwedler, Limberg und Konsorten stecken doch weiter das Geld ein, wenn man da nicht mehr unternimmt. Mehr unternehmen kann man aber nur, wenn man nicht mehr so einsam vor der Tribüne steht und sich den Kopf im Nacken auf die Zunge beißt wenn Schwedler oder der Bezirksbürgermeister lügt. Wir müssen anfangen uns zu sammeln um zu verhindern zu können, daß sich die hohen Herren auch die 15 000. Wohnung mit denselben Sprüchen einweihen können. Wir müssen uns treffen, um gemeinsam zu lernen wie wir uns dagegen wehren können, daß wir immer mehr und schneller verheizt werden. Ich jedenfalls habe jetzt nach der Einweihung der 10 000. Wohnung die Nase voll vom Zusehen, jetzt werde ich etwas dagegen unternehmen.

Ein Bewohner des MV, der nach der Wohnungsübergabe in den Arbeitskreis Mieten und Wohnen eingetreten ist.

Briefmarkenfreunde treffen sich am Do., 14.5. um 19 Uhr im Forum MV

Interessenten für Astronomie wenden sich an Horst Lange, Wilhelmsruher Damm 201, Tel.: 415 45 59

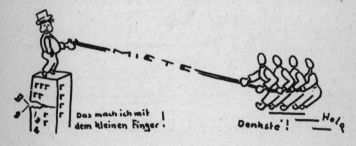

Das mach ich mit dem kleinen Finger!

MIETE

Denkste! — Holp

DAS MASS IST VOLL!!

Eltern fordern mehr Tagesstätten

Seit Jahren warten Eltern auf freiwerdende Kindertagesstättenplätze. Seit Jahren wird von den Bürgern im MV gefordert, mehr Tagesstätten zu planen. Aber es scheint sich nichts zu rühren. Ca. 1 000 Kinder im MV sind bei den Tagesstätten angemeldet. Die im Bau befindlichen Kitas sind alle im Verzug, obwohl einige nach Fertigbauweise errichtet werden. Wann endlich wird der für die Planung von Kindertagesstätten Verantwortliche seinen Hut nehmen müssen? Man hat den Eindruck, die Planer seien eingeschlafen. Mühsam muß man sich bei den einzelnen Behörden durchfragen, wie es mit der Planung steht.

Wir wollen hier nicht untersuchen, ob es gut ist, wenn Mütter mit Kleinkindern arbeiten gehen. Wir wissen aber, daß die hohen Mieten im MV zahlreiche Väter und Mütter zwingen, Arbeit aufzunehmen. Nur: Wohin mit den Kindern? Die städtischen und konfessionellen Tagesstätten reichen bei weitem nicht aus. Ca. 600 Plätze stehen zur Zeit zur Verfügung. Aber ca. 2 400 Frauen mit Kindern arbeiten. Diese vom Bezirksamt Reinickendorf veröffentlichten Zahlen alarmieren. Denn es gibt wieder etwas, was uns nach dem Krieg viel Kopfzerbrechen bereitete: Das Schlüsselkind.

Der Weg dieser Kinder ist vorgezeichnet; das wissen auch unsere Planer. Eine hoffnungslose Situation?

Das hängt von den Eltern ab, die auf einen Kindertagesstättenplatz warten. Die Arbeitsgemeinschaft zur Förderung der Vorschulerziehung, die sich aus Bürgern, Sozialarbeitern und Architekten zusammensetzt, hat 320 Eltern, die auf Platz warten, angeschrieben und Vorschläge zur Verbesserung der Lage gemacht. 87 Eltern schickten eine Karte an die AG zur Förderung der Vorschulerziehung zurück und unterstützten die Vorschläge. Bei 2 weiteren Treffen mit den betroffenen Eltern bildete sich die "Notgemeinschaft Kindertagesstätten".

Die Notgemeinschaft arbeitete einen Brief an Senat, Bezirksamt und Baugesellschaften aus, der von der letzteren bis zum 30. April beantwortet werden soll.

Die Notgemeinschaft Kindertagesstätten, die in ihrem Brief konstruktive Vorschläge zur Verbesserung der Lage gemacht hat, wird sich nicht mit billigen Rechtfertigungen von Seiten der zuständigen Planer abspeisen lassen. Sie verlangt, daß ihre Vorschläge geprüft und umgehend realisiert werden. Was nützen im Jahre 1973 mehr Tagesstättenplätze, wenn wir sie heute brauchen?

Wenn Sie mehr über die Arbeit der Notgemeinschaft Kindertagesstätten erfahren wollen, wenden Sie sich ans Forum MV, Tel.: 415 58 28. Schreiben Sie an die MVZ, wenn Sie die Forderungen der Notgemeinschaft unterstützen wollen.

Und hier der Brief:

NOTGEMEINSCHAFT KINDERTAGESSTÄTTEN
1 Berlin 26, 4.4.70
Wilhelmsruher Damm 192

Wir sind eine Interessengemeinschaft, die sich aus Eltern des Märkischen Viertels, die auf Kindertagesstättenplätze für ihre Kinder warten, zusammensetzt. Die Situation auf diesem Sektor dürfte Ihnen bekannt sein:

Die Situation der Jugend im MV

Bericht vom Jugendamt Reinickendorf
Februar 1970
(Auszug)
Hochrechnung: Danach ist nach Bezug sämtlicher Wohnungen im MV 1972 folgende Bevölkerungsstruktur zu erwarten:

Kinder von 0 bis 5 Jahren	8.170 =	15,4 %
Kinder von 6 bis 15 Jahren	8.440 =	14,5 %
Jugendliche von 15 bis 21 Jahren	4.149 =	7,6 %
		37,5 %

Laut Bezirksamt vom 17.3.70 sind bis zum 31.12.72

1.329 Tagesstättenplätze

vorhanden. Das bedeutet, daß 8 % der Kinder im Alter von 0 - 15 Jahren Kindertagesstättenplätze haben. (Senatsempfehlung mindestens 15 %)

Diese Aufstellung sowie der rapide Fortschritt des Wohnungsbaus im MV, verbunden mit dem Zuzug junger und kinderreicher Familien, lassen erkennen, daß selbst nach Anschluß der Bauarbeiten im MV das Kindertagesstättenproblem weiterhin ungelöst sein wird. Es droht für die Betroffenen katastrophale Ausmaße anzunehmen. Deshalb treten wir mit folgenden Forderungen an Sie heran:

1. Die im Bau befindlichen und die geplanten Kindertagesstätten sind fristgemäß zu übergeben. Kein Baustopp für Kindertagesstätten!

Warum sind folgende Kindertagesstätten noch nicht fertiggestellt?

Senftenberger Ring	geplante Fertigstellung 1968 156 Pl.
Wilhelmsruher Damm	geplante Fertigstellung 1969 166 Pl.
Treuenbrietzener Str.	geplante Fertigstellung 1969 262 Pl.

2. Die vorliegende Planung deckt keineswegs den tatsächlichen Bedarf.

Weitere Kindertagesstätten sind umgehend in die Planung einzubeziehen! Dabei ist von 25 % der 1 - 12jährigen Kinder im MV auszugehen, wie es schon den Bezirksamt empfohlen wurde.

3. Bau und Planung der Kindertagesstätten sind besser als bisher von den zuständigen Bezirksamt- und Senatsstellen zu koordinieren.

4. Es sind sofort Wohnungen und Gewerberäume zu mieten und als Kindertagesstätten einzurichten, da die oben genannten Maßnahmen frühestens Ende 1973 bzw. Anfang 1974 (s. Aufstellung) zu einer spürbaren Verbesserung führen können. Es sind mobile Kindertagesstätten zu errichten, die in späteren Jahren bei Änderung der Bevölkerungsstruktur in anderen Bezirken Verwendung finden könnten.

5. Bei den noch zu errichtenden Wohngebäuden sind von vornhein Kinderetagen vorzusehen, die später in Jugendeinrichtu verwandelt werden können.
Um Lärmbelästigungen entgegenzuwirken, sind die Keller als Pufferzone im den 1. Stock zu legen, die Einrichtungen für die Kinder in das Erdgeschoß.

Alle Gerüchte über die MVZ stimmen!

Bürger mit und ohne Auto treffen sich:

DAS MASS IST VOLL *(Fortsetzung)*

6. Schon heute sind die Kindertagesstätten aufgrund zu großer Gruppen und dem Mangel an ausgebildetem Personal zu reinen Aufbewahrungsanstalten degradiert.
Deshalb ist umgehend mehr Personal zu besseren Arbeitsbedingungen (Ausbildung, Arbeitszeit, Entlohnung) einzustellen.

Wir können es nicht länger dulden, daß unsere Kinder die Leidtragenden einer Entwicklung sind, im Laufe derer das MV zum Inbegriff von Fehlplanungen mangelnder Folgeeinrichtungen geworden ist.

Um unseren Kindern ein Mindestmaß an Entwicklungsmöglichkeiten zu gewähren, fordern wir:

7. eine Kommission, die sich speziell mit der Lösung dieser Fragen befaßt.

8. Wir fordern Sie auf, spätestens bis zum 30. April d.J. zu den vorstehenden Punkten mit konkreten Angaben zu den Forderungen Stellung zu nehmen!

Wir hoffen, daß die von uns gewählten Abgeordneten der Parteien unsere Interessen vertreten werden.

Wir übergeben diesen Brief der Berliner Presse zur Veröffentlichung.

Im Auftrage der 86 Eltern, deren Nöte zur Bildung der "Notgemeinschaft Kindertagesstätten" geführt haben

gez. Schipporeit

Den Forderungen schließen sich an:

Bürgerverein MV gez. Herrmann;

Interessengemeinschaft Kinderspielzentrum e.V. gez. Gerigk;

Elterninitiativgruppen im Forum MV e.V. (I-IV) gez. Troscheit;

Elterninitiative Spielgelände Heinzegraben gez. Heusig;

Arbeitsgemeinschaft zur Förderung der Vorschulerziehung gez. Hertel;

MVZ-Redaktion gez. Richter;

Forum MV gez. Bianchi;

Arbeiterwohlfahrt MV gez. Putzer;

Kindertheater im MV gez. Paris;

Cooperationszentrum Arbeitskreis Neue Erziehung e.V. gez. Gruppe II;

Kinderspielgruppe Dannenwalder Weg e.V. gez. Acker

MVZ-Redaktion

Sozial oder sündig?

DIE KINDERGÄRTNERINNEN IM MV : UNSER BEITRAG ZUR 10.000. WOHNUNG

Mütter im Märkischen Viertel! Als Kindergärtnerinnen sprechen wir in Vertretung für Euch. Wir acht Kindergärtnerinnen der Elternselbsthilfegruppen im MV, acht für 4.000 Kinder, haben keinen Grund zum Feiern. Zwar arbeiten wir jetzt mit achtzig Kindern in acht Kindergärten, während es vor einem Jahr nur zwei staatliche Kindertagesstätten fürs gesamte MV gab. Aber in diesem Jahr haben 3.900 Kinder neben unseren Behelfskindergärten auf Baustellen gespielt, auf der Straße gespielt, in diesem Jahr sind wieder doppelt und dreifach soviel Kinder als in anderen Stadtteilen auf Sonderschulen abgeschoben worden, nur weil es im MV keinen Platz für sie gibt. In diesem Jahr hat sich gleichzeitig der Senat gebrüstet mit seiner Sozialpolitik, mit seiner, wie er es nennt, "aktiven Unterstützung der Hilfe zur Selbsthilfe". Diese Unterstützung sah so aus: als der Senat Angst bekam, als sich im MV etwas rührte, weil Mütter anfingen, ihre Ansprüche zu erkennen und sich um ihre Forderungen organisierten, da hat der Senat uns eilig ein paar Tausender rübergeschoben. Aber schon jetzt, nach einem Jahr, versucht er sich aus seinen Verpflichtungen herauszuwinden. Wir Kindergärtnerinnen wissen nicht, wie lange wir unsere Arbeit noch fortsetzen können, denn, so hieß es in den Richtlinien des Senats ausdrücklich, einen Anspruch auf Unterstützung haben wir nicht. Seit Wochen stopseln wir in den Kindergärten, um wenigstens hie und da einen Fünfziger fürs allernötigste Spielmaterial abzuzweigen. Neue Kindergärten sind seit Monaten nicht mehr gegründet worden. Wir müssen zusehen, wie vor unseren Augen 3.900 Kinder zwischen Sandbergen und Betonblöcken verblöden, wie schon Vierjährige dazu verurteilt werden, ihr späteres Leben als Hilfsarbeiter zu verbringen.

Wir werden nicht länger zusehen. Von unseren Kindergärten rufen wir Euch Mütter auf: fordert mit uns eine menschenwürdige Kindheit für unsere Kinder! Setzt den Senat unter Druck, bis für alle Kinder ein Platz im Kindergarten geschaffen ist!

Wir lassen uns nicht einreden, daß es für unsere Kinder kein Geld gibt. Wir fordern das Geld, das für die Aufrüstung der Berliner Polizei vergeudet wird, wir fordern das Geld, das den Unternehmern als Steuergeschenke für Luxusbauten nachgeschmissen wird!

Schließt Euch uns an! Kommt ins Kinderspielzentrum Wilhelmsruher Damm/Ecke Treuenbrietzener Straße, am 4. Mai um 20 Uhr.

Für die Kindergärtnerinnen:

Donata Elschenbreuch, Renate Jerchow, Ulrike Krüger, Helga Rauch, Margareta Richter, Gabi Rose, Alexandra Willutzki.

Fortsetzung folgt

Bürger mit und ohne Auto treffen sich:

Vorschulerziehung

Arbeitsgemeinschaft zur Förderung der Vorschulerziehung
Anschrift: 26, Wilhelmsruher Damm 192, Tel.: 415 58 28

Notgemeinschaft Kindertagesstätten
Anschrift: 26, Wilhelmsruher Damm 192, Tel.: 415 58 28

1945 war es viel schlimmer. Liebe Gemeinde!

Bei Redaktionsschluß erreichte uns folgender Brief:

An die MVZ!

Ein paar Arbeiter vom Eichhorster Weg möchten sich, wenn noch nicht zu spät ist, bei den Leuten von der Demonstration entschuldigen. - Wir wußten nicht, dass Sie hier wohnen und auch arbeiten.

Die Polizisten sagten uns: die Apo kommt.

Wir haben getrunken gehabt und haben noch genug von der Apo vom vorigen Jahr.

Aber gegen die Leute hier haben wir nichts.

Die haben ja recht! - Hoffentlich haben die Kollegen von den anderen Baustellen das auch endlich gemerkt.

26. April 1970

Viele Grüße, macht weiter so!

PARKPLÄTZE UNTER WASSER

Seit einem 3/4 Jahr sammelt sich vor dem Haus Wilhelmsruher Damm Ecke Treuenbrietzener Str. in einer Breite von 25 - 30 Metern auf dem Parkplatz ein riesiger Regenwasser-Stausee.

Die Ursache dafür sind verstopfte Gullys!

Der Hauswart des Hauses hat mehrfach den Versuch unternommen, den Schaden selbst zu beheben, leider bisher ohne Erfolg. Haben die Kinder mangels ausreichender Spielplätze endlich das zweifelhafte Vergnügen im kalten Wasser zu plantschen, besteht für den Kraftfahrer oftmals nur die einzige Möglichkeit, mit hochgekrempelten Hosen und durchweichten Schuhen den Hauseingang zu erreichen.

Trotz mehrfacher Aufforderung des Hauswartes und der Mieter an die zuständige Baugesellschaft, ist bisher noch keine Reaktion erfolgt.

Ist die Fürsorgepflicht für Wohnhäuser und die dazugehörigen Parkplätze mit der Schlüsselübergabe und dem Kassieren der hohen Mieten erloschen?

Angelika Günther

Arbeitskreis Mieten und Wohnen
Anschrift: 26, Wilhelmsruher Damm 192, Tel.: 415 58 28
trifft sich jeden 1. und 3. Mittwoch im Monat, 20.00 Uhr
in den Räumen der AWO, 26, Eichhorster Weg 4,
Tel.: 415 59 43

am 1. Mai '70 am „roten MV-Pavillon" 10⁰⁰ Uhr

BÜRGERMEISTERSPRÜCHE

Aus der Diskussion der Arbeitstagung vom 11.3.1970 einige Antworten unseres neuen Bezirksbürgermeisters auf Fragen von Bürgern des MV:

. . . der soziale Wohnungsbau ist nicht für den Minderbemittelten gemacht !!!!!

. . . die Wohnungsbaugesellschaften machen kein Geschäft mit ihren Wohungen !!!!!

. . es gibt noch soviele billige Altbauwohnungen, die für Minderbemittelte genau das Richtige sind !!!!!

. . . der Senat kann doch nicht die Altbau-Bruchbuden übernehmen, um sie in einen menschenwürdigen Zustand zu versetzen !!!!!

Wer denn ? ? ? ? ? ? ? ?

MORAL:

Wer Kinderreicher, Sozial-Unterstützungsempfänger oder Arbeiter mit geringem Einkommen ist und folglich die Wuchermieten im "Sozialen Wohnungsbau" nicht bezahlen kann, hat keine Anspruch auf menschenwürdiges und familiengerechtes Wohnen. Ihm stehen ja die Bruchbuden im Altbau zur Verfügung.

Jetzt haben wir wohl den "Rechten" Bürgermeister für unseren Bezirk bekommen. Wir sollten allerdings im Hinblick auf die nächste Wahl darauf achten, daß nicht Herr Thadden noch rechts überholt wird.

Darum laden wir Sie alle ein zu der nächsten Arbeitstagung am Mittwoch, den 6.5.1970.

Horst Lange
Arbeitskreis "Mieten und Wohnen im MV"

ARZTBESUCH !

Vor einiger Zeit mußte ich mit Magenbeschwerden einen Internisten konsultieren. Auf einen neuen und tüchtigen Arzt aufmerksam gemacht, landete ich bei Dr. med. Eisenhardt im Limberg-Bau, Senftenberger Ring 13.

Nach der üblichen Wartezeit stand bzw. saß ich meinem Arzt gegenüber. Während der ersten 10 Minuten, die zur Befragung gehörten, kroch mir eisige Kälte an den Füßen hoch. Dann noch die Aufforderung: "Na, dann machen Sie sich mal frei!" Wie ich so halbnackt dastehe, nichts Böses ahnend, heftet mir der "Onkel Doktor" doch sein eisiges Stethoskop an meinen olympischen Körper. Zwischen meinen Gedanken "Schreck laß nach", jagte eine Gänsehaut die andere. Das war nicht Angst, sondern eisige Kälte. Nach einer 15 Min. dauernden Untersuchung konnte ich mich dann endlich, Zähne klappernd und mit klammen Fingern, wieder anziehen. Zur nächsten Sprechstunde konnte ich dann auch noch eine ausgewachsene Erkältung aufweisen.

Mutig mit tropfender Nase und krächzender Stimme fragte ich, ob es jetzt üblich sei, daß eine Ordination im Windkanal stattfinden müsse. Ich erwartete ein Donnerwetter, wie meine Sache, frische Luft, und, und, und. Es kam auch ein Donnerwetter. Aber gegen der Limberg KG. Schweinerei, kein Fenster schließt, und die Temperatur beträgt an kalten Tagen höchstens 14 - 16 Grad. Zum anderen wisse er sich keinen Rat mehr, denn er habe schon den Hausmeister Lutz, den Verwalter Poreike sowie einen Rechtsanwalt, der die Limberg KG vertritt, von den Mängeln unterrichtet, mit dem Ergebnis, daß der Hausmeister festgestellt hat: "Det Fensta läßt sich nich zumachen!" (!? !? !? !) Als Handwerker habe ich mir mal selbst den Schaden angesehen und festgestellt, daß sich die Fenster schon vom Neubau her, in Folge schludriger Arbeit, nicht schließen lassen. Eine Schande, bei einem Mietpreis von 7,50 DM pro Quadratmeter. Man sollte sich überlegen, wie der Kaffee-Millionär zur Verantwortung zu ziehen ist.

Hola

JEDEN MORGEN FRISCHE SCHRIPPEN!

Vor ungefähr einem Jahr hatten die Bewohner des MV die Bequemlichkeit, die Brötchen morgens um 7 Uhr an die Wohnungstür geliefert zu bekommen. Einmal in der Woche wurde die Bestellung für Schrippen und Brot entgegen genommen. Die Auslieferung von Brot wurde für Berufstätige auch abends durchgeführt.

Leider mußte die so gute Einrichtung für die Hausfrau nach kurzer Zeit wieder eingestellt werden. Der Lieferant hatte wegen unerlaubter Kinderbeschäftigung seine Brings-Dienste aufgeben müssen.

Der Fabrikant der Geschi-Brotfabrik wurde von uns aufgesucht und gab dazu folgende Erklärung ab:

Er sei weiterhin an der Lieferung von Backwaren morgens an die Haustür interessiert, ist aber nicht gewillt, dafür einen Boten einzustellen. **Genügend Lehrlinge, die früher für solche Arbeiten Verwendung fanden, würden heute nicht mehr zur Verfügung stehen.**

Wenn ein großes Unternehmen nicht in der Lage ist, für derartige Geschäfte, die es gern machen würde, Arbeitskräfte einzustellen, um dafür die so billige Arbeitskraft für Kulidienste, den Lehrling einsetzen möchte, können wir auf diese Dienste gern verzichten.

Angelika Günther

Zeichnungen: Charly Bauer-Oltsch
(Aus: Süddeutsche Zeichnung)

Initiativgruppen im Märkischen Viertel

Elterninitiativgruppen (EIG)

Interessengemeinschaft Kinderspielzentrum e.V.
  mit zwei Elternkindergruppen (jeweils halbtags)
Anschrift: 26, Treuenbrietzener Str. 1 (1.Vorsitz. Siegrid Gerigk)
Telefon: 415 45 80

Elterninitiativgruppe im Forum MV e.V.
  mit drei Halbtags- und einer Ganztags-Gruppe
Anschrift: 26, Wilhelmsruher Damm 192 (1. Vorsitz. Karin Troscheit-Gejewski)
Telefon: 415 58 28

Kinderspielgruppe Dannenwalder Weg e.V.
  mit zwei Halbtagsgruppen
Anschrift: 26, Dannenwalder Weg 178 (1. Vorsitz. Frau Acker)
Telefon: 415 73 27

Schularbeitszirkel (SAZ)
Anschrift: 26, Finsterwalder Str. 19 (M. Hardt)
Telefon: 415 59 43

  Aktion Sozialpädagogik e.V.
  Anschrift: 26, Wilhelmsruher Damm 192, Tel.: 415 58 28

Filmergruppe MV
Anschrift: 26, Wilhelmsruher Damm 154 (Max Willutzki)
Telefon: 415 59 87

Haus der Mickey-Mäuse
  mit einer Halbtagsgruppe
Anschrift: 26, Wilhelmsruher Damm 213 (Leiterin Elli Pritzkow)
Telefon: 415 42 85

Cooperationszentrum Eltern-Kinderkreis
  mit zwei Halbtagsgruppen
Anschrift: Arbeitskreis Neue Erziehung, 26, Senftenberger Ring 13
Telefon: 24 84 21 (Zentrale)

Kinderhaus
  mit fünf Halbtagsgruppen
Anschrift: 26, Wilhelmsruher Damm 159 (Leiterin Frau Gertrud Simon)
Telefon: 415 30 55 (evang. Apostel-Petrus-Gemeinde)

  Arbeitskreis Heinzegraben (Spielplatzbau)
  Anschrift: 26, Wilhelmsruher Damm 192, Tel.: 415 58 28
    trifft sich jeden Dienstag um 20.00 Uhr in den Räumen der
    AWO, Eichhorster Weg 4, Tel.: 415 59 43

Kindertheater im MV
Anschrift: 26, Birkenwerderstr. 2 (Paris/Ebert)
Tel.: 413 39 43

Leserbriefe

Freunde und Bekenner der MVZ!

Die CDU war es nicht und das SPD-Mitglied Uwe Krüger, dem ich gern während der letzten MVZ-Redaktionskonferenz geantwortet hätte, war zu dieser am 2. April leider nicht anwesend. Uwe Krüger, welcher dringend um den Abdruck des vollen Wortlauts seines Briefes, wie er auch publiziert wurde, gebeten hatte appellierte also zunächst einmal an die Toleranz der MVZ, um dann von subjektiver Verärgerung aus in scharfe Polemik gegen die MVZ und in die Verdächtigung ihrer aktiven Teilnehmer zu verfallen, nicht ohne anschwärzend zu erwähnen, daß für einen gewissen Mißstand ein CDU-Mitglied verantwortlich sei. Herr Krüger beschwert sich über das Niveau der MVZ und findet dies noch unter dem Niveau der springerschen Zeitungen und fragt sachlich, wie auch gezielt, wann die MVZ wohl angebe, im Druckhaus Norden ("Die Wahrheit" SEW) hergestellt worden zu sein. Uwe Krüger gibt dann kund, daß die SPD gern bereit ist, fortschrittliche und sogar kritische Bürger als Mitglieder zu gewinnen, womit er sich dann parteilich und brav der augenblicklichen Werbekampagne seiner Partei anschließt und die MVZ als Insertionsmedium einspannt.

Nun: so billig und einfach ist es nicht und wie sehr die Tour geritten wurde, alles, was nicht zur CDU, SPD und anderen Organisationen zählte und aber offen und lebendig reagierte, als verkappte Kommunisten hinzustellen, damit der ängstliche Bürger Scheu und Abscheu vor solchen kriege und diese veranlasse, Wärme und Geborgenheit, Karriere und Anerkennung bei anfänglichen Verleumdern zu finden, ist mir allzubekannt und als sehr töricht und politisch äußerst dümmlich zurückzuweisen. Wer in diesem mittelalterlichen Stil gefürchtete Konkurrenz fertig machen will, handelt inquisitorisch und gegen den Menschen, der emanzipieren will und muß und nicht zurückgeworfen werden will in den Stand des Schnittmusterfreiheitlichen, sprich "Freiheit für Gunsterweisung". Die MVZ ist so links, wie es die SPD verschlafen hat und rechts vom Tode.

Guten Tag!
Franz Steffen
Berlin 27, den 4.4.1970
Bonifaziusstraße 14

Ein Leserbrief zum Leserbrief des stellvertr. Leiter der AG der Jungsozialisten in der SPD, Abt. MV, Herrn Uwe Krüger, SPD-Mitglied, der da fragt: "Wie glaubhaft ist die MVZ?" Letzte Ausgabe der MVZ, Seite 9.

Werter Herr Krüger,

am Anfang Ihres Leserbriefes schreiben Sie unter anderem: "Bei der öffentlichen Diskussion über die Artikel der letzten Ausgaben . . . " Hieraus entnehme ich, daß Sie bei der letzten Diskussion anwesend waren. Auch ich, als interessierter Leser der MVZ, war zugegen und habe an der Diskussion teilgenommen. Mit ist nicht erinnerlich, daß Sie sich als stellvertretender Leiter der AG der Jungsozialisten in der SPD, Abt. MV, zu erkennen gegeben haben und sich zu Wort gemeldet hätten, um alles das, was Sie jetzt in Ihrem Leserbrief sehr polemisch niederschrieben, zur Diskussion gestellt hätten. Eine Debatte darüber, an Ort und Stelle, sind Sie aus dem Wege gegangen. Sie haben sich lieber in Ihrer warmen Stube an den Tisch gesetzt und nachgesonnen, wie Sie es denen von der MVZ mal schriftlich geben könnten. Das ist gelinde gesagt sehr unfair. Ja, wie glaubhaft ist denn

nun die MVZ? Auch Ihre Freunde in der SPD werden ebenfalls vergeblich in Ihrem Leserbrief nach harten Tatsachen und Beweisen gesucht haben, mit denen Sie die Wahrhaftigkeit der MVZ infrage gestellt hätten. Nichts findet man, nur Polemik. Alles andere sind Sie schuldig geblieben!

Und nun zum zweiten Absatz Ihres Leserbriefes.

Hier nehmen Sie Stellung zum Artikel des Herrn Rickmann, der da fragte und nach meinem Dafürhalten zu Recht, "wie glaubhaft ist die SPD?" Mit ihrem Geschreibe wiederlegen Sie nichts. Im Gegenteil, Ihre Argumentation kann einem Bürger nur abstoßend erscheinen. Besonders wenn Sie in Ihrem Leserbrief die bedrückenden, sozialen Belange vieler anständigen Familien im VMmit nur einem Satz abtun. Ich zitiere diesen Satz: "Für die Misere auf dem sozialen Bereich ist Stadtrat Sendlewski verantwortlich, der, der CDU angehört." Bums aus. Und das von einem Funktionär in der SPD, de laut seines Werbespruches am Schluß seines Leserbriefes vorgibt, fortschrittlich und mit seiner Arbeit zum Wohle der Bürger dienen will. In welche Richtung Sie als SPD-Mann Ihre Diener machen, geht aus Ihren weiteren Zeilen hervor. Diese anständige Arbeiterfamilien, und sie sind in der Mehrzahl, finden die "unternehmerisch durchkalkulierten" Mieten hier im MV sehr happig und daher bedrückend. Besonders wenn sie daran denken, wenn der Mann oder die mitarbeitende Frau durch ernstliche Erkrankung als Verdiener ausfallen sollte. Aber keine Angst, Sozialdemokratischer Funktionär hat für derartige Sorgen in seinem Leserbrief einen delikaten Vorschlag. Er schreibt: "man könne ja eine andere Wohnung suchen, keiner ist gezwungen worden, hier zu wohnen." Eine andere Alternative hat er und seine politische Führung auch wohl nicht anzubieten.

Jahrelang ist ihm und der SPD-Regierung hier in West-Berlin aber das Wohnungsproblem bekannt. Die Schamröte müßte Ihnen und nicht einem Neger, wie Sie, Herr Krüger so feinsinnig, völkerverbindend geschrieben haben, ins Gesicht treiben. Besonders nach solch einem reaktionären Vorschlag, den Sie gemacht haben. Sollen Arbeiterfamilien wieder Kellerwohnungen a la Zille suchen, weil diese wohl noch zu haben sind und billig sein werden? Mit Ihren "fortschrittlichen" sozialdemokratischen Argumenten reißen Sie keinen Arbeiter mehr vom Stuhl. Viele Arbeiter, die Ihrer Partei angehören, spüren schon heute von Ihrer Führung verkauft. Verkauft an die Kräfte, die nicht gewillt sind, freiwillig den gerechten Lohnanteil zu geben, obwohl die Mehrwerte von der Arbeitern geschaffen worden sind. Scheffeln tun nur die Kräfte, deren politisches Geschäft Sie mit Ihrem Vorschlag besorgen. Arbeiterfamilien haben ein Recht auf Wohnungen wie sie hier im MV sind und sie wohnen auch gern hier und sie fühlen sich auch wohlfühlen. Nur kommen solche Gefühle selten hoch. Es sind die hohen Mietkosten. Preissteigerungen im sonstigen Bereich der Lebenshaltungskosten, die dies bewirken. Hiergegen anzugehen hätten Sie als sogenannter SPD-Funktionär ein weites Feld. Nee, Herr Krüger, Ihr Leserbrief war ein Schlag ins Wasser! Vorbeugend möchte ich Sie darauf aufmerksam machen, daß ich kein Mitarbeiter der MVZ noch ein stellvertretender Leiter einer Partei bin, sondern ein Bürger, der hier auch wohnt. Es könnte ja sein, daß Sie auch mir mit Ihrer politischen Karre kommen, die in der von Ihnen nicht gewünschten Richtung führe. Obwohl Sie die Springer-Gazetten scheinbar auch nicht mögen, verwenden Sie aber deren Sprachschatz. Diese abgegriffenen Schlagworte gegen aber schon lange nicht mehr (siehe Aufstand der Jugend gegen die jetzige Bildungspolitik, Arbeiter, die auf die Straße gehen usw.). Mit Schlagworten ist die verfahrene Politik Ihrer SPD-Führer mit Rechtsdrall auch nicht mehr zu retten. Und nun

1. Mai '70 am „roten MV-Pavillon", 10⁰⁰ Uhr

zum Schluß, Herr Krüger, am Anfang Ihres Leserbriefes schreiben
Sie, Sie seien gespannt, wann die SED ganzseitige Anzeigen in der
MVZ haben wird. Wie das meinen ist mir klar, aber ich als Bür-
ger im MV bin toleranter. Habe ich doch auch Ihr Geschreibsel zur
Kenntnis genommen und Sie baten doch dringend um ungekürzte
Veröffentlichung. Warum soll ich nicht auch mal was von der SED
zu lesen bekommen in der MVZ. Sie haben doch nur für die arbei-
tenden Bürger nichtssagendes zu bieten als SPD-Funktionär, und
die SED bestimmt für alle Bürger Wegweisenderes! Nur von der
NPD möchte ich in der MVZ nichts mehr sehen!

Es grüßt Sie
Rudi Unger

*Anmerkung der Redaktion: Wir möchten noch einmal darauf hin-
weisen, daß grundsätzlich alle Leserbriefe unverändert in der MVZ
veröffentlicht werden.*

Wer interessiert sich für Astronomie ??

Erweiterungs-, Ausbaufähiges Spiegelteleskop u. Astrokamera vorhanden. Eig. Labor Reichliche Fachliteratur, Bau- pläne, Kalender, Atlanten.

Interessierte melden sich b. Horst Lange, 1-26 Wilhelmsruher Damm 201 Tel.: 415 45 59

„Hier haben sich alle Bezirke ausgemistet"!

meint der BAUSENAT

Sehr geehrte Redaktion der MVZ!

Die MVZ 3/70 wurde mir von zwei etwa 6 - 8jährigen Kindern an
der Wohnungstür verkauft. Welchen Lohn zahlt Ihr?

Von Euch zitiertes FU-Zitat: ".... spielerisch soll sich das Kind
mit seiner Umwelt auseinandersetzen ....." (3/70)

Mein eigentliches Anliegen aber ist es, auf den Leserbrief des Herrn
U. Krüger einzugehen (3/70). Es sind die einige Stellen, die mich mal
wieder darüber nachdenken lassen, ob meine Freude über den
'Machtwechsel' in Bonn nicht doch zu groß gewesen ist. Ein wenig
Freude nur deswegen, weil ja schließlich die, so dachte ich, progressiven Kräfte der Jungsozialisten auch zur SPD gehören. Jetzt aber
dieser Brief des U. Krüger. Da tönt es so " ..... Es ist doch keiner
gezwungen worden, hier zu wohnen! Es ist auch jedem freigestellt,
sich jederzeit eine andere Wohnung zu suchen ..... Für die Misere
im sozialen Bereich ist Stadtrat ..... verantwortlich." So einfach
sind die Dinge also für einen Jungsozialisten, der als Stilkundiger
sogar "BZ" und "Bild" zu tadeln vermag. (Herr Krüger sollte sich
bei Springer bewerben.) Herr Krüger kennt Wortlaute, die selbst
Negern die Schamröte ins Gesicht treiben. Woher hat ein Jungso-
zialist diese Formulierung? Herr Krüger arbeitet in der SPD, dem
Wohle des Bürgers zu dienen. – Sein Wortschatz verrät ihn. Heil
ihm auf der Jagd nach Pöstchen.

Rechts ist da, wo der Daumen links ist. Ist U. Krüger ein linker Daumen?

Mit freundlichem Gruß
Wolfgang Wingels
Berlin 26, den 1.4.1970
Senftenberger Ring 11

Am Gründonnerstag fand der Straßenverkauf der MVZ Nr. 3/70
im Einkaufszentrum statt. Dabei wurden zwei der Verkäufer von
offensichtlich angetrunkenen Bauarbeitern belästigt. Als einer dieser Leute in einen Zeitungsstapel griff und etliche Zeitungen hoch
in die Luft warf, eilten zwei Polizisten hinzu und vorbei! Auf sein
Hilfeersuchen wurde dem Verkäufer von den beiden Freunden und
Helfern gesagt: "Wir haben keine Zeit." Damit strebten diese beiden Muster an Einsatzfreude dem Schreibwarenladen zu und verschwanden darin. Der so "verkaufte" Verkäufer sauste hinterher
und verlangte von einem der Freunde und Helfer die Aushändi-
gung der Dienstnummer. "Haben Sie getrunken", fragte der junge
Uniformierte und mußte sich daher von unserem Verkäufer seine
Unverschämtheit vorhalten lassen. Der Einsatz, mit dem die beiden
Schupos ihre "Tatkraft" rechtfertigen wollten, rollte währenddes-
sen voll – ein Bleistiftanspitzer wurde sorgfältig ausgewählt und
dann gekauft. Nach wiederholter Aufforderung wurde dann auch
diese Dienstkarte überreicht.

FREUNDE und HELFER

Bürger mit und ohne Auto:
1. MAI
am ROTEN MV-Pavillon

10⁰⁰

Der Polizeipräsident in Berlin
Kommando der Schutzpolizei

Dienstnummer: 76 532

        Nach einem "Sie werden von mir hö-
ren" des Verkäufers und einem "Viel Vergnügen dabei" eines Polizisten ging man auseinander. Nach etwa einer halben Stunde kamen
unsere Freunde und Helfer – mit gespitzten Kopierstiften? – zurück und meinten zu einem unserer Verkäufer, das Ganze wäre ja
nicht so gemeint gewesen und der Kollege sollte doch ja bloß kein
Theater machen.

Über Bearbeitung und Fortgang der inzwischen erstatteten Anzeige wegen Begünstigung im Amt wird später berichtet.

Harald Richter

BEVÖLKERUNGSZAHLEN DES MV

	28.2.70	31.3.70	MV Ø	Berlin Ø
0 - 5 Jahre	3.610	3.684	12,2 %	6,9 %
6 - 15 Jahre	5.215	5.254	17,3 %	9,0 %
16 - 21 Jahre	2.362	2.380	7,8 %	6,2 %
22 Jahre und älter	18.831	19.022	62,7 %	77,9 %
Gesamt	30.018	30.340	100,0 %	100,0 %

BEVÖLKERUNGSZAHLEN DER ROLLBERGE

	28.2.70	31.3.70	MV Ø	Berlin Ø
0 - 5 Jahre	729	737	13,1 %	6,9 %
6 - 15 Jahre	983	980	18,1 %	9,0 %
16 - 21 Jahre	295	295	5,5 %	6,2 %
22 Jahre und älter	3.437	3.435	63,3 %	77,9 %
Gesamt	5.444	5.447	100,0 %	100,0 %

Bezogen waren am 31.3.1970
11.237 Wohnungen und zwar
9.410 Wohnungen im MV und
1.827 Wohnungen in den Rollbergen.

Zugezogen sind im Monat März 1970 = 499 Menschen. 177 Personen zogen weg. Echter Zuzug: 322 Personen.

Geburten wurden 43 registriert.
Sterbefälle   24
Überschuß =   19

Insgesamt sind in diesem Jahr 112 Kinder im Bereich MV und Rollberge geboren. 93 Menschen dagegen sind verstorben.

Auch in diesem Monat war der Haupteinzugsbereich Senftenberger Ring – Calauer Straße (303 Personen).

das neue
Schulmodell......

die Schulmisere —
Gerüchte sind völlig
unbegründet.

Es ist allgemein bekannt, daß es im MV mehr Kinder gibt als in anderen Teilen unserer Stadt. Innerhalb des Neubaugebietes des MV kann man auch noch Unterschiede erkennen. Die meisten Kinder leben in dem Viertel – Sektorengrenze-Tramper Pfad-Dannenwalder Weg-Wilhelmsruher Damm. Dieser große Block ist jetzt beinahe vollständig bezogen.

In ihm leben 5.780 Menschen:

0 - 5 Jahre	874 = 15,1 %	MV = 12,2 %	
6 - 15 Jahre	941 = 16,2 %	MV = 17,3 %	31,3 %
16 - 21 Jahre	435 = 7,7 %	MV = 7,9 %	
22 Jahre und älter	3.530 = 61,0 %	MV = 62,7 %	

Wie sieht nun hier die Spielplatzsituation aus? Bisher sind nur vereinzelt Buddelkästen für kleinere Kinder erstellt. Hier drängen sich bei schönem Wetter immerhin 15,1 % der Bewohner.

Für die schulpflichtigen Kinder – 16,2 % der Bewohner – gibt es bis heute fast keine Spielmöglichkeit.

Was treiben diese Kinder?
Sie spielen auf Parkplätzen, Gehwegen und in Hauseingängen, wo sie von den Hauswarten vertrieben werden.
Ein Bauspielplatz ist für diese Kinder geplant. Er ist aber noch lange nicht fertig. Muß wieder der Sommer vergehen, bis diese Kinder geeignete Spielmöglichkeiten haben? Ist es menschenwürdig, wenn schöne Wohnungen vorhanden sind, aber die Kinder zwischen Autos, Baustellen und in Hauseingängen spielen müssen?

Liegt das an den Kindern?
Liegt das an den Mietern?
Liegt das an den Planern?
Liegt das an den Gestaltern?
In England habe ich Neubausiedlungen gesehen, in denen die Wohnungen erst bezogen werden, wenn Spielplätze und Einrichtungen bereit stehen.

Könnte es bei uns nicht auch so sein?
und was kann man d a f ü r tun?

Bürgerverein MV e.V.
Anschrift: 26, Wilhelmsruher Damm 209 (1. Vorsitz. B. Herrmann)
Telefon: 415 33 75

MÄRCHEN für ERWACHSENE

Es war einmal ein Mann, der hatte sieben Söhne, die sieben Söhne sprachen: "Vater erzähl uns eine Geschichte." Der Vater hub an: "Ich kenne einen Mann, der arbeitet beim Senat." "Aha", sagte der Jüngste Sohn, "ein Beamter." "Wieso", meinte der Älteste, "sicher ein Angestellter," da sagte Klaus-Dieter: "Kann ja auch ein Arbeiter im öffentlichen Dienst sein." "Der Vater sprach: "Junge, das ist doch wurschtegal, der Mann bekommt jedenfalls immer am Ersten 100,- DM, die er zwar braucht, aber nicht verdient hat. Wofür und weshalb kriegt er wohl diese 100 Piepen?" "Logisch", krähte der Jüngste, "er hat zwei Jobs", meinte der Vater, "aber jetzt wirds erst spannend. Der 100 DM Kindergeldempfänger..." "also der Beamt-", platzte der Jüngste heraus, "Jadoch, also der hat in Nachbarn, te", arbeitet bei Siddens Schickert oder Haecke, na ist ja egal. Der hat auch zwei Kinder, bekommt aber am Ersten keine 100,- DM extra, obwohl er sich bei seiner Arbeit mindestens genauso an- strengt." "Suerei! Wie das? Verdammt. Komisch. So eine Scheiße. Ungerecht!" riefen die sieben Söhne durcheinander. "Hört auf, ich finde es zum Kotzen", sagte "-, sie de Vater, "-, auch?" fragte Klaus- Dieter. "Warum krie-", "ge de "Isuchke-Arbei-, nichts, und der Starts- dienen 100 Mark", "- Junge?" "Vielleicht macht es so 'nem öf- fentlichen Bediensteten mehr Spaß, wenn er die Kinder mitge- grinste Oje. "Aber Oje", "Wartet", "- wenf Klaus-Dieter, "als ich uff die Sonderschule kam, hat mir mein Lehrer so'n Heftchen mitge- ben, Abschiedgeschenk für mein Lebensweg und so. Hier steht ja wat: **Artikel 3: Alle Menschen sind vor dem Gesetz gleich.** "Junge, Junge, da hast du ja ein Thema aufgerissen! Nämlich den Unterschied zwischen dem was wirklich ist, und dem, was sein soll. So'n Studierter würde sagen: Unterschied zwischen Wirklichkeit und Verfassung. Da sind wir alle entscheiden für Abschaffung dieses Unterschiedes." "Wieso?" "Alle stimmen überein: "Feierabend", sagte der Vater. "Die Stehuhr wartet nicht auf mich, Junge, und morgen muß ich wieder raus."

Harald Richter

An die MVZ
1 - 26
WRD 192
Ich bestelle die MVZ
zum Preis von 0,30
pro Nr. bis auf Wider-
ruf.
Vor- u. Nachname:
Postanschrift:
Unterschrift:

"... und hier wohnt der Architekt unserer Trabantenstadt!"

Die MVZ ist:
.... besser geworden
.... großer Mist!!
.... absolute Spitze
.... wird bald eingehen
.... liegt richtig
.... Käse
.... eine Zeitung
.... keine Zeitung
....
....
....
....

für Kinder

Marlies und Peter schreiben einen Brief

Erinnert ihr euch noch, wie die Geschichte in der letzten MVZ zuendeging? Marlies flüsterte Peter etwas ins Ohr. Kaum einer von euch hat sich getraut an uns zu schreiben, was Marlies da wohl geflüstert hat. Beim nächsten Mal habt ihr sicher mehr Mut. Marlies stellte sich also auf die Zehenspitzen und flüsterte in Peters Ohr: "Weißt du was? Wir schreiben einen Brief!" Der Architekt steht noch immer da mit seinem Plan in der Hand und wundert sich über die Papphütte. Marlies geht zu ihm und fragt: "Bitte, Herr Architekt, wer ist für unsere Spielplätze zuständig?" "Die Stadträtin für Jugend und Sport, im Bezirksamt," antwortet der Architekt. "Danke", sagt Marlies, "los, Peter, wir brauchen Briefpapier, einen Umschlag und eine 10-Pfennig Briefmarke!" Die beiden laufen nach Hause, holen sich von ihrer Mutti was sie brauchen, und setzen sich an den Schreibtisch in ihrem Kinderzimmer, wo sie sonst Schularbeiten machen. Marlies ist so aufgeregt, daß sie aus Versehen "Lieber Herr Bürgermeister" schreibt. Peter verbessert seine Schwester natürlich und Marlies macht einen Strich durch den Bürgermeister und schreibt "Liebe Frau Stadträtin von Reinickendorf" und so weiter. Den richtigen Brief haben wir auf dieser Seite abgedruckt. Marlies hat gerade den ersten Satz geschrieben, als sie plötzlich sagt: "Das alles kriegen wir ja doch nicht." "Warum denn nicht," will Peter wissen, "das alles macht uns besonderen Spaß, also

wollen wir es auch haben. Die Erwachsenen bekommen doch auch, was ihnen Spaß macht, zum Beispiel ein Theater, oder ein Kino!" "Und eine Kegelbahn", sagt Marlies, ihr Vater geht nämlich immer zum Kegeln. "Du hast recht, Peter, wir müssen das fordern, was uns Spaß macht", und schon schreibt sie ihren Namen unter den Brief und Peter tut dasselbe. Als Marlies den Brief gerade zukleben will, sagt Peter: "Weißt du was? Unsere beiden Namen unter dem Brief sind viel zu wenig! Alle unsere Freunde und auch andere Kinder müssen mit unterschreiben. Je mehr Kinder, desto besser. Um so schneller wird der Spielplatz gebaut." Marlies findet den Vorschlag sehr gut. Sofort laufen die beiden los und suchen ihre Freunde, Lutz und Gaby, Karin und Uwe und wie sie alle heißen. Alle finden die Idee mit dem Spielplatz und dem Brief an Frau Reichel auch gut – und die unterschreiben mit den Brief. Einige Eltern finden diese Idee auch gut und unterschreiben auch noch. Ein Blatt reicht gar nicht mehr aus, am Ende haben Marlies und Peter drei Seiten zusammen, und alle sind dicht mit Namen beschrieben, mit 117 Namen insgesamt. Stolz auf ihre Arbeit, stecken sie die Blätter in den Umschlag, Peter kauft von seinem Taschengeld eine 10-Pfennig-Briefmarke, und zusammen werfen sie den Brief in den Briefkasten, gleich an der Post. Ob die beiden eine Antwort bekommen???

Liebe/r Herr Bürgermeister x
Frau Stadträtin von Reinickendorf
Wir möchten einen Spielplatz haben.
Wo man kokeln und Hütten bauen
können. Morgens dürfen wir spiel.
Im Hausflur kommt Frau Schulze.
Auf der Straße kommt die Polizei.
und auf dem freien Feld wo ein
Parkhochhaus ein Supermarkt und ein
Kinogebaut werden soll können
wir auch nicht spielen. Wir möchten
eine Antwort.
Unterschriften

TILL UND DIE PIELLATZBAUERBANDE
II. Teil

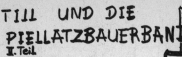

Da bin ich erschrocken aufgesprungen. Und eine warme Stimme hat zu mir gesagt: "Komm, Till, ich will Dir etwas zeigen." Da habe ich mich linksherum gedreht, aber es ist kein Mensch zu sehen gewesen. Dann habe ich es rechtsherum probiert, auch nichts! "Hier oben mußt Du mich suchen." Ich habe hochgeschaut und nur die Sonne gesehen. Die hat hintergeschaut und gelacht, und gelacht. Dann hat sie einen langen Strahl zu mir hintergeschickt. "Setz Dich", hat sie gesagt und mich mit einem zweiten Strahl festgehalten. Es hat sich so warm wie auf einem Ofen gesessen. Hinter unseren Hochhäusern sind noch andere Hochhäuser zu sehen gewesen, aber sie sind sehr weit weggewesen, wo sie nicht mehr so groß ausgesehen haben. Plötzlich hat mich die Sonne mit einem Ruck auf die Erde gesetzt. Vor Schreck habe ich nichts sehen und sagen können.

— Dann habe ich oooooooohhhhhhh und aaaaahhhhhhh gerufen.— So groß, und grün und blau ist es um mich herum gewesen. Ein Wald, eine Wiese, ein Wasser und ein Boot. Da bin ich gleich zu dem Boot hingelaufen, habe mich hineingesetzt und probiert zu rudern. Zuerst ist es sehr schwer gegangen. Ich bin gerudert und gerudert und habe gar nicht nach vorn geschaut. Das hat großen Spaß gemacht.

Plötzlich hat es fürchterlich gerumst und gebumst. Vor Schreck wäre ich beinahe ins Wasser gefallen. Da habe ich mich umgeschaut. Hinter mir hat ein Holzhaus auf Pfählen mitten im Wasser gestanden. Da ist auch eine Leiter gewesen. Die bin ich hinaufgeklettert, geradewegs in das Haus hinein. Zuerst habe ich nicht einmal die Hand vor meinen Augen sehen können. Ich habe dann doch etwas entdeckt. In der Mitte ist eine Feuerstelle gewesen. Doch Streichhölzer haben nicht danebengelegen. Nur zwei Steine, aber damit bekam ich kein Feuer an. So habe ich im Dunkeln weitergesucht.

In dem Pfahlhaus sind noch andere Dinge gewesen. Ein Tisch, eine Bank, eine Angelrute und Pfeile mit einem Bogen. Den habe ich gleich ausprobiert. Beim Schießen bin ich beinahe über eine große Truhe gestolpert. Eine Schatztruhe habe ich gedacht! Ich habe mich sofort auf die Suche gemacht, um etwas zu finden, womit ich die Kiste öffnen könnte.

Fortsetzung folgt!

Eure

VERZICHTEN SIE

NICHT

AUF IHR

WOHNGELD !

Diese Wohngeldbroschüre soll Sie darüber informieren, wie Sie
Ihr Wohngeld beantragen und überschläglich selbst errechnen
können.

Grundlage ist das Wohngeldgesetz von 1965.
In absehbarer Zeit, aber frühetens Anfang 1971, wird ein neues
Wohngeldgesetz in Kraft treten. Sie werden dann so bald wie mög-
lich eine neue Wohngeldbroschüre von uns erhalten.

Der Herausgeber dieser Wohngeldinformation ist der

Arbeitskreis Mieten und Wohnen

Ort und Termin unserer Treffen geben wir in der jeweils neuesten
Nummer der MVZ bekannt.
Sie können sich aber auch über die Arbeiterwohlfahrt, Tel.:415   43
oder über das Forum, Tel.: 415 58 28
danach erkundigen.

Arbeitskreis Mieten und Wohnen

Zum Verfahren

Wann kann man Wohngeld beantragen?

Sofort. Wenn Sie alle Unterlagen, die erforderlich sind,
haben, gehen Sie gleich zur Wohngeldstelle.
Sie können sich aber auch von der Wohngeldstelle einen Antrag
zuschicken lassen. (Am Schluß der Broschüre befindet sich ein
Zettel zum Abtrennen, den Sie der Wohngeldstelle zuschicken
können und mit dem Sie den Antrag anfordern.)
Das Formular, das Sie dann erhalten, füllen Sie aus und schik-
ken es mit sämtlichen Unterlagen an die Wohngeldstelle zurück.

Wie oft muß man Wohngeld beantragen?

12 Monate nach der ersten Antragstellung müssen Sie erneut
beantragen, da Ihr erster Antrag nur 12 Monate gilt.
Haben Sie die Unterlagen noch nicht zusammen, genügt auch
ein kurzes Schreiben an die Wohngeldstelle, mit der bloßen
Mitteilung, Sie wollten erneut Wohngeld beantragen.

Wenn Ihr Mietpreis sich um mindestens 15% erhöht oder wenn Ihr
Familieneinkommen sich um mindestens 15% erniedrigt können Sie
einen neuen Antrag stellen.
Wenn Ihre Familie größer wird, setzen Sie sich sofort mit der
Wohngeldstelle in Verbindung. (Tel. 490012 - Wohngeldstelle)

Wer kann Wohngeld beantragen?

Der Familienvorstand, derjenige, der am meisten zum Familieneinkommen beiträgt.

Bis zu welchem Einkommen kann man Wohngeld beantragen?

Bis zu einem Familienjahreseinkommen (nach sämtlichen Abzügen)
von 9.000 DM.
Diese Grenze erhöht sich für jedes weitere Familienmitglied um
jeweils 1.800 DM.
Die Höhe des Wohngeldes selbst richtet sich nach dem Verhältnis
von Einkommen und Miete. Das Verfahren der Berechnung wird auf
den nächsten Seiten erläutert.

Bitte gehen Sie bei der Berechnung Ihres Einkommens und des Wohngeldes Schritt für Schritt vor und schlagen Sie die Erklärungen
am linken Rand, die mit A, B, C, D gekennzeichnet sind, auf den
nachfolgenden Seiten nach.

So berechnen Sie selbst Ihr Wohngeld

A
monatliches Bruttoeinkommen.........................:____,__DM
monatliches Bruttoeinkommen der Ehefrau.............:____,__DM
monatliches Bruttoeinkommen des Kindes..............:____,__DM

monatliches Bruttofamilieneinkommen.................:____,__DM
+ Kindergeld..:____,__DM
+ sonstige Einkünfte...............................:____,__DM

Monatseinkommen.....................................:____,__DM
Abzüglich:
   B - Werbekosten
      Pauschale von 47 DM pro Verdienenden oder
      tatsächliche Ausgaben (bei eigenem Auto
   C meist höher als Pauschale)..............:____,__DM
     - Kinderfreibetrag........................:____,__DM
     - Ausbildungszulagen für Ihre Kinder.....:____,__DM
     - Freibetrag von 100 DM pro arbeitendes
       Kind...................................:____,__DM
     - Renten, Pflegegeld usw..................:____,__DM

verbleiben..:____,__DM
Abzüglich: Pauschale von 15% der verbleibenden Summe
         für Steuern und Versicherungen............:____,__DM

(1) zu berücksichtigendes Einkommen.................:____,__DM

E
(2) anrechenbare Miete..............................:____,__DM
Abzüglich: tragbare Miete (s.Tabelle 1).............:____,__DM

(3) Wohngeld beträgt................................:____,__DM

Jetzt ist noch zu prüfen, ob das Wohngeld (3) nicht die in Tabelle 2 festgesetzte Höchstgrenze überschreitet.

F Nachprüfende Berechnung des Wohngeldes nach Tabelle 2:

(4) __Prozentsatz des Wohngeldes von der Miete aus Tabelle 2

$$\text{(5)} \quad \frac{\text{anrechenbare Miete (2) mal Prozensatz d. Wohngeldes v. d. anrechenbaren Miete (4)}}{100}$$

$$= \frac{\_\_,\_\_ \text{DM (2) mal } \_\_\% \text{ (4)}}{100} = \_\_,\_\_ \text{DM (5)}$$

Ist (3) größer (5), so beträgt das Wohngeld: __,__ DM (5)
Ist (3) kleiner (5), so beträgt das Wohngeld: __,__ DM (3)

Ein Beispiel:

Eine siebenköpfige Familie (Ehepaar und 5 schulpflichtige Kinder)
bewohnt eine Neubauwohnung, die 110 qm groß ist.
Der Mann ist Alleinverdiener mit einem Einkommen von 894,05 DM.
Die Miete, die er nach Abzügen zahlen muß, beträgt 297,00 DM.

ERMITTLUNG DES ZU BERÜCKSICHTIGENDEN EINKOMMENS

A

monatliches Bruttoeinkommen.........................:	894,05DM
monatliches Bruttoeinkommen der Ehefrau.............:	__,__DM
monatliches Bruttoeinkommen des Kindes..............:	__,__DM
monatliches Bruttofamilieneinkommen.................:	894,05DM
+ Kindergeld..:	205,00DM
+ sonstige Einkünfte................................:	__,__DM
Monatseinkommen.....................................:	1099,05DM

Abzüglich:

B – Werbekosten
Pauschale von 47 DM pro Verdienenden oder
tatsächliche Ausgaben (bei eigenem Auto
meist höher als Pauschale)..............: 47,00DM

C – Kinderfreibetrag.........................: 205,00DM
– Ausbildungszulagen für Ihre Kinder......: __,__DM
– Freibetrag von 100 DM pro arbeitendes
Kind....................................: __,__DM
– Renten, Pflegegeld usw..................: __,__DM

verbleiben...: 847,05DM
Abzüglich: Pauschale von 15% der verbleibenden Summe
für Steuern und Versicherungen...........: 127,05DM

(1) zu berücksichtigendes Einkommen................: 720,00DM

BERECHNUNG DES WOHNGELDES

D (2) anrechenbare Miete.............................: 270,00DM

E Abzüglich : tragbare Miete (s.Tabelle 1)...........: 100,80DM

(3) Wohngeld beträgt...............................: 170,20DM

Jetzt ist noch zu prüfen, ob das Wohngeld (3) nicht die in Tabelle 2 festgesetzte Höchstgrenze überschreitet.

F Nachprüfende Berechnung des Wohngeldes nach Tabelle 2:

(4) 70Prozentsatz des Wohngeldes von der Miete aus Tabelle 2

$$(5) \quad \frac{\text{anrechenbare Miete (2) mal Prozentsatz d. Wohngeldes v. d.}}{100} \text{anrechenbaren Miete (4)}$$

$$= \frac{270,00DM \ (2) \ \text{mal} \ 70\% \ (4)}{100} = 189,00DM \ (5)$$

Ist (3) größer (5), so beträgt das Wohngeld: __,__DM (5)
Ist (3) kleiner (5), so beträgt das Wohngeld: 170,20DM (3)

Erklärungen zu den vorigen Seiten

A Berechnung des monatlichen Bruttoeinkommens von jedem Familienmitglied

```
  Verdienst eines Jahres...:____,__DM
+ Weihnachtsgeld...........:____,__DM
+ Jahresprämie.............:____,__DM
+ Urlaubsgeld..............:____,__DM
+ ähnliche Sonderzulagen...:____,__DM
+ sonstige Einkünfte.......:____,__DM
```
Summe....................:____,__DM : 12 = monatliches
                                         Bruttoeinkommen

B Werbekosten

Grundsätzlich werden Werbekosten (Beiträge zu Berufsverbänden,
Kosten für Berufskleidung, Fortbildungskosten, Ausgaben für
Fahrten zwischen Wohnung und Arbeitsstätte bis zu 40 km mit
öffentlichen Verkehrsmitteln und mit eigenem Wagen).vom monatlichen Familieneinkommen abgezogen.
Sie können aber auch die Werbekostenpauschale von 47 DM für
jeden Verdienenden monatlich einsetzen.

C Kinderfreibetrag

Das Kindergeld wird zwar anfänglich zum Einkommen dazugerechnet,
dann aber werden die Kinderfreibeträge abgezogen, und zwar:

```
monatlich:  25 DM für das 2. Kind
            50 DM für das 3. Kind
            60 DM für das 4. Kind
            70 DM für das 5. Kind
     und    70 DM für jedes weitere Kind
```

D Anrechenbare Miete

anrechenbare Miete = qm-Preis mal   zustehende qm-Anzahl

Miete pro qm ohne Kosten für: - Heizung - Fahrstuhlgeb. - Müllschlucker - Warmwasser	für folgende Flächen wird das Wohngeld nur angerechnet: 1 einstehende bis zu 40 qm 2 Personen " " 50 qm 3 " " " 65 qm 4 " " " 80 qm jede weitere Person zusätzl." " 10 qm

                                    Kranke usw. ein
                                    zusätzl. Raum " " 20 qm

                                    Was darüber hinausgeht wird
                                    bei der Berechnung des Wohn-
                                    geldes nicht angerechnet.

E Tragbare Miete

Die folgende Tabelle 1 stellt fest, <u>wieviel Prozent von Ihrem Einkommen Sie für Miete aufbringen müssen.</u>

Tabelle 1:

Bruttofamilienein-kommen im Monat	Personenanzahl								
	1	2	3	4	5	6	7	8	9 u. m.
bis 2oo DM	14%	12%	12%	12%	11%	10%	9%	7%	5%
über 200 bis 300 DM	16%	14%	13%	12%	11%	10%	9%	7%	5%
über 300 bis 400 DM	18%	16%	15%	14%	13%	12%	10%	8%	6%
über 400 bis 500 DM	20%	18%	17%	16%	15%	13%	11%	9%	7%
über 500 bis 600 DM	21%	20%	19%	17%	16%	14%	12%	10%	8%
über 600 bis 700 DM	22%	21%	20%	18%	17%	15%	13%	11%	9%
über 700 bis 800 DM	22%	21%	20%	19%	18%	16%	14%	12%	10%
über 800 bis 900 DM	---	22%	21%	20%	19%	17%	16%	13%	11%
über 900 bis 1000 DM	---	---	22%	21%	20%	18%	17%	14%	12%
über 1000 DM	---	---	22%	21%	20%	19%	18%	16%	14%

Die Tabelle gilt jeweils für die Fälle: wenn Sie allein stehen, oder wenn in Ihrer Familie zwei, drei, vier, mehr Personen sind. Es werden auch Familienmitglieder dazu gerechnet, die nur vorübergehend vom Haushalt abwesend sind.

In der senkrechten Spalte müssen Sie nun Ihr monatliches Bruttofamilieneinkommen suchen. Die Personenzahl steht in der waagerechten Kopfzeile.
Jetzt vergleichen Sie die Anzahl der Personen mit der Einkommensspalte und erhalten einen Prozentsatz (6).

tragbare Miete =
selbst zu zahlende Miete = $\dfrac{\text{Einkommen mal Prozente (6)}}{100}$ = ____,__ DM

Ein Beispiel:

Gehören Sie in die Waagerechte Zeile mit 7 Familienmitgliedern und finden Sie sich mit 720 DM (also über 700 bis 800 DM) in der senkrechten Spalte, so dürfen Sie nach dieser Tabelle nur 14% ihres Einkommens für Miete aufbringen, also 100,80 DM.

selbst zu zahlende Miete = $\dfrac{720 \text{ mal } 14}{100}$ = 100,80 DM

Alles, was also über 100,80 DM liegt, <u>kann</u> durch das Wohngeld getragen werden.

F Nachprüfende Berechnung des Wohngeldes

In der Tabelle 2 wird noch einmal nachko 'ʔolliert, ob das Wohngeld selbst nicht eine festgesetzte Grenze überschreitet.
Diese Tabelle ist nie zu Ihrem Vorteil.
Mit dieser Kontrollmaßnahme will der Staat verhindern, daß Ihnen
durch das Wohngeld ein "zu großer" Anteil der Miete abgenommen
wird.

Tabelle 2:

Gilt für die trag-bare Miete aus Tabelle 1 ein Prozent-satz von:	dann darf das Wohn-geld höchstens be-tragen:	und beträgt der selbst-aufzubringende Eigenan-teil für die Miete:
5 bis 13%	90%	10%
14 und 15%	70%	30%
16 und 17%	55%	45%
18 und 19%	45%	55%
20 bis 22%	35%	65%

der zu berücksichtigenden Miete

Noch einmal das Beispiel von oben:

Mit einem Anteil von 14% Ihres Einkommens für Miete sind Sie in
der Klasse von 14 und 15% in der senkrechten Spalte in der Tabelle 2. Rechts daneben in der gleichen Zeile besagen die 70%,
daß Sie höchstens 70% der Miete als Wohngeld erhalten. Das bedeutet, daß Sie die restliche Summe, also 30% der zu zahlenden
Miete selbst zahlen müssen.

Ist dieser Aufwand für das Wohngeld eigentlich notwendig?

Die Wohngeldstelle arbeitet schleppend-
Stellen Sie auf jeden Fall noch heute einen formlosen Antrag.
Es genügt die Mitteilung an die Wohngeldstelle, daß Sie die
Zusendung eines Antrags erbitten (s. der Zettel zum Heraustren-
nen am Schluß dieser Broschüre).

Denn sonst geht Ihnen während der Wartezeit auf das Formular
Wohngeld verloren.
Durch den komplizierten Papierkram wird erreicht, daß die Leu-
te mut-und lustlos werden und gar keine Anträge stellen.

Reicht das Wohngeld aus?

Wenn man sieht, für was der Senat die Gelder ausgibt (zum Beispiel Berlin-Hilfe für leerstehende Bürohäuser im Stadtinnern)
stellt man fest, daß die Mieten viel zu hoch sind, was jetzt mit
dem Wohngeld gedämpft wird.
Selbst wenn Sie etwas Wohngeld bekommen, so müssen Sie doch noch
so viel Miete zahlen, daß Ihre Kinder nicht auf weiterführende
Schulen gehen können und daß zum Beispiel Ihre Frau mitarbeiten
muß, damit Sie eine Urlaubsfahrt machen können.

Zwischen Mieten und Löhnen besteht ein direkter Zusammenhang!

(z.B. sollen die Mieten in der Bundesrepublik bis 1975 durchschnittlich um 50% steigen!)

WIR MÜSSEN BEIDES TUN:

Wenn wir verhindern wollen, daß Lohnerhöhungen durch Mieterhöhungen aufgefressen werden, müssen wir:

1. an unserem Arbeitsplatz um höhere Löhne und volle Selbstbestimmung
2. in unserem Wohnbezirk für Mietsenkung und z.B. Kindertagesstätten kämpfen

Ein Kampf um die Selbstbestimmung über das, was am Arbeitsplatz und im Wohnbezirk geschieht, ist nur möglich, indem wir uns solidarisieren

1. im Betrieb
2. und hier im Märkischen Viertel

Daher:

Wenn Sie Genaueres über das Wohngeld wissen wollen und wenn Sie meinen, daß hier im MV allerhand geändert werden muß, dann kommen Sie zum

Arbeitskreis Mieten und Wohnen

Ort und Termin unserer Treffen geben wir in der jeweils neuesten Nummer der MVZ bekannt.
Sie können sich aber auch über die Arbeiterwohlfahrt, Tel.:415 59 43 oder über das Forum, Tel.: 415 58 28
danach erkundigen.
Rechtsberatung findet jeden Mittwoch ab 18.00 Uhr in den Räumen der Arbeiterwohlfahrt, Eichhorster Weg 4, Tel.: 415 59 43, statt.

Zum Heraustrennen: _____

An die Wohngeldstelle
im Rathaus Reinickendorf
1 Berlin 26
Eichborndamm 215

Hiermit teile ich Ihnen mit, daß ich ab sofort Wohngeld beantrage und bitte Sie um die Zusendung sämtlicher Formulare.

.... (Name)
.... (Adresse)
....

....
(Unterschrift)   (Datum)

«*Am 1. Mai zog – gewissermaßen als letzte Szene eines Straßentheater-stückes – das Publikum zu einer [leerstehenden, d. Verf.] Fabrikhalle nebenbei, um sie symbolisch – und vorzeitig* – als Jugendheim zu besetzen. Doch das gewaltlose Protest-Ritual – vor dem Gesetz Hausfriedensbruch – mobilisierte die Staatsbrutalität. Hundert gepanzerte Polizisten stürmten ohne vorhergehenden Räumungsappell die Halle und prügelten die Insassen, Frauen und Kinder darunter, viehisch ins Freie*» (MVZ, Juli 1970, S. 19).

Über diese Polizeiaktion hatte die zwölfjährige Birgit aus dem MV einen Bericht geschrieben, der in der Juni-Ausgabe der MVZ abgedruckt worden war. Die angeblichen Beleidigungen von Polizisten, welche dieser Augenzeugenbericht enthielt, führten zu einer Nacht-und-Nebel-Beschlagnahme der Zeitung am 5./6. Juni und zu einem Verfahren gegen die Redaktion, das erst im Juni 1972 mit dem Freispruch der Redaktionsmitglieder endete.

Ein Jahr später ließ die damalige Stadträtin für Jugend und Sport in Berlin-Reinickendorf (und heutige Senatorin) Ilse Reichel ein publizistikwissenschaftliches Gutachten über die bis dahin erschienenen MVZ-Nummern anfertigen; wahrscheinlich, um ihre Stellung innerhalb der SPD nicht durch den Vorwurf zu gefährden, sie unterstütze oder toleriere «verfassungsfeindliche» Gruppen in ihrem Verwaltungsbezirk.

Das Gutachten vom Juni 1971 kam zu dem Schluß, daß jeder Versuch «einer politischen Einordnung der MVZ . . . nicht an einem fixierbaren Standort (orientiert werden kann, sondern daß er) lediglich einen Bereich innerhalb des allgemeinen politischen Meinungsspektrums abstecken (könne). Die Grenzen dieses Bereichs werden, wenn unpolitische Beiträge außer Betracht bleiben, durch die Merkmale ‹antiautoritär, systemintern reformerisch und klassenkämpferisch sozialistisch› markiert.»[6] Sowohl die antiautoritäre Grundhaltung der Redaktion als auch ihr systemintern reformischer Kampf um Verbesserungen im MV schließe eine «verfassungsfeindliche» Orientierung, wie sie etwa der SEW zugesprochen werde, aus.

«*Demgegenüber scheint eine am Klassenkampf-Denken orientierte sozialistische Einstellung in Verwandtschaft zur SEW-Ideologie zu geraten. Tatsächlich besteht aber auch hier ein scharfer Gegensatz zur*

---

* Das Bezirksamt hatte Andeutungen darüber gemacht, daß die leerstehende Fabrikhalle, über die der frühere Eigentümer noch formal verfügte, nach dessen endgültiger Aufgabe Anfang 1971 für die arbeitenden Gruppen im Viertel als provisorische Behausung zur Verfügung gestellt werden könne.

II

Am Freitag den 1. Mai wollten wir, eine Gruppe von Jugendlichen, das Haus am Seggeluchbecken besehen. Als ich dort ankam, ich hatte mich verspätet, war außer einer Menge Polizisten, kein Mensch zu sehen. Was blieb mir anderes übrig als zu gehen. Auf dem Weg nach Hause kam ich an einem Fabrikgebäude vorbei. Dort traf ich meine Kameraden und ging mit ihnen in die Fabrikhalle.

Wir setzten uns auf die Bretter, die überall in kleinen Stapeln herum-lagen und tranken Bier und Brause. Während uns einer der Anwe-senden über die Lage aufklärte. Durch heftiges Brummen gegen die Tür wurde unsere Diskussion unterbrochen. Als die Polizisten, die durch einen Balkon ausgeschlossen waren, sich den Weg mit Spitzhacken frei-gemacht hatten teilten sie sich in zwei Gruppen und gingen rechts und links, an uns vorüber, zum Ende der Halle.

Ohne dreimalige Aufforderung zu gehen, fingen sie an uns aus dem Gebäude zu schleifen. Wer sich dem Willen der Polizei widersetzte wurde hemmungs-los zusammengeschlagen. – Doch auch mit Tinter in die Hoden sparte die Polizei (dein Freund und Helfer) nicht.

Als wir einsahen, daß wir gegen die Polizei, die etwa doppelt so viel Personen als wir waren, nicht ankommen würden schlossen wir uns zu-sammen, um den Saal widerstandslos zu verlassen.
Aber was war das ???
Zwei Polizeiketten drängten uns zurück, während ihre Kollegen auf uns eindreschen. Schließlich ließ der Druck der uns den Weg versperrenden Polizisten nach und wir stürzten ins Freie. Nachdem wir den Polizisten die Schimpfwörter "Nazischweine und Faschisten" an den Kopf geworfen hatten, jagten sie uns nach dem Wilhelmsruher Damm entlang. Wer flüchtete in die Haustüre! Wer nicht schnell genug rennen konnte oder die Haustür nicht schnell genug schließen wollte, bekam noch Schläge mit dem Gummiknüppel.

Im "Forum", wo wir uns anschließend trafen, zählten wir die fehlenden Personen. Neun Männer und Frauen waren abgeführt worden. Ein dreizehn-jähriges Mädchen wurde mit schweren Verletzungen ins Krankenhaus eingeliefert. Außerdem ging das Haus für uns "flöten". Denn das Reinickendorfer Bezirksamt nutzte die Zeit aus und ließ das Haus am Seggeluchbecken abreißen.

Das war wohl die größte Gemeinheit, die dem Bezirksamt einfallen konnte !!!
Mein Kommentar: Die Zahlen der Verkehrsunfälle werden wohl steigen, weil es keine Kindertagesstätten gibt und die Kinder auf der Straße spielen müssen. Außerdem werden sich weiterhin Gammler (wie man-che Menschen zu sagen pflegen) im Einkaufszentrum und auf den Straßen umtreiben, weil Frau Reichel nicht vernüftig wird und uns Räume für Jugendheime beschafft. Ich hoffe nur sie wird bald vernünftig und sieht ein, daß unsere Forderungen gerecht sind.

Birgit Lange   12 Jahre
Wilhelmsruher Damm 201

Der Brief der zwölfjährigen Birgit Lange in der MVZ vom Juni 1970 führte zur Beschlagnahmung der Zeitung und zu einem Verfahren gegen die Redaktion.

BESCHLAGNAHME

WARUM MUSSTE DIE MVZ BESCHLAGNAHMT WERDEN?

Ich setze voraus, daß es sich mittlerweile herumgesprochen hat, daß man die MVZ in der Nacht vom 5. zum 6.6.1970 beschlagnahmt hat. Ich wollte hiermit einmal analysieren und versuchen zu erklären, warum es so wichtig war, gerade diese Zeitung zu beschlagnahmen.

Meiner Meinung nach gefährlichster Artikel in der beschlagnahmten Zeitung war ein Artikel eines 12-jährigen Mädchens. Warum ausgerechnet dieser Artikel?

Wenn ein Erwachsener, sei er links- oder rechtsorientiert, etwas schreibt, wird der Leser in den seltensten Fällen zu einem Denkprozeß angeregt, weil er schon unbewußt das Gelesene,-relativ zu seiner eigenen politischen Einstellung, einstuft. Er nimmt es hin, wenn es seinem Bewußtsein entspricht oder übt Kritik. Mehr oder weniger, das entscheidet letztlich das Temperament. Um nun die Leser aus dem MV etwas zu mobilisieren, hat sich der Stil der MVZ gewandelt. Das heißt: Die Mehrzahl der Mitglieder der Redaktion sind heute Arbeiter aus den verschiedensten Arbeitsbereichen. Bauarbeiter, Drucker, Fernfahrer, Rohrleger etc. Als abhängige "Tagelöhner" sind wir jetzt nicht mehr länger gewillt, einer Minderheit mit unserem Schweiß die Taschen zu füllen und selbst keinen Anteil am Gewinn zu haben.

Wir sind nicht gewillt, das alles hinzunehmen und dabei noch die Gewißheit zu haben, daß der geringsten Krisensituation auf der Straße zu liegen. Nicht nur das! Hinzu kommt noch, daß sich diese Minderheit wie die Geier über unseren sauer erarbeiteten Verdienst stürzt und in Form von Wuchermieten, überhöhten Lebensmittelpreisen und anderen lebenswichtigen, künstlich in die Höhe getriebenen Produktpreisen außerdem noch bereichert.

Wir wollen mit der MVZ weiter nichts erreichen als unsere Leser zu eigener Aktivität und dem Bedürfnis nach politischer Information anregen. Der progressive "Linksdrall" unserer Zeitung ist dabei unwesentlich. Denn der seit einigen Jahren in unserer Gesellschaft gärende Umwandlungsprozeß kann sich durch ein politisches Interesse der Bevölkerung nur beschleunigen. In welche Richtung, wird sich aus einem politischen Bewußtsein, z.B. bei einer Wahl, ganz von selbst ergeben.

Alle diese Fakten sind natürlich auch von der herrschenden Kaste erkannt worden. Infolgedessen ist unsere Zeitung ein äußerst gefährliches Instrument. Speziell hier im MV, weil sich in diesem Viertel die Mehrzahl der Bewohner aus Arbeitern zusammensetzt, die, wenn erst einmal auf Zusammenhänge ihrer Misere hingewiesen, zu äußerst aggressiven Protesten greift.

Was hat das nun alles mit dem Artikel eines 12-jährigen Mädchens zu tun? Sehr viel. Einem Erwachsenen kann man unterstellen, emotionell und parteilich zu sein. Wenn aber ein Kind seine eigenen Erlebnisse schildert, die dann wesentlich von den offiziellen Darstellungen abweichen, wird ein Leser zumindest stutzig und der Schilderung eines Kindes, bei dem man Unbefangenheit voraussetzt, mehr Glauben schenken. Das wiederum läßt, wie in diesem Falle, die Polizei unglaubwürdig erscheinen. Da Polizei mit Regierung gleichgesetzt wird, überträgt sich das Mißtrauen logischerweise auch auf den Staatsapparat.

Zwangsläufig mußte eminer Meinung nach nun ein Vorwand gefunden werden die Zeitung zu beschlagnahmen. Dümmlich allerdings muß der Vorwurf genannt werden, der unterstellt, solche Artikel könnten nur von Erwachsenen geschrieben werden.

Stroh-Angel
2. Fachgruppenvorsitzender der Tapetenkleber
(I.G.-Bau, Steine, Erden)
Mitglied im Gesellenausschuß der Maler und Lackierer

Antwort eines MVZ-Lesers auf die Beschlagnahmung der Zeitung in der darauffolgenden Ausgabe vom Juli 1970.

politischen Ausrichtung der SEW. Vertritt letztere den orthodoxen Staatssozialismus in der von der SED praktizierten Form, so tragen die in der MVZ zum Ausdruck kommenden ‹sozialistischen› Auffassungen alle Merkmale einer Gesellschaftsutopie, die den historischen Marxismus untransformiert in die Gegenwart projiziert. Einer solchen von der realen gesellschaftlichen Situation wenig beeindruckten ‹reinen Lehre› muß die an den Machtverhältnissen orientierte Politik der SEW als zielloser Pragmatismus erscheinen, der als revisionistisch abgelehnt wird.»[7]

Es hatte sich also etwas getan im Viertel, im ersten Jahr des Bestehens der Märkischen Viertel Zeitung: Die Zeitung war vergleichsweise gut bei der Bevölkerung angekommen, die Redaktion war weitgehend aus den Händen von PH-Studenten in die Hände von Angestellten und Arbeitern aus dem Viertel selbst übergeleitet worden.

Zu dieser Zeit arbeiteten in der Redaktion neben den schon erwähnten PH-Studenten mit: der Schüler Michael, die Kindergärtnerinnen Donata und Alexandra, die TU-Studenten Uwe und Günter, Harald (Handwerker und Berufsschullehrer) und Margaretha, Jürgen (Verwaltungsjurist) und Claudia, Peter (Betriebswirt) und Karin, Peter (Sozialarbeiter), Hans (Arbeiter) und Ingo (technischer Angestellter), dazu die beiden Filmemacher Max und Christian.

Der Inhalt der Zeitung war politischer geworden, verschiedene Initiativgruppen hatten sich im Viertel gebildet, und ihre Entwicklung hatte sich belebend auf die Redaktion und auf die Zeitung ausgewirkt; erste Reaktionen waren nicht ausgeblieben: Pfarrer Damm von der evangelischen Kirchengemeinde am Wilhelmsruher Damm hatte uns die Benutzung seiner Gemeinderäumlichkeiten verweigert, die Polizei hatte am 1. Mai 1970 auf die gewaltlose, symbolische Besetzung einer leerstehenden Fabrikhalle mit dem Knüppel geantwortet, auf ihre Veranlassung war die Juni-Nummer der MVZ mit Berichten über diese Aktionen beschlagnahmt worden.

Die Entwicklung der äußeren Ereignisse im Viertel spiegelte sich natürlich auch in der Zusammensetzung der Redaktion und ihrer inneren Entwicklung wider. Es kamen neue Leute in die Redaktion, unter anderen die Schüler Constantin und Marlis, die im Keller der elterlichen Wohnung eine kleine Druckerei installiert hatten und ab Dezember 1969 die MVZ produzierten.

Drei Probleme wurden in der Redaktion mit zunehmender Häufigkeit und Schärfe diskutiert: die Frage der wirksamsten Organisation der redaktionellen Arbeit, das Problem der politischen Linie der Zeitung und der ausgesprochene oder unausgesprochene Anspruch der meisten Redaktionsmitglieder, nicht nur eine Zeitung zu machen, sondern innerhalb der Redaktion eine Gruppe zu finden, die persönliche Kommunikationsbedürfnisse befriedigt.

In der Frage der wirksamsten Organisation der redaktionellen Arbeit war man sich einig. Man wollte keine «linke Bildzeitung» mit rigider Arbeitsteilung und individueller Verantwortlichkeit, vielmehr sollten alle anfallenden Arbeiten gemeinsam erledigt und gemeinsam verantwortet werden. Strittige Artikel sollten so lange gemeinsam diskutiert werden, bis eine allgemeine Übereinstimmung erzielt worden sei. Hinter dieser richtigen, aber zeitraubenden Forderung steckte das Bemühen, die eigenen negativen Erfahrungen zu vermeiden, die man mit bürgerlichen Vereinen und in bürgerlichen Parteien gemacht hatte, in denen der Vorstand arbeitet und die Mitglieder nur noch mit den Köpfen nicken. In dem Wunsch, der bürgerlichen Arbeitsteilung zu entgehen, drückte sich das Bedürfnis aus, über das Funktionieren der Gruppe als Redaktion hinaus einen gemeinsamen Lebenszusammenhang herzustellen – ein Kollektiv zu werden.

Bei diesem Wunsch nach kollektivem Arbeiten haben wir sicher übersehen, daß unsere Redaktion nicht so einheitlich zusammengesetzt war, wie wir es uns gewünscht hatten. Politisch Organisierte standen Nichtorganisierten gegenüber, Handarbeiter den Kopfarbeitern, Mitglieder des linken Flügels der SPD arbeiteten mit solchen MV-Bewohnern zusammen, für welche diese Partei nicht mehr wählbar war.

Solange die gemeinsame Arbeit erfolgreich läuft und keine markanten Außenkonflikte auftreten, können solche Unterschiede in der Gruppenzusammensetzung überspielt werden. In Konfliktsituationen treten sie jedoch mit voller Schärfe hervor. Dann zeigt sich auch das Gefälle in der Durchsetzungsfähigkeit der einzelnen Mitarbeiter. Diejenigen, die in der politischen Auseinandersetzung die Geübteren sind, reden besser (und vor allem länger), während die weniger Geübten dem oft nur ein Nein entgegensetzen können, ohne daß es ihnen gelingt, durch überzeugendes Argumentieren die noch schwankenden Redaktionsmitglieder auf ihre Seite zu ziehen. Eine Reihe von Mitarbeitern der MVZ, die sich in diesem Diskussionsprozeß nicht richtig einbringen konnten, resignierte und ließ sich nicht mehr blicken. Einige wenige, die sich von der Mitarbeit in der Redaktion so etwas wie eine persönliche Profilierung im Viertel versprochen haben mochten und nicht richtig landen konnten, verließen die Redaktion sehr bald und wechselten ins Lager des politischen Gegners über.

BÜRGER IM MONOLOG?

Anfang Juni erschien im Märkischen Viertel ein neues Blättchen, das sich "Bürger im Dialog" nannte. Wir wollen dazu Stellung nehmen, nicht aus Angst vor Konkurrenz, sondern um darüber aufzuklären, welche "Eigendrucker" hinter dem Namen Franz Steffen und dem wahrscheinlichen Leserbriefschreiber Werner Strohbach (Extraausgabe 6.6.70; Leserbrief ohne Namensangabe) stecken.

Dann möge der Leser entscheiden, ob sich dieses Blatt nicht den passenderen Titel "Bürger im Monolog" zulegen sollte.

Wer ist nun Franz Steffen?

Steffen hat einst zeitweilig bei der MVZ mitgearbeitet und ist uns durch besonders starke "Haßausbrüche" gegen SPD-Senat und die "Betonwüste MV" bekannt.

Er erklärte jedoch nicht die eigentlichen Ursachen der Mißstände im MV und anderswo und konnte folglich nicht an ihrer Beseitigung arbeiten. Daher konnte er sich in der MVZ-Redaktion oft nicht durchsetzen.

Nun änderte er zusammen mit seinem Gesinnungsgenossen Werner Strohbach seine politische Meinung völlig und begann mit dem Bezirksamt und dem "Polizeirat-Krüger-Kommando" zu paktieren.

Werner Strohbach war z.B. dabei, als Polizeirat Krüger (Protokoll, abgedruckt im MVZ-Extrablatt) mitten in der Nacht (woher wußte W. Strohbach davon??) die MVZ beschlagnahmte.

Er unterstützte diese widerrechtliche Aktion sogar durch seine Unterschrift.

Er tat also alles, um die Solidarität unter den MV-Bewohnern mit einem Anschlag gegen die von ihnen gemachte Zeitung zu unterdrücken.

Herausgeber und Schreiber von "Bürger im Dialog" sollten sich darüber klar sein, daß sie zu Bütteln der Polizei wurden.

Wir bezeichnen so etwas, doch diese wissenschaftliche Bezeichnung hören diese Rechtsopportunisten nicht gern, als Klassenfeind.

Übrigens muß zu der MVZ-Redaktion noch folgendes gesagt werden: Diese Zeitung, die von PH-Studenten gegründet wurde, wird heute fast ausschließlich von Bürgern des MV gemacht, die größtenteils Arbeiter sind. Hoffentlich zieht der Leser hieraus die richtigen Schlüsse, wenn von der immer größeren Radikalität der MVZ gesprochen wird.

Norbert Günther, Arbeiter

Die Auseinandersetzungen über den Inhalt der MVZ führten zur Abgrenzung der Zeitung gegenüber rechten Tendenzen.

Basisdemokratische Initiativgruppen im Stadtteil sind, das hat die Erfahrung der letzten Jahre gezeigt, gerade auf Grund ihres Anspruchs, alle wichtigen Dinge gemeinsam zu entscheiden, anfällig für parteipolitische Interessen, die von außen an sie herangetragen werden. So war es auch bei uns. Wir erlebten den ersten Versuch, die MVZ in das Fahrwasser einer politischen Partei zu ziehen, an der Auseinandersetzung um den Artikel «Wie glaubhaft ist die SPD?».

Hans, ein angelernter Brunnenbauer und Installationshelfer, der ziemlich von Anfang an durch Phantasie, Temperament und Formulierungskraft aufgefallen war und als «Reporter Schnüffel» außerordentlich witzige und schlagkräftige Mundart-Reportagen schrieb, war in einer recht dramatischen Situation mit der Bezirksverordnetenfraktion der Reinikkendorfer SPD zusammengestoßen. Die Filmemacher hatten auf Anregung des PH-Professors der SPD-Fraktion Filmmaterial aus dem MV vorgeführt, um Verständnis für die soziale Lage der MV-Bewohner zu wecken. In diesem Filmmaterial kam auch der Arbeiter Hans vor, der an der Filmvorführung teilnahm, ohne daß die Fraktionspolitiker dies bemerkt hatten. Im Anschluß an die Vorführung folgte eine Aussprache der SPD-Politiker, in der die Probleme, über die Hans im Film gesprochen hatte, als seine individuellen Probleme abgetan wurden; «der junge Mann» sei kein typischer Arbeiter, er sei überhaupt nicht typisch für das Viertel – und er sei im übrigen eine gescheiterte Existenz. Darauf meldete sich Hans zu Wort und rechnete mit der Partei ab, die er bisher als seine Interessenvertretung angesehen und gewählt hatte. Seine Erfahrungen mit den Bezirksverordneten verarbeitete er zu einem Artikel, dessen Erscheinen oder Nichterscheinen Gegenstand mehrerer erregter Redaktionssitzungen wurde.

Die SPD-Mitglieder in der Redaktion versuchten zunächst, den Artikel zu verhindern oder mindestens zu entschärfen. Als andere Redaktionsmitglieder, die an der ersten Sitzung nicht teilgenommen hatten, von dieser Entscheidung erfuhren, beriefen sie eine neue Sitzung ein, auf der sie die Mehrheit hatten. Sie setzten den Artikel durch, allerdings mit einigen Änderungen, weil ihnen die Angriffe gegen die SPD zu stark an der Person des Regierenden Bürgermeisters Klaus Schütz orientiert schienen und von der Tatsache, daß die SPD insgesamt Arbeiterinteressen nicht mehr vertrete, ablenkten.

Nachdem sich die Mehrheit der Redaktion gegen den Versuch der SPD-Mitglieder, in der Auseinandersetzung mit der SPD abzuwiegeln, erfolgreich durchgesetzt hatte, stiegen die meisten SPD-Mitglieder aus der Redaktion aus. Ihr Austritt fiel zusammen mit dem Austritt der meisten PH-Studenten aus der Redaktion, der jedoch keine politischen, sondern

Wie glaubhaft ist die SPD ?

Als Arbeiter habe ich jahrelang die SPD gewählt in der Annahme, sie würde am besten die Interessen der Arbeiter vertreten. Vor kurzem jedoch mußte ich mich vom Gegenteil überzeugen lassen:

Am 26. Januar 1970 führte die im MV arbeitende Filmgruppe ab 17.30 im Rathaus Reinickendorf auf Einladung der SPD-Fraktion der BVV einen Ausschnitt aus ihrer Arbeit vor. In dem Filmstreifen schilderte ein Arbeiter Probleme, die sich für ihn und seine Familie aus dem Leben im MV ergeben. Der Mann schilderte typische Nöte, die einen Arbeiter und Wohngeldempfänger mit schmalem Verdienst betreffen.

Eine zusätzliche Belastung ergibt sich für seine Familie dadurch, daß eines der beiden Kleinkinder körperbehindert war. Es liegt seit über einem Jahr im Krankenhaus und könnte sofort nach Hause entlassen werden. Da es aber für solche Kinder im MV keine Krippe gibt, kann es noch Jahre dauern, bis das Kind endlich mit der Familie zusammenleben kann. Das alles wurde in dem Interview geschildert. Dazu noch die viel zu hohen Mieten für sozial schwache Familien, Ausbeutung in den Geschäften (Ausnutzung der Monopolstellung).

Ich erinnere mich so genau an den Inhalt dieses Filmes, denn dieser Arbeiter bin ich.

Als der Film zu Ende war und die Diskussion begann, erlebte ich dann mein blaues Wunder. Einer der sogenannten Volksvertreter sprach überhaupt nur von "diesem Kerl". Ein anderer Bezirksverordneter steigerte sich in die zynische Aussage – ich zitiere wörtlich: "Der Kerl ist zu faul gewesen etwas zu lernen und somit hat er sich, daß er so wenig verdient"! Eine Abgeordnete stellte fest: "Der junge Mann (38!) wird mit seiner Umwelt nicht fertig und die Frau ist intelligenter." Ja, natürlich ist diese Frau intelligenter, weil sie sich wie eine Schnecke zurückzieht und somit für die Herrschaften bequemer ist als "dieser Kerl", der gegen die soziale Ungerechtigkeit protestiert. Hat sich diese ehrenwerte Dame schon einmal Gedanken darüber gemacht, warum viele einfache Leute Schwierigkeiten mit ihrer Umwelt haben? Es ist weitgehendst bekannt, daß man mit einer wohlgefüllten Brieftasche die

meisten Schwierigkeiten beiseite geräumt bekommt. Ja, sogar das Recht hat man dann auf seiner Seite. Es ist doch eine bekannte Tatsache, daß es in unserem Volke eine Gesellschaftsschicht gibt, die auf Kosten der arbeitenden Masse sich alles leisten kann, wogegen besagte Arbeiterschaft, welche diese Werte schafft, nichts weiter will als ein menschenwürdiges Auskommen wozu auch eine menschenwürdige Wohnung gehört. Wie vorbildlich diese Forderung bisher erfüllt wurde, zeigen die 27 angedrohten Exmittierungen allein im ersten Monat des neuen Jahres.

Diese Zustände und dazu das "Verständnis" der oben zitierten Volksvertreter – da kann einem schon das heilige Kotzen kommen. Jetzt stellt sich zwingend die Frage an Herrn Schütz – seines Zeichens regierender Bürgermeister und Vorsitzender der SPD Berlin – wie sich solche beschämenden Aussprüche seiner Parteigenossen mit dem oft genannten "sozial geordneten, freiheitlichen Rechtsstaat" vereinbaren lassen? Damit wird Herr Schütz von seinen eigenen Genossen völlig unglaubwürdig gemacht!

Solange eine kleine, herrschende Klasse den Wohlstandskuchen unter sich verteilt und den Bäckern desselben nur die Krümel gibt, sind diese großen Worte nur verlogene Phrasen. Herr Schütz und seine Genossen brauchen ja auch nicht fast die Hälfte ihres Einkommens für Miete auszugeben, wohin sollen sie sich also in unsere Lage versetzen können? Sie schwingen lieber schöne Reden und verschleiern die Tatsachen. Solange sich das nicht ändert, bleibt die SPD unglaubwürdig.

Daß nach Schluß der Filmvorführung mich einige der "Genossen" in der Tür abfingen und mich durch das Angebot eines weiteren Gesprächs zu beschwichtigen versuchten, ändert nichts an der hoffnungslosen Rolle der SPD. Denn wie hatte sich einer der "Genossen" vorher geäußert? Wenn man sich um so unzufriedene Bürger nicht beizeiten kümmere, werde man bei den Wahlen sein blaues Wunder erleben. – Das werden sie wirklich.

Hans Rickmann

Der Arbeiter Hans erlebt, daß die SPD keine Arbeiterpartei mehr ist und zieht seine Konsequenzen daraus.

studienorganisatorische Gründe hatte. Die PH-Studenten hatten inzwischen ein Jahr lang in der Zeitung gearbeitet und standen kurz vor ihrer Prüfung. Außerdem waren sie der Meinung, daß sich die Zeitung inzwischen von ihrer personellen Besetzung und ihrer Organisationsroutine her selbst würde tragen können und daß damit ein Ziel der Arbeit, die MVZ zu einer Zeitung zu machen, «die von den Bewohnern des Viertels selbst gemacht wird», erreicht sei.

Gleichzeitig wurde den in der Redaktion verbleibenden Mitarbeitern deutlich, daß der zunehmende Druck durch Bezirksamt, GeSoBau, Polizei, Springer-Presse und veröffentlichte Meinung in der Stadt zu neuen, vereinheitlichten Organisationsformen der verschiedenen Initiativgruppen im Viertel führen müsse, um zu verhindern, daß Senat, Springer-Presse und Bezirksamt die einzelnen Gruppen weiterhin gegeneinander aufwiegeln und spalten können.*

Am Freitag, dem 22. Mai 1970, beschlossen deshalb Vertreter von 21 Initiativgruppen im Märkischen Viertel, einen Delegiertenrat zu bilden, um den Informationsfluß zwischen den Gruppen zu verbessern, gezielter und gestärkter gegen Exmittierungen vorgehen und Probleme anpacken zu können, die für jede einzelne Gruppe zu schwergewichtig sind.

Das bedeutete auch für die MVZ eine neue Arbeitsweise, die sich in einer neuen Plattform für die redaktionelle Arbeit niederschlug.

Die neue Plattform der MVZ

«Die ursprüngliche Konzeption und Arbeit der MVZ hat gezeigt, daß allein durch eine Zeitung individuelles Unbehagen nicht in organisierte Forderungen umzusetzen ist, daß allein durch Information und Artikulation sozialer Forderungen eine Kommunikation der Unterprivilegierten nicht herstellbar ist. Es zeigte sich, daß die mangelhafte Verbindung zur praktischen Arbeit der Initiativgruppen im MV dazu führte, daß auch die Redaktionsarbeit individuell ausgerichtet war, die wirklich relevante Gruppe der Unterprivilegierten nur unzureichend vertreten war. Die MVZ war überwiegend Sprachrohr des bürgerlichen Mittelstandes. Dies wurde deutlich bei der Veröffentlichung des Artikels ‹Wie glaubhaft ist die SPD?›. Dieser Artikel führte zur Polarisierung inner-

---

* So hatte sich beispielsweise der «Bürgerverein im MV» von einer Demonstration des Arbeitskreises «Mieten und Wohnen» anläßlich der Einweihung der 10 000. Wohnung im MV distanziert, weil er nicht wußte, wer die Demonstration organisiert hatte und der Springer-Presse glaubte, daß es sich um «Leute aus der Stadt» gehandelt habe.

halb der Redaktion und zum Ausscheiden der ‹Mittelstandsfraktion›. Diese Lücke wurde gefüllt von Arbeitern, Lesern und Aktivbürgern (das meint Mitglieder der Initiativgruppen), die durch intensive Teilnahme an Herstellung und auch Vertrieb das weitere Erscheinen der MVZ garantierten.

Die veränderte personelle Zusammensetzung der Redaktion führte zu folgendem neuen Selbstverständnis:
Das Redaktionskollektiv sieht die Zeitung
1. als Organ der zahlreichen progressiven Initiativ-Gruppen im MV (die inzwischen einen Delegiertenrat gebildet haben). Die Gruppen können so Informationen untereinander austauschen, Informationen in die MV-Öffentlichkeit tragen, ihre Forderungen vortragen und vermitteln. Die Gruppenarbeit wird für viel mehr MV-Bewohner transparent.
2. Das Redaktionskollektiv sieht die MVZ als Instrument, um die Isolierung des einzelnen zu durchbrechen. Damit dieser aufhört, gesellschaftliche Mißstände als persönliches Versagen zu erleben und schicksalhaft zu dulden ...

Der Weg vom reinen Konsum über eine erste Selbstdarstellung bis zur Organisation des einzelnen führt über Leserbriefe, Teilnahme an öffentlichen Redaktionssitzungen, Mitarbeit in der Redaktion, schließlich zur Organisation in den Initiativgruppen. Durch diese Rückkopplung werden die Initiativgruppen von aktivierten Bürgern verstärkt.

Zusammenfassend kann gesagt werden:
Analyse und Information über die Herrschenden und ihre Institutionen (Senat, GeSoBau, Bezirksamt, Planungsgruppen der Architekten, Parteien, Polizei) führt über die genannten Mechanismen der Rückkopplung bei den Bewohnern des MV zu einer Umformung des individuellen Problembewußtseins in ein gesellschaftliches Problembewußtsein. Dies ist Politisierung als Voraussetzung für solidarische Aktionen zur Veränderung des Verhältnisses zwischen Herrschenden Beherrschten.»

Einschätzung der ersten Phase der MVZ

Sowohl die PH-Studenten als auch die SPD-Mitglieder der MVZ-Redaktion, die nach einjährigem Bestehen der Zeitung aus unterschiedlichen Gründen aus der Arbeit ausstiegen, haben später versucht, ihre Erfahrungen zu überdenken und auf den Begriff zu bringen.

Die Pädagogische Hochschule hat beispielsweise ein Jahr nach dem Auszug der SPD-Mitglieder aus der Redaktion eine Rückerinnerungsdiskussion[8] mit ehemaligen Redaktionsmitgliedern organisiert, um herauszufinden, wie die Betroffenen aus der Distanz ihre damalige Situation und die weitere Entwicklung der Zeitung einschätzten. Die dabei geäußerten Meinungen sprechen für sich.

Ingo:
«Ich habe meine Arbeit als Arbeit an einem kritischen, pluralistischen Bürgerforum verstanden, das zunächst soziale Probleme, die von der einschlägigen Presse unter den Tisch gefegt werden, aufgreifen und durch die MVZ einem größeren Leserkreis zur Diskussion stellen sollte. Ich selbst war bestrebt, keine (führende) Rolle zu spielen. Der Führungsstil, den die PH-Studenten einführten, wurde von mir begrüßt ... Den kollektiven Arbeitsstil vermißte ich nach dem Ausscheiden der PH-Studenten. Es gab zwar keinen autoritären Überbau, jedoch wurde spürbar, daß Einfluß von außen auf die MVZ-Gruppe genommen wurde ... Fazit: Aus alldem ergibt sich, daß meines Erachtens die Umwandlung einer kritisch-pluralistischen Bürgerzeitung in eine sozialistische Zeitung zu früh erfolgte, mit dem Ergebnis, daß keine nennenswerte Basis in der Bevölkerung für die MVZ bei einer möglichen Bedrohung durch den Staatsapparat vorhanden ist.»

Jürgen:
«Warum ich ausgetreten bin? Das erste ist wohl, daß ich damals meine persönliche Rolle überspielt habe. Ich habe schulmeisterlich versucht, meine damaligen Vorstellungen als ‹die› reine Lehre durchzusetzen, und zuwenig Toleranz gegenüber anderen Standpunkten an den Tag gelegt, vor allem gegenüber jenen Standpunkten, die nach meiner Meinung eine breite Solidarisierung innerhalb der Bevölkerung zunichte machen würden. Als sich herausstellte, daß das Konzept einer allgemeinen, breiten Solidarisierung zusammengebrochen war, daß eine allmähliche, nicht überstürzte politische Bewußtseinsbildung nicht mehr möglich war, an der alle hätten teilnehmen können, sondern daß sich eine Kaderpolitik mit einem möglichst klar und hart definierten revolutionären Standpunkt durchsetzte ... mußte ich mich entscheiden, ob ich nun SPD-Mann oder Vertreter einer Bürgerorganisation im Märkischen Viertel sei, und ich hab mich dann aus dieser zerrissenen Position heraus für die SPD entschieden.»

Karin:
«Na, die erste Form (das pluralistische Konzept der Zeitung) war auf jeden Fall falsch, sie war im Grunde auch nicht ausgereift. Wir kamen alle mit so viel Elan und Schwung herein und sagten: Ach Gott, na

prima, endlich haben wir so ein Projekt, mit dem wir Bürger heranziehen können ... Aber genau das passierte nicht ... Ich habe die Erfahrung gemacht, daß man die Leute, die man erreichen will, am besten über persönliche Kontakte erreicht, und nicht mit Handzetteln oder anderen geschriebenen Sachen ... Ich sehe es so, daß die Richtung der Zeitung zwar richtig war und richtig ist, daß aber eine Phase übersprungen wurde.»

Claudia:

«Ich bin kein furchtbar politischer Mensch – da die Zeitung nun mal so läuft – also ich finde sie heute geschlossener, als sie es früher war. Sie sollte ruhig so weiterlaufen. Wenn sie nun mal gemacht wird und da geben sich Leute Mühe, dann sollen sie es wirklich so machen, daß die Zeitung nicht nur ein paar erreicht, sondern auch die erreicht, die es angehen soll. Natürlich bin ich nicht einverstanden mit dem, was da jetzt drin steht ... (Frage: Fühlst du dich bedroht?) Also: Die Zeitung vertritt nicht meine Meinung, aber ich fühle mich von ihr nicht bedroht. Ich finde es allerdings traurig, daß die Zeitung so gelaufen ist, wie sie gelaufen ist. Ich hatte sie mir anders vorgestellt. (Frage: Kannst du sagen, wie du sie dir vorgestellt hast?) Eigentlich hatte ich sie mir nicht so politisch vorgestellt ... Mir hat daran gelegen, nachdem ich einige Zeit mitgearbeitet hatte, die Vorurteile abzubauen zwischen den einzelnen Gruppen und Schichten im Märkischen Viertel.»

Jürgen:

«Ich habe mich unheimlich gefreut, daß die jetzige Zeitung als Zeitung sehr viel besser ist als das, was wir je gemacht haben. Sie ist im Aufbau, im Layout so, daß sie ein Gesicht hat, eine Linie. Bilder und Artikel stimmen überein, es gibt eine einheitliche Linie. Das ist ein wesentlicher Unterschied zu früher, wo man das Gefühl hatte, wir waren zerrissen zwischen dem Nordberliner und einem kommunistischen Kampfblatt. Wolfgang hat vorhin gefragt, ob ich mich durch die Zeitung bedroht fühle. Ich fühle mich insoweit bedroht, als ich meine, daß die überstürzte Entwicklung und die Politisierung dieser Zeitung eine größere Gegenreaktion auslösen wird, als durch positive, solidarische Aktionen bei den Bürgern aufgefangen werden kann. Es ist tatsächlich so, daß jetzt jede Nummer der MVZ der SPD – und damit meine ich den schlechteren Teil der SPD, der gerade von der Redaktion so angegriffen wird – Stimmen zutreibt, und ich sehe eine gewisse Gefahr, daß die Reaktion durch diese Zeitung gestärkt wird.»

Peter:

«Ich hatte meine Arbeit als Übergangsarbeit angesehen, bis Arbeiter und Angestellte sich aktiviert hätten, um gleichrangig die Arbeit fortzusetzen. Dieses Wunschdenken hat sich nicht bewahrheitet, weil unabhängige Studenten und unabhängige Personen tragende Rollen übernommen haben, und zwar in einem sehr radikalen Sinne, um eine Zeitung zu gestalten, die dominierend für Arbeiter und Leute aus der Unterschicht gemacht wird. Das hat die Folge, daß Leute aus der Mittelschicht und der Intelligenz in der MVZ nichts mehr zu suchen haben, zumal sie nach deren Meinung nicht die Sprache der Unterschicht sprechen. Diese Tendenz wurde nach einiger Zeit dermaßen stark, daß ich irgendwann die Konsequenz ziehen mußte, nicht mehr in der MVZ mitzuarbeiten. Die andere Erklärung für mein Ausscheiden ist die, daß die Form der inhaltlichen Gestaltung der MVZ nicht mit meiner Grundansicht von der evolutionären Umgestaltung übereinstimmt ... Positiv finde ich die Entwicklung im Layout und in der Gestaltung der Zeitung. Das ist eine Entwicklung, die ich mir gewünscht hätte, als ich noch dabei war.»*

Jürgen:
«Ich muß dir in beiden Punkten recht geben, ich sehe es nur im Gegensatz zu dir nicht negativ, sondern positiv. Ich bin zum Beispiel der Meinung, daß die Zeitung, wenn sie auch nur passiv konsumiert wurde, einen wesentlich höheren Wirkungsgrad gehabt hat, als man gemeinhin vermuten könnte. Die Zeitung hat zumindest ein Problembewußtsein geschaffen, auch wenn es ihr nicht gelungen ist, die passiven Konsumenten von den Wertungen zu überzeugen, welche die Schreiber selbst vorgenommen hatten. Auf dem Rücken und zu Lasten der Redaktion ist also eine bestimmte Bereitschaft, sich mit Problemen zu beschäftigen, erreicht worden. Das ist natürlich erkauft worden mit dem Ruf der Redaktion und um den Preis der Verkäuflichkeit der Zeitung.»

Auch die Studenten und Hochschullehrer der PH Berlin versuchten ihre Erfahrungen in und mit der Zeitung zu formulieren und diskutierten sie im Plenum aller PH-Projekte im Märkischen Viertel.[9] Sie schätzten die Entwicklung der Zeitung ebenfalls positiv ein, zumal die Zeitung nach einem Jahr wenigstens auf einem eigenen finanziellen Bein stand. Der Straßenverkauf hatte sich wider Erwarten gut entwickelt. Ende 1969 verkauften wir bereits monatlich rund 2000 Zeitungen – ein Drittel davon über Abonnenten und über die Initiativgruppen, über Wohlfahrtsverbände und am Kiosk. Bei einer Auflage von 3000 Stück kostete uns damals jede Nummer etwa 1200 DM, von denen nun nur noch die Hälfte durch private Zuwendungen aufgebracht werden mußte, während die andere Hälfte aus dem Verkauf und den Anzeigen finanziert werden konnte. Außerdem konnten die Satz- und Druckkosten dadurch wesentlich gesenkt werden, daß wir die Druckerei wechselten und bei den beiden Schülern im Keller drucken ließen.[10]

Die Erfahrungen, die wir im ersten Jahr des Erscheinens der Märkischen Viertel Zeitung gemacht hatten, schlugen sich auch in einer veränderten Einschätzung der politischen Stimmung im Viertel nieder. Hatten wir im Arbeitspapier 1 der studentischen Projektgruppe, welche die MVZ gegründet hatte, im Frühjahr 1969 noch ziemlich überheblich die Meinung vertreten, die Zeitung müsse, um wirksam zu sein, «die Bewohner bei ihrer Interessenlage und Bedürfnisstruktur abholen, so konservativ oder harmonistisch diese auch sein mag»[11], so verabschiedeten wir ein Jahr später – im Mai 1970 – auf dem Plenum aller studentischen Mitarbeiter in MV-Projekten ein Arbeitspapier, in dem sich ein differenzierteres Verständnis von der Situation im Viertel niederschlug:

«Die Bewohner des MV bilden keine Einheit, sind nicht Bevölkerung in dem Sinne, daß sie als Ganzheit Bezugspunkt für eine Zeitung sein könnten... Alle... (Bevölkerungs-)Gruppen haben verschiedene Bedürfnisse, und ihre Bedürfnisse haben einen verschiedenen Stellenwert im Rahmen der gegenwärtigen gesellschaftlichen Machtverteilung und im Hinblick auf eine Veränderung der Machtverhältnisse...

Für eine Zeitung stellt sich daher... die Frage, wie kann sie helfen, die Bedürfnisse der Unterdrückten zu artikulieren... Als vorläufige Antwort ist zu fragen, ob es nicht zum gegenwärtigen Zeitpunkt im MV primär darauf ankommt, Organisationsformen zu entwickeln, wobei eine Zeitung die Funktion hätte, sie anzuregen, indem sie über die Praxis der Beherrschten berichtet, sich gegen die Unterdrückung zur Wehr zu setzen...

Keiner von uns kann nähere Angaben darüber machen, wie das Bewußtsein der Bewohner des MV strukturiert ist. Die Frage ist jedoch, ob es uns hilft, auf ein gewohntes Mittel zurückzugreifen, nämlich auf die Aussage, man müsse die Bewohner dort abholen, wo sie sind. Diesem gruppenpädagogischen Leitsatz haftet der Mangel an, daß er keine Kriterien darüber beinhaltet, wer und in welchem Interesse darüber entscheidet, wie das jeweilige Bewußtsein zu beurteilen ist, daß also dieser Leitsatz lediglich den Standpunkt des Beurteilers wiedergibt, nicht jedoch von der gesellschaftlich strukturierten und insofern objektiven Interessenlage der Betroffenen ausgeht...

Bei der Analyse des Bewußtseins der Bewohner des MV sollten wir... davon ausgehen, daß dieses Bewußtsein nicht eindeutig reaktionär oder eindeutig revolutionär ist, sondern daß in der Bewußtseinslage die jeweilige gesellschaftliche Lage der Menschen enthalten ist sowie die Widersprüche dieser Gesellschaft. Für uns selbst kommt es daher darauf an, ‹sowohl die das Bewußtsein bestimmenden Entfremdungsmechanismen

festzustellen als auch die in spezifischen Konflikten und Sprachgebilden
gebundenen emanzipatorischen Gehalte aufzuzeigen».[12] *Eine derartige*
Artikulation von Bewußtsein kann sich nicht darauf berufen, daß man
selbst das richtige Bewußtsein schon hat und daß Gemeinwesenarbeit
oder eine Zeitung die Aufgabe hätte, das richtige Bewußtsein der Ge-
meinwesenarbeiter weiterzuvermitteln.

Sollte dies das Konzept sein, dann verhält sich der Gemeinwesenarbeiter
zum Bewußtsein der Bewohner wie der Führer einer traditionellen so-
zialdemokratischen oder kommunistischen Partei, indem die Führung
das richtige Bewußtsein für sich in Anspruch nimmt und sich als Verwal-
ter des richtigen Bewußtseins ausgibt.»[13]

Wenn wir uns die erste Phase der MVZ rückblickend ansehen, dann wird
uns klar, daß wir bei unseren Vorüberlegungen von der ebenso richtigen
wie allgemeinen Hoffnung ausgegangen sind, daß eine Viertel-Zeitung
wie die MVZ die durch den Umzug der Bürger aus alten, innerstädtischen
Arbeiterquartieren verlorengegangenen Kommunikationsstrukturen
wiederherstellen könne. Wir hatten dabei außer acht gelassen, daß diese
Kommunikationsstrukturen ja nicht darauf gerichtet waren, Zeitungen
zu lesen oder Zeitungen zu machen, sondern sich wechselseitig bei der
Bewältigung der alltäglichen Probleme zu helfen. Diese Funktion aber
kann keine Viertel-Zeitung allein übernehmen, sondern nur eine politische Organisation, die als Verbindungsglied zwischen den einzelnen
Bürgern die Halböffentlichkeit der alten Arbeiterquartiere wenigstens
teilweise ersetzt.

Das heißt: Wir hatten anfangs die notwendige Beziehung zwischen einer
Viertel-Zeitung und einer politischen Organisation im Viertel nicht
genügend berücksichtigt. Vielleicht waren wir zu sehr einem bürgerlichen Konzept von «Zeitschrift» aufgesessen, dem die Publizistikwissen-
schaftler eine «gesellschaftsbildende, ja gemeinschaftsfördernde Kraft»
zuschreiben. Natürlich hatten wir uns auch auf die Thesen Lenins zur
«Zeitung als kollektivem Organisator» berufen, in denen Lenin eine
politische Zeitung mit einem Gerüst verglich,

«das um ein im Bau befindliches Gebäude errichtet wird: es zeigt die
Umrisse des Gebäudes an, erleichtert die Verbindung zwischen den
einzelnen Bauabschnitten, hilft ihnen, die Arbeit zu verteilen und die
allgemeinen Resultate zu überblicken, die durch die organisierte Arbeit
erreicht worden sind.»[14]

Wir mochten jedoch angesichts der suggestiven Kraft des Leninschen
Bildes außer acht gelassen haben, daß das Verhältnis zwischen Gerüst

und Gebäude dem Verhältnis zwischen Zeitung und Organisation entspricht und daß das Gerüst nur dann seine informierende Wirkung erfüllen kann, wenn «allgemeine Resultate zu überblicken sind, die durch die organisierte Arbeit erreicht wurden». Deutlich gesagt: Unser Konzept bestand darin, ein Gerüst auf einer Wiese aufzuschlagen und zu hoffen, daß irgendwann irgendwer käme, der innerhalb der durch das Gerüst vorgezeichneten Begrenzung ein Gebäude errichten würde.

Nun, der Delegiertenrat bildete sich in der ersten Hälfte des Jahres 1970 und machte die Zeitung zu dem, was sie sein konnte: zu einem Informationsgerüst über Erfolge und Mißerfolge der arbeitenden Gruppen im Viertel. So gesehen war die Entwicklung von einer Viertel-Zeitung, welche die individuellen Meinungen isolierter Bürger im Märkischen Viertel abdruckte, zu einem Informationsinstrument der arbeitenden politischen Gruppen im MV eine notwendige Entwicklung, die wir zwar nicht vorausgesehen hatten, von der die Zeitung und die Öffentlichkeit im Viertel jedoch langfristig gesehen profitierten.

Anmerkungen

1 1. MVZ-Flugblatt «Was ist los im Märkischen Viertel?»
2 Projektgruppe MVZ der Pädagogischen Hochschule Berlin: ‹Strategie und Konzeption der Zeitung›.
3 Wir haben versucht, die einzelnen Prozesse in der MVZ und um sie herum möglichst lückenlos durch Protokolle, Tonband-Mitschnitte und Filmaufzeichnungen zu dokumentieren. Denn unser «wissenschaftliches Interesse» bestand darin, neue Möglichkeiten sozialwissenschaftlicher «Handlungsforschung» zu erproben, deren Ergebnisse den Untersuchten selbst zugute kommen sollten. Unsere Erfahrungen mit der Handlungsforschung als methodologischem Ansatz tauschen wir gegenwärtig mit anderen Forschergruppen aus. Wir werden gesondert über sie berichten. In diesem Fall beziehen wir uns auf das Arbeitspapier 1 der Projektgruppe MVZ, April 1969, siehe Anmerkung 6.
4 Siehe Anmerkung 1.
5 Siehe Anmerkung 1.
6 Diese Feststellung bedarf eines Kommentars. Es ist nicht einfach, zuverlässige Daten über die Berufsstruktur der Bewohner im MV zu gewinnen. Wir beziehen uns hier auf die Untersuchungen von Karl-Heinz Hasselmann, der auf Grund von Teilerhebungen von Simon und Hartley und auf Grund eigener, nichtrepräsentativer Erhebungen zu dem Schluß kommt:

«Für den Augenblick kann im Märkischen Viertel angenommen werden, daß die stärkste Gruppe, die der ‹Arbeiter› ist, die einen Prozentsatz von 40 Prozent erreichen. Dieser Gruppe stehen die ‹Angestellten› und ‹Beamten› mit 27 Prozent gegenüber. Relativ hoch ist der Anteil der Rentner mit 22 Prozent. Gegenüber dem Westberliner Durchschnitt für Angestellte und Beamte von 41 Prozent und gegen-

über auch der im Süden Westberlins gelegenen Gropius-Stadt mit 56 Prozent zeigt das MV für diese Berufsgruppen eine eigene Struktur. Ist das MV hinsichtlich der Angestellten und Beamten unterrepräsentiert, so scheint es für die Arbeiter jedoch überrepräsentiert zu sein ... In jedem Fall unterscheidet sich das Märkische Viertel in seiner Berufsgruppenstruktur und dadurch mitbedingend auch in seiner sozialen Struktur auf Grund seines Verhältnisses von ‹Arbeitern› zu ‹Angestellten› und ‹Beamten› merklich vom übrigen West-Berlin und von der Großraumsiedlung ‹Gropius-Stadt›.»

Karl-Heinz Hasselmann: ‹Neue Bevölkerungs- und Sozialstrukturen in West-Berlin, erläutert am Beispiel des Märkischen Viertels›. Manuskriptdruck, Januar 1971; S. 13–15.

7 Manfred Haack: ‹Gutachten über eine Untersuchung des politischen Standorts der ‚Märkischen Viertel Zeitung'›. Manuskript, Berlin 1971, S. 3.

8 Ebenda.

9 Die Gruppendiskussionen, die wir als Rückerinnerungsdiskussionen organisiert haben, gingen von der These aus, daß die Beteiligten selbst unter bestimmten Umständen ihr eigenes Verhalten und den gesellschaftlichen Kontext, in dem es steht, besser, das heißt realistischer einschätzen können als die meisten Sozialforscher, die Mutmaßungen über ihre Versuchspersonen anstellen. Vergleiche mit: Fachbereich Sozialpädagogik der Pädagogischen Hochschule Berlin: ‹Überlegungen zur Handlungsforschung in der Sozialpädagogik›. In: Haag, Krüger, Schwärzel, Wildt: ‹Aktionsforschung›. Juventa Verlag, München 1972, S. 56–75.

10 Um die Erfahrungen in den verschiedenen Einzelprojekten der PH Berlin im Märkischen Viertel (neben der MVZ gab es ein Dutzend weiterer Projekte, in denen Hochschullehrer und Studenten langfristig mit Kindern, Jugendlichen und Erwachsenen zusammenarbeiteten) auszutauschen und zu vereinheitlichen, trafen sich Studenten und Hochschullehrer aus den einzelnen Projekten zwischen September 1970 und Dezember 1970 regelmäßig alle vierzehn Tage im sogenannten «Plenum Märkisches Viertel».

11 Die ersten Nummern der MVZ kosteten an Satz-, Papier- und Druckkosten zwischen 1200 und 1500 DM pro Auflage (etwa 3000 bis 7000 Exemplare).
Nach dem Wechsel der Druckerei kostete die Auflage noch rund 1000 bis 1200 DM.
In der dritten Phase der MVZ-Entwicklung, als sich ein Redaktionsmitglied eine gebrauchte Offset-Maschine angeschafft hatte, konnten die Satz- und Druck-Kosten noch einmal um rund 500 DM auf rund 700 DM pro Auflage gesenkt werden.

12 Projektgruppe MVZ der Pädagogischen Hochschule Berlin, Arbeitspapier 1: ‹Strategie und Konzeption der Zeitung›. Berlin, April 1969.

13 Oskar Negt: ‹Soziologische Phantasie und exemplarisches Lernen›. Frankfurt 1968, S. 7.

14 Hellmut Lessing: ‹Tischvorlage für einen Zwischenbericht der Projektgruppe MVZ im Plenum Märkisches Viertel›. Berlin, im Mai 1970.

15 W. I. Lenin: ‹Was tun? Brennende Fragen unserer Bewegung (1901/1902)›. In: W. I. Lenin: ‹Werke›. Berlin 1959, Band 5, S. 522.

Kapitel IV
Die Märkische Viertel Zeitung
Vom Delegiertenrat
zu den Stadtteil-Kommissionen
Die zweite Phase (Mai 1970–Januar 1972)

Die Juni- und Juli-Ausgaben der MVZ (1970) standen weitgehend im Zeichen der Bildung des Delegiertenrates der arbeitenden Initiativgruppen im Viertel und der Information über ihre Aktivitäten. Die Redaktion sah in dem Zusammenschluß der Gruppen

«einen wesentlichen Schritt in Richtung auf ein gemeinsames Vorgehen bei der Lösung der Probleme im Märkischen Viertel. Vielen Gruppen war besonders in der letzten Zeit klargeworden, daß nur gemeinsames Planen und Handeln zum gewünschten Erfolg ihrer Arbeit führen kann. Vereinzelt gestellte Forderungen und Aktivitäten einzelner Gruppen waren in den meisten Gruppen nur unzureichend bekannt gewesen. Man war weitestgehend auf die Informationen der offensichtlich schlecht oder falsch informierten Tagespresse angewiesen. Eine weitere Überlegung, die zur Einrichtung des Delegiertenrates geführt hat, ist die Tatsache, daß selbst bei der Lösung von Einzelproblemen, z. B. der Verhinderung einer oder mehrerer Exmittierungen, das grundsätzliche Problem der Exmittierungen als Folge gesellschaftlicher Belange nicht gelöst werden konnte . . . Durch die Bildung des Delegiertenrates will man außerdem vermeiden, daß das Bezirksamt oder die GeSoBau die Gruppen gegeneinander ausspielen können, wie das nach Auskunft einiger Gruppen in der letzten Zeit mehrere Male geschehen ist. Darüber hinaus soll durch die geplante Verbesserung der Information über die Arbeit der Gruppen vermieden werden, daß die GeSoBau und das Bezirksamt mit einander widersprechenden Versprechungen und Informationen die Arbeit der Gruppen verzögern können.»[1]

In dieser Phase arbeiteten in der MVZ-Redaktion mit: Max und Christian (Filmer), Horst (Handwerker) mit Heike, Birgit und Axel (Schüler), Hans (Arbeiter), Katrin (Sozialarbeiterin), Rudi (Versicherungsangestellter), Jörg (Lehrling), Michael (Sozialarbeiter), Volkert und Helme (Vorschulerzieher im Kindertheater), Angelika (Arzthelferin), Irene (Hausfrau und Verkäuferin), Hannelore (Erzieherin), Norbert (Facharbeiter), Helga (Hausfrau), Donata (Kindergärtnerin), Harry (Architekt), Uwe (Psychologiestudent), Günther (Betriebswirt), Alexandra (Kindergärtnerin), Harald (Berufsschullehrer), Margareta (Kindergärtnerin),

Matthias (Jurastudent), Peter (Sozialarbeiter), Ingo (technischer Angestellter), Detlef (Bauarbeiter) – damit sind noch nicht alle genannt.

Themenschwerpunkt der Juli-, September- und Oktober-Ausgaben der
MVZ blieben weiterhin Mieterfragen. Während in der Juli- und Septem-
ber-Ausgabe die drohenden Zwangsexmittierungen kinderreicher Familien, die mit ihren Mietzahlungen im Rückstand waren, breiten Raum
einnehmen und während es in diesem Abwehrkampf dem Arbeitskreis
Mieten und Wohnen mit Unterstützung der MVZ und anderer Gruppen
im Viertel gelang, die Exmittierung der siebenköpfigen Familie Gerda
und Gerhard Puhle durch gewaltlosen Widerstand und juristischen Bei-
stand abzuwenden, ging es ab Oktober 1970 um den allgemeineren
Kampf zur Abwendung drohender Mieterhöhungen für alle Bewohner
des Viertels. «Wir fordern Mietsenkung im Märkischen Viertel!» hieß
der Aufmacher der Oktober-Ausgabe, in der alle Mieter aufgefordert
wurden, zu überlegen,

*«was wir gegen die dauernden Mieterhöhungen unternehmen können.
In der ‹Papageien-Siedlung› sind es diesmal 0,11 DM, bei der GSW aber
schon 0,18 DM pro Quadratmeter. Das sind im Monat pro Wohnung ca.
18 DM und im Jahr rund 200 DM. Oder umgerechnet 100 Brote oder 10
Paar Kinderschuhe. Das sind aber noch nicht die letzten Mieterhöhungen! Man will uns nur testen! Man will sehen, wie lange wir noch
stillhalten. Wir halten nicht mehr still! Wir werden lieber für das Geld
Brot oder Schuhe kaufen! Mieter aus dem MV! Wir erwarten eine
Stellungnahme! Bekundet euren Willen. Denn: Morgen seid Ihr dran!»*[2]

Mit der Oktober-Ausgabe des Jahres 1970 begann die MVZ auch stärker
als bisher, jede einzelne Nummer unter einen thematischen Schwer-
punkt zu stellen und nicht nur den jeweiligen Hauptartikel, sondern auch
andere Beiträge bis hin zu der außerordentlich beliebten, im Berliner
Dialekt geschriebenen Meinungsspalte von «Reporter Schnüffel» an dem
Heftthema zu orientieren.

Diese Heftthemen stellten zweifellos einen Fortschritt der redaktionellen
Arbeit dar und erlaubten den Redaktionsmitgliedern, ihre Arbeit besser
und längerfristig zu planen. Trotz dieser Themenschwerpunkte behielten
die übrigen Sparten der Viertel-Zeitung: Berichte vom Mieterkampf in
anderen Stadtvierteln und Städten, Berichte von Tarifauseinandersetzun-
gen und Lohnbewegungen in der BRD und West-Berlin, Auseinandersetzungen mit Wohnungsbaugesellschaften, Bezirksamt, Senat, politischen Parteien (vor allem mit der «rechten» SPD), Berichte aus den
Gruppen im MV sowie Preisvergleich, Apotheken-Notdienst und ver-
mischte Kleinanzeigen, weiter ihre Bedeutung.

Die Kommunalwahlen in West-Berlin im März 1971 stellten die Redaktion vor die Entscheidung, ihren Lesern die politische Position der Zeitung im Hinblick auf die im Wahlkampf auftretenden Parteien zu verdeutlichen. Bisher war es die Politik der Zeitung gewesen, die bürgerlichen Parteien frontal anzugreifen, staatliche und kommunale Interventionen als Sozialstaatsillusionen zu entlarven und die verschiedenen Initiativgruppen im Viertel als Ausdruck wirksamen Kampfes gegen die Verschlechterung der Lebensbedingungen im Wohnbereich zu unterstützen. Aber die Initiativgruppen kandidierten nicht für das Reinickendorfer Bezirks- und das Westberliner Stadtparlament, sondern dort kandidierten SPD, CDU, FDP und SEW.

In einer «Stellungnahme der MVZ-Redaktion zu den Wahlen am 14. März» legte die Redaktion zunächst dar, warum man keine der bürgerlichen Parteien wählen könne. Überhaupt nicht zu wählen «heißt sie dennoch zu wählen. Das liegt am Wahlsystem. Wer nicht wählt, ändert nichts am Proporz».

«Kann man die SEW wählen?
Die Wahl der SEW in das Abgeordnetenhaus würde zumindest bedeuten, daß die bürgerlichen Parteien es nicht mehr so leicht haben würden, ihr parlamentarisches Marionettentheater durch antikommunistische Hetze zu verschleiern. Die SEW scheint mindestens begriffen zu haben, was man vom Parlament zu halten hat . . . Hier hätte die SEW eine nützliche Funktion. Sie kann dabei helfen, die wirkliche Funktion des Parlamentes aufzuzeigen. Wir können der SEW so weit vertrauen, daß sie auch als ‹Rathauspartei› wie bisher die Interessen der arbeitenden Menschen vertritt. Die MVZ-Redaktion ist deshalb mehrheitlich der Meinung, daß alle Bürger, die zu den bürgerlichen Parteien kein Vertrauen mehr haben, die SEW wählen sollten. Diesmal. Das bedeutet nicht, daß die SEW die Partei ist, der wir unsere Zukunft anvertrauen. Zu eng ist die SEW mit der SED liiert. Zu eng ist ihre bedingungslose Unterordnung unter den Führungsanspruch der KPdSU . . . Unser Ziel ist die Selbstbestimmung der arbeitenden Menschen. Wir wissen aber, daß die arbeitenden Menschen in unserer Stadt ‹ihre› Partei noch nicht haben. Wir werden unseren Beitrag dazu leisten. Deshalb unsere Stellungnahme für die SEW. Wir können so auch am ehesten überprüfen, welchen Weg die SEW gehen wird.»[3]

Daß zumindest ein Teil der Redaktion «ihre» Arbeiterpartei eher am chinesischen Modell als an der sowjetrussischen Führung orientiert sehen möchte, diesen Anschein erweckte ein längerer Bericht über die Volksrepublik China in derselben Nummer der MVZ, in dem der KP China unter der Führung von Mao bescheinigt wurde, sie habe neue

Verhältnisse geschaffen:

«Ein Volk mündiger Menschen, die ihre Betriebe selbst führen, ihre Bildung bestimmen – die Politik in die Hand genommen haben. Begeistert wird gearbeitet, weil die Arbeitsplätze von den Arbeitenden selbst geschaffen wurden. Man weiß, für wen man produziert. Das chinesische Volk hat in der Kulturrevolution die Herrschaft über die Maschinen, Schulen und Universitäten erlangt. – Und es kontrolliert sie auch selber.»[4]

Die Schwierigkeiten, die der Redaktion durch ihre bedingte Wahlempfehlung entstehen würden, werden bereits in der nächsten Ausgabe der MVZ im April 1971 angedeutet. Eine Woche vor der Wahl hatten 300 Eltern und Kinder aus Elterninitiativgruppen des MV gegen fehlende Kindergartenplätze und für die Bewilligung von 600 000 DM durch Senat und Bezirksamt für die bestehenden und neu zu gründenden Elterninitiativgruppen demonstriert.

«Stand der Demonstrationszug von der Ecke Wilhelmsruher Damm/ Treuenbrietzener Straße zum Zentrum noch eindeutig im Zeichen der EIGs (Elterninitiativgruppen, d. Verf.), so mußte bei der anschließenden Kundgebung im Zentrum der Eindruck entstehen, die EIGs demonstrierten für die SEW. Daß wir das nicht verhindert haben, war ein schwerer Fehler von uns. So können wir jetzt nur noch in Worten etwas klarstellen. Über den Köpfen der im Zentrum um das Megaphon versammelten Diskussionsredner hatte ein großes Transparent der SEW geflattert. Wir hätten einfach die Transparentträger der SEW wegschieben müssen. Wir wollten keine Wahlpropaganda für die SEW machen, dazu hatten wir keinen Grund. Die SEW hat bisher noch keine Aktivität der EIGs unterstützt. Wir demonstrierten statt dessen für unsere Forderungen nach Geld und Räumen.»[5]

Das aber bedeutet, daß sich der Redaktion im Frühjahr 1971 die Frage nach der Einschätzung der politischen Parteien, die in der Stadt und im Viertel operierten, auf eine neue Weise gestellt hatte. War es im Frühjahr 1970 die Sozialdemokratische Partei Deutschlands, deren Politik in West-Berlin und im Märkischen Viertel auf eine breite, kompromißlose Ablehnung stieß, so waren im folgenden Jahr andere Parteien oder parteiähnliche Aufbauorganisationen auf der politischen Szene erschienen, mit denen sich die Redaktion auseinandersetzen mußte. Besondere Aktivität entfaltete die Sozialistische Einheitspartei West-Berlin (SEW)*, außerdem versuchten Marxisten/Leninisten (ML) und die KPD

* Die SEW verfolgt in West-Berlin eine ähnliche Politik wie die DKP in der Bundesrepublik Deutschland.

Aufbauorganisation (AO) in verschiedenen Stadtteilen Fuß zu fassen, während die Proletarische Linke/Parteiinitiative (PLPI) den Versuch machte, in einer Reihe von Schwerpunktbetrieben Betriebsgruppen zu bilden.

In dieser Situation beschloß die Redaktion der MVZ im Herbst 1970, einen Schulungszirkel einzurichten, um auf der Basis von Literaturstudium und Aussprachen mit Vertretern der verschiedenen Parteien und Parteiinitiativen eine historisch abgeleitete und politisch abgesicherte Einschätzung dieser verschiedenen Strömungen innerhalb der linken Bewegung abgeben zu können.

So notwendig diese «theoretische Arbeit» auch war und sosehr gerade die Arbeiter und Angestellten in der Redaktion von dieser Notwendigkeit überzeugt waren und den Schulungszirkel von sich aus forderten, so sehr brachte die Schulungsarbeit die beiden in der Redaktion verbliebenen Studenten in die Lage, gerade jenen Teil der Initiative innerhalb der Redaktion wieder in die Hand nehmen zu müssen, der an die Arbeiter und Angestellten abgetreten worden war. Diese Studenten waren ins Viertel gekommen, um «proletarische Aufbauarbeit» zu leisten (ohne daß sie selbst einer der sich bildenden Parteiinitiativen angehört hätten), und sie sahen in den Werktätigen in der Redaktion immer auch Menschen, die etwas lernen müssen, weil ihnen das für sie bedeutsame politische Wissen vorenthalten worden ist. Aber sie sahen in ihnen immer auch Vertreter der Klasse, welche die historische Entwicklung vorantreiben muß und wird, an deren Lebensumstände und Überzeugungen man sich also bis zu einem gewissen Grad anpassen müsse. Die Überzeugung, daß Studenten ihr politisches Wissen, das sie sich an den Hochschulen angeeignet haben, ins Viertel hineintragen müßten, machte Schritt für Schritt der Überzeugung Platz, daß man sich politisches Wissen in gemeinsamen Aktionen und in gemeinsamer theoretischer Arbeit werde aneignen müssen. Diese Überzeugung stand offensichtlich im Widerspruch zum studentischen Verhalten in der Redaktion. Deshalb war der eine oder andere Handlungsschritt und der eine oder andere Artikel in der Zeitung auf die Situation im Viertel aufgesetzt (so zum Beispiel der schon erwähnte China-Artikel aus dem März 1971) und führte zu sich verstärkenden Vor-Urteilen über die «Fremdsteuerung» der Zeitung. Ein ganzseitiges Foto von Angela Davis, das in einer Ausgabe abgedruckt worden war, schlug sich in der Wahrnehmung vieler Leser als eine Fülle von Angela-Davis-Artikeln nieder, mit denen die Zeitung über mehrere Ausgaben hinweg gespickt worden sei. Auch innerhalb der Redaktion wurde zunehmend kritisiert, daß die Zeitung immer stärker in die überregionale Politik eingestiegen wäre und die Situation im Viertel selbst vernachlässigt habe. Diese Kritik war teilweise berechtigt, aber eben nur teilweise. Eine quantitative Inhaltsanalyse einer MVZ-Ausgabe aus dem Jahre 1969 (Nullnummer), aus dem Jahre 1970 (Dezember-Nummer) und aus dem Jahre 1973 (Februar-März-Nummer) zeigt, daß in der Tat die viertelbezogenen Artikel von 96 Prozent des gesamten Druckraumes einer Nummer auf 59 Prozent zurückgegangen waren, während die allgemeinpolitischen Beiträge von 0 Prozent auf 16 Prozent zunahmen. Siehe Schaubilder.

Die Rückerinnerungsdiskussionen der Redaktionsmitglieder aus dieser Zeit scheinen zu zeigen, daß es nicht so sehr die Überfrachtung der Zeitung mit «großer Politik» war, die in der zweiten Phase der redaktionellen Entwicklung kritisiert wurde, sondern die Tatsache, daß durch die in der Redaktion verbliebenen Studenten und Filmer eine «Politisierung aller Lebensbereiche» eingeleitet wurde, welche zwar prinzipiell richtig war (und auch von den Arbeitern, Angestellten und Hausfrauen bejaht wurde), die aber zu praktischen Konsequenzen führte, die den Lebenszusammenhang der Werktätigen zentraler betrafen als den Lebenszusammenhang von Studenten. Die Beschäftigung mit Problemen antiautoritärer Erziehung, die Notwendigkeit, aktiv in Kinderläden und Elterninitiativgruppen mitzuarbeiten, die Beschäftigung mit Problemen der Emanzipation der Frau, die Notwendigkeit der verheirateten Arbeiter und Angestellten, plötzlich auf andere Weise auf die gestärkten Bestrebungen ihrer Frauen nach Selbständigkeit und Selbstverantwortung Rücksicht nehmen zu müssen – dies waren praktische Konsequenzen aus der Zusammenarbeit mit den Studenten und Filmemachern, die das knappe Zeitbudget und die ebenso knappen Freizeitreserven der Werktätigen überforderten. Die meisten dieser zusätzlichen Aktivitäten lagen am späten Abend, zu einer Zeit also, die für Studenten «normale Arbeitszeit» war, während die Berufstätigen nach 22 Uhr unruhig auf die Uhr sahen, weil sie am nächsten Morgen um 5 oder um 6 wieder aufstehen mußten.

Diese Tendenz zur Überforderung der Freizeit der Werktätigen wurde durch das neue Delegiertenratsmodell (so notwendig es war, um die Zeitung in den Zusammenhang mit der politischen Bewegung im Viertel zu stellen) noch verstärkt. Denn nun lautete der Anspruch der Redaktion ja nicht nur, über die Aktivitäten der arbeitenden Gruppen zu berichten oder eigene Berichte anzuregen, sondern er lautete, aktiv in diesen Gruppen mitzuarbeiten und deren Linie mit der Linie der anderen Gruppen abzustimmen.

Gerade ein Teil der bewußtesten Arbeiter, Angestellten und Hausfrauen befürchtete ernsthaft, sich mit der Politisierung der Zeitung – aber vielleicht mehr noch durch die Politisierung ihres eigenen Lebens und Lebenszusammenhanges – von «der Basis im Viertel zu entfernen».

118

Quantitative
Inhaltsanalyse

MVZ
1969/o
197o/1o
1973/1

Regionale Orientierung der redaktionellen Beiträge

MV – bezogene Beiträge
(Zahlen in Hundertsätzen)

Bezirksbezogene Beiträge

Allgemeinpolitische Beiträge

Irene:

«Langsam hatten wir die Füße nicht mehr auf der Erde und sind den Leuten einfach weggelaufen. Wir sind weiter gegangen, als die Leute uns damals folgen konnten, und genau das war der springende Punkt. Das kann man auch am Verkauf der Zeitung ablesen, der ließ dann auch ganz entscheidend nach. Und die Studenten, die ja von vornherein nur auf Zeit in der Zeitung mitarbeiteten, konnten an diese Probleme ganz anders rangehen als wir. Denn wir, die wir im Viertel wohnten, wollten die Zeitung ja auf lange Sicht machen, um damit eine ganz bestimmte Erziehungs- und Aufbauarbeit zu leisten. Und dann haben wir immer nur über die Mißstände im Viertel gemeckert. Eine Zeitlang fanden die Leute das gut, aber dann wollten sie, daß man ihnen Perspektiven aufzeigt, wie man das ändern kann. Und das haben wir nicht getan. Die Studenten hätten ja ruhig so weiterarbeiten können, wie sie es getan haben und wie es ihrem Rhythmus entspricht. Aber nein, wir haben uns ja dann zeitweilig ganz an den Studenten ausgerichtet ... Ich war ja begeistert: ‹Au warte, jetzt sind da Leute, die uns zeigen, wie man so was macht, und da sind wir mit hau ruck auf die Studenten losgegangen und haben in die Hände gespuckt.› Einerseits haben wir uns damit selber überrannt, denn wir waren damals noch gar nicht soweit, und andererseits haben wir damit natürlich die anderen Leute im Viertel erst recht überrannt. Und das mußte dann langfristig zu einem neuen Konflikt in der Zeitung führen, der die Sache auseinandertrieb, weil dann einfach keine Möglichkeit zur Partnerschaft mehr da war.»[6]

Die dies in einer Rückerinnerungsdiskussion im Sommer 1974 sagte, Frau eines Bergarbeiters, Verkäuferin und Hausfrau, zog zusammen mit einem anderen Redaktionsmitglied die Konsequenzen aus der Erkenntnis, daß Studenten – so wichtig und vielleicht sogar unentbehrlich sie für den Politisierungsprozeß in der Zeitung waren, aber jetzt nicht mehr die unmittelbaren Interessen der Bevölkerung vertraten – wegen ihres schwer vergleichbaren, anderen Lebenszusammenhanges und wegen ihrer vollkommen anderen Zeit- und Berufsperspektive auf Dauer keine Bündnispartner für die aktive Politik im Viertel würden sein können, und versuchte eine eigene NEUE MÄRKISCHE VIERTEL ZEITUNG zu gründen.

Diese Chance nahm eine der parteiähnlichen Aufbauorganisationen im Viertel wahr, die bisher vergebens versucht hatte, über einzelne Sympathisanten in der Redaktion Fuß zu fassen, und die bisher genauso gescheitert war wie die Mitglieder des linken Flügels der SPD in der ersten Phase. Diese Organisation bot der NEUEN MVZ Papier und Druckmaschine an und begrüßte die Neugründung als richtiges Vorgehen im Namen der Roten Stadtteilzelle der KPD/ML.
Es lag auf der Hand, daß die Dissidenten auf diese Weise ihre Absichten

NEUE

0,3o DM

MVZ

MVZ MÄRKISCHE VIERTEL ZEITUNG

eine Zeitung von Bürgern für Bürger des MV.

Februar 1972

- **Warum eine Neue MVZ**
- **Die Pressekonferenz**
- **Der offene Brief**
- Jugendliche im MV
- Leserseite – Aktuelles

- *NEUE MVZ* **Kinderzeitung**

Für den Inhalt verantwortlich:

DETLEF H. NITZ

Postfach

164

1 Berlin 26

Warum eine
NEUE-MVZ ?

Nach über zweijähriger Arbeit mußte das bisherige Redaktionskollektiv der
MVZ zu dem Schluß kommen, daß das Ziel der Zeitung, Ansprache und Akti-
vierung der Bewohner dieses Stadtteils nicht erreicht wurde. Über die
Gründe haben wir uns eingehend mit den verschiedenen Gruppierungen innerhalb der Redaktion auseinandergesetzt. Bisher wurde diese Zeitung zum
größten Teil von einer studentischen Mehrheit gemacht, die mit einem ganz
bestimmten politischen Anspruch auftrat. Dabei kamen, nach Meinung des
proletarischen Teils der Redaktion, die Belange und Meinungen der Menschen
hier ganz einfach zu kurz. Stil, Sprache und zum Teil auch Inhalt der Zeitung waren eher auf das Verständnis intellektueller Kreise zugeschnitten

Die Folgen dieser Fehlentwicklung zeigten sich denn auch deutlich am
sinkenden Absatz der Zeitung. Die Auflage schmolz von 6000 auf zuletzt
3000 Stück zusammen und auch davon wurde nur ein Teil verkauft.
Aber selbst dieses Warnsignal, das deutlich die negative Resonanz bei der
Bevölkerung zeigte, konnte das Redaktionskollektiv nicht zu neuen Überlegungen bringen und jeder Ansatz von Kritik wurde unter den Tisch gefegt
auf diese Weise wurden auch immer wieder zur Mitarbeit bereite Arbeiter
verprellt.
Wir aber meinen, daß eine Stadtteilzeitung für alle Bewohner und deren
Bedürfnisse dasein muß. Jeder Bürger muß das Recht und die Möglichkeit
haben, sich in seiner Zeitung zu äußern.
Selbstverständlich werden wir auch jetzt keine Nachahmung wohlbekannter
bürgerlicher Organe sein. Auch wir werden eindeutig gesellschafts- und
sozialkritisch sein und Mängel beim richtigen Namen nennen, aber wir werden
nicht unsere Meinung und politische Einsicht als die allein wahre hinstellen. Jeder Bürger ist uns zur Mitarbeit willkommen. Kritik von Ihrer
Seite soll uns Anlaß zu neuen Überlegungen und zu konstruktivem Handeln
sein. Theorie und Praxis müssen in der richtigen Verbindung stehen. So
gehen wir mit dem Wunsch an die Arbeit, daß die NEUE MVZ in Zukunft ein
echtes kritisches Spiegelbild des Märkischen Viertels wird.

WARUM BEGRÜßT DIE ROTE STADTTEIL-GRUPPE MV DER KPD/MARXISTEN-LENINI-STEN DIE HERAUSGABE DER "NEUEN MVZ"?

In allen bürgerlichen Zeitungen schreiben nur Leute, die dafür bezahlt werden. Und da sie dafür bezahlt werden, schreiben sie natürlich auch genau das, was ihre Geldgeber wollen. Wenn sie dann z.B. über ein Problem aus dem MV schreiben, tun sie es nicht, weil ihnen die Sache auf den Nägeln brennt, sondern benutzen dies als Vorwand, um die Meinung der Kapitalisten noch besser vertreiben zu können. Diese Meinung steht aber im krassen Gegensatz zur Meinung der Bürger im MV.

Daher ist es richtig, daß die Bürger des MV ihre eigene Zeitung machen. In der Vergangenheit wurde das mit der MVZ versucht, aber von studentischen Karrieremachern verhindert. Das finden wir nicht richtig. Wir begrüßen es deshalb, daß die neue MVZ-Redaktion diese Karrieremacher rausgeschmissen hat und sich auf ihre eigene Kraft verläßt.

Warum war der Neuanfang nötig?

In der ganzen letzten Zeit hatte die MVZ eine falsche Linie. Es waren fast nie Beiträge drin, die den Problemen wirklich auf den Grund gingen. Die Bürger, die die Zeitung abonniert hatten, wurden unregelmäßig oder gar nicht beliefert. Die Auflage der MVZ ging immer weiter zurück. Vom Januar 1970, wo die Auflage noch 6000 Stück war, ging die Auflage auf 3000 zurück, wobei vielleicht 1000 Stück verkauft wurden. Und in letzter Zeit gab es überhaupt keine MVZ mehr. Das ist klar ein Verschulden der bisherigen Redaktion. Um zu verhindern, daß es so weitergeht, war es nötig und richtig, daß die Sache von den Bürgern selbst in die Hand genommen wird.

Warum unterstützt die Rote Stadtteilgruppe MV der KPD/ML die neue MVZ?

Wir unterstützen sie deshalb, weil wir der Meinung sind, daß die neue Redaktion richtig herangeht die alten Fehler zu beseitigen und die Zeitung zu einem wirklichen Sprachrohr der Bürger zu machen.

In einer der nächsten Nummern der "Neuen MVZ" werden wir die politische Verbindung zu den hier aufgedeckten Problemen im MV herstellen.

● ● ●

Was will die Rote Stadtteilgruppe MV der KPD/Marxisten-Leninisten?

In Gesprächen mit den Bürgern des MV hören wir immer häufig die Sätze "Geht doch rüber!" und "Ihr werdet ja von denen da drüben bezahlt!". Wir möchten dazu ganz klipp und klar sagen: Wir sind nicht von der SEW oder SED und wir haben mit denen auch nichts zu tun! Die SED hat ganz klar die Interessen der Arbeiter und Werktätigen in der DDR verraten. Das ist kein Sozialismus, was da drüben ist, da wird schon lange der Kapitalismus wieder eingeführt. Und die SEW hier in West-Berlin (und die DKP in der Bundesrepublik) hat genauso den Sozialismus verraten, selbst wenn sie das Wort tausendmal im Munde führen. Die SEW meint, es gäbe einen friedlichen Weg zum Sozialismus. Man brauche nur die SEW zu wählen, und dann wird's so langsam schon sozialistisch. Das ist eine glatte Lüge, die dem Volk schadet. Welcher Kapitalist läßt sich schon freiwillig seine Macht nehmen? Kein einziger! Dazu ist ein Kampf nötig, eine Revolution unter Führung der Arbeiterklasse. Dazu ist eine revolutionäre Partei nötig, die KPD/ML, die diesen Kampf leitet. Dazu ist es notwendig, daß die Partei in den Betrieben und Stadtteilen fest verankert ist. Diese Arbeit muß aber weiter vorangetrieben werden. Deshalb: Unterstützt den Aufbau der revolutionären Partei der Arbeiterklasse, der KPD/Marxisten-Leninisten!

Rotfront!
Rote Stadtteilgruppe MV der KPD/ML

Wir verkaufen jeden Samstag das Zentralorgan der KPD/ML,

ROTER MORGEN

im Einkaufszentrum zwischen 10 und 12 Uhr
Sollten Sie Interesse an unserer Arbeit oder Fragen haben, dann wenden Sie sich bitte an einen von uns.

ebensowenig verwirklichen konnten wie in der alten MVZ, sie zogen sich bald zurück, und die Neugründung schlief ein.

Aber auch die anderen Mitglieder der MVZ-Redaktion sahen im Dezember 1971, daß die Zeitung wieder eine Wende zu den Problemen des Märkischen Viertels im engeren und konkreteren Sinne nehmen müsse. Auch sie fühlten sich offensichtlich von den Studenten, die noch in der Redaktion waren und die sie brauchten, dominiert und überfordert. Sie machten dies Gefühl an einzelnen organisatorischen Entscheidungen fest, die für sich genommen nicht sehr bedeutend waren, die aber im Zusammenhang mit der allgemeinen Stimmung in der Redaktion eine neue Bedeutung gewannen.

Da war der Artikel eines Arbeiters kritisiert worden, ein Student hatte es übernommen, den Artikel zu überarbeiten, und hatte es nicht getan oder zumindest nicht so getan, daß der Autor aus der Veränderung hätte etwas lernen können. Da war einem Mitarbeiter die Abonnenten-Kartei weggenommen worden – mit dem einsichtigen Argument, daß man die Abonnenten besser zentral beliefern könne –, aber später stellte sich heraus, daß die Abonnenten eben nicht mehr beliefert wurden und deswegen kündigten. Und da waren die leidigen, immer wiederkehrenden Konfliktfelder: Zeiteinteilung, Pünktlichkeit, Arbeitsdisziplin.

Hans:
«Ick will dich bloß mal dran erinnern, det du meinen Artikel wolltest verändern. Und wat is jekomm'n? Ausgestrichen haste ihn! Jar nischt is verändert! . . .
Du hast es zujesagt, du hast et sojar schon formuliert, die Änderung – und wie ick de Zeitung uffschlage, da haste nischt jemacht. Also, ick hab det Jefühl, euch is das nich jut jenug, was ick mache – oder ooch einije andere. Ihr kritisiert det zwar, aber ihr seid nich in der Lage oder nich jewillt, es besser zu machen. Und da arbeete ick doch nicht mehr mit, wenn ick dauernd merke, das is nich jut jenug, was du machst, oder das is Scheiße was du machst – aber ihr macht es ooch nich besser!»

Horst:
«Ick bin der Meinung, ich kann jejen einen Artikel argumentieren, indem ick sage: ‹Du, hör mal zu, rein juristisch darfste das nich bringen, denn dann kannste 'n Ding uff'n Haken kriegen.› O. K. Daraufhin hat er seinen Artikel zu überprüfen. Und wenn ick ihm det klar mache, dann ist er ooch bereit, solche Formulierungen abzuändern. Wat aber den Inhalt betrifft, da muß ick mir darüber im klaren sein (oder den Betreffenden anhören), welche Richtung hat der überhaupt! Ooch mit 'nem Artikel in der MVZ! Denn sonst könnte der nämlich seine Artikel ooch

zur BZ *(Springerzeitung) schicken oder zur BILD, dort wird er dann nämlich abgedruckt ... Deswegen bin ick der Ansicht, wir sollten jetzt erst mal einzelne Teilbereiche schaffen, wo die Leute wirklich autonom sind, und die soll'n ooch sagen, wenn sie ihre Redaktionssitzung machen wolln, und die solln da ihre Artikel machen!»*

Günter:
«... was soll denn diese Spalterei!»

Horst:
«Du, det is keene Spalterei, entschuldige, wir wollen eine Zeitung zusammen machen!!!»

Günter:
«Ja, die Intellektuellen für sich und die Arbeiter für sich, was? ... Meines Erachtens sind Artikel bisher nur abgelehnt worden, wenn sie auf einmal reingeschneit sind und wenn vorher schon drei Redaktionssitzungen lang ... die gemeinsame Linie mit der gesamten Redaktion ausdiskutiert worden ist, und zum Schluß kommt noch ein Artikel rein, und der paßt überhaupt nicht in die ausdiskutierte Linie. Und diese ausdiskutierte Linie ist nicht von uns aufgesetzt worden, sondern die ist effektiv von dem Gesamtkollektiv bestimmt worden. Und das Gesamtkollektiv hat gesagt, ‹der Artikel muß geändert werden›. Und in solch einem Fall halte ich das für grundsätzlich richtig, wenn dann ein solcher Artikel geändert wird ...»

Uwe:
«Meines Erachtens muß die theoretische Diskussion in den einzelnen Kommissionen geführt werden. Denn die Zeitung muß irgendwo doch Ausdruck der politischen Arbeit hier im Märkischen Viertel sein.»[7]

Der Organisationsplan der Studenten sah also offensichtlich (und wahrscheinlich aus guten Gründen) vor, die Zeitung weiter regelmäßig herauszubringen, die Entscheidung über die Linie einer Nummer weiter im Redaktionsplenum zu belassen und die längerfristigen Diskussionen über Probleme am Arbeitsplatz, Probleme im Wohn- und Mietbereich und Erziehungsprobleme in Stadtteil-Kommissionen zu verlagern, in denen Redaktionsmitglieder mit Delegierten aus den einzelnen Initiativgruppen zusammenarbeiten sollten.

Die berufstätigen Redaktionsmitglieder hingegen wollten die nächste Nummer der MVZ erst dann herausbringen, wenn gesichert sei, daß Themen, die für das Viertel im engeren Sinne bedeutsam sind, wieder mehr Raum in der Zeitung einnehmen: Preisvergleiche, Informationen über Veranstaltungen im Viertel, der Kommentar des Reporters Schnüffel . . . Einige von ihnen sprachen sich für eine stärkere Arbeitsteilung innerhalb kleinerer Redaktionsgruppen aus. Alle aber waren gegen die zusätzliche theoretische Arbeit in den Kommissionen.

Hans:
«Es wurde damals jesagt, wir sollten Kommissionen bilden. Det is ja schön und jut. Die eenen mauscheln sich da wat aus, die andern mauscheln sich da wat aus, und am Ende weiß die Kommission von der nischt und die andere von dieser nischt. Det hieße ja, daß jeden Tag eine Sitzung stattfinden müßte, damit die Informationen verteilt werden aus den verschiedenen Kommissionen, oder es kommen eben keene Informationen. Und det kann keener verkraften, jeden Tag eene Sitzung!»

Horst:
«Jetzt hier in der MVZ, da gibt's 'ne Entwicklung, da passiert eine grundlegende Wandlung, die der einzelne im Grunde jenommen gar nich haben wollte, aber jetzt im großen Zusammenhang jesehn, da halte ick det für 'nen janz wichtjen politischen Aspekt . . . Aber in den Kommissionen! . . . Wir machen da ja bloß Experimente! Die Entwicklung jeht draußen weiter. Und wenn ick die MVZ jetzt sehe, da is Entwicklung, da passiert was. In der Kommission bin ick der Auffassung, da passiert eben noch nischt!»[8]

Auf einer zweiten Redaktionssitzung wurde drei Tage später die Frage nach dem Erscheinen der nächsten Nummer noch einmal aufgenommen. Die Diskussion spitzte sich jetzt auf die Frage zu, wer denn bereit wäre, die Nummer auf der Straße zu verkaufen, wenn sie gedruckt sei. Ein Redaktionsmitglied stellte dies als ein technisch-organisatorisches Problem dar. Er wurde von einem anderen Redaktionsmitglied korrigiert:

«In dem Moment, wo die Leute, die sich jetzt ‹draußen› fühlen, mit in der Zeitung vertreten sind, in dem Moment werden die auch mit im Zentrum stehen und verkaufen.»

Irene:
«Die Frage ist ganz einfach, klipp und klar: Seid ihr bereit, mehr auf unsre Bedürfnisse einzugehen, für die die Zeitung gemacht ist, oder wollt ihr weiter so wurschteln in ‹großen› Dingen, die hier die meisten Leute gar nicht interessieren und die das auch gar nicht so verstehn? In der Art, wie es jetzt gemacht wird, . . . die Art und der Stil, in dem das gemacht wird, die laufen also völlig daneben, die laufen völlig an den Endverbrauchern dieser Zeitung vorbei, der wird das nie so begreifen, so wie das jetzt gemacht wird. Und da ist jetzt eben einfach die Frage, ob ihr bereit seid,

das in solch einem Stil zu machen, daß es jeder versteht und nicht gleich die Lust daran verliert, oder ob ihr nicht dazu bereit seid. Mensch, das ist doch eigentlich das A und O unserer ganzen Fragestellung seit x Monaten!»[9]

Die Auseinandersetzung endete damit, daß die Dezember-Nummer nicht erschien, daß sich die Arbeit in den Kommissionen als nicht funktionsfähig herausstellte – wie auch der Delegiertenrat wegen der allgemeinen Arbeitsüberlastung aller Aktiven und der politischen Gegensätze innerhalb, aber vor allem zwischen einzelnen Initiativ-Gruppen wieder eingeschlafen war. Die restlichen Studenten zogen ihrerseits die Konsequenz und verließen die Redaktion, nicht im Groll, aber doch endgültig.

Anmerkungen

1 MVZ 1970, Juni, S. 2.
2 MVZ 1970, Oktober, S. 2.
3 MVZ 1971, März, S. 2–3.
4 MVZ 1971, März, S. 29–30.
5 MVZ 1971, April, S. 4.
6 Rückerinnerungsdiskussion am 22./23. 6. 1974.
7 MVZ-Redaktionssitzung am 12. 12. 1971.
8 MVZ-Redaktionssitzung am 12. 12. 1971.
9 MVZ-Redaktionssitzung am 15. 12. 1971.

Kapitel V
Die Märkische Viertel Zeitung
Von den Mietkampagnen bis zur vorläufigen Einstellung der redaktionellen Arbeit

In der dritten Phase setzte sich die Redaktion der MVZ aus folgenden Personen zusammen: Horst (Handwerker), Manfred (Facharbeiter), Harald (Berufsschullehrer), Angelika (Arzthelferin), Irene (Verkäuferin und Hausfrau), Max (Filmer), Rudi (Versicherungskaufmann), Peter (Sozialarbeiter), Hans-Joachim (technischer Angestellter), Harald (Rechtsanwalt), Hanna (Erzieherin), Katrin (Sozialarbeiterin), Hans (Arbeiter), Claus (Pfarrer), Michael (Erzieher), Richard (Facharbeiter), Jörg (Lehrling), Gerti (Hausfrau); ab Herbst 1972 kamen wieder drei Studenten hinzu: Michael (Sozialpädagoge), Tilman und Hans (Politologen).

Einerseits bedeutete die Tatsache, daß die Redaktion ab Anfang 1972 nur noch aus MV-Bürgern bestand, die Chance, eine eigenständige Politik im Viertel zu machen: So glaubte man mit der nun erreichten Autonomie das Konzept «Hilfe zur Selbsthilfe» durch die Betroffenen selbst eingelöst zu haben. Aber andererseits zeigte sich in der nun erreichten Selbstorganisation der Betroffenen – die ja nur nach Feierabend praktisch «ehrenamtlich» politisch arbeiten konnten – eine merkliche Schwächung des Kräftepotentials der MVZ. Zwar rechnete sich die MVZ zu dieser Zeit etwa dreißig Mitglieder zu, doch zu den Redaktionssitzungen und bei der redaktionellen Arbeit und der technischen Organisation der Zeitungsherstellung erschien meistens noch nicht einmal ein Drittel der Redaktionsmitglieder. Dennoch ließ sich die MVZ nicht unterkriegen, vielmehr wollten wir selbst mit neuer Kraft unsere Probleme im Mietbereich angehen und formulierten so in der MVZ Nr. 1 und 2 1972 unser Selbstverständnis:

«Wir sind der Meinung, daß es im Gegensatz zu der bürgerlichen und Springer-Presse, zum Rundfunk und zum Fernsehen eine unabhängige Informationsquelle für den Bürger geben muß. Wir sehen unsere Aufgabe darin, die Informationen zu geben, die in den vorhergenannten Medien nicht gegeben werden oder aber entstellt dargestellt werden.

. . . wir sind eine Gruppe von Bürgern, die der Meinung ist, daß es im MV eine Menge brisanter Konflikte gibt, die unsere Lebensbedingungen erschweren und oft unerträglich machen, wenn wir immer nur sagen ‹Wir können ja doch nichts machen› und den Kopf in den Sand stecken.

Wir wollen über die Mißstände und über die Konflikte im MV berichten und mit dieser selbstgemachten Zeitung darauf hinwirken, daß der Stimme des ‹kleinen Mannes› mehr Gehör verschafft wird, daß der ‹verplante Mensch› seine Lage am Arbeitsplatz und im Wohnbereich kritischer erkennt und sich entschließt, etwas gegen seine bürokratische Verwaltung und Ausnutzung zu unternehmen. Das kann aber nur in einer Zeitung geschehen, die sich von der Bevormundung aller etablierten Parteien frei hält und auf Geldgeber lieber verzichtet, wenn deren Interesse allein darin besteht, mit dem Zeitungsmachen Gewinne zu erwirtschaften.

Die MVZ ist unabhängig, *finanziert sich durch Straßenverkauf und Abonnements. Nur deshalb kann sie es sich leisten, gegen Mieterhöhungen, Kinderfeindlichkeit, Ausbeutung am Arbeitsplatz, Sozialpolitik des Senats, gegen Benachteiligung und Bürokratismus zu Felde zu ziehen.*

. . . Die MVZ, eine Stadtteilzeitung im MV, wird von Bürgern im MV für Bürger im MV gemacht und steht für jeden offen. Parteizugehörigkeit spielt hierbei keine Rolle, und gegen reaktionäre Gesinnung werden wir uns zu wehren wissen.»

Die MVZ hat sich das politische Ziel gesetzt, durch Aufklärungsarbeit und Berichte aus den verschiedenen Konfliktbereichen, wie zum Beispiel Wohnen beziehungsweise Mieten, Betrieb, Schule . . . die breite Bevölkerung im MV zu erreichen und sie, langfristig gesehen, in eine gemeinsame politische Arbeit einzubeziehen. Die Artikel der MVZ aus dem Jahre 1972 spiegeln dieses Konzept wieder. In diesem Zeitraum erschien die Zeitung zwar mit sechs Nummern und einem Sonderdruck seltener als in den Vorjahren (1969: ab Juni sechs Ausgaben; 1970: zehn Ausgaben; 1971: sieben Ausgaben), doch die aktuelle Berichterstattung – vor allem über die laufenden Mieterhöhungen – und die gute Aufmachung der MVZ mit vielen Fotos riefen bei der Bevölkerung im MV eine interessierte Resonanz hervor. Die MVZ schoß sich mit ihren Artikeln immer stärker auf den Mieterkampf ein; Stichworte wie Mieterversammlung – Mietstopp – Mieterrat – Handtuchaktion usw. bestimmten immer mehr die politischen Aussagen der Zeitung.

Daneben beschäftigte sich die Redaktion damals mit den steigenden Verbraucherpreisen, mit Betriebsstillegungen (Officina-Konflikt) und in der ersten Hälfte 1972 hauptsächlich mit Schüler- und Kinderproblemen, die auf die fehlenden Nachfolgeeinrichtungen im MV zurückzuführen sind.

Um ansatzweise einen engeren Kontakt zur Bevölkerung im MV herzustellen, veranstaltete die MVZ im Juli 1972 ein Sommerfest auf der Straße, die erste «Märkische Nacht». Wir hatten viele Ideen, die auf einem Flugblatt zu lesen waren (wie: Hammel am Spieß, Bier vom Faß und andere Getränke, Schmalzstullen, Berliner Originale, MV-Kalauer, Bänkelsänger, Filme und Dias, Schwof), die aber dann zum Schluß nicht alle verwirklicht werden konnten. Die Tische und Stühle auf der Straße waren besetzt, vor den Buden mit Schmalzstullen und Bier standen die Leute Schlange, und die zwei Hammel am Spieß waren die große Attraktion, der übrige Teil fiel ins Wasser oder besser: in die Kapelle, denn die engagierte Band spielte zwar unermüdlich, aber mehr zur eigenen Begeisterung, und war nicht mehr zu stoppen. Vielen hat es Spaß gemacht, viele von uns wußten auch, daß noch viel mehr Bürger des MV hätten mitfeiern können, wenn sich mehr Leute an der Vorbereitung und Organisation des Festes beteiligt hätten.

Aus heutiger Sicht müssen wir sagen, daß so etwas wie die Veranstaltung von Festen mehr noch in die politische und organisatorische Arbeit hätte eingebaut werden müssen, um den Kontakt zur Bevölkerung nicht nur über politische Aktion und Diskussion herzustellen.

Ein weiterer Punkt, der unsere mangelhafte Verbindung zur Bevölkerung erklärt, lag zu dieser Zeit in der Schwierigkeit, einen Raum für öffentliche Redaktionssitzungen und als Kontaktadresse für interessierte MV-Bewohner zur Verfügung zu haben. Zwar machten wir verschiedene Anstrengungen, einen Raum zu beschaffen – unter anderem schrieben wir erfolglos das Bezirksamt an, das uns nach der Beschlagnahme der MVZ verboten hatte, in dem einzigen Kommunikationszentrum im MV (der «Brücke») zu tagen –, und bemühten uns weiter, die schon im Vorjahr durch das Bezirksamt verwehrte Benutzung der Halle für Kinder, Jugendliche und arbeitende Gruppen im MV durchzusetzen.

Daß es uns damals nicht gelungen ist, für die MVZ einen Organisations- und Kommunikationsraum zu bekommen – Existenzgrundlage jeder legal arbeitenden politischen Gruppe –, weist neben der immer vorhandenen finanziellen Schwierigkeit auf eine grundlegende Schwäche unserer Selbstorganisation der Betroffenen hin. Woran ist diese Schwäche festzumachen?

Wir müssen darauf hinweisen, daß die Arbeitsweise in der Redaktion zu dieser Zeit immer chaotischer und schwieriger wurde. Eine starke Fluktuation bei den Redaktionssitzungen, Unpünktlichkeit und Nichterledigung der selbstgestellten Aufgaben kennzeichneten den damaligen Arbeitsstil der MVZ. Nur die Protokolle über die Redaktionssitzungen wurden regelmäßig geschrieben und an die Redaktionsmitglieder verschickt. Eines von ihnen bringt klar das Dilemma unserer Arbeitsorganisation zum Ausdruck:

«Der Termin war kurzfristig auf Sonntag 15.00 Uhr bei Max angesetzt worden. Nachdem wir es einmal geschafft hatten, pünktlich anzufangen und auch nach zwei Stunden aufzuhören, lief es am Sonntag wieder nach altbewährter Tradition ab. Um 16.30 Uhr waren wir schließlich zu fünft und fingen an (das hieß für Konni eineinhalb Stunden Wartezeit, er war nämlich schon pünktlich gekommen).

Unsere telefonischen Verspätungsankündigungen machten auch nichts besser, denn die Zeit war jetzt knapp, und nach dem Verlesen der Artikel liefen wir schnell auseinander, mit dem üblichen Gemecker zu zweit oder zu dritt: ‹So geht's nicht› oder auch ‹Macht nichts, war doch schon immer so›.

Ich hab da noch so ein Protokoll von der Redaktionssitzung einer Zeitung, die sich ein neues Profil geben will, zu Hause, da steht, daß die Redaktionsmitglieder bei der nächsten Ausgabe ‹disziplinierter› vorgehen wollen, Stunden wurden genau aufgeteilt, und die Aufgaben jedes einzelnen, Termine etc., sollten genau festgelegt werden. Hat mit der MVZ wahrscheinlich nichts zu tun. Aber man könnte doch so was mal bei uns einführen, als ganz neuer Vorschlag.»

Diesen Schwierigkeiten mit unserem Arbeitsstil versuchten wir durch genaue Arbeits- und Aufgabenverteilung auf die einzelnen Redaktionsmitglieder beizukommen. Wir stellten einen Arbeitsplan auf, nach welchem jedes Gruppenmitglied sich verpflichtete, mindestens zwanzig Stunden im Monat der MVZ zur Verfügung zu stellen. Nur Horst, der sich immer stärker als Chefredakteur profilierte, wollte fünfzig Stunden aufbringen. Diese Stunden waren für die anfallenden notwendigsten Arbeiten der Zeitung wie Redaktionssitzung, Layout, Verkauf, Druck, Transport zur Druckerei, Zusammenlegen der Zeitung . . . gedacht. Dieser Arbeitsplan wurde aber nicht genau von allen eingehalten, und so konzentrierten diejenigen, die über mehr freie Zeit verfügten, viele Aufgaben auf sich. So konnte es dazu kommen, daß Horst beispielsweise das Layout einer ganzen Nummer im Alleingang fertigstellte und dann auch Artikel, Sätze und Wörter veränderte, ohne die Autoren und das Redaktionskollektiv davon zu benachrichtigen.

Zwar wurde von der Redaktion die Gefahr des Aktivitätenmonopols, das sich dann leicht zu einem Informations- oder auch Machtmonopol in der Gruppe ausdehnen kann, erkannt und auch die Gefahr, bei den übrigen

Gruppenmitgliedern Passivität hervorzurufen, problematisiert. Jedoch gelang es nicht, diese sich immer stärker breitmachende Monopolstellung wieder abzubauen. Die meisten Gruppenmitglieder hatten einfach zuwenig Zeit für die Zeitungsarbeit.

Diese arbeitsorganisatorischen Schwierigkeiten verschärften sich vor allem während der Mieterkampagnen im Herbst 1972 zunehmend. So heißt es in einem Protokoll einer internen Redaktionssitzung der MVZ:

«Die politischen Aktivitäten der letzten Wochen waren für die meisten von uns ganz besonders anstrengend, der eine oder andere von uns war vielleicht auch überfordert. Auf jeden Fall ist im Zusammenhang der letzten drei Wochen des Mieterkampfes eine Situation eingetreten, in der Informationsmangel, Eigenentscheidungen und Unzuverlässigkeiten aufgetreten sind, die Anlaß zu massiver Kritik bieten und die in gemeinsamer Diskussion geklärt werden müssen.»

Im Herbst 1972 kam es zu großen Protestaktionen der Mieter gegen die Mietpreiserhöhungen und gegen die Nachzahlungsforderungen der Heizkosten. Zu diesem Anlaß rief der MSB (Mieterschutzbund) zu einer Mieterversammlung auf, auf der fünfhundert Viertelbewohner erschienen. Die anwesenden Senatsvertreter wurden aufgefordert, konkrete Schritte einzuleiten beziehungsweise zu unterstützen: Der Mietpreis sollte sofort gestoppt werden, die Heizungs- und Warmwasserkosten sollten für jeden tragbar gemacht werden. Außerdem wurde gefordert, daß die Mietpreisbildung durch die Mieter selbst kontrolliert wird und die von den Mietern gewählten Mietervertretungen von den Wohnungsbaugesellschaften als Verhandlungspartner anerkannt werden. In bekannter Weise reagierten die Senats- und Parteienvertreter. Sie versuchten abzuwiegeln und gingen nicht auf die konkreten Forderungen ein.

Zur Bekräftigung dieser Forderungen bekundeten die Mieter ihren gemeinsamen Protest, indem ungefähr dreitausend MV-Bewohner einige Tage lang Handtücher und Bettlaken aus ihren Fenstern hängten. Diese Aktion wurde durch Filmvorführungen im Einkaufszentrum des MV und vor den Häuserblöcken unterstützt. In diesen Filmen, die zuvor im MV gedreht wurden, äußerten sich die MV-Bewohner unter anderem zu den Nachzahlungsforderungen der Heizkosten und den Mieterhöhungen. Die Wohnungsbaugesellschaften und der Bezirksbürgermeister reagierten repressiv. Die Bettlakenaktion wurde als Bruch des Mietvertrags erklärt, die Bewohner wurden bespitzelt, Mieterdelegationen abgewiesen und die Info-Stände mit dem Hinweis auf das Eigentumsrecht am Gelände verboten.

Ihren entscheidenden Ausdruck fanden die Proteste in einem Autokorso vom Märkischen Viertel zum Rathaus Schöneberg. Dort überreichte ein Vertreter des MSB in einem Schreiben die Forderungen der Mieter an den Senatsdirektor. Die Vertreter des Senats ignorierten diese Forderungen ebenso wie die über hundertfünfzig Autos aus dem MV. Während die Mieter etwas ratlos vor dem Schöneberger Rathaus standen, preschte der Bürgermeister von Reinickendorf (also des Viertels, in dem das MV liegt) in seinem Mercedes davon, ohne die Mieter zu beachten.

Die ganze Kampagne, die gut angelaufen war und die von den MV-Bewohnern positiv aufgenommen worden ist, schlug nun bei großen Teilen der Teilnehmer der Protestaktion in Resignation um. Dies lag sowohl daran, daß keine kurzfristigen Erfolge erzielt worden sind, als auch daran, daß der MSB, der zu diesem Zeitpunkt von SPD-Mitgliedern beeinflußt war, keine zu starke Konfrontation mit der Senatsbürokratie riskieren wollte. So gratulierte der Vorstand des MSB – auf dem Höhepunkt der Protestaktion vor dem Rathaus Schöneberg – bei der Übergabe der Forderungen dem Innensenator zu seinem Geburtstag, anstatt kompromißlos den Mieterinteressen Nachdruck zu verleihen.

In der folgenden Zeit konzentrierten sich die Aktivitäten des MSB nicht mehr auf die Konfrontation mit der Senatsbürokratie, sondern er begann auf lange Sicht hin den Aufbau von Mieterräten zu initiieren.

Die MVZ war nicht nur ein Öffentlichkeitsorgan dieser Mieterproteste, sondern ihre Mitglieder trugen selbst zur Vorbereitung und Ausführung der oben geschilderten Aktionen bei. Dies schon deshalb, weil einige Mitglieder der MVZ im MSB mitwirkten beziehungsweise ein Filmemacher gleichzeitig Mitglied der Redaktion war.

Durch diese Vorgänge rückte die Mietproblematik, das heißt die Organisierung der Mieter in Mieterversammlungen, der Aufbau von Mieterratsorganisationen und die ständige Berichterstattung über Mieterhöhungen, Mietstreiks usw. in den Mittelpunkt unserer politischen Arbeit.

Um diese neue Aufgabenstellung zu bewältigen, hielten wir eine Erweiterung der Redaktion für erforderlich. Da wir im MV kurzfristig keine neuen Mitarbeiter gewinnen konnten, traten wir mit der Bitte, einige Studenten ausfindig zu machen, an die PH heran. Dabei sollten die Studenten nicht – wie wir es früher schon erlebt hatten – das große Wort führen und uns ihre studentische Politik aufdrängen, sondern uns bei den technisch-organisatorischen Aufgaben zuverlässig unterstützen. Daraufhin fanden sich drei Studenten, die außerhalb des universitären Bereichs ein Tätigkeitsfeld finden, es kennenlernen und diese Kenntnis benutzen wollten, um Hilfe zur Selbsthilfe zu leisten.

Wir nahmen von nun an kontinuierlich die Politik der Wohnungsbaugesellschaften und des Senats im Mietbereich und die Aktivitäten des MSB in unsere Berichterstattung auf.

Einen Entwurf des MSB für eine Konzeption der Mieterräte veröffentlichten wir in der MVZ. Dieser sollte eine Alternative zu der schon praktizierten Form der «Mieterbeiräte» – die den Mietern keine Kontrolle zugesteht – einer Wohnungsbaugesellschaft (DeBauSie) darstellen.

Da der MSB als einzige Organisation im MV eine Mietermobilisierung versprach, stellten wir seine Politik in der MVZ zur Diskussion. Auch arbeiteten einige unserer Redaktionsmitglieder im MSB mit, um dort unsere basisdemokratischen Vorstellungen einzubringen. Diese Ausrichtung schien uns notwendig, weil sich beim MSB zu dieser Zeit einige politische und personelle Veränderungen abzeichneten.

War der MSB bis Januar 1973 wesentlich von SPD-Mitgliedern bestimmt, so ergaben sich durch Vorstandswahlen neue Kräfteverhältnisse; einige SEW-Mitglieder kamen in den Vorstand, die SPD reagierte darauf mit Rückzug aus dem MSB und gründete einen Gegenverein, den «Mieterverein».

Obwohl bei uns gegen die Theorie und Praxis der SEW mehr oder weniger große Vorbehalte bestanden, einigten wir uns darauf, weiterhin im MSB mitzuwirken. Wir wollten jedoch in Zukunft die Zusammenarbeit mit dem MSB beziehungsweise der SEW von der jeweiligen konkreten Situation abhängig machen.

Die Debatten um die Politik der SEW standen von nun an bei uns in fast jeder Redaktionssitzung auf der Tagesordnung. Zu einer endgültigen Einschätzung der SEW, das heißt unseres politischen Verhältnisses ihr gegenüber, gelangten wir aber nicht. Manche sprachen sich heftig gegen diese Partei aus, besonders ein Redaktionsmitglied mit negativen Erfahrungen aus seiner früheren Arbeit in der DDR. Der größte Teil von uns war der Auffassung, daß man auf die SEW als Bündnispartner nicht verzichten könne und daß der MSB im MV die einzige politische Kraft sei, die die Interessen der Mieter unterstütze. Die Zusammenarbeit mit dem MSB dauerte praktisch die ganze letzte Phase der MVZ an, da wir in dieser Zeit die Zeitung fast ausschließlich auf die Mietproblematik abstellten. Dies war eine Strategie, die in eine Sackgasse laufen sollte.

Obwohl die geschilderten Mieterproteste große Bevölkerungsteile mobilisiert hatten und es schien, als könne dadurch ein Durchbruch für eine neue Bewegung im MV geleistet werden, wirkten sich hauptsächlich folgende drei Momente gegen längerfristige Erfolge der Mieteraktionen aus:

- die Befriedungsstrategie der Senatsbürokratie und der Wohnungsbaugesellschaften,
- die mangelnde Organisationsfähigkeit der Mieter,
- die Verselbständigung der zunehmend unter den Einfluß von Parteipolitik geratenen Mieterorganisationen.

Durch die Vertröstungsstrategie des Senats und die Taktik der Wohnungsbaugesellschaften, die Mieten nicht mehr halbjährlich, sondern in kürzeren Abständen – und dann in geringeren Beträgen – zu erhöhen, wurde der Bewegung die Spitze abgebrochen. Die Bewohner, die glaubten, durch die Aktionen ihre Forderungen durchsetzen zu können, sagten nun, es lohne sich doch nicht, für seine Rechte zu kämpfen. Sie sahen zwar, daß sie auf den von ihnen gewählten Senat nicht rechnen konnten, waren aber nicht imstande, weitergehende kollektive Schritte gegen Senat und Wohnungsbaugesellschaften zu unternehmen. Vielmehr meinten sie, daß der MSB und die mit ihm verbundenen Gruppen ihre Interessen nicht wirksam vertreten könnten.

Die dadurch entstandene Ratlosigkeit wirkte zermürbend auf die Motivation und die Organisierungsfähigkeit in unserer Redaktion. Die Widersprüche in der Kommunikation der einzelnen Personen, die in der vorangegangenen Phase verdeckt geblieben waren, kamen nun zum Vorschein. So sollte die neue MVZ unmittelbar im Anschluß an die Protestaktionen herauskommen, um so aktuell über die vergangenen Ereignisse zu berichten. Außerdem sollte der kurzfristigen Mobilisierung das Konzept des langfristigen Aufbaus von Mieterräten gegenübergestellt werden. Jedoch wurden die Termine, zu denen die Artikel geschrieben sein sollten, immer wieder herausgeschoben. Dies lag zum größten Teil an der Arbeitsüberlastung der meisten Redaktionsmitglieder, die ja in verschiedenen Gruppen im MV arbeiteten. Wir standen vor folgender Schwierigkeit: War im Viertel was los, waren wir meist daran beteiligt und waren zeitlich so in Anspruch genommen, daß wir vielfach erst hinterher – wenn wieder Ruhe in die politische Landschaft des MV kam – darüber berichten konnten. Dies lag auch an dem zu kleinen Mitarbeiterstamm in der Zeitung und an unserer Unfähigkeit, neue an der Mitarbeit interessierte MV-Bewohner in die Arbeit zu integrieren.

Damals wurden Hausbesuche im MV bei Vertrauensleuten gemacht. Diese Vertrauensleute hatten sich, durch die Mieterproteste aktiviert, bereit erklärt, den Aufbau der Mieterräte mit zu tragen. Es war daran gedacht, in allen Blocks im MV ein Netz von Vertrauensleuten zu haben, die später Hausversammlungen einberufen sollten, auf denen dann die

Mieterräte gewählt werden konnten. Die Mieterräte sollten – weder auf Vereinsebene delegiert noch von den Wohnungsbaugesellschaften vorgeschlagen – von den Mietern im Haus selbst gewählt werden. Zu den Hausbesuchen mußte eine Mieterversammlung vorbereitet werden, es wurden Musterprozesse gegen die Wohnungsbaugesellschaften geführt. Die ‹Mieterinitiative›, die von einigen SPD-Sympathisanten aus dem MV angeleitet wurde, mobilisierte ein Haus und plante einen Mietstreik. Dazu kam in dieser Zeit ein Koordinationsversuch der parteilich nicht organisierten Berliner Stadtteilgruppen, mit dem man versuchte, die Aktionen zu vereinheitlichen, ein Informationsbüro in der Stadt sowie die genossenschaftliche Nutzung von Druckmaschinen einzurichten. Gleichzeitig wollte die Filmergruppe aus dem MV über die MVZ einen Film drehen, um über diesen Film neue Leute aus dem Viertel für unsere Arbeit zu gewinnen und unsere Arbeit auch für andere Gruppen in der BRD und in West-Berlin, die in ähnlicher Richtung arbeiten, bekannt zu machen. All diese Aufgaben und Vorhaben waren zuviel für unseren kleinen Redaktionsstab, so daß die Herstellung der Zeitung darunter zu leiden hatte.

Das Schreiben von Artikeln für die Zeitung wurde immer wieder hinausgeschoben, viele von uns kamen zu den Redaktionssitzungen unpünktlich, die Arbeit lief schleppend. Auch kamen einige unregelmäßig zu den Sitzungen. Dies lag jedoch nicht nur an der Arbeitsüberlastung der einzelnen, sondern war auch Ausdruck der Spannungen innerhalb der Mitglieder der Redaktion. Schließlich gab es familiäre Probleme, weil bei einigen die ganze Freizeit durch die politische Arbeit im MV aufgefressen wurde und persönliche Bedürfnisse in den Familien zu kurz kamen.

Nur wenige von uns beherrschten spezielle Tätigkeiten der Zeitungsherstellung, wie Umbruch und Layout. Wenn diese Mitarbeiter nicht anwesend waren, ging die Arbeit nicht weiter. Da wir die Termine, zu denen die Artikel für die Zeitung fertiggeschrieben sein sollten, nicht einhielten, erschien die Nummer, die über die Mieterproteste berichtete, erst zwei Monate später.

Ein zusätzliches Problem bei der Herstellung dieser Ausgabe ergab sich dadurch, daß ein Mitarbeiter, der den größten Anteil am Zustandekommen der Zeitung hatte, auf Grund seiner Monopolstellung von einigen Redaktionsmitgliedern ziemlich stark kritisiert wurde. Deshalb ließ er sich auch bis zum Ende des Umbruchs der neuen Zeitung in der Redaktionssitzung nicht mehr blicken. Da der Rest der Gruppe sich bis zu diesem Zeitpunkt aber nicht mit den technischen Problemen des Zeitungmachens – wie Umbruch und Druck – befaßt hatte, vollzog sich der vorgesehene Umbruch recht schwerfällig. Erst nach einiger Zeit konnten wir die Arbeit ordnen und die Schwerpunkte der neuen Zeitung einigermaßen festlegen. Mehrere Mitarbeiter zogen sich zurück beziehungsweise ließen sich mit «Frustran» vollaufen. Die darauffolgende Sitzung verlief schon besser, doch zogen auch dieses Mal zwei Leute vorzeitig ab, da sie nicht wußten, was sie machen sollten. Endlich, nach dem vierten gemeinsamen Treffen, war der Umbruch dieser Ausgabe geschafft. Das Drucken, Zusammenlegen und Verteilen beziehungsweise Verkaufen der Zeitung lief dann besser. Bei der Herstellung dieser MVZ sahen wir, welche Wirkung die Konzentration von vielen Arbeiten auf wenige Gruppenmitglieder für das Zustandekommen der Zeitung haben kann. Es gab in allen Bereichen der Organisation, der Herstellung und des Vertriebs noch unklare Punkte, die behoben werden mußten, selbst auf die Gefahr hin, daß der redaktionelle Teil der MVZ eingeschränkt werden mußte.

Kurz nach der Herausgabe dieser Nummer fand deshalb die erste größere Debatte über die Neuorganisation des technischen und redaktionellen Teils der Zeitung statt – im Mittelpunkt der Diskussion standen damals folgende fünf Hauptfragen:
1. Wie organisieren wir die redaktionelle Arbeit?
2. Wie stellen wir die Zeitung her?
3. Wie vertreiben wir sie?
4. Wie lösen wir die finanziellen Schwierigkeiten?
5. Über was schreiben wir?
Diese Fragen sollten die Gruppe in den kommenden Monaten noch erheblich beanspruchen. Neben der Auflistung der für die Herstellung der Zeitung notwendigen Arbeiten ging es vor allem darum, ob und welche Arbeit in Gruppen und/oder von Spezialisten gemacht werden.

Einig waren wir uns nur darin, daß die wöchentlichen Redaktionssitzungen für alle verbindlich seien. Die Redaktionssitzungen waren, abgesehen von der Darstellung von aktueller Information aus dem MV, oft frustrierend, gespickt von moralischen Appellen und Arbeitsaufträgen, die nicht verbindlich eingehalten wurden. So sollten die einzelnen über die Gruppen motiviert werden, bei den Redaktionssitzungen aktiv mitzumachen. Unsere Treffs waren dazu da, Artikel kollektiv zu redigieren wie auch Informationen, die nicht allen zugänglich waren, einzubringen. Außerdem sollten die Ergebnisse im Viertel beziehungsweise Stellungnahmen zu verschiedenen im Viertel arbeitenden Gruppen politisch diskutiert werden.

In der Redaktion gab es im Zusammenhang mit der Organisationsdebatte grob gesagt zwei Positionen: Die einen waren für Gruppenarbeit, wobei nicht klar war, in welchen Bereichen die Gruppen arbeiten sollten, ob die

Redaktionsarbeit in Themengruppen aufgeteilt werden sollte und dort die einzelnen Gruppen autonom arbeiten oder ob zum Beispiel Vertrieb und technische Herstellung von Gruppen verbindlich übernommen werden. Der andere Vorschlag sah vor, daß ein oder zwei Leute, die Überblick haben, ihnen zugeteilte Arbeitsaufträge erfüllen. Die zur Spezialisierung neigten, behaupteten, diese Arbeitsorganisation sei in einigen Bereichen der Zeitungsherstellung effektiver und nicht so zeitraubend. Jedoch sahen alle in der Gruppenarbeit eine Möglichkeit, bessere menschliche Beziehungen zueinander aufzunehmen und ein Gemeinschaftsgefühl zu entwickeln.

Auch stand zur Diskussion, daß mehrere Leute für einzelne Aufgaben befähigt werden, zum Beispiel im Idealfall in einem Rotationsprinzip, wo jeder im Lauf seiner Mitarbeit alle Teilbereiche der Zeitungsherstellung erlernt. Jedoch wurde alles in allem die Monopolstellung einiger Redaktionsmitglieder nicht angetastet. Nur im Bereich der Vertriebsorganisation wurde ein verbindlicher Beschluß gefaßt. Wir einigten uns darauf, zwei Leute zu wählen, die ein halbes Jahr verantwortlich die Vertriebsorganisation übernehmen sollten. Um ihre Arbeit durchschaubar zu machen, sollten die beiden Mitarbeiter schriftliche Arbeitsanleitungen ausarbeiten und jedem zur Verfügung stellen. Ähnlich wollten wir in den anderen Tätigkeitsbereichen verfahren.

Das Problem der Monopolisierung verstärkte sich, indem ein Mitarbeiter, der ohnehin schon unsere Redaktion dominierte, sich nun auch noch eine Druckmaschine anschaffte. Bisher war die Fertigstellung der Zeitung nach Beendigung des Umbruchs praktisch kaum mehr in Frage gestellt, da ein mit uns sympathisierender professioneller Drucker die Herstellung gewährleistete. Diese kaum zu bewältigende Aufgabenanhäufung auf ein Redaktionsmitglied führte zu der Konsequenz, daß die gesicherte Herausgabe der MVZ letztlich von einem Mitarbeiter abhing.

Ein Problem, das für uns immer dringlicher wurde, waren die Finanzen. Wir wußten nicht, wie wir die rund 800 DM – durch die Selbstherstellung konnten wir die Druckkosten von 1200 auf 800 DM verringern –, die uns eine Nummer kostete, zusammenbringen sollten. Der Verkauf im MV und außerhalb brachte uns noch nicht einmal die Hälfte der Herstellungskosten ein. Die Schwierigkeiten wurden auch deshalb immer größer, weil sich nicht genügend Leute zum Verkauf fanden. Wir verkauften im Einkaufszentrum des MV meist nur an einem oder zwei Wochenenden nach Erscheinen einer neuen Ausgabe, anstatt die Zeitung kontinuierlich auch an Wochentagen zu verkaufen.

Außerdem wurden im Verlauf der vergangenen Monate die Abonnements für die MV-Bewohner nicht vertrieben. Die Tourenbücher für die Belieferung waren in alle Winde verstreut und konnten erst nach einiger Zeit wieder beigeschafft werden. Die Postabonnements für die Belieferung außerhalb des MV waren 1972 überhaupt nicht zugestellt worden. Die Abonnenten bekamen dann alle Zeitungen des vergangenen Jahres auf einmal. Die Kioske wurden nicht mehr rechtzeitig beliefert. Einige Kiosk-Inhaber machten erhebliche Schwierigkeiten, die MVZ, die auf Kommission bei ihnen vertrieben wurde, zu verkaufen. Manche Zeitung verschimmelte auch in den Lagern der Kioske, weil diese sie nicht mehr auslegen wollten. Auch die Anzeigenwerbung, früher von einem verantwortlichen Mitarbeiter bestens organisiert, wurde ständig verschleppt.

Dieses organisatorische Chaos konnte nur langsam entwirrt werden. Aber anstatt die beschränkte Arbeitszeit darauf zu konzentrieren, dies im kleinen zu verändern, schmiedeten einzelne Redaktionsmitglieder große Projekte, um aus dem finanziellen Dilemma herauszukommen. Wir planten, eine Dokumentation aller erschienenen MVZ-Nummern herauszugeben, sie im Eigendruck herzustellen und allen Interessenten anzubieten. Schließlich hatten wir vor, einen Solidaritätsfonds zu schaffen, der schon nach der Zeitungsbeschlagnahme eingerichtet werden sollte.

Der Vertrieb der Zeitung ist so verschludert worden, daß wir erst einmal das in der Vergangenheit Versäumte nachholen mußten, bevor wir die Neuorganisation und die Arbeitsaufteilung der verschiedenen Bereiche des Vertriebs durchführen konnten. Der Vertrieb war daher auch der erste Bereich, den wir verbindlich regelten und total reorganisierten.

Ein grundsätzliches organisatorisches Problem bestand darin, daß wir nach der Beschlagnahme der Zeitung keinen festen Raum hatten, in dem wir uns regelmäßig treffen beziehungsweise öffentliche Redaktionssitzungen abhalten konnten. Trotz unserer Bemühungen verwehrte uns das Bezirksamt, das Kommunikationszentrum im MV, «Die Brücke», als Tagungsraum zu benutzen. Deshalb mußten wir uns abwechselnd kurzfristig in privaten oder kirchlichen Räumen verabreden. Dies erschwerte die Koordination unserer politischen Aktivitäten von einer Stelle aus und verhinderte, daß wir für die Bevölkerung regelmäßig zu einem bestimmten Zeitpunkt anzusprechen waren. Hätten wir in dieser Zeit so etwas wie ein Redaktionsbüro oder Versammlungsraum zur Verfügung gehabt, hätte sich die bei uns immer stärker einschleichende Unpünktlichkeit und Unverbindlichkeit vermeiden lassen können.

Durch all diese organisatorischen und technischen Schwierigkeiten bei der Zeitungsarbeit verschlissen wir uns immer mehr in inneren Diskussionen und konnten so nicht mehr in der Tagespolitik des MV auf dem laufenden bleiben. Deshalb kam es beispielsweise dazu, daß wir über den brandaktuellen Wohngeldskandal im Januar 1973 nicht spontan in einer Sondernummer berichten konnten.* Wir versäumten, aus diesem Anlaß eine Sondernummer oder wenigstens einen Sonderdruck herauszugeben, und mußten zusehen, wie ein SPD-Vertreter aus dieser Affäre politisches Kapital schlagen konnte. Wir berichteten erst zu einem Zeitpunkt darüber, als schon die großen Berliner Springer-Zeitungen den Konflikt aufnahmen und keine Möglichkeit mehr bestand, die MV-Bewohner zu mobilisieren.

Zu diesem Zeitpunkt hätte die MVZ ihre Strategie hinsichtlich der Agitation im Mietbereich überprüfen und ein neues politisches Selbstverständnis der Zeitung entwickeln müssen, das jenseits jeglicher Parteipolitik und auf mehreren gesellschaftlichen Ebenen – nicht nur im Mietbereich – langfristig eine Gegenöffentlichkeit in Aussicht gestellt hätte. Ebenso gelang es dem MSB nicht, mittels des Konzepts der Mieterräte auf dem Wege von Hausversammlungen eine breite Mobilisierung zu erreichen.

Warum ließ sich das Mieterräte-Modell nicht erfolgreich umsetzen? Abgesehen davon, daß die dauernden Mietpreissteigerungen in die Zeit der allgemeinen Preissteigerungen fielen, woran sich der Teil der betuchteren Mieter gewöhnen konnte, der damit einer gegen die Wohnungsbaugesellschaften gerichteten Agitation unzugänglich blieb, ist davon auszugehen, daß weite Teile der MV-Bevölkerung einen starken Unmut gegen die laufenden Mieterhöhungen der GeSoBau hatten. Dieser Unmut hätte durchaus eine Reibungsfläche geboten, an der sich die Bevölkerung hätte politisieren und mobilisieren können. Die parteipolitischen Kämpfe im MSB und die Spaltung zwischen SPD- und SEW-Anhängern in dieser Organisation haben aber verhindert, daß die Mieter sich zusammentaten und gegen die Wohnungsbaugesellschaften organisierten. Der Parteipolitik brachten die Mieter mit Recht Mißtrauen entgegen und zogen sich schließlich resigniert zurück.

Auf Grund der oben geschilderten Verselbständigung von MSB und MVZ und wegen interner Schwierigkeiten setzte sich unsere Redaktion auf einer Wochenendtagung zusammen, um unseren Bezug zu den

* Der Wohngeldskandal – er machte in der Berliner Presse Schlagzeilen – bestand darin, daß für eine große Anzahl der MV-Mieter der ihnen zustehende staatliche Wohngeldzuschuß falsch, das heißt zu niedrig, berechnet wurde, und zwar seit sieben Jahren! – Den betroffenen Mietern wurden diese Fehlbeträge nicht oder nur teilweise nachbezahlt.

anderen politischen Gruppen und Organisationen im MV und unsere längerfristige Politik zu diskutieren.

Wir erkannten, daß das Organisationsproblem ein politisches Problem ist. Wir veranschaulichten uns verschiedene Möglichkeiten der Funktion unserer Zeitung.

«I. *Iskra*-Modell

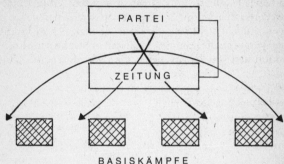

BASISKÄMPFE

Das damals noch sehr kleine Proletariat (ca. 4 Prozent) in Rußland verfügte über eine revolutionäre Partei, die Avantgarde. Die Partei schuf sich ein Zentralorgan, die *Iskra*, und versuchte durch dieses Organ die Massenkämpfe in den Betrieben und auch auf dem Lande zu beeinflussen. Indem die *Iskra* über diese Kämpfe berichtete, stellte sie die Beziehung zwischen den verschiedenen Teilkämpfen her. Dieses Modell funktioniert nur, wenn man gewissermaßen eine Legislative hat, die Partei, und die schafft sich gewissermaßen eine Exekutive, einen Transmissionsriemen, der über die Beziehung der Partei zur Basis berichtet, nämlich die Zeitung.

II. Stadtteilzellen-Modell

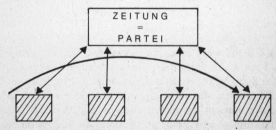

VON DER ZEITUNG GESTEUERTE AKTIONEN

Das Modell, das die Studenten erprobt haben, das Stadtteilzellen-Modell, macht nun den Versuch – weil die Partei nicht vorhanden war –, gewissermaßen Partei und Zeitung zusammenzulegen. Solange die Partei nicht existiert, muß das Kollektiv, das die Zeitung macht, gleichzeitig die orientierende Funktion der Partei übernehmen. Das ist natürlich sehr problematisch, weil ja eine Zeitungsredaktion auf eine andere Weise zustande kommt als das Zentralkomitee einer immerhin noch zentralistisch-demokratisch geführten Partei.

Bei dem Modell stellt sich die Frage, ob sich die Zeitung, indem sie die Rolle der Partei übernimmt, absondert von den Kämpfen, die im Viertel stattfinden. Zudem stellt sich die Frage, ob man sich nicht übernimmt, wenn man versucht, die Kämpfe anzuleiten, weil man dann auch nicht die Legitimation der Massen hat, die ja die Redaktion einer Zeitung nicht wählen.

III. Basis-demokratisches Modell

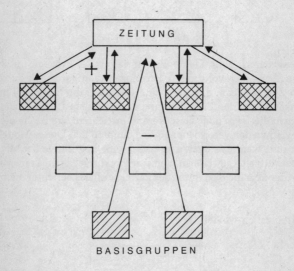

Bei diesem Modell wäre zu überlegen, ob die Zeitung weniger Sachen anregt und dann nur über diese Sachen berichtet, oder ob nicht die Zeitung die Rolle hätte, aus dem Insgesamt der Probleme des MV MV bestimmte Probleme die sie für politisch wichtig hält, 2. sich andere Sachen herauszupicken, die sie für politisch gefährlich hält, um gegen sie zu kämpfen, und 3. eine Reihe von Problemen, die sie im Augenblick nicht für interessant hält, links liegen zu lassen.

Der Unterschied zwischen dem II. und III. Modell besteht darin, daß im Stadtteilzellen-Modell die Zeitung nur über die Sachen berichtet, die sie selbst anregt, auch personell in der Hand hat und steuert, während das III. Modell gewissermaßen für eine breite, demokratische Massenbasis gelten könnte; daß man sagt, wir sind zu schwach, um nur die Sachen zu unterstützen, die wir selber voll in der Hand haben, sondern wir müssen uns auch die Sachen heraussuchen – jetzt nicht prinzipiell, sondern partiell –, mit denen wir im Augenblick einverstanden sind, obwohl nicht einzuschätzen ist, ob die Gesamtpolitik, die dahintersteht, langfristig gesehen unsere Politik ist. Das würde bedeuten, wir können nicht das Organ des MSB (Mieterschutzbund) sein. Denn wir sind beispielsweise auch interessiert an Betriebsfragen, wir sind interessiert an Erziehungsfragen; das sind Probleme, die im MSB nicht im Vordergrund stehen. Sondern daß man sagt: Wir unterstützen den MSB, solange er eine gute Politik macht in der Abwehr der Mieterhöhungen, in der Solidarisierung der Mieter, in der Organisierung der Mieterräte, was aber nicht bedeutet, daß wir mit ihm verheiratet sind.

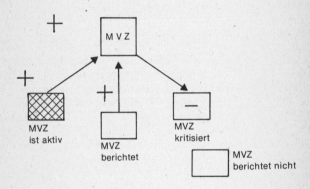

In diesem Modell besteht die Möglichkeit, das ganze politische Leben, von den Kämpfen im Wohnbereich über die im Produktionsbereich bis hin zu kulturellen und anderen Fragen, zu verarbeiten und widerzuspiegeln.»

Am Ende dieser Diskussion entschieden wir uns mit einigen Abänderungen für den dritten Vorschlag. Danach wollten wir in den als wichtig erachteten Gruppen aktiv mitarbeiten und berichten. Gleichzeitig sollten die Gruppen die Möglichkeit haben, uns als Informationsorgan zu benutzen.

Im Sommer 1973 starteten wir noch einen Versuch, den durch das diskontinuierliche Erscheinen der Zeitung und ihre losgelöste Politik im Mietbereich verlorengegangenen Kontakt zu der Bevölkerung wiederherzustellen und die Mieter erneut anzusprechen. Es wurden Druck- und Schreibmaschinen auf der Straße aufgestellt. Die Mieter sollten durch Interviews und eigene Stellungnahmen über ihre Probleme selbst in die Zeitungsarbeit miteinbezogen werden. Dies war eine wirkungsvolle und richtungweisende Aktion, blieb aber in ihrer Isoliertheit ohne Folgen.

Im Juni 1973 erschien die vorläufig letzte Nummer der MVZ. Zum erstenmal wurde bei der Fertigstellung der gemeinsam entwickelte Arbeitsplan angewandt. Daß aber von dieser Ausgabe nur 500 Exemplare verkauft wurden, machte uns deutlich, wie wenig unsere Zeitung mit den Bedürfnissen der MV-Bewohner verbunden war, infolge der dargestellten Entwicklung, das heißt der politischen Verselbständigung.

Zum Schluß beschleunigten noch zwei Momente den vorläufigen Abbruch unserer redaktionellen Arbeit. Einmal engagierte sich ein Teil der Redaktionsmitglieder noch stärker als bisher im MSB, zum anderen folgten einige einem Angebot unseres Filmemachers, dem sie sich in einem größeren Projekt als Schauspieler zur Verfügung stellten. Da dieses Projekt nur *über* Vorgänge des MV in den letzten anderthalb Jahren berichtete, aber keine echte Funktion *für* die damaligen Auseinandersetzungen hatte, wurde dadurch weniger ein konkreter Beitrag zur aktuellen Problematik geleistet, sondern eher das Arbeitsvermögen der Aktivsten zusätzlich für eine überregionale Verbreitung der MV-Ereignisse in Anspruch genommen.

Die geschrumpfte Redaktion hat sich seither einige Male getroffen. Was wird nun werden?

Kapitel VI
Andere Zeitungen im Märkischen Viertel

Die MVZ verstand sich immer als ein Forum proletarischer Gegenöffentlichkeit. Sie wollte eine Zeitung sein, «die von Arbeitern des MV für Arbeiter des MV gemacht wird und die diesen Arbeitern hilft, sich zu organisieren und die Analyse ihrer Probleme selbst in die Hand zu nehmen»[1]. Damit stellte sie sich in bewußten Gegensatz zur bürgerlichen Presse, die in West-Berlin hauptsächlich von Axel Springer und seinem Konzern beherrscht wird.

Gegen die Einstellungen der marktbeherrschenden Springer-Zeitungen * mußte die MVZ immer wieder ankämpfen. Die Weißmacher dieser Blätter polierten das MV zu einem beispielhaften Zentrum modernen Städtebaus auf und sahen gleichzeitig eine Hauptaufgabe darin, alle Bürger zu diskriminieren, die sich aktiv für ihre Rechte einsetzten. Die Hetze der Springer-Presse gegen die Bewohner des MV erreichte ihren Höhepunkt, als die arbeitenden Gruppen im Märkischen Viertel zur Selbsthilfe schritten und symbolisch eine Fabrikhalle besetzten. Wir haben in Kapitel III über diese Aktion berichtet. Darüber berichtete die *BZ* vom 2. Mai 1970 so:

«Am Abend ‹besetzte› eine Gruppe von etwa 150 bis 200 aus Neukölln gekommenen Krawallbrüdern ein Fabrikgebäude im Märkischen Viertel. Zuvor hatten die zumeist jugendlichen Rowdies versucht, das Haus der Bauleitung zu stürmen. Sie stießen jedoch auf starke Polizeikräfte. Die ‹Demonstranten› wichen jetzt auf die Fabrik aus, die aber kurze Zeit später von starken Polizeikräften gegen erheblichen Widerstand unter Anwendung der Schlagstöcke geräumt wurde. Ein Demonstrant erlitt Verletzungen. Am Ort des Geschehens wurde auch Apo-Anwalt Horst Mahler beobachtet. In den Nachtstunden wurden von kleineren Gruppen Scheiben in Reinickendorf eingeworfen.»

Eine solche «Berichterstattung» machte vielen MV-Bewohnern klar, wer die Wahrheit über das Viertel ans Licht fördert und wer sie mit Füßen tritt. Als sich jedoch die Bewegung im MV explosionsartig entlud, konnten andere bürgerliche Zeitungen nicht schweigen, denn die Öffentlich-

---

* Die *BZ* ist mit einer Auflage von 304 000 Exemplaren die meistgelesene Boulevard-Zeitung West-Berlins, es folgen die *Berliner Morgenpost* mit 206 000 täglichen Exemplaren und die Berliner Ausgabe der *Bildzeitung* mit täglichen 110 000 Exemplaren.

keit interessierte sich für die Mißstände in der Betonwüste. Der *Spiegel* und andere Magazine und Illustrierten berichteten über die Notstände. So oder so – ob die Initiativen im Viertel als Aktionen der Bewohner oder als Agitationskampagnen fremdgesteuerter Leute aus der Stadt ausgelegt wurden –, die Tatsache der unzumutbaren Lebensbedingungen im Viertel wurde jedem bekannt, der nicht borniert war oder ein Brett vor dem Kopf hatte.

Weil die geschichtslose bürgerliche Presse aber lediglich dann etwas aufgreift, «wenn es brennt» und wenn es zu einer «guten Story» vermarktet werden kann, ist es klar, daß die Alltagsprobleme im MV sehr bald als uninteressant beiseite gelegt worden sind. Diese Strategie hat ihre politische Wirkung, denn sie führt dazu, daß parallele Tatbestände in anderen Trabantenstädten West-Berlins und der Bundesrepublik unbekannt bleiben, daß sich die Bewohner dieser Viertel an das Unerträgliche, aber für unvermeidlich Gehaltene anpassen und die Solidarisierung auf regionaler und überregionaler Ebene gebremst wird.

Der von der Stadt West-Berlin selbst ins Leben gerufene Unruheherd Märkisches Viertel verlangte allerdings nach einer Sonderbehandlung, zu der die überregionalen bürgerlichen Zeitungen nicht geeignet waren.

Im Juni 1969 erscheint die erste MVZ. Als Alarmsignal erschreckte sie die Bürokraten im Bezirksamt Reinickendorf, im Senat von Berlin und in den Wohnungsbaugesellschaften. Und es schien auch schon fast zu spät zu sein, als im Dezember 1970 als Gegengründung zur MVZ der sogenannte *MV-Express* lanciert wurde. Mit einer kostenlosen Auflage von 20000 Exemplaren sorgte er von nun an vierzehntäglich dafür, daß die Bewohner des MV «in der Öffentlichkeit nicht immer wieder verunglimpft werden». Er informierte die staunenden Leser darüber, daß «Kostensteigerungen ... nicht nur bei den gemeinnützigen Wohnungsbaugesellschaften festzustellen» sind, daß «das kommunale Bauprogramm im MV (schon) Millionen für Schulen, Grünanlagen, Mehrzweckhaus, Hallenbad und Sportanlagen» bereitgestellt habe und «daß es sich für jeden Bewohner des MV lohnt, ab und zu einmal in den Schaukasten der CDU zu blicken».

Es gehört zur Strategie des *MV-Express*, alle auf der Hand liegenden Notstände bis zur Bedeutungslosigkeit zu verharmlosen, unbestreitbare Tatsachen herunterzuspielen, die Bewohner unter Hinweis auf die künftige Planung zu vertrösten, die politischen und wirtschaftlichen Ursachen der Notstände zu verstecken und das Positive zu betonen, indem an den Gemeinsinn der Bevölkerung appelliert wird, sich selber um die Beseitigung der Notstände zu kümmern.

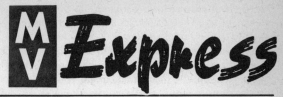

Nr. 21   26. Oktober 1973   4. Jahrgang

Jetzt macht endlich Schluß mit dem Rufmord am MV!

Es ist höchste Zeit, daß sich Berlins Bundestagsabgeordnete äußern!

Am 10. Oktober 1973 strahlte das Zweite Deutsche Fernsehen um 22 Uhr den Film «Urbs Nova?» aus. Dieser Streifen, bereits im September 1971 zur Sendung gebracht, hat die Erlebnisse eines Ehepaares, das aus dem Bezirk Kreuzberg ins Märkische Viertel umzog, zum Inhalt. Als Dokumentation ist dieser Film absolut wertlos, denn er schildert nie und nimmer objektiv das Leben der Bewohner des Märkischen Viertels. Deshalb hat die Wiederholungssendung auch berechtigten Protest unter den Neumärkern ausgelöst.

Im Anschluß an die Sendung vom 10. Oktober 1973 erhielten wir eine Flut von Briefen und eine Vielzahl von Anrufen, die immer wieder in der Frage mündeten: Wie ist es möglich, daß das Zweite Deutsche Fernsehen sich dazu hergibt, das Märkische Viertel als einen Ort des Schreckens und des Grauens darzustellen? Immer wieder wurde auch darauf hingewiesen, daß dieser Streifen, der nun schon Jahre alt ist, absolut keinen Aktualitätswert hat, andererseits aber die Fernsehschauer in ganz Deutschland glauben

Unmißverständliche Frage an das ZDF

Ein Bewohner des Märkischen Viertels verfaßte im Anschluß an die Sendung vom 10. Oktober 1973 ein Protestschreiben, in dem es u. a. heißt: Die Hauptfigur des Films (Herrn Rickmann) handele es sich um eine «übergeschnappten Weltverbesserer». Bei der in dem Film dargestellten «Märkischen Viertel Zeitung» handele es sich um ein linksradikales Blatt. Die in dem Film gezeigten Zustände entsprächen keinesfalls der Realität, sondern seien offensichtlich einmal bestanden hätten. Die Schlußworte lauten: «Mit so etwas will man Protest vor dem ZDF. Dieser Protest von Frau Gisela Oesterreich, die im Märkischen Viertel wohnt, zum Anlaß, um an das ZDF ein Schreiben zu richten, das nun wirklich als aktuell und gültig für die Meinung der überwiegenden Zahl der Neumär-

müssen, «Urbs Nova?» sei ein durchaus repräsentativer Bericht. Wie richtig diese Einschätzung ist, beweist beispielsweise die Programmbesprechung einer großen deutschen Fernsehzeitung, die ankündigend erklärte, der Film zeige die «gesellschaftlichen und politischen Verflechtungen, die sich aus dem Wohnen im Märkischen Viertel ergeben haben». Nur zu bedauern ist auch die Tatsache, daß die «BZ» ihre Filmankündigung mit dem Hinweis auf «Urbs Nova?» versah.

ker zu betrachten ist. In diesem Schreiben heißt es u. a.:
«So wie er — gemeint ist der vorerwähnte Verfasser des Protestschreibens — denken tausende Arbeiter im MV. Der Hauptdarsteller in Ihrem Film stellt einen Außenseiter-Typ dar. Wir kennen ihn alle. Sonnabends lungert er immer im Einkaufszentrum rum und zwar am dort aufgebauten «Informationsstand» der Kommunisten. Stundenlang! Wahrscheinlich auf «Diskussionsteilnehmer». Aber niemand beachtet ihn und seine verschwindend kleine Gruppe von Kommunisten. Er und seine Gruppe stellen ein Ärgernis dar. Und so kann ich den Film, in dem sich eben dieses Type dreht, auch nur ein Ärgernis für die Bewohner des Märkischen Viertels sein!

Halten Sie diesen Film für so gut, daß Sie ihn nun auch noch wiederholen müssen? Ich habe ihn gesehen und fand ihn nicht gut. Vielleicht ist er eine «soziale Studie» - in keinem Fall spiegelt er aber etwas von unserem wahren Leben im Märkischen Viertel wieder. Vor allen Dingen wehren wir uns dagegen, daß ausgerechnet diese kleinen kommunistischen Randgruppen zu Hauptdarstellern gemacht werden, wo doch bekannt ist, daß gerade im Märkischen Viertel nur eine verschwindend geringe Zahl von Kommunisten gibt und daß diese verkrachten Existenzen (wie der Herr Rickmann) typisch sind für die Bewohnerschaft des MV — ein schrecklicher Gedanke!

Die Empörung der Neumärker ist nicht nur verständlich — sie ist in jeder Hinsicht berechtigt und notwendig! Seit Jahr und Tag wird die Berichterstattung über das MV im Zeichen von unrichtigen Darstellungen und oft genug auch von üblen Verleumdungen. Kein Wunder, daß man sich zum Beispiel in Flensburg und Garmisch-Partenkirchen, wenn vom MV die Rede ist, die Ansicht ver-

tritt, hier handele es sich um die «Kloake Deutschlands».

Die Forderung der Stunde muß jetzt lauten: Macht endlich Schluß mit dem Rufmord am MV!

Die Bevölkerung des MV weiß, daß die Verantwortlichen im Rathaus Reinickendorf, insbesondere Bürgermeister Grigers, keine Gelegenheit verübergehen lassen, um die Wahrheit über das MV zu verbreiten und üblen Verleumdungen entgegenzutreten. Diese Bemühungen verdienen Anerkennung und Dank.

Jetzt sollte man aber den Rufmördern am MV nicht nur den Männern im Rathaus Reinickendorf überlassen. Wir haben schließlich eine Gruppe von Berliner Politikern, die als Abgeordnete dem Deutschen Bundestag angehören. Diese Bundestagsabgeordneten sind berufen, als ganzen freien Berlin, also auch die Vertreter der Bewohner des Märkischen Viertels.

Die Neumärker erwarten, daß die Berliner Bundestagsabgeordnete jetzt das Wort ergreifen!

Wohngeldnachzahlung: 2,4 Mio. DM

Dem Anliegen des Berliner Mietervereins im Märkischen Viertel, falsche Wohngeldbescheide für etwa 3 000 Mieter zu korrigieren, ist auf Antrag der CDU-Fraktion im Abgeordnetenhaus durch inzwischen vom Senat eingeleitete Maßnahmen Rechnung getragen worden.

Nach der Sitzung des Abgeordnetenhauses am 12. Oktober 1973 gab der Vorsitzende des Ausschusses für Bau- und Wohnungswesen, der CDU-Abgeordnete Klaus Franke, bekannt,

daß von den rund 10 000 falschen Wohngeldbescheiden Ende September etwa 4 500 Bescheide durch die Verwaltung korrigiert worden seien. Insgesamt würden ca. 2,4 Millionen DM an die betroffenen Mieter ausgezahlt.

Die CDU-Politiker brachte seine Befriedigung darüber zum Ausdruck, daß damit der CDU-Antrag durch die volle Erfüllung der berechtigten Forderungen der Mieter des Märkischen Viertels seine Erledigung gefunden habe.

Immer wieder schießt der MV-Express gegen die MVZ und andere kritische Bürgerinitiativen und denunziert sie als «kommunistische Randgruppen». Dabei scheut er sich nicht, einzelne Arbeiter herabzusetzen und sie als «verkrachte Existenzen» zu verleumden.

In der Anfangsphase flog der *MV-Express* bei den meisten Bewohnern des Viertels hochkant aus dem Briefkasten in den Mülleimer. Oftmals stapelten sich die Wurfsendungen in den Eingangshallen der Wohnmaschinen. Keiner wollte sie lesen. Keiner wollte etwas mit ihnen zu tun haben. Heute hat sich das geändert, obwohl der Charakter der Postille der gleiche ist wie vor vier Jahren. Warum ist das so?

Die Gründe für den verstärkten Einfluß des *MV-Express* müssen wir im Zusammenhang mit den allmählichen politischen Veränderungen im MV erkennen, die nicht unabhängig von den gesamtgesellschaftlichen Entwicklungen sind. Trotzdem müssen wir sagen, daß eine der Ursachen für die zunehmende Wirksamkeit des *MV-Express* die immer unregelmäßiger werdende Erscheinungsweise der MVZ ist. Die MVZ wurde sozusagen in der Auseinandersetzung zwischen Senatsbürokratie und Wohnungsbaugesellschaften einerseits und den im Aufbau befindlichen Parteiorganisationen zerrieben. Langfristig konnte sie den meisten Bewohnern des MV keinen gangbaren Weg weisen, den Kampf gegen die Verschlechterung der allgemeinen Lebensbedingungen aufzunehmen.

Eine andere Art von Zeitung entstand im MV innerhalb der verschiedenen politischen Aktionen selbst. Viele Studenten waren nach 1969 ins MV gegangen, um auf die wirklichen Gründe für die «Unwirtlichkeit unserer Städte» hinzuweisen und um zu demonstrieren, daß eine fortschrittliche, antikapitalistische Bewegung auch im Wohnbereich eine politische Chance hat. Die Dynamik der politischen Entwicklung sorgte sehr bald dafür, daß sich im MV wie in anderen Vierteln und in anderen gesellschaftlichen Bereichen, in denen die Studentenbewegung praktische politische Arbeit eingeleitet hatte, allmählich klarere Positionen herausbildeten und politische Gegenkräfte mobilisierten. Wir haben schon an anderer Stelle beschrieben, wie aus der Konfrontation mit der sich langsam festigenden Redaktionsgruppe der MVZ das CDU-nahe Blatt *Bürger im Dialog* entstand, das nach einem halben Jahr klanglos wieder in der Versenkung verschwand. Aber *Bürger im Dialog* war nicht die letzte MV-spezifische Zeitschrift, die als direkte oder indirekte Antwort auf die Existenz der MVZ gegründet worden ist. Im Jahre 1970 brachten die Jusos in Reinickendorf in Verbindungen mit den als «links» eingestuften SPD-Abteilungen des MV eine zum guten Teil hausinterne Partei-Zeitschrift heraus, die sie *Märkblätter – MV* nannten. Diese immer ziemlich umfangreiche Informationsschrift wird nur in kleiner Zahl aufgelegt und an einen ausgesuchten Leserkreis von Parteimitgliedern, Sympathisanten, interessierten MV-Bewohnern kostenlos verteilt. Sie dient in erster Linie dazu, politische Probleme parteiintern zu diskutieren, doch geht sie in mancher Hinsicht auch speziell auf MV-Fragen ein. Der Juso-Strategie entsprechend werden hin und wieder Einwände gegen die Berliner SPD-Politik formuliert. Die *Märkblätter* unterstützen auch einige Bürgeraktionen im MV und haben sich beispielsweise dafür eingesetzt, daß allen politischen Gruppen das Recht zugestanden wird, im Einkaufszentrum des Viertels, das von einer Privatfirma verwaltet wird, ungehindert zu agitieren.[7] Doch bleibt die Zeitung insgesamt einem im engen Sinne reformerischen Kurs verpflichtet und greift nicht direkt in den aktuellen politischen Entwicklungsprozeß im Viertel ein. Ihre Wirkung ist nach innen gerichtet, sie verzichtet auf eine breitere Öffentlichkeit.

Zu Beginn des Jahres 1972 versuchte die SEW mit der Viertel-Zeitschrift *MV-Objektiv*, die Viertel-Bewohner für ihre Politik zu gewinnen. Verschiedene SEW-Mitglieder hatten vor allen Dingen im Mieterschutzbund Fuß gefaßt und machten dort bis zur Spaltung des MSB durch die SPD geraume Zeit als Mitglieder ansatzweise eine Politik im Interesse der Mieter. Dadurch konnten sie eine Reihe von Mietern für die Partei interessieren. Die Zeitschrift *MV-Objektiv* erscheint seit Februar 1972 in unregelmäßigen Abständen und wird kostenlos an politisch aktivierte Bürger verteilt. Sie ist klar nach propagandistischen Gesichtspunkten aufgebaut: Parteiinformationen und politische Einschätzungen überwiegen, praktische politische Aktionen werden selten angeboten. Die Hauptaufgabe der Zeitschrift besteht sicher darin, die Leser mit der Politik der SEW vertraut zu machen und darzustellen, daß diese Partei auch MV-spezifische Probleme aufgreifen und verarbeiten kann. Die Zeitschrift wirkt im ganzen harmlos und langweilig. Das liegt sicherlich unter anderem daran, daß sie brennende Probleme in einem Jargon behandelt, der mit abgedroschenen Worthülsen durchsetzt ist und dem Sinnlichkeit und Witz fast völlig abgehen.

„Ein fünftes Blatt, die *MV-Informationen*, war bis zur Spaltung des Mieterschutzbundes das Sprachrohr dieses Vereins. Sie wurden ebenfalls im Frühjahr 1972 ins Leben gerufen und sollten, ähnlich wie der *MV-Express*, einen großen Leserkreis ansprechen. Deshalb beschränkten sie ihren Umfang auf jeweils sechzehn DIN-A5-Seiten, von denen etwa die Hälfte mit Anzeigen gefüllt sind. Die Anzeigenfinanzierung garantiert dem Blatt eine Auflage von ungefähr 10000 Exemplaren, die von einer emsigen Redaktionsgruppe noch immer in jeden Hausbriefkasten gesteckt werden. Im Mittelpunkt der Berichterstattung stehen die Mietprobleme. Darüber hinaus bemühte sich die ehrenamtliche Redaktion bisher, die Palette aller im MV auftauchenden Fragen zu behandeln. Die *MV-Informationen* hätten die Chance gehabt, ein wirksames Gegengewicht gegen den reaktionären *MV-Express* zu bilden und die Basis für den Mieterschutzbund zu verbreitern. Denn die MVZ-Redaktion stand zur damaligen Zeit in keinem engen Kontakt mit dem damals noch von der linken SPD beeinflußten Mieterschutzbund und hatte zudem schon erheblich an Boden verloren. Außerdem hatte sie sich von einem Informationsinstrument zu einem Agitationsmittel weiterentwickelt und benutzte direktere Formen der Politisierung. Die *MV-Informationen* hätten die propagandistische Lücke, welche die MVZ durch ihre Entwicklung gerissen hatte, schließen und einen größeren Teil von Bewohnern des MV durch viertelnahe Informationen politisch beeinflussen können. Doch diese Chance wurde vertan. Die *MVI* blieben Sprachrohr einer blassen SPD-Meinung und führten dem Mieterschutzbund weder neue Mitglieder noch neue Anregungen für die weitere Arbeit zu. Eine bessere Absprache zwischen den MVZ-Leuten und den *MVI*-Vertretern hätte langfristig das politische Klima im Viertel erheblicher beeinflussen können, als das in Wirklichkeit der Fall war. Allerdings wäre es dann notwendig gewesen, daß die *MVI*-Redaktion ihre profillose Position überdacht und nicht allein in der Auflagenhöhe das Wesen einer erfolgreichen Viertel-Zeitung erblickt hätte.

Wohin der Hase der *MVI* letztlich gelaufen ist, zeigte sich, als deren Redaktion im Verlauf der Auseinandersetzung zwischen SPD- und SEW-Mitgliedern im Mieterschutzbund mit Sack und Pack aus dem Verein verschwand, um von außen in wüsten Artikeln gegen die weitere politische Entwicklung im Mieterschutzbund zu Felde zu ziehen und damit die Weiterentwicklung der damals stärksten Selbstorganisationsinitiative im Märkischen Viertel zu torpedieren. Heute vegetiert das Blatt ziemlich sinnlos dahin, weil es sich auf keine richtige Organisation mehr beziehen kann, die seinen Aussagen Rückhalt und Profil geben könnte (vgl. nebenstehender Abdruck der *MVI*).

Schließlich erwähnen wir noch die letzte Zeitung im MV, die, ähnlich wie *Bürger im Dialog,* einem direkten Konflikt der Redaktionsmitglieder der MVZ untereinander entstammte. Als Konsequenz starker, innerer Auseinandersetzungen in der MVZ-Redaktion, bei denen es um eine klarere politische Linie und das Verhältnis der Zeitung zu den verschiedenen politischen Gruppierungen im MV (wie Jusos, SEW, KPD/AO, KPD/ML) ging, trennten sich einige Redaktionsmitglieder von der MVZ, nahmen das Hilfsangebot einer KPD/ML-Stadtteilzelle an und brachten im Februar 1972 eine eigene Zeitung mit dem Titel *Neue MVZ* heraus. Die Überraschung gelang, doch konnten die Herausgeber der *Neuen MVZ* langfristig keinen rechten Boden unter die Füße bekommen und mußten schon nach zwei Ausgaben ihr Projekt einstellen. Wenn man auch Konzeption und Sprache der neuen Viertel-Zeitung kritisieren konnte, so hatte sie doch das Gute, daß durch ihre Gründung die politischen Konflikte innerhalb der MVZ-Redaktion ans Licht kamen und die Gruppe gezwungen war, ihr Selbstverständnis neu zu überdenken und genauer zu formulieren.

Der Verfasser dieses Artikels und Redaktionsmitglied der MVI war vom 19. November 1971 bis zum
30. Januar 1973 1. Vorsitzender des Mieterschutzbundes.

RÜCKBLICK AUF DEN „MSB"

Jeder Bürger im MV wird schon einmal vom Mieterschutzbund MV e.V. gehört haben, einem Zusammenschluß der Mieter zwecks gemeinsamer Wahrung ihrer Interessen, gegründet im März 1971 von zehn
Sozialdemokraten, mittlerweile angewachsen auf
ca. 300 Mitglieder. Die Gründer waren sich darin
einig, daß der Mieterschutzbund (MSB) eine Einrichtung der Bürger werden sollte, nicht der ver-
längerte Arm irgendeiner Partei.
So geschah es dann auch. Alle Aktionen des MSB,
ob erfolgreich oder nicht, ob richtig konzipert
oder von vornherein zum Scheitern verurteilt, wurden von MV-Bürgern aus allen Kreisen getragen.
Der MSB war vielen Anfeindungen ausgesetzt. Für
rechte SPD-Kreise war es leicht, ihn wegen einer
Handvoll SEW-Mitglieder als radikal hinzustellen.
Der Versuch der Übernahme durch die KPD mißlang.
Aber die SEW hat jüngst den Blick für Realitäten
verloren. Sie holte Mitglieder und Sympathiesanten
heran und übernahm bei der letzten Wahl den Vorstand, was ihrem eigenen Bedürfnis, über das 2 %
Wahlergebnis hinaus auch einmal Erfolge zu erzielen - und wenn es nur Aktionseinheit mit Sozialdemokraten sein sollte - sicherlich abhelfen mag.
Was nützt dies aber dem Bürger? Was nützt dies dem
Mitglied im MSB, das vielleicht nicht einmal weiß,
von wem sein Vorstand jetzt beherrscht wird? Der
MSB hat mit der Übernahme des Vorstand durch die
SEW seine letzte Chance vertan, eine breite Basis
im MV zu erlagen, eine Chance, die ohnehin schon
immer recht klein war. Schließlich ist der Bürger
hier nicht anders als anderwo, er verhält sich
systemkonform, er konsumiert Bürgerinitiativen
genauso wie Verbrauchsgüter, Wohnung, Fernsehen,
Gewerkschaft oder Staat. (Man will ja schließlich
etwas haben für sein Geld). Auch der MSB unterschied sich niemals von anderen Organisationen,
auch von seinen Mitgliedern waren immer nur höchstens 20 % aktiv. Aus diesen Gründen wird der MSB
sicherlich keine Organisation werden, die durch
den Druck von Massen erzielen kann. Als Arbeits-
grmium bleibt, auch nach außen, der von der SEW
beherrschte Vorstand.

                              Horst Buckbesch

MÄRZ 1/72
3. Jahrg. Aufl. 3 000
Preis im MV 0,30 DM
Außerhalb 0,50 DM

MVZ

Märkische Viertel Zeitung

Anhang: Tips z. Lohnsteuer-Jahresausgleich

DIE HALLE !

STANDORTBESTIMMUNG DER MVZ

ERSTICKEN WIR IM MÜLL?

STANDORTBESTIMMUNG DER MVZ

In der Vergangenheit hat man uns oft gefragt:

"Warum macht ihr diese Zeitung?"
"Was wollt ihr damit erreichen?"
"Wer seid ihr?"

Heute erscheint nach 6 Monaten erstmals wieder die MVZ. Da sich während dieser Zeit das Redaktionskollektiv sehr verändert hat, halten wir es für notwendig, diese immerwiedr gestellten Fragen erneut zu beantworten.

Wir sind der Meinung, daß es im Gegensatz zu der bürgerlichen und Springerpresse, zum Rundfunk und Fernsehen, eine unabhängige Informationsquelle für den Bürger geben muß. Wir sehen unsere Aufgabe darin, d i e Informationen zu geben, die in den vorhergenannten Medien nicht gegeben werden oder aber entstellt dargestellt werden.

Durch die Informationen hoffen wir, daß der Bürger seine eigene Lage erkennt und sich entschließt etwas gegen seine bürokratische Verwaltung und Ausnutzung zu unternehmen.

Das Redaktionskollektiv, zusammengesetzt aus Arbeitern, Studenten, Angestellten, Hausfrauen und Schülern, wird solche Initiativen unterstützen.

Die MVZ, eine Stadtteilzeitung im MV, wird von Bürger im MV für Bürger im MV gemacht und steht für jeden offen. Parteizugehörigkeit spielt hierbei keine Rolle und gegen reaktionäre Gesinnung werden wir uns zu wehren wissen.

Noch ein Wort zur "Neuen MVZ", Sprachrohr der studentischen KPD/ML.
Uns wurde dort in einer sehr tendenziösen Weise vorgeworfen, Diskussionen autoritär unter den Tisch zu fegen und Karrieremacher zu sein. Wir wollen darauf garnicht weiter eingehen, weil wir keinen Sinn darin sehen, uns mit diesem Blättchen auseinander zu setzen, weil wir es für wichtiger halten ihnen Informationen zu geben. Auf unseren öffentlichen Redaktionssitzungen, zu denen Sie herzlichst eingeladen sind, können Sie sich sehr schnell davon überzeugen, daß Demokratie für uns nicht nur ein leeres Wort ist.

Übrigens, wir sind keine Partei, wir arbeiten für keine Partei und wir werden auch von keiner Partei oder Interessengruppe finanziert.

Die MVZ-Redaktion steht mit beiden Beinen fest auf dem Boden des Grundgesetzes

GRUNDGESETZ

Das Redaktionskollektiv

Insgesamt, so kann man sagen, haben die aus der politischen Bewegung um 1970 entstandenen Blätter den Klärungsprozeß und damit das Selbstverständnis der politischen Gruppen im Viertel gefördert. Das hatte gleichzeitig die Folge, daß wichtige Kräfte von der Auseinandersetzung mit den wirklichen politischen Gegnern abgezogen worden sind.

Die Märkische Viertel Zeitung: wie sie entsteht

In vielen Gesprächen beim Verkauf unserer Zeitung stellten wir immer wieder reges Interesse, Zustimmung, aber auch Kritik fest. Und das halten wir für gut. Nur wenn wir darauf zu sprechen kamen, daß man ja an dieser Zeitung mitarbeiten könne, paßten unsere Gesprächspartner regelmäßig. «Ich kann doch nicht schreiben», «Dafür eigne ich mich nicht», «Davon habe ich überhaupt keine Ahnung» – das waren in der Regel die Antworten. Dabei sind wir der Meinung, daß jeder, der eine Schule besucht hat und etwas ausdrücken will, an einer Viertel-Zeitung mitarbeiten kann, zumal das Schreiben nicht einmal der wichtigste Teil beim Machen einer solchen Zeitung ist. Um andere zu ermutigen, es selbst zu versuchen, haben wir unsere Erfahrungen aufgeschrieben, und aus diesem Grund wollen wir auch die Entstehung einer Ausgabe unserer Zeitung möglichst wirklichkeitsnah beschreiben.

Nach der «öffentlichen Redaktionssitzung», auf der die bereits verkaufte Ausgabe der MVZ Artikel für Artikel durchgegangen und mit interessierten Lesern kritisch beleuchtet wird, treffen wir uns einmal wöchentlich und beraten unter Berücksichtigung der vorliegenden Kritik die nächste Ausgabe. Der Inhalt der Zeitung wird natürlich vorrangig von den Ereignissen im MV bestimmt, aber trotzdem hat jedes Redaktionsmitglied seine eigenen Vorstellungen, und da alle Redaktionsmitglieder gleichberechtigt sind, zeichnet sich erst nach zwei bis drei Sitzungen das inhaltliche Bild und die inhaltliche Linie der nächsten Ausgabe ab. Mitbestimmend sind dabei auch die Leserbriefe, die jedesmal vorgelesen werden und deren Diskussion breiten Raum einnimmt.

Wenn der inhaltliche Rahmen der nächsten Nummer feststeht, beginnt die eigentliche Arbeit: Themen, Erkundigungsaufträge und Reportagen zum Hauptthema werden verteilt – ein Mitarbeiter möchte gern ein Interview mit Mietern aus seinem Haus machen, ein anderer möchte ein eigenes Erlebnis zum Thema verarbeiten, und ein dritter hat einen Bericht in der Zeitung gelesen und möchte dazu Stellung nehmen, wieder andere Redaktionsmitglieder haben Ideen für neue Fotos oder Karikaturen . . .

Auf der dritten oder vierten Sitzung werden die schon fertigen Arbeiten gelesen und besprochen, dabei ergibt die Diskussion, daß hier und dort noch etwas fehlt oder richtiggestellt werden muß; Arbeiten von Redaktionsmitgliedern, die Schwierigkeiten beim Schreiben haben oder mit der Rechtschreibung auf Kriegsfuß stehen, werden gemeinsam korrigiert, oder ein neues Redaktionsmitglied übernimmt die Aufgabe, den Artikel mit dem Schreiber noch einmal durchzuarbeiten. Da die Mehrheit von uns ihr Abitur auf der Volksschule gemacht hat, erwarten wir von niemandem, daß er einen «Mini-Goethe» abgeben muß, zumal das Schreiben nur ein kleiner Teil der gesamten Zeitungsarbeit ist. Denn was wir geschrieben haben, soll auch in der nächsten Nummer der MVZ erscheinen, und dazu gehört ein Großteil handwerklicher Arbeit.

Die Aufmachung der Zeitung

Mitentscheidend für die Wirksamkeit einer Stadtteilzeitung ist ihre Aufmachung und ihre innere Gliederung. Das Titelblatt muß die Zeitung von anderen Blättern unterscheiden und sie als etwas Besonderes herausheben. Ehe wir mit der Zeitung in den Straßenverkauf gehen, müssen wir genaue Überlegungen anstellen, mit welchen gestalterischen Mitteln wir die Bewohner des Viertels ansprechen wollen. Diese Überlegungen sind durchaus politischer Art. Wir müssen dafür sorgen, daß die Zeitung ein ansprechendes Erscheinungsbild bekommt, mit dem sich die Mieter im Viertel identifizieren können und das auch etwas vom Charakter der Redaktionsgruppe ausdrückt, die die Zeitung macht und die hinter ihr steht. Für die langfristige Arbeit ist es wichtig, daß die graphische Darstellung der Titelseite immer wieder einem erkennbar gleichen oder ähnlichen Grundmuster folgt, damit die Kontinuität der Zeitung schon äußerlich erkennbar belegt wird.

Übersichtlich wirkt außerdem ein Inhaltsverzeichnis auf dem Titelblatt, durch das der Leser auf die wichtigsten Beiträge der Ausgabe aufmerksam gemacht wird.

Gerade an der Gestaltung der Titelseite kann man die Entwicklung der MVZ ganz gut ablesen: sie war anfangs an der Aufmachung einer ‹normalen› Zeitung orientiert, verwendete später zunehmend Karikaturen und Kollagen als optische Aufhänger und ging angesichts zunehmender Mieteraktionen zu ganzseitigen Dokumentar-Fotos über.

Der Gesamteindruck hängt aber nicht nur von einem guten Titel-Blickfang ab, sondern auch von einer klaren und übersichtlichen Gliederung

MVZ

1 / 1969 ▪ JULI ▪ WERBEEXEMPLAR ▪ AUFLAGE 7000

WER HAT ANSPRUCH AUF WOHNGELD?

Dieser Artikel ist nicht als Erstinformation für Wohngeld-Antragsteller gedacht. Wer zum ersten Mal Wohngeld beantragt, besorge sich am besten die grüne Broschüre "Merkblatt über Wohngeld" des Bezirksamtes.

Bürger, die nach erfolgter Antragstellung einen "Bescheid" in den Händen halten, sind meist ratlos, wenn sie auf der ersten Seite angeführten Angaben sehen.

In dem folgenden Interview mit einem Sprecher der Reinickendorfer Wohngeldstelle werden Fragen beantwortet, die vielleicht auch Sie sich bei Erhalt Ihres Bescheides gestellt haben. Darüberhinaus werden Tips für eine erneute Antragstellung gegeben.

Frage: Wie erklären Sie, daß bei einer Familie, die aus 4 Personen besteht, nur 80 qm Wohnraum bei der Berechnung berücksichtigt werden, obwohl die bewohnte Wohnung, z.B. 93 qm groß ist?

Antwort: Im § 13 des Wohngeldgesetzes wird festgelegt, wieviel qm Wohnfläche als "benötigte Wohnfläche" anzusehen sind. Bei einem Haushalt mit vier Familienmitgliedern sind 80 qm angesetzt. Ist die Wohnung aber tatsächlich größer, so wird laut Gesetz die als "benötigte Wohnfläche" angegebene qm-Zahl zur Berechnung herangezogen.

Der Vollständigkeit halber seien alle Angaben wiedergegeben: Für Alleinstehende 40 qm, für 2 Familienmitglieder 50 qm, für 3 Familienmitglieder 65 qm, für 4 Familienmitglieder 80 qm, für jedes weitere Familienmitglied je 10 qm mehr.

Wichtig ist in diesem Zusammenhang auch, daß eine zusätzliche Wohnfläche anerkannt werden kann, wenn ein zum Haushalt rechnendes Familienmitglied infolge einer schweren körperlichen oder geistigen Behinderung oder infolge einer Dauererkrankung auf besonderen Wohnraum angewiesen ist. In solchen Fällen soll eine zusätzlich benötigte Wohnfläche bis zu 20 qm anerkannt werden, jedoch höchstens bis zur vorhandenen Wohnfläche.

Frage: Was ist bei der Berechnung der Obergrenzen für die zu berücksichtigenden Mieten und Belastungen zu beachten?

Antwort: Große Schwierigkeiten treten dadurch auf, daß sich die Antragsteller einseitig an den Obergrenzen des § 43 WoGG* orientieren und dabei die einschränkenden Bestimmungen des § 14 übersehen.

Berlin ist einer der wenigen "schwarzen Kreise" im Bundesgebiet und hat noch bis zum 31.12.1969 die Preisbindung. Die Wohngeldstellen müssen bei Wohnraum des Altbaubestandes, also bei Wohnraum, der bis zum 20.6.48 bezugsfertig geworden ist, stets die "preisrechtlich zulässige" Miete prüfen und dem Antrag zugrunde legen. Nach Ablauf des 31.12.69 besteht auch in Berlin die

Preisbindung nicht mehr, so daß die Wohngeldstellen mit der angegebenen Obergrenze je qm arbeiten können.

Frage: Welche Meldepflicht haben Wohngeldempfänger?

Antwort: Zunächst einmal ist der Antragsteller laut § 31, Absatz 2 verpflichtet, an der Aufklärung des Sachverhaltes, der zur Antragstellung führt, mitzuwirken. Er muß der ihm bekannten Tatsachen und Beweismittel angeben. Verändern sich irgendwelche Verhältnisse während des laufenden Bewilligungszeitraumes, so hat der Antragsteller tatsächlich nur bei Aufgabe der Wohnung sofort Meldung zu erstatten, da damit die Antragsberechtigung für diese Wohnung erlischt.

Zum Schutz der Kinder: Bürger des MV haben Geschwindigkeitsbegrenzung endlich durchgesetzt.

MVZ

Märkische Viertel Zeitung

Impressum: Im Forum MV, Bln. 26, Wilhelmsruher D.192
Tel. 415 58 28/ Arbeitskreis Heinzegraben, Arbeitskreis Mieten und Wohnen im MV, Hannelore u. Lutz Archner, Constantin Bartning, Helme Ebert, Filmergrup-
peMV, Uwe Glunts, Silke u. Volker Gruner, Marlis Gosch, Angelika u. Norbert Günther, Horst Lange, Günter Jeske, Volkhart Paris, Hans Rickmann, Harald u.
Margareta Richter/ REPRO U. DRUCK: AGITDRUCK, Bln.37

Preis 0.3o   Auflage 3 ooo

BANKKONTO: Berliner Diskonto Bank 693/ 5555 Sonderkonto MVZ

WIEDER DROHEN ZWANGS RÄUMUNGEN !

OFFENER BRIEF AN DIE GESOBAU :

ZUR PRAXIS DER EXMITTIERUNG.

Im Märkischen Viertel häufen sich in den
letzten Wochen die Hinweise aus der Bevölkerung, daß bei kinderreichen Familien
mit Zwangsräumungen schärfer vorgegangen
wird als bei sonstigen Familien !

Es wird bei diesen Familien nach Material
gesucht,das angeblich "ständige Störungen
der Kinder" belegen soll.Den Familien wird
einerseits mit Exmittierung gedroht,
andererseits gibt man ihnen nichts Schrift
-liches in die Hand, um sie so in ständiger
Unsicherheit zu lassen und sie einzuschüchtern.
Außerdem ist uns in diesem Zusammenhang bekannt, daß um wenige Tage verzögerte Mietzahlungen (da mancher Lohn erst nach dem
5. des Monats kommt !) in ungewöhnlich har-
ter Form zum Vorwand genommen werden,diese
Mieter unter Druck zu setzen.

Der Arbeitskreis Mieten und Wohnen im MV
erklärt hiermit, daß er im Interesse der
Bürger und mit den Bürgern zusammen bei Be-
kanntwerden weiterer Fälle unverzüglich
sämtliche im mögliche rechtliche und politische Schritte unternehmen wird, die dazu
dienen können, das skandalöse Vorgehen der
GeSoBau zu entlarven und abzustellen !
Er wird die breite Berliner Öffentlichkeit
über geeignete Sendungen in Rundfunk und
Fernsehen und über die Presse informieren
und sofortige Maßnahmen zum Schutze der bedrohten Mieter fordern und einleiten.

Fortsetzung Seite 2

MVZ

MÄRKISCHE VIERTEL ZEITUNG

MÄRZ 2/71
2. Jahrg. Auflage 4000
Preis im MV 0,30 DM
Außerhalb 0,50 DM

MVZ zur WAHL
KORBER IM MV
Im Anhang
CHINA

APRIL– MAI   2/72
3. Jahrg. Auflage 5 000
FREIEXEMPLAR

MVZ

Märkische Viertel Zeitung

Verringert
den Polizeietat!
sind für Kinder
Gelder da

18 000
KINDER
OHNE
KINDERGARTEN

Protest gegen die kinderfeindliche
Senatspolitik

der Innenseiten. Gerade von Laien wird diese innere Gliederung häufig vernachlässigt, und den Lesern fällt es dann schwer, sich durch die Zeitung hindurchzufinden. Fotos, Illustrationen, Schaubilder und Karikaturen bekräftigen das geschriebene Wort und bringen Leben auf die Seiten. Aber die schönsten Bilder verlieren ihre Aussagekraft, wenn der Druck der Zeitung mangelhaft ist. Damit der Drucker – der ja auch gute Arbeit leisten will – sich nicht zu Tode ärgert, müssen wir ihm die fertig umbrochenen Seiten in einem ordentlichen Zustand liefern.

Eine Zeitung wird erst richtig lebendig durch gestalterische Mittel wie Fotos, Graphik, Comics, Schaubilder und Überschriften. Gerade im Stadtteil gibt es genügend optisch ergiebige Themen, die sich für Fotoamateure geradezu anbieten und die die Aktualität einer Stadtteilzeitung steigern können. Wenn ein Fotoapparat, ein Vergrößerungsgerät, eine Dunkelkammer und die notwendigen Entwicklungseinrichtungen vorhanden sind (das kostet alles in allem ab 400 DM, gebraucht bekommt man es bei Zwangsversteigerungen oder beim Trödler noch wesentlich billiger), hat man die Möglichkeit, selbständig Fotos auf die notwendigen Formate für die Zeitung zu bringen.* Fotos können nicht direkt für den Druck verwendet werden, sie müssen vielmehr «gerastert» werden. Dazu gibt es zwei Möglichkeiten: 1. Das Kleinbildnegativ wird in die Filmbühne des Vergrößerungsgerätes gelegt und ein Rasterblatt – Schicht gegen Schicht – im Kontakt dazu auf das Fotopapier vergrößert. Das Ergebnis ist ein gerastertes Filmdiapositiv, bei dem die Rasterpunkte mitvergrößert wurden. 2. Ein anderes Verfahren: Das Kleinbildnegativ wird im Vergrößerungsgerät oben eingelegt. Das Rasterblatt wird unten in Kontakt mit dem zu belichtenden Fotopapier gebracht. Das Ergebnis ist ein gerastertes Filmdiapositiv, bei dem die Rasterpunkte nicht mitvergrößert wurden. Für die Fotos, die auf Zeitungspapier gedruckt werden sollen, empfiehlt sich ein 30er bis 54er Raster, die heute auch schon im Schreibwarengeschäft zu kaufen sind.

Schrift und Umbruch

Früher mußte man die Manuskripte zum Maschinensetzer bringen, beim heutigen Fotodruck kann man gut und gern mit Schreibmaschinenschrift arbeiten. Dazu sollte man nach Möglichkeit eine Maschine verwenden, die einen gleichmäßigen Anschlag hat – am besten eignen sich elektrische

* Aus der reichhaltigen Literatur verweisen wir auf das Sonderheft 72 der Zeitschrift *Kunst und Unterricht*. Wenn's der Buchhandel nicht mehr hat, direkt bei der Redaktion «Kunst und Unterricht», 3 Hannover 7, Varrelmannstraße 9, bestellen.

Schreibmaschinen – und in die man vorher ein Plastikfarbband oder ein neues Baumwollfarbband gezogen hat. Bei einer manuellen Schreibmaschine sollte man unbedingt darauf achten, daß die Typen einwandfrei sauber sind (sonst muß man sie vorher mit Reinigungsknete säubern). Ein oder zwei Bogen Papier unter dem zu beschriftenden Bogen lassen die Schrift kompakter hervortreten.

Soll die Zeitung im DIN-A4-Format erscheinen, faltet man einfach einen sauberen, weißen Bogen in dieser Größe der Länge lang und schneidet ihn auseinander und stellt die Maschine auf eine Anschlagbreite zwischen 35 und 41 Anschlägen ein. Vorn muß ein Abstand von 8 bis 10 mm vom Rand eingehalten werden.

Wenn man sich beim Schreiben vertippt, kann man einen einzelnen Buchstaben mit flüssigem Tipp-Ex entfernen. Er muß dann mehrmals übertippt werden, sonst schlägt er beim Druck wieder durch. Um diese Gefahr auszuschalten, ist es besser, eine neue Zeile zu beginnen und die alte später mit der neuen Zeile zu überkleben.

Es ist zweckmäßig, alle Einzelstreifen, die zu einem Artikel gehören, hintereinander zusammenzukleben, damit beim Umbruch – der chaotisch zu werden droht – nicht die jeweiligen Fortsetzungen mühselig zusammengesucht werden müssen.

Die endgültige Verteilung von Artikeln, Überschriften, graphischen Elementen und freiem Raum auf einer Seite nennt man Umbruch. Nachdem die Artikel geschrieben und die dazugehörenden Fotos, Graphiken, Zeichnungen, Zeitungsausschnitte und Überschriften ausgewählt worden sind, muß man sich über den Umfang der Zeitung klarwerden. Die Artikel und Fotos müssen ausgemessen und ihre Reihenfolge muß bestimmt werden. Um eine Übersicht zu bekommen, ist es vorteilhaft, die Einzelteile in der gewünschten Anordnung an die Wand zu heften oder Papier im geplanten Umfang der Zeitung zu falten und auf die einzelnen Seiten die einzelnen Artikel, Überschriften und graphischen Elemente mit dem Filzstift skizzenartig aufzuzeichnen. Ist dies geschehen, werden die Überschriften auf weißes Papier gebracht. Die Überschriften müssen übersichtlich sein, hervorstechen und deutlich auf den betreffenden Artikel hinweisen. Man kann mit Letraset-Buchstaben arbeiten, mit Durchschreibbuchstaben, mit Filzstiften der verschiedenen Stärken und mit Schmuckschriftfedern. Am billigsten sind Filzstifte und Federn, am teuersten (und professionellsten) Letraset-Buchstaben (ein großer Bogen kostet um 10 DM). Sind die Überschriften gesetzt, werden sie in Streifen ausgeschnitten und den Artikeln beigefügt. Nun können die Seiten umbrochen werden.

Dazu nehmen wir weiße Bogen im DIN-A4-Format und teilen die Fläche nach unserer Vorstellung auf. Das heißt, wir nehmen die Überschriften, Graphiken, Zeichnungen und Fotos und plazieren sie durch Hin- und Herschieben an den für den Gesamteindruck günstigsten Platz. Dann schieben wir paßrechte Stücke aus den Artikelspalten und ordnen sie in die freien Felder zwischen den graphischen Elementen ein. Sind wir mit dem Gesamteindruck zufrieden, brauchen wir die einzelnen Stücke nur noch festzukleben.

Zum Befestigen der einzelnen Teile nehmen wir einen wasserfreien Kleber (Uhu, Technicoll oder ähnliches), um die Bild- und Schriftteile im Bedarfsfalle noch einmal abtrennen zu können, ohne sie zu beschädigen, betupfen die Rückseite der Teile an drei bis vier Stellen mit Kleber und heften sie auf die DIN-A4-Seite. Dabei müssen wir darauf achten, daß nach oben und unten ein Rand von mindestens 15 mm und nach den Seiten hin von mindestens 8–10 mm frei bleibt.

Unvollständige Seiten werden mit Füllern aufgefüllt: das sind Graphiken, Karikaturen, Comics, Losungen, Sprüche und Redensarten, die immer vorhanden sein sollten, weil selten die vorhandenen Artikel, Überschriften und Zeichnungen genau mit dem zur Verfügung stehenden Druckraum übereinstimmen. Wenn jede Seite und alle Blätter auf ihre Vollständigkeit überprüft worden sind, werden sie durchnumeriert und können zum Drucker gebracht werden.

Druck

Die Anschaffung einer eigenen Druckmaschine ist ziemlich teuer (auch gebraucht bekommt man sie selten unter 2000 DM). Deshalb ist es für die meisten Stadtteilzeitungen notwendig, bei anderen Leuten drucken zu lassen. Außer den kaum zu empfehlenden (weil zu teuren) kommerziellen Offsetdruckereien kommen Studentenorganisationen, örtliche Medienzentren in Jugendhäusern und Volkshochschulen sowie politische Organisationen und Gewerkschaften als Druckereien in Frage.

Sicher gibt es in größeren Städten mehr Möglichkeiten als in Kleinstädten, in denen sich die Abhängigkeit vom Drucker beengend auf den Inhalt der Zeitung auswirken kann. In diesen Fällen bieten sich einfache Druckverfahren auf billig zu besorgenden Spiritus-Umdruckern oder Wachsmatrizen-Druckmaschinen an (Ormig und Geha). Nachteil bei Spiritus-Umdruckern ist die geringe Auflage (bis zu 200 Seiten pro Matrize), dagegen können mit Wachsmatrizen 8000 bis 9000 Abzüge von einer

Schablone hergestellt werden. Beide Verfahren erlauben nicht den Abdruck von Fotos.

Entschließt man sich zum Kauf einer Kleinoffsetmaschine (Rotaprint), so entsteht automatisch das Problem, ob diese Maschine von der gesamten Gruppe oder von einem einzelnen finanziert wird. Nach unseren Erfahrungen ist es vorteilhaft, die Maschine von vornherein als Gruppeneigentum zu behandeln, dann kann niemand durch individuelle Eigentumsansprüche die politische Arbeit behindern. Einzelbesitz kann sich bei Streitereien oder Spaltung der Gruppe insofern als günstiger erweisen, als dann die individuellen Eigentumsverhältnisse geklärt sind und keine parteipolitischen Initiativen oder Gruppen sich das Produktionsmittel aneignen können.

Voraussetzung für die Handhabung von Kleinoffsetmaschinen ist eine grundlegende Kenntnis des Druck- und Kopierverfahrens, die beispielsweise in Volkshochschulkursen oder bei den Herstellerfirmen der Maschinen in Kurzlehrgängen erworben werden kann. Eine ausführliche Beschreibung der verschiedenen Druckverfahren ist in dem Buch von Peter Croy: ‹Grafik, Form und Technik›, Musterschmidt-Verlag, Göttingen und Berlin 1964, enthalten.

Zusammenlegen und Heften

Nachdem der Liefertermin für die ausgedruckten Exemplare bekannt ist, muß ein Raum für die Anlieferung der Zeitung gefunden werden. Dieser Raum sollte die Möglichkeit bieten, die Zeitung zusammenzulegen und zu lumbecken. Dazu braucht man Leute, Zeit, Spezialleim und Tapezierplatten.

Die einzelnen Seitenstapel werden von links nach rechts mit ihrer ungeraden Zahl nach oben nebeneinander gelegt, dann fängt man von links mit der ersten Seite an, diese wird auf die dritte, beide auf die fünfte und alle drei auf die siebente Seite gelegt ... und so weiter bis zur letzten Seite. Dabei sollte aber immer mit einem Blick auf die Unterseite geschaut werden, weil es beim Druck passiert, daß zwei Blätter zugleich durch die Maschine gehen und dann eine Seite weiß bleibt.

Wenn eine Zeitung zusammengelegt ist, wird sie abgelegt, die nächste kommt darauf und so fort; die so aufeinandergelegten losen Blätter werden jetzt gerüttelt, entweder mit einem maschinellen Rüttler oder man stößt die Blätter so lange mit der Rückseite auf, bis alle Seiten absolut deckungsgleich übereinanderliegen. Vorsichtig werden die einzelnen kleinen Stapel zu einem großen Stapel mit ca. 50 bis 60 Zentimeter Höhe übereinandergetürmt.

Jetzt muß der Stapel gelumbeckt werden. Das heißt, die Rückseite des Stapels wird mit einem Spezialleim eingestrichen. Für den ersten Anstrich wird der Leim etwas verdünnt, die Mitte des Stapels beschwert man mit einem Ziegelstein und streicht die Rückseite saftig ein. Nach einer Stunde ist der Leim getrocknet, und jetzt legt man ein Brett in der Größe der Zeitung oder etwas größer auf den Stapel und beschwert ihn zusätzlich. Danach streicht man die Rückseite ein zweites Mal unverdünnt ein. Über Nacht trocknet der Leim, und am nächsten Tag können die einzelnen Nummern mit einem scharfen Messer abgetrennt werden.

Vertrieb

Der Arbeitsaufwand für den Vertrieb erfordert mindestens drei Redaktionsmitglieder, die sich die Verantwortlichkeit teilen. Um die Redaktionssitzungen von arbeitsorganisatorischen Aufgaben zu entlasten, haben wir in der MVZ die handwerklichen Bereiche aufgegliedert und sie einzelnen verantwortlichen Mitgliedern übertragen, weil es sich als eine Illusion erwies, darauf zu vertrauen, daß in der aktuellen Situation jeder von sich aus und spontan mit anpacken würde. Der Vertrieb umfaßt die folgenden organisatorischen Aufgaben:

1. Straßenverkauf
Nachdem die Zeitungen zusammengelegt, gelumbeckt und auseinandergeschnitten sind, geht es an den eigentlichen Vertrieb. An welchen Tagen und zu welchen Zeiten die Zeitung verkauft wird, sollte von der Gesamtredaktion festgelegt werden. Der Vertrieb hat dann auf der Basis dieser Entscheidung einen Organisationsplan aufzustellen, die fertigen Zeitungen bereitzustellen und Verkaufstische, Werbematerial, Großbilder, Plakate und andere Elemente der Sichtwerbung zu organisieren. Das Ziel sollte es sein, daß die Zeitung nicht nur an Samstagen, sondern auch an Wochentagen an zentralen Stellen im Stadtteil – am besten in der Zeit zwischen 16 und 18 Uhr – angeboten wird. Die Wochenendverkäufe sollten an den drei Samstagen nach Erscheinen einer Nummer – wir unterstellen dabei eine monatliche Erscheinungsweise – für jedes Redaktionsmitglied Pflicht sein.

2. Postversand
Entweder man klebt normale Großumschläge zu und schneidet anschließend die beiden kurzen Enden auf, oder man klebt Endlosrollen von

Packpapier zu offenen Tüten ohne Boden zusammen, frankiert und adressiert die Umschläge – am besten mit einer Rena-Adressette und Rena-Karten, mit denen die Adressen immer wieder auf das Papier aufgerollt werden. Dann wird die Zeitung einmal längs gefaltet und in die entstandene Hülle geschoben – am besten mit der Titelseite nach außen. Die Zeitungen werden als Drucksachen verschickt.

3. Kioskbelieferungen

Dazu braucht man Leute, die mindestens ein Auto haben, Blickfänger und Werbematerial, ein Lieferbuch, mit dessen Hilfe man bei den Kioskbesitzern die jeweils letzte Nummer kassieren beziehungsweise, die nicht verkauften Exemplare zurücknehmen kann, und die Bereitschaft, immer wieder neue Kiosk-, Zigarettenladen- und Schreibwarenladenbesitzer anzuwerben, die bereit sind, die Viertel-Zeitung auszulegen, anzubieten und zu vertreiben. Dazu wird man sie am Verkauf mit 30 bis 50 Prozent beteiligen müssen. Sonst erlischt ihr Interesse schnell.

Es ist zweckmäßig, daß ein Redaktionsmitglied mit dem Auto die Kioske und Läden ständig und sofort nach Ausdruck der neuen Nummer beliefert. Dazu braucht man ein Liefer- oder Tourenbuch, in dessen erster Spalte der Lieferort, in der zweiten Spalte das Lieferdatum und in der dritten Spalte die Zahl der Zeitungen eingetragen wird. In der vierten Spalte wird bei der nächsten Lieferung die Zahl der zurückgegebenen (nicht verkauften) Exemplare eingetragen, und die letzte Spalte enthält den Zahlbetrag, den der Verkäufer entrichtet. Der Kunde erhält eine Nettoquittung mit Anschrift, Datum und Unterschrift. Die kassierten Gelder werden mit den Verantwortlichen für den Vertrieb oder mit der Kasse der Viertel-Zeitung (eine wichtige Funktion, auf die man nich' verzichten kann) abgerechnet. Die Auslieferung sollte bis spätestens ʼ n ersten Montag nach Erscheinen einer Nummer abgeschlossen seiʼ

4. Abonnenten im Stadtteil

Abonnenten sind eine gute Sache, weil man sich nicht jeden Monat von neuem anstrengen muß, sie von der Zweckmäßigkeit zu überzeugen, die Zeitung zu kaufen. Spätestens eine Woche nach dem Erscheinen einer Zeitung müssen die Abonnenten im Stadtteil beliefert werden. Dazu gibt es Tourenbücher, die den beliefernden Redaktionsmitgliedern mit der entsprechenden Anzahl von Zeitungen zur Verfügung gestellt werden. Nach der Auslieferung der Zeitungen müssen die Tourenbücher dem Vertrieb zurückgegeben werden. Abonnenten, die verzogen sind oder abbestellt haben, müssen vom Austräger aus dem Tourenbuch gestrichen werden.

Es ist zweckmäßig, eine Kartei für den gesamten Vertrieb anzulegen, in der neben dem Bestelldatum und den Einzahlungsbeträgen auch Aussa-

Was kostet die MVZ?

Kostenvoranschlag für eine Ausgabe der MVZ (Stand 1973, zum Selbstkostenpreis, da ein Redaktionsmitglied eine eigene Maschine hat).

Druckkosten:

1 Platte bis zu 3000 Auflage	7.00 DM
1 Platte mit gerasterten Bildern, zusätzlich einen Autoreversalfim	2.00 DM
1000 Blatt Papier	zwischen 8.50–12.00 DM
Einrichten pro Platte	2.00 DM
Jede weitere Farbe auf einer Seite	7.00 DM
Druckkosten pro Ausgabe bei 30 Seiten 1500 Aufl.	100.00 DM

Beispiel einer 30seitigen Ausgabe: 1500 Stck

40 Platten	à 7.00 DM	280.00 DM
15 Autoreversalfilme	à 2.00 DM	30.00 DM
40 Platten einrichten	à 2.00 DM	80.00 DM
22 500 Blatt Papier	à 9.50 DM	213.75 DM
Druckkosten		100.00 DM
		703.75 DM
zuzüglich 5,5 % Mehrwertsteuer		77.41 DM
		781.16 DM

Redaktionelle Kosten:

a) Versand von Sitzungsprotokollen und Benachrichtigungen Porto, Umschläge, Briefpapier, Matrizen ...	50.00 DM
b) Redaktionelle Korrespondenz Porti, Matrizen, Fotokopien, Umschläge, Briefpapier ...	20.00 DM
c) Druckfahnen tippen	50.00 DM
d) Postversand	60.00 DM
e) Layout: Letraset, Papier, Filmmaterialien, Leim, Büromittel ...	80.00 DM
f) Fahrgelder, Telefon, Werbung	50.00 DM
	310.00 DM
zuzüglich Druckkosten wie oben	781.16 DM
	1091.16 DM

Bei Erhöhung der Auflage steigen die Druckkosten prozentual gleich der Auflagenerhöhung.

gen über den Kunden eingetragen werden sollten (Telefon, Beruf). Diese Kartei muß zur Verschlußsache erklärt werden, um Kunden vor möglichen Unannehmlichkeiten zu schützen.

Der Vertrieb verwaltet sowohl die Tourenbücher als auch die Abonnentenkartei und hält sie ständig auf dem neuesten Stand. Dazu ist es erforderlich, daß die Kasse monatlich die eingezahlten Beträge meldet. Der Vertrieb muß leider auch Mahnungen an säumige Abonnenten verschicken.

Abrechnung und Kasse

Einmal monatlich muß mit der Kasse abgerechnet werden. Alle Gelder aus dem Verkauf werden nach Abzug der Unkosten für Briefmarken, Umschläge und sonstige Materialien auf ein Konto bei einer Bank eingezahlt, für welches ein Redaktionsmitglied verantwortlich zeichnet, und der Kasse gemeldet. Mindestens einmal jährlich wird ein Arbeitsbericht (Kassenstand) angefertigt und allen Redaktionsmitgliedern zugestellt. Er sollte auch in der Zeitung veröffentlicht werden.

Anmerkung

1 Siehe erste Rückerinnerungsdiskussion am 16./17. 6. 1973 und die neue Plattform der MVZ auf S. 104 f.

Kapitel VII
Erfahrungen und Einschätzungen

Die Funktion einer Stadtteilzeitung

Wir haben versucht, die Geschichte der MVZ und ihrer Redaktionsgruppe mit der politischen Entwicklung im MV zu verbinden. Dies mag für den einen oder anderen Leser zu sehr auf die Probleme im MV beziehungsweise auf die Schwierigkeiten einer einzelnen Gruppe – der MVZ – zugeschnitten sein. Darum soll nun versucht werden, aus den konkreten Vorgängen im MV allgemeine Schlüsse und Feststellungen über Funktion und Stellenwert einer Stadtteilzeitung zu ziehen.

Die Stadtteilzeitung ist – sieht sie sich nicht nur als Öffentlichkeitsorgan, sondern nimmt sie aktiv an der politischen Entwicklung innerhalb ihres Tätigkeitsfeldes teil und versteht sie sich nicht nur als Betrachter, sondern auch als Motor der Kämpfe – Teil der Stadtteilarbeit. Dies bedeutet dann, daß sie nicht aus ihrem Wollen allein die politischen Vorgänge im Viertel kommentiert, sondern auf praktische Alternativen hinweist oder sie selbst initiiert. Nur wenn die Stadtteilzeitung mit einer praktischen Politik verbunden ist, kann sie die Position des kritisch klagenden Mäklers oder des aufgebrachten Verneiners überwinden. Sie kann sich nicht anmaßen, ein kritisches Pendant zu den reaktionären Pressegiganten zu sein, wenn sie ihre Gesellschaftskritik nicht praktisch umsetzen kann. Sie wäre in solch einem Falle nur ein Alibi für das pluralistische Gesellschaftskonzept, das eben diese Meinungsmacher im Sinne der Herrschenden erfunden haben.

Die Stadtteilzeitung ergreift Partei für die von den negativen Auswirkungen staatlicher Planung und von der Verschlechterung der Lebensbedingungen bedrohten Bevölkerungsteile. Wenn sie einer der Träger proletarischer Gegenöffentlichkeit werden soll, muß sie ihren Kampf an den Interessen derjenigen ausrichten, die sie erreichen will. Sie läßt ihre Aktivitäten nicht nur von der gegebenen Situation leiten, sondern versucht einen Vermittlungs- und Erfahrungszusammenhang zwischen den betroffenen Arbeitern im Wohnbezirk und ihren möglichen Bündnispartnern herzustellen, um so Voraussetzungen für eine breite antikapitalistische Bewegung zu schaffen. Indem sie die Arbeit der Gruppen, aber auch die Probleme im Viertel «auf den Begriff bringt», kann sie Teil einer proletarischen Gegenöffentlichkeit werden.

Die Geschichte der MVZ zeigt recht deutlich die verschiedenen möglichen Politisierungsansätze im Rahmen der allgemeinen Funktionsbestimmung der Stadtteilarbeit.

In der ersten Phase der MVZ hatte die Redaktion ein Konzept entwickelt, das davon ausging, daß ein breiter Bewußtseinsprozeß in Gang gebracht werden kann, wenn alle Bewohner des Viertels in der Zeitung zu Wort kommen. Dieses pluralistische Modell bewirkte zwar einerseits eine Auflagenerhöhung der Zeitung und auch einen verhältnismäßig großen Zustrom von Mitarbeitern sowie volle Redaktionskonferenzen, gefährdete aber andererseits die klare politische Stoßkraft der MVZ. Dadurch, daß alle MV-Bewohner angesprochen werden sollten, verzichtete die Zeitung auf eine klare politische Linie. Da man sich als Sprachrohr der Öffentlichkeit verstand, wurden fast alle Äußerungen, die von Bürgern in die MVZ eingebracht wurden, abgedruckt. Man wollte damals die Viertel-Bewohner nicht mit der Holzhammermethode erschrecken, sondern beschränkte sich auf ein Beschreiben der Mißstände. Gerade diejenigen, die über die Zeitung versuchten, eine politische Praxis zu entwickeln, sahen in der betont pluralistischen Breite der MVZ einen Hinderungsgrund zur Entfaltung von Aktivitäten:

Irene:
«Die Zeitung war also zeitweise jedenfalls einfach nur 'ne Meckerecke, wo jeder sich ausmeckern konnte. Es stand drin alles, was Mist ist, aber es stand niemals drin, wie man den Mist beseitigen kann. Die Leute fanden das erst ganz amüsant, die Meckerei. Auf die Dauer sind die Leute das leid geworden. Die wollten endlich auch mal Perspektiven sehen, Richtungen aufgezeigt bekommen, von denen her man so was hätte ändern können!»

Nach dem Ausscheiden der Redaktionsmitglieder, die an CDU und SPD orientiert waren, verstand sich die nachfolgende Redaktion als Sprachrohr der aktivierten Teile der Bevölkerung und ihrer Initiativgruppen.

Die MVZ hoffte, daß sie ein integrierendes Instrument für die noch isoliert wirkenden Gruppen im MV sein könnte. Sie unterstützte den «Delegiertenrat» der aus 21 Gruppen gebildet worden war (Eltern-Kind-Gruppen, Kindergruppen, Filmer, Arbeitskreis Mieten und Wohnen u. a.). Fast ein Drittel der Beiträge sind während dieser Zeit (Mitte 1970 bis Anfang 1971) von den Gruppen selbst geschrieben oder befassen sich mit deren Aktionen und Schwierigkeiten. Alle Informationen wurden daraufhin abgeklopft, was sie für die aktiven Gruppen und deren politische Entwicklung bedeuten.

Allerdings verstand sich die Redaktion nicht bloß als Sprachrohr der aktivierten Teile des MV, sondern sie wollte vereinheitlichendes Element

169

sein und schickte deshalb ihre Leute in die Gruppen, um dort die Politik der MVZ zu vertreten. Dieses Selbstverständnis war aus der Diskussion um die Leninsche Parteikonzeption entstanden. Die Redaktion schloß daraus, der Vereinheitlichungsprozeß könne beschleunigt werden, wenn die MVZ – sozusagen stellvertretend für eine fehlende sozialistische Parteiorganisation – den politisch richtigen Weg weist und die Gruppen zu einer sozialistischen Stadtteilarbeit anleitet (siehe S. 113 ff.). Die meisten Gruppen reagierten auf das von ihnen als anmaßend empfundene Verhalten der Zeitungsleute, indem sie sich aus dem «Delegiertenrat» zurückzogen. Übrig blieb die Teilnahme von einigen Redaktionsmitgliedern in drei, vier Gruppen. Aber die Verbindung der Aktivitäten und ihr Ausbau zu einer gemeinsamen politischen Kraft wurde von da an nicht mehr konsequent betrieben.

Im Gegenteil: In dem Maße, wie sich die Redaktion als Vorhut der politischen Bewegung begriff, wurde sie nicht nur von den Stadtteilgruppen als bevormundend erlebt, sondern entfernte sie sich auch von der aktivierbaren Basis der Bevölkerung. Dies spiegelte sich beispielsweise im verstärkten Aufgreifen von überregionalen Themen wie Vietnam und Angela Davis wider oder in einer hauptsächlich negativen Berichterstattung über das MV. Während im ersten Fall die Leser nicht mehr den Zusammenhang zwischen den allgemeinpolitischen Themen und den eigenen Problemen herstellen konnten, schlug die negative Kritik zu selten in praktische Aktionen um, da sich ja auch die Gruppen wieder verselbständigten. Die noch nicht aktivierten Betroffenen blieben auf sich selbst gestellt. Sie konnten die Konfrontation mit dem eigenen Schlamassel auf die Dauer nur verkraften, indem sie bestimmte Abwehrmechanismen dagegen entwickelten. Diese bestanden darin, daß sie nach und nach die Mißstände selber leugneten und die Leute, die sie anprangerten, als kommunistisch gelenkte Nörgler hinstellten, die außerdem gar nicht im Viertel wohnen und nicht normal arbeiten würden. Daneben bekamen die Aussagen der Behördenvertreter und der Wohnungsbaugesellschaften wieder mehr Gewicht, weil punktuell tatsächlich einige Forderungen erfüllt wurden (Anlage von Abenteuerspielplätzen, Ausbau von Kindertagesstätten und Schulen).

Die MVZ sah sehr deutlich die Abkehr vieler MV-Bewohner an dem rapiden Rückgang des Zeitungsverkaufs. Doch verband die Redaktion den Auflagenrückgang zunächst weniger mit einer möglichen Entfernung von der Basis, sondern mehr mit dem diskriminierenden Einfluß der bürgerlichen Presse und des Staatsapparates. Im Grunde genommen begann die eigentliche Rückbesinnung auf die Basis erst in der letzten Phase, nachdem die MVZ konkret erleben mußte, daß sie nicht mehr *der* «kollektive Organisator» war. Das drückte sich darin aus, daß sie nur unter äußerster Verausgabung der eigenen Kräfte ein MV-Fest zu ihrem dreijährigen Bestehen organisieren konnte, weil ein Großteil der Gruppen sich nicht mehr an der Vorbereitung beteiligte. Außerdem mußte die Redaktion spätestens 1972 feststellen, daß der von SPD-Mitgliedern ins Leben gerufene Mieterschutzbund (MSB) und andere Gruppen in den Mittelpunkt der politischen Bewegung rückten. Die Redaktion hatte die Bedeutung des MSB «unterschätzt». Sie versuchte nun, die Mietfragen vorrangig zu behandeln, und glaubte, sie könne verstärkt auf den MSB einwirken. Allerdings entschloß sie sich auch jetzt nicht zu einem einheitlichen Vorgehen, und so blieb zuletzt die MVZ ein Kommentator der Ereignisse. Eine gründlichere Diskussion über diese Problematik führte das Redaktionskollektiv erst wieder, als es um das Weiterbestehen der Zeitung bangen mußte.

Inzwischen wissen wir, daß eine Stadtteilzeitung einerseits nicht für alle dasein kann, andererseits aber auch nur unter Berücksichtigung der wirklichen Bewegung im Viertel bedeutsam werden kann. Eine Stadtteilzeitung muß die noch unentschlossenen Bewohner zur Mitarbeit in den bestehenden Gruppen auffordern oder sie zur Eigenaktivität anregen, indem sie neben der politischen Information praktische Vorschläge zur Gestaltung des alltäglichen Lebens bringt, zum Beispiel gegenseitige Hilfsdienste bei der Kinderbetreuung, Schularbeitszirkel, politische Lese- und Diskussionsrunden. Stadtteilzeitungen unterstützen vor allem die Tätigkeit und die Entwicklung von Selbst(hilfe)organisationen im Stadtteil. Sie versuchen die Arbeit der Organisationen zu konzentrieren und zu intensivieren und deren Kämpfe zu aktualisieren. Sie erheben sich aber nicht über die Gruppen, sondern stellen den Zusammenhang der arbeitenden Gruppen dergestalt her, daß jene sich untereinander mit der Praxis ihrer Arbeit identifizieren können. Ihre Aufgabe ist außerdem die Vermittlung zwischen den Gruppen. Sie wird durch die Tätigkeit der Redaktionsmitglieder in den Gruppen und durch Berichte über die verschiedenen Aktivitäten der Gruppen wahrgenommen. Stadtteilzeitungen sollten die Arbeit der Gruppen, aber auch die Probleme im Viertel «auf den Begriff bringen», wobei die Rückkoppelung zu den Gruppen eine notwendige Voraussetzung für die positive Wirkung ist. Gegebenenfalls kann eine Stadtteilzeitung Handlungsbeispiele aufgreifen und den allgemeinen Stand der Klassenkämpfe widerspiegeln.

Wen sprechen wir an?

Die MVZ wollte von der zweiten Phase an eine Zeitung sein, die «von Arbeitern des MV für Arbeiter des MV gemacht» werden sollte und «die diesen hilft, sich zu organisieren und die Analyse ihrer Probleme selbst in die Hand zu nehmen». Die Voraussetzungen dazu kann man als vergleichsweise günstig bezeichnen, da nunmehr die Redaktion überwiegend von lohnabhängigen Bürgern des Stadtteils getragen wurde. Allerdings heißt das weder, daß sich nun das politisch fortgeschrittene Bewußtsein in der MVZ niederschlug, noch daß sich die gesamte Breite der im MV vertretenen politischen Meinung in der MVZ widerspiegelte. Eher läßt sich sagen, daß die Redaktion der MVZ aus einer heterogenen Gruppe von Arbeitern, Angestellten, einigen Intellektuellen und Studenten bestand, die die Entfremdung und Verschlechterung im Wohnbereich durch Selbstorganisierung ansatzweise aufzuheben suchte. So gesehen scheiden seit dem Klärungsprozeß am Ende der ersten Phase solche Organisationen oder Personen aus dem Bezugsfeld der Zusammenarbeit mit der Redaktion aus, die erkennbar Stellung gegen die Interessen der Arbeiterschaft – ob im Arbeitsbereich oder Wohnbereich – bezogen, indem sie das bestehende System rechtfertigen oder den Kapitalismus durch punktuelle Reformen festigen wollten.

«Partei ergreifen» heißt deshalb für uns, diejenigen Kräfte und Bewegungen zu unterstützen, die ihre Sache selbst in die Hand nehmen, die sich nicht von den Bürokraten des Staatsapparates und der Parteien vorschreiben lassen, wie hoch beispielsweise Hütten auf Abenteuerspielplätzen sein dürfen, die sich gegen ungerechtfertigte Mieterhöhungen solidarisieren und im Ernstfall einen Mietstreik wagen, oder solche, die sich ihr Recht auf Kommunikation und Organisation nehmen, indem sie eine leerstehende Fabrikhalle besetzen. «Partei ergreifen» bedeutet für uns Hilfe zur Selbsthilfe. Die Erfahrungen, die einzelne Individuen oder Bürgerinitiativen in der Auseinandersetzung mit ihren mächtigen Gegenspielern machen, dürfen nicht verpuffen. Sie kommen erst dann zum Tragen, wenn sie in eine stabile Organisationsform münden und sich eine dauerhafte Arbeit daraus entwickelt. Eine Stadtteilzeitung trägt zur Entfaltung von solchen Aktivitäten bei, indem sie kontinuierlich, möglichst auch immer wieder rückblickend, die wichtigsten Ereignisse solcher Strömungen darstellt und die inhaltlichen Fragen in den Gesamtzusammenhang der politischen Erörterungen im Stadtteil und in der Gesellschaft bringt.

Die Schwierigkeit, über eine Stadtteilzeitung die «richtigen» Leute für politische Mitarbeit zu gewinnen, ist mit unseren soeben gemachten Überlegungen nur zum Teil gelöst. Wenn wir sie lösen wollen, müssen wir die Frage beantworten: Wen wollen und können wir in Wohnvierteln erreichen?

Gerade weil wir eine Zeitung «von Arbeitern für Arbeiter» drucken wollen, können wir nicht allein die Klassenzugehörigkeit als Merkmal einer antikapitalistischen Stadtteilarbeit ansehen, sondern müssen auch die möglichen Bündnispartner bei der Bestimmung der Zielgruppen der Zeitung berücksichtigen. Es gilt zunächst die zu erreichen, die mögliche Gegner des kapitalistischen Systems sind und die sich im Wohnbereich organisieren können und wollen. Dabei werden in erster Linie diejenigen angesprochen, die selber schon unmittelbare oder mittelbare Erfahrungen bei der Verteidigung ihrer Lebensbedingungen im Wohnbereich sammeln konnten.

Für die Zusammensetzung der Redaktion einer Stadtteilzeitung ist es erforderlich, daß *die* Bevölkerungsteile, die man erreichen will, in ihr vertreten sind und nicht nur von ihr vertreten werden. Richard hat dies als Problem gesehen, als er während eines Treffens über die Zusammensetzung der Gruppe urteilte:

«*Da war kaum een Arbeiter bei, sondern es waren Leute bei, die zwar Arbeiter waren, aber nie für Arbeiter sprachen. Darum waren alle Artikel irgendwie intellektuell eingefärbt, und der Arbeiter, der det gelesen hat, der normale Bürger wie ick, sagt: Die Zeitung gibt mir einfach nichts, die spricht doch nicht meine Probleme an; dem seine Probleme hab ick nich.*»

Wer allerdings die wirklichen Möglichkeiten kennt, Industriearbeiter für die politische Bewegung im Stadtteil heranzuziehen, weiß, welche Schwierigkeiten hierbei auftreten. Gerade politisch interessierte Arbeiter organisieren sich nämlich nicht in erster Linie im Produktionsbereich. Denn ein wesentlicher Teil ihres Erfahrungs- und Lebenszusammenhangs ist durch ihre Tätigkeit in der Produktion bestimmt. Ihre Abhängigkeit im Arbeitsprozeß läßt ihre Klassenlage unmittelbarer deutlich werden, als sie im Wohn- und Freizeitbereich erscheint. Außerdem ist am Arbeitsplatz ein engerer Kontakt zu den Kollegen in der gleichen Lage möglich, als er im Wohnbereich erst mal vorhanden ist. Fortschrittliche Industriearbeiter erkennen in der aktiven Gewerkschaftsarbeit den für sie wichtigsten Hebel zur Veränderung ihrer eigenen Lage als Lohnarbeiterklasse. Industriearbeiter werden sich also nur selten im Wohnbereich organisieren. Dagegen haben handwerklich tätige Arbeiter in Kleinbetrieben im Wohnbereich oft mehr Möglichkeiten, ihre Interessen zu vertreten, da es für sie schwieriger als für Industriearbeiter ist, sich in Betriebsgruppen zu organisieren. Besonders für diese Gruppe bietet die Stadtteilarbeit eine gute Chance, Politisierungs- und Organisationserfahrungen zu machen.

Im Wohnbereich Aktivitäten zu entfalten ist für Arbeiter eher gegeben, wenn sie

1. nicht schon gewerkschaftlich stark beansprucht sind,
2. über genügend Zeit und Kraft für die Stadtteilarbeit verfügen,
3. in gewissem Umfang schon die gesellschaftlichen Ursachen der Benachteiligung und Unterdrückung im Wohnbereich erkennen,
4. die Notwendigkeit der Organisierung im Wohnbereich als Teil des Emanzipationsprozesses der ganzen Gesellschaft begreifen,
5. die Möglichkeit haben, in der Auseinandersetzung mit Leuten, die aus anderen Schichten mit anderen Erfahrungen kommen, anerkannt zu werden (ansatzweise Überwindung von Sprachbarrieren oder Schreibschwierigkeiten), und dadurch ihre Persönlichkeit und ihre Beziehungen im wesentlichen positiv entwickeln können.

Ein besonderes Problem ist und war für uns die Schwierigkeit, Frauen in angemessener Weise anzusprechen und für die Stadtteilzeitung zu gewinnen. Gegenüber Männern sind Frauen in unserer Gesellschaft fast immer unterprivilegiert. Sie dürfen zwar Hausfrauen sein und Kinder erziehen, doch «in der Politik haben sie sich nicht hineinzumischen», vor allem dann nicht, wenn Männer über politische Fragen reden. Während sie hier eine passive Rolle zu spielen haben, werden sie als Mutter, Hausfrau und Sexualobjekt hochgejubelt. Mit dieser Situation, die sie lediglich schicksalhaft und als Naturgesetz begreifen sollen, geht eine miserable Qualifikation einher, die ihnen kaum die Chance läßt, sich mit gesellschaftlich bedeutenden Fragen auseinanderzusetzen. Besonders sind davon Arbeiterfrauen betroffen, die einerseits gezwungen sind, gegen geringere Entlohnung zu arbeiten, und/oder die durch die materielle Beschränkung außerstande sind, eine vernünftige Erziehung der Kinder zu gewährleisten oder sich selber weiterzubilden.

Da die Frauen im Kapitalismus immer noch in der Familie ihre wesentliche Funktion haben (ob sie berufstätig sind oder nicht), muß der Wohnbereich als entscheidend für die Befreiung und Politisierung der Frauen eingeschätzt werden. Während der sich aus dem Arbeitsleben ergebende Beziehungszusammenhang die Männer elementar prägt und in vieler Hinsicht sogar eine das Einerlei des Familienlebens ausgleichende Funktion annimmt, werden die Frauen in erster Linie durch ihre Stellung (Unterdrückung) und ihre Tätigkeit zu Hause unmittelbar und bestimmend betroffen.

Die Politisierung von Frauen im Stadtteil hängt davon ab, wie ihre unmittelbar erlebte Unterdrückung im alltäglichen Familienleben auf die Tagesordnung gebracht wird. In der Richtung muß die Stadtteilarbeit auf die Aufhebung der Konkurrenz der Frauen untereinander zielen, besonders in ihren Rollen als Mutter, als Hausfrau und als Geschlechtspartner. Gleichermaßen muß aber auch die Aufhebung der Konkurrenz von

Männern und Frauen im Berufsleben, Familienleben und der politischen Auseinandersetzung angestrebt werden. Gerade den Problemen, die gegenwärtig Männern oft als nebensächlich erscheinen, ist in Zukunft bei der politischen Arbeit verstärkt Rechnung zu tragen. So kann die spezielle Erfahrung der Frauen völlig neuartige Kooperationsformen oder politische Handlungsschritte erschließen. In dem Film ‹Salz der Erde›, der eine wirklich vorgefallene Geschichte erzählt, unterstützen beispielsweise die Ehefrauen von US-Bergleuten mexikanischer Abstammung jene bei ihrem monatelang dauernden Streik. Als die Streikenden auf Grund eines Gerichtsbeschlusses von der Polizei gezwungen werden, die Streikposten zu verlassen, treten die Frauen an ihre Stelle. Mit Transparenten, singend und tanzend, gehen sie so lange vor dem Zechentor im Kreise, bis sich die Stadtbevölkerung ihrer Kundgebung anschließt. Als selbst Verhaftungen und Drohungen gegenüber Frauen nichts nützen, gibt die Bergwerksgesellschaft den Forderungen der Streikenden schließlich nach.

Was unsere bisherige Stadtteilarbeit angeht, so sind wir dem Problem der Frauen – vor allem der Arbeiterfrauen – nicht gerecht geworden. Zwar hatten wir immer auch weibliche Mitarbeiter in unserer Redaktion, doch war es diesen nicht möglich, die sie besonders angehenden Fragestellungen konsequent zu artikulieren, sie in die Zeitung einzubringen oder sie eventuell in eine politische Aktion umzusetzen. Ebenso gelang es nicht, die Ehefrauen der männlichen Redaktionsmitglieder in die Zeitungsarbeit miteinzubeziehen. Trotz einiger Überlegungen haben wir noch keine konkrete Lösung dieses Problems.

Ähnlich wie die Frauen sind auch Jugendliche bei uns bisher nur vorübergehend zu Wort gekommen. Doch liegt das wohl mehr an der Zusammensetzung und der Geschichte der Redaktion als an den objektiven Möglichkeiten, diese anzusprechen. Gerade in einem so kalten Viertel wie dem MV können sich Kinder und Jugendliche am wenigsten entfalten. Von Anfang an erkannte die Redaktion das Problem, nahm in mehreren Ausgaben zu den Fragen der Kinder und Jugendlichen Stellung und ließ deshalb schon in der zweiten MVZ-Nummer vom September 1969 einen Jugendlichen mit dem Artikel ‹Zu Hause sind alle verkalkt› zu Wort kommen (s. Abdruck S. 176).

Die MVZ griff auch die Probleme der Jugendlichen bei deren Verteidigung der «Brücke» als Kommunikationszentrum auf und setzte sich für sie ein. Die politische Bewegung im MV fand immer wieder Unterstützung durch die Teilnahme von jungen Leuten, vor allem auch bei der Besetzung der «Halle». Aus diesen Gründen war in Entsprechung der Kinderseiten sogar schon an mehrere Jugendseiten in der MVZ gedacht,

ZUHAUSE SIND ALLE VERKALKT

Den folgenden Bericht haben zwei siebzehnjährige Jugendliche über das MV gegeben. Sie wohnen seit ihrer Geburt im MV und haben durch den Bau der neuen Siedlung ihre alten Wohnungen verlassen und in die Neubauten ziehen müssen. Beide haben ihre Lehre unterbrochen und sind als Hilfsarbeiter im MV beschäftigt. Hier nun ihre Ansichten:

"Das MV, würde ich sagen, ist völlig verplant. An Kinder und Jugendliche haben die Gesellschaften überhaupt nicht gedacht. Warum bauen sie für die Kinder nicht mehr Kinderspielplätze und Kindergärten? Und mehr Jugendheime, wo sich tagtäglich, sagen wir mal von 10 Uhr bis abends 10 Uhr, Jugendliche aufhalten können. Hier ist ein einziges Jugendheim für 35.000 Menschen, und dann machen die um 8 Uhr zu, was soll ich dann um achte machen, dann bleibe ich bis 10 unten. Dann sind dann so einzelne Gruppen auf der Straße. Die Jugendlichen werden hier praktisch versaut. Die kommen vom Wedding und Kreuzberg her. Und wenn du nicht machst, also mit denen nicht mitmachst, bist du eine Pfeife. Früher habe ich eine Scheiße gebaut, früher, da haben wir uns in der Laube getroffen, haben Mopeds rumgebastelt, da waren wir unter uns, da wußten wir, was wir machen.

"Wenn man hier ein Jugendheim hätte, könnte man Musik hören, könnte man das und das machen, da kommt man gar nicht auf die Idee, Scheiße zu bauen. Aber wenn man hier auf der Straße sitzt, da fällt einem nichts anderes ein, als zu klauen. So ist das doch meistens, man kommt auf die schlimmsten Ideen. Man müßte irgendwie ein Institut haben, wo man sich irgendwie unterhalten kann – über alle Probleme mit jemandem reden. Man müßte irgendwie Gruppen haben, mit denen man sich unterhalten kann, oder wenn man z.B. ein Moped hat, müßte man jemanden den man fragen kann, wie man es repariert. Das Jugendheim müßte für bestimmte Fragen zuständig sein, z.B. wie man Freizeit verteilen kann, wo man bleiben kann am Wochenende. Die Freizeit sollte aufgeteilt sein, mal zelten gehen, mal baden gehen und so. Im Osten die Pioniere, die haben keine Sorgen, die wissen schon vorher, morgen gehen wir dahin, das finde ich nicht so schlecht. Ich meine aber nicht, über Wochen planen, wie die das machen, ich meine, daß man kurz vorher ausmacht, mal baden und zelten gehen und so. Wir wollen bloß ein Haus haben, einfaches Haus, da braucht gar nichts drin zu sein. Und selbst brauchten wir jemand, den man uns sagen könnte, wo wir uns Möbel herholen können, wo wir uns alles herholen können, was uns Spaß macht. Wir würden auch jederzeit dafür zuzahlen, damit das unser eigenes ist. Damit wir immer das Gefühl haben, daß es unseres ist. Damit wir machen, was wir wollen. Wenn wir nun eine Couch kaputt machen, gut, die haben wir ja selber bezahlt. Dann holen wir uns eine neue. Ja. Nicht, wenn wir hier irgendwie in ein staatlich geführtes Institut

gehen, da kommt jemand gleich und sagt, das dürfte nicht passieren. Vielleicht kriegt man dann gleich Hausverbot oder so."

PROBLEME IM ELTERNHAUS

"Zu Hause sind bei mir alle verkalkt. – Von früher, vom Krieg her –. Nehmen wir mal an, Sie sind 17 wie ich und haben natürlich auch mal eine Freundin und wollen die nach Hause bringen – geht nicht – weil die Eltern so altmodisch sind. Die denken gleich, da kommen Zwillinge. Man kann sich dabei mit Mädchen ganz anders unterhalten als unter Jungen. Und so etwas finde ich dufte. Aber das ist im Jugendheim nicht anders. Küssen Sie mal ein Mädchen, dann kommt gleich jemand und sagt, was meinste, was die von uns denkt. Warum soll man sich mit einem Mädchen nicht unterhalten, warum soll man nicht mit einem Mädchen Geschlechtsverkehr haben? Wo ich früher gewohnt habe, da war das anders. Da hat man immer gewußt, was man machen soll. Da haben wir an unseren Mopeds gebaut, da haben wir an Fahrrädern und Tandems gebaut."

SCHWIERIGKEITEN MIT DEM NACHBARN

"Aber wenn ich jetzt Lust habe, an meinem Moped zu bauen, gibt es Schwierigkeiten. Sie starten das Ding, treten das Ding an, 'öh, was ist denn hier los, ist doch hier keine Reparaturwerkstatt' – und so ne Sachen kommen von den alten Leuten. 'Ich geh zum Hauswart und mache die Anzeige.' Warum bringen sie die alten Leute nicht in ein Extraviertel. Eine Seite, wo Familien mit vielen Kindern wohnen, eine andere Seite, wo Familien ohne Kinder wohnen. Dann würde es weniger Streit mit alten Leuten geben, und junge Leute würden sich nicht so aufregen, da sie dafür mehr Verständnis haben. Bei uns zu Hause im ersten Stock, da wohnt eine alte Frau. Die ist 80 oder so. Die hängt nun den ganzen Tag auf dem Balkon, hört sich an, was wir machen. Wir sitzen vorne. Vielleicht 10 Meter weiter sind Bänke und so ein Sandkasten, wo die kleinen Kinder spielen. Fällt nun mal der Ball auf den Balkon, dann kommt die alte Frau. 'Was macht ihr hier, ihr seid wohl wahnsinnig, geht doch woanders spielen.' Gehen die kleinen Kinder woanders spielen, regen sich wieder welche auf. Und wenn man wirklich vom sachlichen Standpunkt aus sagt, also geh doch in ein Altersheim, dann fassen sie es als Beleidigung auf und rufen die Polizei wegen Ruhestörung."

---

die nur von den Jugendlichen hergestellt werden sollten. Dennoch verstummten nach diesen Ereignissen die Meldungen über die Jugendlichen im MV, und auch Berichte von diesen fehlten seither in der Zeitung. Lediglich über die Probleme der Kindererziehung, über Schulfragen und Abenteuerspielplätze findet man später noch Artikel in der MVZ. Wir müssen heute zugeben, daß offenbar auch uns selbst die von vielen Jugendlichen mit starker Vehemenz entfachte und unwahrscheinlich konfliktreiche Bewegung nicht ganz geheuer schien. Da wir ebenfalls oft von großen Auseinandersetzungen im Innern und von außen erschüttert wurden, befaßten wir uns nicht mehr in der nötigen Weise mit den Jugendlichen, um wenigstens eine gewisse Kontinuität in der redaktionellen Arbeit aufrechtzuerhalten. (Ein eindrucksvolles Bild davon wird in dem Film ‹Wir wollen Blumen und Märchen bauen› gegeben.)

Es ist deshalb erforderlich, erneut zu überlegen, welche Chance für die politische Bewegung im Wohnbereich das Anpacken der Jugendfrage bedeutet, ohne daß wir dabei die Schwierigkeiten übersehen. Wir müssen uns klarmachen, daß Jugendliche am besten ihre Probleme selbst formulieren und daß sie oft sehr stark in Konflikt stehen mit der ihnen vorgeschriebenen Zeiteinteilung am Arbeitsplatz und den Ordnungsvorschriften, die sie darüber hinaus zu Hause einhalten sollen. Jugendliche sind von dieser doppelten Auseinandersetzung, die zum Teil ihren Lebensvorstellungen und Zeiteinteilungen völlig zuwiderläuft, besonders kraß betroffen. Deshalb ist es nicht verwunderlich, wenn sie keine Lust zur Arbeit haben oder mit dem Elternhaus nichts mehr zu tun haben wollen. Die Familie wird von ihnen widersprüchlich erfahren, weshalb sie Grund haben, sich außerhalb des Elternhauses mit anderen Jugendlichen zusammenzutun, eigene Lebensweisen zu entwickeln und sich kritisch mit ihrer Lage in Familie und Beruf auseinanderzusetzen.

Da Jugendliche vielfach gegenüber Veränderungen aufgeschlossen sind, geben ihre Verhaltensweisen oft einen guten Hinweis auf strukturelle Veränderungen der bürgerlichen Gesellschaft. Praktische Stadtteilarbeit sollte an dem Versuch von Jugendlichen ansetzen, das Neue zu probieren. In ihr könnten die Fähigkeiten und Bedürfnisse der Jugendlichen zum Tragen kommen, die sie sonst verdrängen oder nutzlos dem Warenfetisch opfern müssen. Stadtteilarbeit kann, wenn sie beharrlich, doch nicht reglementierend, wenn sie aufgeschlossen für neue Aktions- und Lebensformen der Jugendlichen ist, aber doch zielstrebig, und diese in Beziehung setzt zur oft mühseligen Alltäglichkeit der politischen Arbeit im Stadtteil, Jugendlichen eine Chance geben, sich wenigstens in einem Teilbereich zu verwirklichen.

Wir haben vorhin auf die Schwierigkeit hingewiesen, Arbeiter für die Stadtteilarbeit zu gewinnen. Dieses Problem erscheint weniger bei den Mittelschichten und einem Teil der Intelligenz. Nach unseren Erfahrungen spielen Beamte und Angestellte aus Verwaltung und Industrie, Lehrer, Sozialarbeiter und Architekten sowie selbständige Handwerker immer eine wichtige Rolle in der Stadtteilarbeit. Für sie ist es infolge ihrer Abhängigkeit meist noch schwerer, sich an ihrem Arbeitsplatz gewerkschaftlich zu organisieren.

Deshalb ist es insgesamt leichter, Mittelschichten für die Stadtteilarbeit zu interessieren, es ist aber sehr schwer, sie für eine Zusammenarbeit mit Arbeitern zu gewinnen. Zwar wird die Benachteiligung im Wohnbereich als ebenso schlimm empfunden, doch bedeutet das noch nicht, daß daraus die Notwendigkeit für eine grundlegende Veränderung der gesellschaftlichen Verhältnisse abgeleitet wird. Eingefleischte Beamte oder Angestellte sehen momentan noch keinen Grund, sind sie nicht direkt einer Benachteiligung oder besonderem Druck ausgesetzt, irgend etwas an ihrer Lage zu ändern. Dagegen finden wir in Berufsgruppen, die stärker mit sozialen Problemen im Wohnbereich konfrontiert werden, eher Leute, die sich hier engagieren. Es gilt vor allen Dingen auch diese Zwischenschichten wie Lehrer, Sozialarbeiter, Architekten, Rechtsanwälte, Ärzte u. a. anzusprechen. Sie sind immer wieder stark motiviert, die Veränderung des Kommunikationsgefüges im Wohnbereich voranzutreiben. Es ist für sie aber andererseits auch besonders schwer, sich mit den Arbeitern zu verbünden. Denn sie müssen mitunter von Berufs wegen gerade die Interessen vertreten, die entgegengesetzt den Interessen der Betroffenen sind. Insbesondere bei Bürgerinitiativen haben sie häufig die Aufgabe übernommen, die Forderungen der Gruppen auf ein «machbares» Maß herunterzuschrauben oder zu sagen, sie seien niemals erfüllbar. Nicht selten sind sie die «Frühwarner» für die staatlichen Eingriffe. Bündnisfähig können sie nur werden, wenn sie aktiv am Kampf des Proletariats teilnehmen, und sich zudem theoretisch Einsicht in die Hintergründe der Ungerechtigkeiten des kapitalistischen Systems verschaffen. Da sie gewohnt sind, geistige Arbeit zu leisten und sich sprachlich geschliffen auszudrücken, besteht die Gefahr, daß Arbeiter bei Auseinandersetzungen nicht angemessen zu Wort kommen. Geistig Schaffende, die wirklich im Sinne der Arbeiter handeln wollen, müssen in ihren Ausführungen immer wieder Bezüge zur konkreten, sinnlich erfahrbaren Wirklichkeit der Arbeiter herstellen. Ansonsten bleibt Theorie Theorie.

Eine ähnliche Rolle wie die berufstätigen Intellektuellen spielen Studenten in der Stadtteilarbeit. Für Studenten sind jedoch die Interessen an der Stadtteilarbeit meist andere als für die Bewohner des Stadtteils. Teilweise geht es ihnen nur darum, eine emanzipatorische Praxis, die sie an der Universität nur schwer einlösen können, hier zu verwirklichen; und teilweise geht es ihnen darum, Erfahrungen und Kenntnisse zu sammeln, die sie für ihr Studium brauchen. Die Aneignung und Verarbeitung von Theorie und praktischen Erfahrungen sind oft diesen Interessen untergeordnet.

Herstellung eines gemeinsamen Lebenszusammenhanges

Wir haben gesagt, daß wir uns in der MVZ von Anfang an einig waren, nicht in der Weise zusammenzuarbeiten, wie das in einem Verein oder in der Abteilung eines Büros üblich ist. Dort weiß der Vorstand beziehungsweise der Chef immer alles am besten, ist am besten informiert und befiehlt den Vereinsmitgliedern beziehungsweise den Angestellten, die ihrerseits nicht genau wissen, was sie tun sollen, und daher immer Angst haben, alles falsch zu machen, was getan werden muß, wann es getan werden muß und wie es getan werden muß.

Die Intellektuellen, die bei der MVZ mitmachten, sagten: «Klar, diese bürgerlichen Verkehrsformen kommen nur von der kapitalistischen Produktionsweise und der verdammten Arbeitsteilung. Hier wälzen nämlich die Kapitalagenten (Manager, Chefs, Abteilungsleiter usw.) mit Hilfe ihres Überblicks über den jeweiligen Produktionsablauf oder Bürobetrieb stets in vielschichtigen Stufen Arbeit nach unten ab. Diejenigen, auf die Arbeit abgewälzt wird, müssen Anweisungen erfüllen, sind verunsichert oder unzufrieden und können keine eigene Kreativität entwickeln.* Was die Bewohner des MV mit Unmut in ihrem Alltagsleben sinnlich erfahren hatten, benannten die Leute von der Uni als Zwangsverhältnis der Arbeitsteilung, ohne das eine kapitalistische Gesellschaftsform undenkbar wäre.

Wir alle waren uns einig. die MVZ solle ein Kollektiv werden, in dem gute persönliche Beziehungen, Arbeit und Lernen eine Einheit darstellen. Das war ein richtiger Schritt nach vorn, aber kein leichter. Denn der Anspruch auf kollektive Arbeit ist mit der kapitalistischen Produktionsweise, in der das Zwangsverhältnis der Arbeitsteilung im wahrsten Sinne des Wortes herrscht und in der die werktätige Bevölkerung die Waren produziert, aber nur wenige sich diese aneignen, eigentlich unvereinbar. Wo in unserer Gesellschaft produziert, gearbeitet, verwaltet usw. wird, geschieht die Organisation der Arbeit nach den autoritär-hierarchisch gegliederten Prinzipien des Befehlens und Befehlempfangens. Wenn teilweise in den hierarchischen Strukturen kooperative Arbeitsformen der Teamarbeit, wie etwa in Forschungsstätten, Planungsstäben und Werbebüros oder kooperative Arbeitsformen für Fabrikarbeiter wie zum Beispiel die Arbeitsgruppen in der Automobilindustrie, anzutreffen sind, so haben solche Phänomene wenig mit einer ansatzweisen Auflösung des Zwangscharakters der kapitalistischen Arbeitsteilung zu tun. Sie werden vielmehr aus Effektivitätsgründen der Profitproduktion beziehungsweise einem rationelleren Abwickeln im Produktions- und Dienstleistungs-

* Wir wollen damit nicht behaupten, daß die Manager und Chefs, indem sie zigarrerauchend von Direktionssesseln aus Anweisungen erteilen, nicht arbeiten. Wir wollen lediglich klarmachen, daß einmal diese Chefs keine Waren herstellen und daß das System der Arbeit im Kapitalismus auf vielschichtigen Stufen immer wieder Befehle, Autorität, Streß, Fremdbestimmung, Unzufriedenheit für alle Beteiligten hervorbringt.

bereich eingeführt. Das Zwangsverhältnis, von dem hier immer gesprochen wird, übt seinen stärksten Druck auf diejenigen aus, die ganz «unten» in der Pyramide der kapitalistischen Arbeitsteilung stehen beziehungsweise arbeiten – die Masse der Arbeiter und Angestellten. Von daher ist es einerseits verständlich, daß gerade die Professoren und Studenten, da sie sich in dem gesellschaftlichen Freiraum der Universität bewegen, die ersten waren, die durch kollektive Arbeits- beziehungsweise Lernformen und teilweise sogar durch kollektive Lebensformen dieses Zwangsverhältnis ansatzweise zu durchbrechen suchten. Andererseits besaßen solche kollektiven Arbeits- und Lebensformen durchaus auch für die Arbeiter und Angestellten, die mit ihnen in Berührung kamen, eine mehr oder weniger große Anziehungskraft. Aber die Situation am Arbeitsplatz, die zwar eine beschränkte Kooperation erfordert, doch infolge der Arbeitsteilung ein umfassendes Zusammenwirken aller Beteiligten verhindert, hemmt objektiv die Entfaltung solidarischer und politischer Aktivitäten im Kollektiv.

Hier ist vorrangig das Zeitproblem zu nennen, das sich folgendermaßen zahlenmäßig festhalten läßt: An einem Werktag fallen bei den abhängig Erwerbstätigen 42 Prozent der insgesamt zur Verfügung stehenden Zeit auf «Arbeit und arbeitsverbundene Tätigkeiten», 44 Prozent auf «physiologische Notwendigkeiten» (Schlaf, Essen, Körperpflege usw.) und nur 14 Prozent auf die sogenannte «Freizeit».[1]

Aber zurück zur MVZ. Es zeigte sich für uns, daß der Anspruch, alle Aufgaben zusammen anzugehen, zu diskutieren und dann zu entscheiden, gar nicht so einfach zu erfüllen war. Jeder brachte verschiedene Eigenschaften, unterschiedliche Fähigkeiten und – was nicht zu unterschätzen ist – ein unterschiedliches Maß an verfügbarer Zeit mit in das «Kollektiv» ein. Und nicht nur das. Jeder hatte unausgesprochen obendrein seine persönlichen Probleme, sei es Unsicherheit, Bedürfnis nach Kommunikation oder Probleme in der Familie, mit der Kindererziehung oder Frustration im Beruf. Der Anspruch, alles in einer politischen Gruppe gemeinsam zu bewerkstelligen, setzt doch eigentlich voraus, daß alle Beteiligten von einer ziemlich gleichen Ausgangsposition ausgehen können und alle mehr oder weniger denselben Stand von Wissen und Information haben. Da dieser Zustand nicht von vornherein in einem neugegründeten Kollektiv einfach vorhanden ist, muß man versuchen, ihn herzustellen. Aber wie? Eine Voraussetzung für ein gemeinsames Handeln sehen wir im allmählichen Abbau von Ängsten und Hemmungen, damit das persönlichen Unbehagen, die eigenen Interessen und das vorhandene Wissen zum Ausdruck gebracht werden können. Doch geht es uns trotz der notwendigen Besprechung von individuellen Problemen weniger um eine Gruppenentwicklung im therapeutischen Sinn, sondern darum, über eine gemeinsame politische Praxis zur kritischen Aussage über die bestehenden Verhältnisse und zu einer richtigen Zielbestimmung über die Möglichkeiten einer Veränderung zu kommen, sowie die Tätigkeiten des einzelnen in einem politisch-motivierten, solidarischen Handlungs- und Lebenszusammenhang zu stellen. Das bedeutet, daß wir unsere konkreten Alltagserfahrungen in die politischen Diskussionen einbringen. Es müßte aber auch heißen – und das ist uns bisher nur selten gelungen –, daß wir diese Probleme aus diesem Wissen über die gesellschaftliche Wirklichkeit erklären.

Jeder, der konkrete Stadtteilarbeit macht, weiß natürlich, wie schwer es ist, einen solchen Anspruch zu verwirklichen. Wenn wir dennoch daran festhalten, so deshalb, weil wir meinen, daß die Vermittlung von theoretischer Einsicht und praktischem Tun wesentlich zur Selbstorganisierung sozialistischer Kollektive beiträgt. Überlegt man aber jetzt einmal, daß eine solche Vorgehensweise eine sehr lange Zeit in Anspruch nehmen würde, jeder aber für das Kollektiv nach der Arbeit nur für wenige Stunden Zeit erübrigen kann, und überlegt man, daß sich die Leute ja erst mal zusammengefunden haben, um konkret im Stadtteil politisch zu arbeiten, wird man das Zustandekommen einer homogenen Gruppe im oben verstandenen Sinne für eine Utopie halten.

Welche Entwicklung hat nun das Kollektiv der MVZ mit den verschiedenen Voraussetzungen, die die einzelnen Individuen in es einbrachten, bis heute genommen?

Die Gruppenstruktur und die gemeinsame politische Arbeit der MVZ haben sich nicht kontinuierlich entwickelt und konsolidiert, das heißt, die MVZ hat es nicht fertiggebracht, durch einen festen, immer erfahrener und stärker werdenden Mitgliederstamm langfristig einer sozialistischen Stadtteilarbeit Perspektiven zu eröffnen. Eine Zeitlang, als die Zeitung wirkungsvoll in das politische Geschehen im MV eingriff, die Zeitung kontinuierlich erschien und in ihr ein Keim von Gegenöffentlichkeit wuchs, wurde sie stark von einer externen studentischen «Avantgarde», die privilegiert über mehr Zeit und Wissen verfügte, dominiert. So stark dominiert, daß diejenigen in der MVZ, die im Viertel wohnten, sich von ihnen teilweise überfahren fühlten, weil diese zusehends eine eigenständige Politik der Betroffen behindert haben.

Irene:
«Woher wollt ihr (die Studenten) so genau wissen, was die richtige Politik is? Wenn da also neue Leute reinkommen, denen wird eine vorgefertigte Meinung vorgesetzt, das werden die dann einfach nich weiter akzeptieren . . . !»

Karin:

*«Das is ja für viele ooch 'n persönliches Problem, daß se sich immer in
Vordergrund schieben, vielleicht wolln se's gar nich, ick weeß nich, wie
ihr euch sowieso versteht, ick seh euch immer so'n bißchen als so 'ne Art
von Entwicklungshelfer. Aber ick finde, ihr solltet euch mal an irgendeinem Punkt entbehrlich machen und die Leute, die im Viertel wohnen,
um deren Probleme et jeht, so langsam dazu bringen, daß sie sich
aktivieren, und ihnen det nich immer wieder dadurch abnehmen, det ihr
det macht! Dadurch kann sich überhaupt nischt entwickeln, im Jegenteil,
die Leute werden dadurch immer unmündiger jehalten, die traun sich
nachher überhaupt nischt mehr!*

*Von dem, wat ick mir vorstelle, wat erreicht werdn müßte, ihr müßtet
euch so langsam, aber sicher entbehrlich machen, aber 'ne janz wichtige
und starke Stütze bilden, daß sich die Leute aktivieren könn'.*

*Ihr müßtet erst mal 'ne Menge abbaun, schon von der Sprache her viel
einfacher sein und ooch von eurem Klüngelkram. So'n einfacher
Mensch, der sich aktivieren will, der kommt nie rin, weil er einfach
Hemmungen hat, der sieht det, wie untereinander Witze jerissen werdn
– so jing uns det am Anfang auch, wir kamen uns unheimlich blöde vor,
und ihr habt euch da angegackert und jemacht und jetan, und wer
empfindlich is und wer det nu nich jleich so'n bißchen mitmacht, der wird
ausjeschlossen. Ihr müßt euch immer wieder in Frage stelln, immer
wieder eure Art und Methode zu arbeiten in Frage stelln.»*[2]

Aus der Redaktionsgruppe der MVZ haben sich in den letzten fünf Jahren
vielleicht eine Handvoll politisch bewußter Individuen herausgeschält,
die die ganze Zeit kontinuierlich am Kampfgeschehen im Stadtteil teil-
nahmen, aber mit der Zeit auch wieder das MVZ-Kollektiv dominiert
haben, weil sie bei sich Wissen und Fähigkeiten entwickelten und die
anderen nicht mitziehen konnten. Man muß hier anmerken, daß die nun die
MVZ dominierenden Leute erhofften, dem kapitalistischen Verwer-
tungsprozeß zu entrinnen, indem sie sich durch freischaffende hand-
werkliche Arbeit, durch Filmarbeit oder Berufe im Sozialisationsbereich
im Vergleich zu den anderen Redaktionsmitgliedern einen größeren
Freiraum schufen.

Dieser «Avantgarde der Betroffenen» stand eine mehr oder minder
große, stets fluktuierende Gruppe gegenüber, die entweder Zuträger-
funktion verschiedenster Art hatte – Sekretärinnenrolle, Protokoll-
schreiber, Leute, die durchaus auch mal Informationen einbrachten und
Artikel schrieben, die sich aber gegen die Monopolstellung der dominanten Figuren einfach nicht durchsetzen konnten. Es gelang nicht, neue

Mitglieder in das Redaktionskollektiv zü integrieren:

Klaus:
«Denn wenn die Kommunikation und das Miteinander des Bearbeitens von Problemen, was sich jetzt nicht nur auf das Bearbeiten von Mietproblemen bezieht, sondern auch auf die persönliche Scheiße jedes einzelnen Redaktionsmitglieds – was ja auch der Grund war, weshalb die Leute in die MVZ reingegangen sind –, wenn das nicht gemeinsam bearbeitet und besprochen wird, dann ist der Anspruch irgendwie verrückt, daß man draußen bei einer anonymen Masse Kommunikation erreichen will . . .»

Manfred:
«Das ist gerade unser Fehler gewesen, daß wir die Brücke, die menschliche Brücke, nich gebaut haben, daß wir nicht in der Lage warn, die Kommunikationsbarriere zu überwinden, die zwischen den neuen Leuten, die für uns wie ein Fremdkörper waren, und unserer Gruppe bestanden. Wir haben uns als Einheit verstanden. Mein erster Eindruck war genauso, deswegen kann ich das ja noch nachempfinden. Als wir das erste Mal kamen, haben wir auch gedacht: ‹Mensch, das sind aber Esoteriker, die sind in sich geschlossen, und die sind überhaupt nicht bereit, erst mal rein menschlich zu reagieren und hier erst einmal zu erklären, was überhaupt Sache ist, was überhaupt läuft, und jemanden ansprechen.»

Hans:
«Wir haben einfach den Fehler gemacht, wir haben bei demjenigen, der da kommt, unser Bewußtsein vorausgesetzt.»

Richard:
«Ich würde det anders sagen. Die öffentlichen Redaktionssitzungen hätten gar keine Redaktionssitzungen sein dürfen. Wir hätten sagen müssen, die Redaktion steht dem Bürger zur Verfügung, wer will, kann hinkommen und der Redaktion Fragen stellen. Dazu waren wir ja nich bereit, weil wir echte Redaktionsarbeit gemacht haben. Det war es! Man kann das nicht miteinander verbinden.»

Hans:
«Det war, wie du da warst. Früher warn das echte öffentliche Redaktionssitzungen, die warn jut!»

Tilman:
«Ihr sprecht immer davon, daß es ein ‹Fehler› war, keine neuen Leute in die Gruppe zu integrieren, objektiv war das auch ein Fehler, aber ande-

rerseits ist der Fehler doch auch erkannt worden. Man muß doch berücksichtigen, daß kein Raum da war und daß einige wenige auf die schnelle eine Zeitung machen mußten und gleichzeitig neue Leute in die Redaktionssitzung kamen und sich dann eben die Frage stellte, was ist im Moment wichtiger? Von daher muß man das mit dem Fehler eher relativieren und sagen, es ist ein Problem.»

Klaus:
«Wenn eine Gruppe als solche nicht funktioniert, wenn nicht gesehn wird, was der einzelne für Probleme hat und wie man zueinander steht und wie man als Kollektiv dasteht, dann ist es verrückt, außen Solidarität herbeiführen zu wollen. Man muß das Problem der Kommunikation innerhalb der Gruppe trennen von dem Aspekt, von außen neue Mitglieder zu integrieren.»

Richard:
«Det habn ja schon mehrere gesagt, daß wir öfters privat zusammenkommen müßten, es war einfach zu wenig Zusammenleben da. Det haben wir vielleicht nich gemacht, und det is vielleicht echt 'ne Voraussetzung, wenn 'ne Gruppe etwas erreichen will, daß das Menschliche untereinander, das muß erst mal stimmen, um nach außen als Gruppe auftreten zu könn'. Denn wir haben doch die dauernden Querelen jehabt, wo der wieder ausflippte, der ging denn, der kam wieder, der ging dann wieder, all diese Dinge, ja. Das sind alles Dinge, die man hätte intern machen müssen, und da wurde auch zu viel an die Öffentlichkeit getragen, da hat der dann sein' Unmut bei andern breitgemacht, und dann haben die gesagt: ‹Kiek mal, die sind ja nich mal 'ne Einheit, wat solln wir denn dann da drinne. Die erzähln da draußen, det und det wolln se ändern, und die paar Männeken sind ja nich mal in der Lage, sich 'ne Einheit bilden zu könn'.»[3]

Daß solche Gruppenstrukturen einen Kollektivanspruch nicht einlösen, ist klar. Dabei ist aber nicht nur dem nichteingelösten Kollektivanspruch nachzutrauern, sondern wir mußten auch feststellen, daß solche Gruppenentwicklungen – in einer Situation (1973), in der die Widersprüche sich nicht so brisant zeigten, wo der Staatsapparat begriffen hatte, welche unruhehervorrufenden Mißstände zu beseitigen waren, wo die im Viertel operierenden Parteien auf dem Rücken der betroffenen Bevölkerung mehr oder weniger ihre eigene Suppe kochten – das Ende der politischen Kraft des ganzen Kollektivs produzieren.

Die Handvoll «Avantgarde» hat sich nämlich in dem Moment, als der fehlende Kontakt der MVZ zur Bevölkerung offenbar wurde, immer mehr verselbständigt, um überregional den Eindruck einer starken Stadtteilarbeit im MV in der Öffentlichkeit durch Filme zu erwecken. Auf diesem Wege verdrängten die dominanten Redaktionsmitglieder die konkrete politische Realität im MV und überließen sie dem zunächst ratlosen, weil an sie fixierten Restkollektiv. Die in der Redaktion verbliebenen Mitglieder brauchten längere Zeit, um sich mit der neuen Situation auseinanderzusetzen. Trotz ihrer internen Schwierigkeiten brachten sie noch eine gemeinsame Nummer heraus (Juni/Juli 1973). Weil die politische Situation im Viertel für Selbstorganisationsgruppen nicht besonders ermutigend war in dieser Zeit, hielt die Redaktionsgruppe es zunächst für wichtiger, ihre internen Probleme zu klären, und verzichtete darauf, die Zeitung um ihrer selbst willen herauszubringen.

Konkreter Anlaß für diese Auseinandersetzungen in der MVZ war die Tätigkeit eines Redaktionsmitgliedes, der als freiberuflicher Filmemacher eine Reihe von Redaktionsmitgliedern von der politischen Arbeit und der Zeitungsarbeit abgezogen und als Arbeiterdarsteller in seinen Filmen eingesetzt hatte. Dabei ist nicht nur zu berücksichtigen, daß die Redaktionsmitglieder als nebenberufliche Filmdarsteller kaum noch Zeit für die Zeitung aufbringen konnten, sondern auch, daß mit der neuen Funktion der Redaktionsmitglieder als Filmschauspieler neue Verpflichtungen auf sie zukamen. So reisten einige Redaktionsmitglieder nun des öfteren zu Filmfestspielen nach Westdeutschland und wurden dort knallhart mit den Gesetzmäßigkeiten einer kapitalistischen Filmproduktion konfrontiert. Der Filmemacher befand sich schnell in der widersprüchlichen Situation, einerseits Basiskämpfe mit den Betroffenen im Reproduktionsbereich vorantreiben und filmisch darstellen zu wollen, andererseits als freischaffender Filmproduzent seine Filme auch auf dem Markt an den Mann bringen zu müssen; das heißt in Klartext, daß er sich auf dem Rücken der Betroffenen profilieren mußte.

Nach Berlin zurückgekehrt, beherrschten wochen- und monatelang «hintenherum» geführte Streitereien und Vorwürfe die Beziehungen der Redaktionsgruppe untereinander, und an eine gemeinsame Zeitungsarbeit war zunächst nicht zu denken.

Wir haben durchaus die Erfahrung gemacht, daß das Medium Film eine Funktion zur Aufklärung und Agitation im Stadtteil haben kann. Filmarbeit kann aber auch lähmend wirken, wenn nicht von vornherein klargestellt wird, welche Aufgaben und Grenzen die Zusammenarbeit eines professionellen Filmemachers mit einer Selbstorganisationsgruppe hat.

Wir mußten immer feststellen, daß Leute mit hervorstechenden Fähigkeiten, ganz egal ob es sich dabei um Filmemachen, technische Fertigkeiten, Wissensvorsprung oder Redegewandtheit handelte, in unserer Gruppe Konflikte heraufbeschworen. Um diese Schwierigkeiten in den Griff zu bekommen, können wir nur dem zustimmen, was Karin auf einer Redaktionssitzung mal mit «Entbehrlichmachen» gemeint hat.

Es geht hier nicht darum, irgend jemandem eine «Schuld» für das vorläufige Scheitern der MVZ zuzusprechen. Vielmehr wollen wir zeigen, wie sich in den internen Gruppenstrukturen der Widerspruch zwischen Zeitungsproduktion und emanzipatorischem Kollektivanspruch immer tiefer festsetzt, ohne daß den Beteiligten dies bewußt wird beziehungsweise erst bewußt wird, wenn der Widerspruch die ganze Gruppe zum Platzen bringt. Diejenigen in der Gruppe, die als dominante Figuren bezeichnet werden, haben sich verstärkt auf die Produktion geworfen – sonst wäre die Zeitung sicher schon früher gescheitert – und haben so ihre Emanzipation in der politischen Aktion für sich eingelöst, während der andere Teil der Gruppe sich in die politische Aktion nicht richtig einbeziehen konnte und nur ab und zu frustriert mahnen konnte, doch das Augenmerk mehr auf das «Persönliche» zu richten.

Aus dem Verlauf der MVZ hat sich immer wieder für uns herausgestellt, daß es notwendig ist, den «persönlichen Bereich» der einzelnen Redaktionsmitglieder in die politische Arbeit sinnvoll einzubeziehen. Wie solch eine Verbindung zwischen der politischen Arbeit und den persönlichen Problemen in einem Lebenszusammenhang organisatorisch hergestellt werden kann, haben wir kürzlich gemeinsam an einem Wochenende diskutiert.

Tilman:
«Wir haben immer wieder festgestellt, daß wir im persönlichen Bereich Fehler gemacht haben, und immer wieder wird davon gesprochen, doch einen gemeinsamen Lebenszusammenhang herzustellen, aber nie wird die Frage gestellt, wie man das konkret organisatorisch schaffen könnte. Wie wäre es denn zum Beispiel mit der Organisationsform oder der Initiative der Selbsterfahrungsgruppen?
Wir könnten doch einmal wöchentlich zu einem festgelegten Zeitpunkt einen Termin für zwei Stunden ausmachen, wo sich die Redaktion trifft, wo wir über unsere Probleme gemeinsam reden könnten. In diese Selbsterfahrungsgruppen könnten wir dann auch neue Leute einbeziehen, weil es diesen sicher näherliegt, zuerst einmal über Probleme oder einfach so zu quatschen, als gleich mit einer Fülle von politischen Informationen beim Zeitungmachen überfallen zu werden.»

Katrin:
«Ich kann mir nicht vorstellen, wie das ablaufen soll, wenn die bestehende Gruppe schon eine Weile gelaufen ist und auch schon in der Lage ist,

über ihre Eheprobleme oder was weiß ich zu sprechen, und dann kommen Leute dazu, die überhaupt nicht gewöhnt sind, solche Sachen mal auf den Tisch zu packen. Die haben dann ja noch größere Schwierigkeiten.»

Tilman:
«Daß das schwierig ist, ist klar.»

Katrin:
«Ich kann mir vorstellen, daß die eher dann zu so einer unverbindlichen Redaktionssitzung kommen als in diese Selbsterfahrungsgruppe.»

Hans:
«Da bin ick ock der Meinung. Die Frage is, welche Leute willste da drin haben in die Gruppe? Was is das für 'ne Schicht, was is das für'n Stand?»

Tilman:
«Alle Leute, die es interessiert!»

Hans:
«Auch die Arbeeter?? Die vier, fünf Kinder abends zu versorgen haben?»

Manfred:
«Gerade die!»

Hans:
«Gerade die! Aber die kriegste doch nich! Mensch, die haben doch den Hals voll, wenn se abends nach Hause komm'!»

Manfred:
«Da kommt es darauf an, wie man die Sache festmacht.»

Hans:
«Aber wat denkste denn, wat mir det gekostet hat! Die Jahre, die ick da jemacht hab, fast jeden Abend 'ne Sitzung, Elternabend und det Theater, det hat doch allet Probleme inner Familje jegeben, wir haben uns auseinanderjelebt – meine Frau is jung, die wollte was wissen von mir! Und nich det wir dauernd bloß noch unter Menschen sind, und zu Hause, wir falln ins Bette und schlafen ein. Det sind Probleme, die unter Intellektuelle oder die, die nur een Kind habn, bedeutend leichter zu lösen sind als bei einem, der mehrere hat! Da komm ick vor neune nich aus der Wohnung, ja meinste, ick kann als Arbeeter noch um neune zu'ne Sitzung jehn?! Und bis um einzen, zweien da rumklön'?!
Ick hab det lange gemacht, und ick hab Magengeschwüre hinter Magen-

geschwüre jekriegt, und zu Hause, da ging allet schief, da jing allet durcheinander. Det mußte mit in Betracht ziehn, det kommt druff an, wen willste mit in die Gruppen ziehn. Wir müssen jerade die Arbeeter habn, und jerade die kannste nich kriegen, weil sie zu sehr den Hals voll haben, denn die arbeeten acht Stunden und sind zwee Stunden uff'n Weg von und zu de Arbeet.»

Tilman:
«Du mußt alle mitziehn, die an der politischen Arbeit beteiligt sind!»

Hans:
«Weeß ick! Aber wie willste denn det realisieren, det de die rinkriegst? Un mit Frauen? Aber man muß immer von dem Kinder-ins-Bett-Bringen ausgehen.»

Tilman:
«Du, paß mal auf, ich hab von zwei Stunden gesprochen. Einmal in der Woche läßt sich das realisieren. Du kannst mir nicht weismachen, daß das nicht drin ist!»

Richard:
«Du mußt ja auch mal die unterschiedlichen Arbeitszeiten der Arbeiter sehn. Und dann is einmal die Woche 'ne Redaktionssitzung, det läßt sich zeitlich ooch allet nich so festlegen, die Redaktionssitzungen sind ja meist über die Zeit hinausgegangen, die angesetzt war.»

Wolfgang:
«Ich glaub wirklich, gerade wenn man Materialist ist, daß man die Zeitproblematik ernst nehmen muß. Und das Problem ist offensichtlich, daß man, um sich verstärkt solchen Geschichten zuzuwenden, in gewisser Weise schon freigesetzt sein muß von anderen Problemen. Dazu gehört ja gerade die Zeit, ein materielles Problem ist ja nicht nur ein Problem der Geldtasche, da ist die Größe der Wohnung, da is der Kinderspielplatz, das hängt ja alles miteinander zusammen.
Aus meiner Erfahrung glaube ich, daß Selbsterfahrungsgruppen nicht nur etwas für Akademiker sind. Aber Akademiker haben mehr Zeit, sich um ihre ‹Seele› zu kümmern.
'ne realistische Möglichkeit scheint mir zu sein, mit Familie und Kindern gemeinsam ein Wochenende oder auch eine ganze Woche in den Ferien gemeinsam zu verbringen, da können wir ausspannen, und dann, in solch einer Situation, wo wir sowieso 'ne Woche zusammen leben, dann springen nämlich auch zwei Stunden raus am Tag, wo man sagt: ‹Jetzt müssen wir uns auch mal um uns kümmern.›»

Manfred:

«Wenn man eine linke Position klarmachen will, oder man will über-
haupt sichtbar oder bewußtmachen, daß wir in einem inhumanen Sy-
stem leben, dann kann man das nicht nur von der materiellen Seite aus
tun, sondern man müßte auch die psychische Verelendung deutlich
machen und damit natürlich auch die eigene Situation miteinbeziehen.
Ich weiß nicht, wie das möglich ist, ich hab da keine Vorstellungen
davon, ich bin kein Fachmann, aber ich kann mir vorstellen, daß das eine
unheimlich positive Wirkung haben könnte. Denn wenn man das immer
übergeht, was uns wirklich drückt, das können wir ja meistens nicht
artikulieren, also jedenfalls nicht die Leute von unserer Schicht, wollen
wir mal ganz ehrlich sein, dann kommen wir nich weiter.»[4]

Das Verhältnis der MVZ zur linken Bewegung und zum Staatsapparat

Unsere Ausführungen über die Herstellung eines Lebenszusammenhangs in der politischen Aktion der Betroffenen im Wohnbereich gehen
von der eigentlich noch weitgehend utopischen, aber zentralen Forderung aus, diese Verknüpfung herzustellen. Nur so könnte langfristig
gesehen die Emanzipation der Betroffenen beziehungsweise die Veränderung der gesellschaftlichen Realität bewirkt werden.

Bleibt in der politischen Arbeit der einzelne mit seiner Lebensgeschichte,
seinen Problemen und Ängsten auf sich selbst zurückgeworfen, so wird
in der Stadtteilarbeit, die ja an konkreten Konflikten ansetzt – die vom
Staat meist nach wenigen Jahren gelöst oder überdeckt werden –, auf
jeden Fall ein langfristiger Zusammenhalt verspielt werden. Eine nur auf
bessere Kommunikation abzielende Gruppe wird andererseits zu wir-
kungsvoller politischer Aktion gar nicht vordringen können.

Die Theorie der Selbstorganisation geht von der Politisierung der Betroffenen über ihre tagtäglich zu erlebenden Widersprüche aus. Selbstorganisation meint, Spontaneität von der Basis her zu entwickeln, die dann
prozeßhaft in basisdemokratische Organisationsformen und Strukturen
münden soll. Die Widersprüche, in denen im Wohnbereich eine Politisie-
rungschance liegt, sind zwar bestimmbar, für die Betroffenen hauptsächlich jedoch über den Staat bzw. seinen regionalen Aufgabenträgern und
den Wohnungsbaugesellschaften vermittelt. Es handelt sich dabei einmal
um einen permanenten ökonomischen Druck, um Armut in einem neuen
Verständnis, um ständig steigende Mietpreise, um fehlende soziale und
kommunikative Einrichtungen wie Schulen, Kindergärten, Kommunika-

tionszentren, kulturelle Attraktivitäten und unzureichende Verkehrsverbindungen, zum anderen handelt es sich in den modernen Trabantenstädten immer stärker um die Problematik der Isolation und der psychischen Verelendung.

Die Besonderheit der Politisierung im Wohnbereich liegt im Gegensatz zum Arbeitsbereich in der direkten Auseinandersetzung mit dem Staat in Form der kommunalen Verwaltung. Die sinnliche Erfahrung der Mängel im Wohnbereich läßt den Staat in seiner Funktion als Sozialstaat fragwürdig erscheinen. Politisierung mündet entweder in Ablehnung jeder Art von Sachverwaltertum durch Parteien oder Institutionen. Die Betroffenen schließen sich dann ohne festen Organisationsapparat zusammen, um ihre Probleme selbst zu lösen. Dabei geraten sie in Gegnerschaft zur kommunalen Verwaltung, wie es die MVZ beispielhaft erfahren hat. Oder die Betroffenen lassen sich in die etablierten und institutionalisierten Parteien und Verbände integrieren, die dann die Interessen und Bedürfnisse der von den gesellschaftlichen Ungerechtigkeiten und Ungleichheiten Betroffenen über deren Köpfe hinweg verwalten.

Reicht das Offenliegen der Widersprüche im Reproduktionsbereich aus, um zu autonomen, politischen Aktionen zu führen, geschieht das automatisch, gleichsam naturwüchsig?

Wir haben diese Erfahrung nicht gemacht und nirgendwo beobachten können. Es müssen also Kräfte vorhanden sein, die zunächst einmal über Zeit, Wissen und Verbindungen verfügen, um politische Aktionen «anzuleiern». Das heißt nicht, daß diese Kräfte, seien es Intellektuelle, politisch bewußte und erfahrene Arbeiter, seien es Lehrer, Sozialarbeiter, Schüler oder Studenten, schon mit einem festen Konzept und einer Perspektive selbstsicher in die politische Arbeit hineingehen und schon vorher genau all das im Kopf haben, was später die «richtige» Politik der Betroffenen sein soll. Es heißt eben nur, daß sie ein Stück weit etwas «vorgeben», das von den Betroffenen dann vorgefunden wird, um sie zu motivieren, mit der politischen Arbeit zu beginnen. Diese Kräfte, wie wir es nannten, sollen Hilfe zur Selbsthilfe leisten, sie sollen die Betroffenen dort *aufsuchen*, wo sie sind, sie sollten in wechselseitigem Bezug und in engem kulturellem und persönlichem Kontakt mit den Betroffenen diese befähigen, selbst ihre Geschicke in die Hand zu nehmen, um so zukünftig im politischen Kollektiv Seite an Seite mit gleichen Forderungen und in einem Lebenszusammenhang zu kämpfen.

Selbstorganisation ist aber nicht nur Mobilisierung und Politisierung der Betroffenen. Sie erschöpft sich nicht im «Anleiern» von Aktionen. Im Entwicklungsgang selbstorganisatorischer politischer Arbeit wird die rein organisatorische Seite der politischen Arbeit immer vordringlicher und wirft eine Fülle von Problemen und Fragen auf.

Wir meinen, daß es zunächst einmal grundlegend wichtig ist, daß die Betroffenen, die die Phase der Spontaneität an der Basis durch Politisierung über die von ihnen erfahrenen Widersprüche im Wohnbereich durchlaufen haben, dann die tragende Kraft in einem autonomen politischen Kollektiv werden. Dieses Kollektiv muß antihierarchisch, mit basisdemokratischen Prinzipien ausgestattet sein und sich als regionale Alternative zu den gegenwärtig existierenden Parteien verstehen. Als Modell hierfür könnte das vom Mieterschutzbund angestrebte Mieterrätemodell dienen. Voraussetzung ist – und da liegt die Schwierigkeit dieses Organisationsmodells –, daß der Willensbildungsprozeß immer von «unten» nach «oben» verlaufen muß. Zum Beispiel: Die von den Mietern gewählten Vertrauensleute müssen die Interessen der Mieter vertreten und nach außen darstellen. Die Vertrauensleute müssen jederzeit mehrheitlich von den Mietern abwählbar sein. Sie sind im Gegensatz zu den Organisationsprinzipien bürgerlicher oder auch teilweise proletarischer Parteien «Handlungsträger» und nicht «Funktionsträger».

Richard:

«... und det hat die Bürger abgeschreckt, wir müssen einfach 'ne parteipolitisch unabhängige Linie verfolgen. Und deswegen sind die meisten ooch in die Zeitungsgruppe gekommen, denn sonst hätten sie ja in eine Partei eintreten können, jede Partei hat ihre Zeitung, und dann hätten sie sich da ausdrücken können. Wir wollten ja Dinge aufgreifen, die die Parteien nicht aufgreifen. Sonst ist ja so 'ne Zeitung Quatsch, nur wiederholen, wat andere ooch sagen, find ick blöd. Und vor allem wollten wir ja erst mal Leute ansprechen, die Parteizugehörigkeit ist erst mal unwichtig, hier sind wir erst mal ‹Bürger›, die irgendein Ziel verfolgen. Det wir links sind, is klar. Aber ick meine, es gibt auch Leute, die sind nu nich ideologisch links in dem Sinne, daß sie den Marxismus predigen, aber doch immerhin 'ne soziale Einstellung haben, und det is für mich erst mal 'ne Voraussetzung.»[5]

So wie sich die bestehenden Parteien bis heute darstellen, sei es durch politischen Führungsanspruch, sei es durch prinzipienloses Taktieren, um Wähler beziehungsweise Mitglieder zu gewinnen, werden basisdemokratische Initiativen in diesen Parteien keine langfristigen Bündnispartner finden.

Hans:

«... und wir wissen, wie allergisch unsere Durchschnittsbürger gegen SEW, DDR sind, da muß ick eben janz vorsichtig sein, um die Leute nich

wieder zu verprellen . . . und da hat es die Rechte leicht, uns zu diffamie-
ren und zu sagen ‹die SEW hat's in den Händen›, und dann sind die
Bürger weg . . .»[5]

Vielmehr werden sich als Bündnispartner der Selbstorganisationsgruppen ihnen verwandte und aus ähnlichen Motiven hervorgegangene
Gruppen anbieten. So ist die Vereinheitlichung und Zusammenarbeit
von Selbstorganisationsgruppen vordringlich anzustreben.

Die Regelung der inneren Struktur einer Selbstorganisationsgruppe ist
angesichts der Tatsache, daß alle Mitglieder sozusagen ehrenamtlich
agieren, rein arbeitsorganisatorisch schwierig zu bewältigen. Wir haben
dies besonders folgenschwer erfahren, als es uns nicht gelang, so «lebens-
notwendige» Bedingungen einer Selbstorganisation wie den kontinuier-
lichen Informationsfluß in der Gruppe aufrechtzuerhalten oder jederzeit
für die Bevölkerung in einem Büro oder auf einer öffentlichen Redaktionssitzung antreffbar zu sein. Nachdem uns das Bezirksamt die Benutzung «öffentlicher» Räume verwehrt hat, hätten wir uns nicht damit
abfinden dürfen.

Wir haben oft darüber gesprochen, daß eine Selbstorganisationsgruppe
darauf hinarbeiten müsse, für ihre Mitglieder nicht nur eine «Belastung»
zu sein – durch Protokolle schreiben, Benzin für Anfahrtswege und
umfangreiche Telefonrechnungen zahlen, Zeitungen verkaufen (was natürlich auch Spaß machen kann, aber nicht muß) –, sondern ihnen auch
Erleichterungen im täglichen Leben bringen müsse.

Vieles ist utopisch, aber wenn wir nicht damit anfangen, gibt es eigentlich
keinen Grund, sich abzurackern, und es gibt kein konkret vorstellbares
Ziel, auf das man gern hinarbeitet und für das man gern Belastungen in
Kauf nimmt.

War uns selbst noch nicht so ganz klar, warum unser Anspruch auf
Selbstorganisation so oft ins Leere ging, so ist es uns doch klarer geworden an den Strategien und Praktiken der Parteien in unserem Viertel. Das
hätte man eigentlich wissen können, aber immer wieder hat uns die
aktuelle Arbeit so verschlungen, daß wir kaum Zeit hatten, Luft zu holen
und über diese größeren Zusammenhänge nachzudenken. Gewiß, es gab
immer einige in unserer Redaktionsgruppe, die ganz bestimmte Vorbehalte gegen die eine oder andere Partei im Viertel hatten. Die Parteien
haben sich mehr oder minder erfolgreich entweder darum bemüht, die
Selbstorganisationsgruppen aufzusaugen, oder sie versuchten ihre Mitglieder zu diffamieren, indem sie behaupteten, sie seien «ferngelenkt»
von der DDR oder der SEW oder der KPdSU. Aber irgendwie haben wir

diese Vorbehalte einzelner aus der Gruppe nicht ernst genommen, sie vielmehr als individuelle Meinung abgetan. Daß alle Parteien versuchen, in solchen Selbstorganisationsgruppen Fuß zu fassen, ist klar. Das ist auch ihr gutes Recht. Obwohl sich in den Selbstorganisationen Leute sammeln, die den Zentralismus aus verständlichen Gründen ablehnen, sehen diese Parteien langfristig eine Möglichkeit, hier politisch aktive Arbeiter und Angestellte für eine proletarische Partei zu gewinnen. Sie hoffen, über diese Gruppen auf die Bevölkerungsteile wirken zu können, die sie auf Grund ihrer mangelhaften betrieblichen Verankerung und der schwierigen organisatorischen Erfassung mancher Berufsgruppen sonst nicht erreichen. Dies einerseits, um die Partei zu stärken, andererseits, um den Initiativen mit der organisatorischen Stützung durch die Partei mehr Schlagkraft zu verleihen.

Wir haben bisher immer das Konzept der Bündnisfähigkeit mit all den Gruppen im Viertel praktiziert, die eben begriffen hatten, daß alle Kräfte aufgeboten werden müssen, um den Kampf gegen die Verschlechterung der Lebensbedingungen aufzunehmen – an einen Kampf für die Verbesserung der Lebensbedingungen war noch lange nicht zu denken. Allerdings haben wir Bündnisfähigkeit immer so verstanden, daß eben einer allein zu schwach ist und deshalb *alle* gemeinsam etwas unternehmen müssen, miteinander, *nicht unter der Flagge einer* Gruppe oder Partei. Aber selbst da, wo wir als Selbstorganisationsgruppen einheitlich eine Aktion gemacht haben und auch einen gewissen Erfolg hatten, zum Beispiel bei der Besetzung der Halle, ist es nicht auszuschließen, daß die mühsam erkämpfte Einheit wieder auseinanderfällt.

Hans:
«*Det zerbricht immer, wenn ein Ziel erreicht is, det zerbricht in dem Moment, wo eine Gruppe eigene Interessen verfolgen will. Heinzegraben will det oder jenes machen in der Halle, die anderen haben det Interesse, det oder jenes zu machen. Da gehen die Querelen untereinander los, und die Solidarität innerhalb der ganzen Aktion Halle ist kaputt.*»

Richard:
«*Ick würde det ooch noch anders sehn. Det unterschiedliche Zurverfügungstehn von Zeit, det is ooch'n Problem. Jeder muß bei so'ner Bürgerinitiative am Anfang mächtig ackern. Er muß sehr viel Freizeit in diese Bürgerinitiative einbringen. Deswegen is auch det Rausgehn aus einer Gruppe, wenn det Ziel erreicht is, fast eine automatische Sache. Raus gehn die, die unpolitisch geblieben sind oder die – nimm mal Arbeeter, die dann vielleicht noch Mitglied des Betriebsrats sind oder noch in irgendeiner andren Sache mitmachen oder ooch bloß 'ne Funktion im*

Sportverein ausüben. Und drinne bleiben die, die politisch engagiert sind. Und daraus ergab sich ja automatisch, daß se meistens eene politische Zielrichtung hatten . . .»[5]

Bis jetzt haben wir versucht klarzumachen, daß die Rathausparteien immer versuchen, Selbstorganisationsgruppen oder Bürgerinitiativen aufzusaugen beziehungsweise als die «ihren» auszugeben. Die sogenannten linken Parteien, die nicht im Rathaus sitzen, treten in diesem Gerangel um Wählerstimmen im Wohnbereich als reale Konkurrenten auf. Was liegt nun näher für die Rathausparteien, als durch Diffamierung die Konkurrenten auszuschalten?

Auf diesem Hintergrund erscheint es auch verständlich, daß die linken Parteien versuchen, aus diesem Wettrennen «erfolgreich» hervorzugehen und sich an die «Spitze einer breiten Volksbewegung» zu stellen. Diesen Wettkampf haben sie im Grunde um so nötiger, als sie selbst nicht in der Basis, in der Bevölkerung verankert sind.

Welche Chancen im MV vertan wurden, um die Politisierung der Selbstorganisationsgruppen voranzutreiben, läßt sich am deutlichsten an der Entwicklung des Mieterschutzbundes zeigen. Welche Bedeutung das Mietproblem im MV hat, wird erkennbar, wenn man bedenkt, daß der Mieterschutzbund die größte Selbstorganisationsgruppe des Viertels war.

Zunächst arbeiteten Mitglieder der SPD als «Mieter» engagiert im Vorstand. Über einige Mitgliederversammlungen, Protestschreiben, Rechtsberatung und Musterprozesse gingen die Aktivitäten nicht hinaus. Allmählich interessierten sich auch die anderen Parteien und politischen Gruppierungen für den Mieterschutzbund, und die ersten größeren spektakulären Aktionen wurden gestartet, die Handtuchaktion, der Autokorso. Die Diskussion reichte vom Mieterstreik bis zum Aufbau von Mieterräten. Mieterräte erschienen besonders notwendig, weil man verhindern wollte, ein von der SPD überregional geplantes Mieterkonzept verordnet zu bekommen, das ähnlich funktionieren sollte wie das der «Neuen Heimat», wo der Mieterbeirat nichts anderes machen sollte, als die Aufgaben des Hauswarts zu übernehmen. Je mehr die SEW und die KPD/AO im Mieterschutzbund mitstritten, desto mehr Mitglieder verschwanden aus den Versammlungen. Als dann eine Neuwahl des Vorstandes durchgeführt wurde und sechs SEW-Mitglieder in den zwölf Mann starken Vorstand gewählt wurden, traten die SPD-Mitglieder geschlossen aus und versuchten, durch eine Neugründung den Mieterschutzbund auszutrocknen. Durch geschickte Manipulation «deckte» der neue SPD-Mieterverein die skandalöse Falschberechnung der Wohngelder auf und versuchte durch eine breite Pressekampagne den MV-Bürgern zu demonstrieren, daß die SPD ja doch wohl besser die Interessen der Bürger im MV vertrete als der Mieterschutzbund. Eine dritte Mieterorganisation entstand: die Mieterinitiative, eine Organisation der KPD/AO: Außer zwei oder drei Flugblättern, die zum Mietstreik aufriefen, und einigen Hausversammlungen war nichts von dieser Initiative zu hören.

Die Parteien schrecken ab. Die Mieter werden das Gefühl nicht los, daß das Interesse der Parteien am Mietkampf nur ein besonderer Trick ist, Stimmen zu gewinnen.

Irene:

«. . . ick seh nich ein, daß wir uns hier andauernd bestimmen lassen solln. Wir machen unsern Scheiß alleene, und dann hat sich die Sache, nich daß wir uns hier dauernd bestimmen lassen! Wir haben unsere eigene Meinung!»

Richard:

«. . . det is vielleicht der Fehler, der immer jemacht wurde, daß versucht wurde, 'ne eindeutig politische Richtung, also 'ne parteipolitische Richtung einzunehmen. Und det, det sind Dinge, die in der Zukunft liegen, det is utopisch, daran zu denken. Momentan kannste nich parteipolitisch in einer Zeitung oder Initiative arbeeten, denn du mußt immer das Bewußtsein der Masse voraussetzen, du kannst also heute nur 'ne Gesamtlinie angeben, die auf der linken Ebene liegt, aber du kannst heute nich einfach für 'ne Partei da ‹Reklame› machen . . .»

Michael:

«Ja, ich wollt noch mal auf das Problem Partei und Selbstorganisation eingehen. Welche Vorstellungen habt ihr denn von dem Vorgehen einer Partei in so einem Viertel, ob das jetzt SEW ist oder andere Gruppen, das ist egal; denn die Gruppen diskutieren ja innerhalb ihrer Organisation ziemlich stark und haben ja so einiges entwickelt; was ihre Vorgehensweise angeht. Glaubt ihr, daß sich ein Parteimitglied in so einer Mieterinitiative nicht zu erkennen geben soll, oder soll es gleich von vornherein richtig als Parteimitglied beziehungsweise auch als Parteigruppierung auftreten? Und dann noch eins: Warum soll sich so ein Parteimitglied oder eine Parteigruppierung nicht in den Vorstand wählen lassen? Ich seh das nämlich nicht ein, denn das ist das Selbstverständnis jeder Partei, die sich für fortschrittlich hält, daß sie überall an der Spitze solcher Basisbewegungen ist. Die Frage ist, kann man das nicht akzeptieren, oder wie kann man das akzeptieren.»

Hans:
«Du, da will ick dir sagen, solange wie diese Mitgliedschaft im Führungs-
vorstand der Selbstorganisation, sei es Mieterschutzbund oder sonstwas,
nicht schadet, warum nicht?! Aber wenn ick seh, det mir die Mitglieder
weglaufen und det es unfunktionsfähig wird, dann muß ick (als Parteimitglied) zurücktreten, denn muß ick raus. Hör zu, ick kann immer
sagen, ick bin SEW, ick bin hier ooch Mieter und zahl 'ne horrende Miete
und will mich dagegen wehrn genau wie der, der in der CDU oder
sonstwas is. Der soll sich zu erkennen geben, ick bin SEW, ick zahl hier
Miete, ick kämpfe dagegen an. Wenn aber das Moment eintritt, daß die
Rechte sich darauf einschießt und sagt, diese Gruppe is SEW-jelenkt,
und ick weeß, daß aus diesem Argument heraus sich die Bürger zurück-
ziehn, dann muß eben die Partei sich zurückhalten, um die Sache, den
Mietkampf nich kaputtzumachen.»

Michael:
«Aber es werden doch immer Linke in solchen Gruppierungen sein, die
als Anarchisten oder Kommunisten beschimpft werden!»

Hans:
«Ja, det weeß ick! Das wichtigste is aber, det diese Gruppe funktioniert.»

Richard:
«Is doch klar, aber darum geht's doch hier gar nich! Du mußt heute
einfach den Ruf der SEW bei den Bürgern in deine Arbeit einkalkulieren.
Und wir wissen, daß die Masse der Bevölkerung heute einfach gegen die
SEW is – und nun kann ick nich einfach 'ne Organisation, die ja nich
etwa 'ne Gründung dieser Partei is, denn die habn sich ja nich hingestellt
und gesagt ‹Wir gründen jetzt den Mieterschutzbund›, sondern sie ist
später dazugekommen, und sagen wir mal ruhig, so'n Haufen, der
anfing zu laufen, hat sie nachher übernommen. Nich, se hat det also zu
'ner sogenannten Parteizelle umfunktioniert, und wenn man die Einstellung der Bürger kennt zu der Partei, dann spielt det keene Rolle mehr, ob
det, wat die wolln, richtig is oder nich. Wenn ick wat erreichen will, dann
muß ick det ganz klar einkalkulieren, das konnten die ooch einkalkulieren, dann muß ick mich da ein bißchen zurückhalten. Det war schon
instinktlos von der SEW, sich in dieser Überrepräsentation in den Vorstand wählen zu lassen. Det wäre ja gar nich schlimm gewesen, wenn
einer im Vorstand oder zweie SEW-Mitglieder sind. Bloß det war
schlimm, det vom Vorstand sechse, die Hälfte, SEW-Mitglieder sind.
Det heißt also, hei jeder Abstimmung, die stattfindet, hätte die SEW ihre
Ideen durchgebracht, wenn nicht immer die anderen sechs Mitglieder des
Vorstands anwesend waren, egal ob ihre Vorschläge im Sinne der Massen liegen oder nich.»

Wolfgang:

«*Das Problem hat doch zwei Ecken, finde ich. Die eine Ecke ist die, die der Micha meint, wenn er sagt, die Reaktion wird immer die Strategie verfolgen, richtige linke Aktionen dadurch zu diffamieren, daß sie das Gerücht ausstreut, sie seien ferngelenkt von der SEW, und da betont der Micha, wenn man nun nichts unternimmt oder immer nur reagiert auf diese mögliche Diffamierung in der BZ oder wo auch immer, dann kommt man überhaupt nicht hinten hoch, weil man immer dann eine reaktionäre Politik machen muß, damit die anderen ruhig sind. Das ist das eine Problem. Das zweite Problem ist doch das, was euch ärgert, auch immer wieder zu Recht ärgert, daß offensichtlich zur Bündnisfähigkeit auch ein Bündnispartner gehört, der zuverlässig ist im Bündnis. Ein Bündnis ist doch eine Kompromißformel und bedeutet, keiner ist alleine stark genug, um alleine an der Spitze der Bewegung zu marschieren. Man muß also mit anderen Gruppen Bündnisse eingehen, und für die Zeit des Bündnisses muß man darauf verzichten, immer und in jeder Situation auch nach außen hin den Führungsanspruch zu dokumentieren. Und da ist auch wirklich eine Schwierigkeit, daß eben die ‹Kollegen› von der SEW noch nicht begriffen haben, was Bündnisfähigkeit für sie bedeutet, und daß sie nicht in jedem Augenblick das Ganze als ihre Aktion verkaufen können.*»[5]

Was die SPD ganz groß und öffentlich betrieb durch den Austritt aus dem Mieterschutzbund und der Neugründung, machte sie im internen Ortsverein mit viel subtileren Mitteln. Sie fällte einen Entschluß, daß sich wieder einige SPDler um die Initiativgruppen und die MVZ kümmern sollten. Eines unserer engagiertesten Redaktionsmitglieder, der von Anfang an dabei war, war auch in der SPD. Als er nun den Parteiauftrag nicht erfüllte, die MVZ zugleich immer weniger SPD-freundlich wurde, reagierte der Ortsverein der SPD mit einem Parteiausschlußverfahren.

Ein Produktionskollektiv wie die MVZ ist immer auch mehr oder weniger abhängig von seinen Außenbeziehungen. Wir können also bei der Betrachtung eines Kollektivs wie der MVZ nicht nur von «internen Problematiken» ausgehen, sondern wir müssen auch sehen, welchem Druck ein politisches (sozialistisches) Kollektiv durch die objektiven Bedingungen der Warenwirtschaft und durch die Maßnahmen seitens des Staates ausgesetzt ist. Seit ungefähr 1967 haben sich in der BRD einige sozialistische Kollektive in den verschiedensten gesellschaftlichen Bereichen gebildet. Eines davon ist die MVZ. Sie haben alle versucht, der kapitalistischen Arbeitsorganisation eine konkurrenz- und gewaltfreie Arbeits- und Lebensform gegenüberzustellen und damit ansatzweise die kapitalistische Arbeitsorganisation zu durchbrechen. Am Anfang hat sich für diese sozialistischen Kollektive gezeigt, daß man mit solch einem

Konzept trotz aller ökonomischen Schwierigkeiten aus spontanen Aktionen heraus einmal emotional befriedigendere Arbeitsbeziehungen und zum zweiten auch politische Erfolge erzielen kann. So hat die MVZ über fünf Jahre hindurch kontinuierlich ihren Gegnern im Viertel, der Senatsbürokratie und den Wohnungsbaugesellschaften, ansatzweise eine sozialistische Politik durch Aufklärungsarbeit und Gegenkampagnen entgegenhalten können, hat und gegen die steigenden Mietpreise sich unzumutbaren Lebensverhältnisse gewehrt und hat beispielsweise dazu beigetragen, daß die angeordnete Zwangsräumung wieder rückgängig gemacht werden konnte, wie das im «Fall Puhle» geschah. Aber erstens lassen sich die Ziele der sozialistischen Kollektive nicht ohne Änderung der Eigentumsverhältnisse lösen – diese wirken eben, solange sie noch bestehen, immer «lähmend» auf uns zurück –, und zum zweiten haben die Wohnungsbaugesellschaften und die Senatsbürokratie unsere Erfolge doch recht genau zur Kenntnis genommen. Ist unsere Arbeit in ihren Anfängen ungefährlich für die Herrschenden, werden wir mit dem einschmeichelnden Hinweis, in unserer «freiheitlichen Demokratie» sei alles erlaubt, toleriert, manchmal sogar von den «Progressiven» unterstützt, zum Beispiel wenn wir uns für Kitas oder Spielplätze einsetzten. Aber wenn wir Erfolge erzielten, wenn wir größere gesellschaftliche Bereiche in Frage stellten und für unsere Aktivitäten einen breiteren Raum auf verschiedenen gesellschaftlichen Ebenen suchten, wurde gegen uns vorgegangen. Zuerst versuchen uns die Herrschenden noch mit kleineren Zugeständnissen zufriedenzustellen und bieten uns die «Mitarbeit» in den von ihnen dominierten Parteien und Verbänden an, um so unserem politischen Konzept die Stoßkraft zu nehmen und unsere Kräfte zu spalten. Diejenigen, die sich von solchen Manövern nicht irremachen lassen, bekommen die staatliche Gewalt durch den Polizeiknüppel zu spüren und werden in Presse, Rundfunk und Fernsehen zum Feindbild, zum «Gespenst Kommunismus» abgestempelt. Mit dieser Erfahrung wurden wir auch im MV konfrontiert. Als die Empörung der MV-Bevölkerung gegen die Mietpreissteigerungen und Zwangsräumungen der Wohnungsbaugesellschaften und die Politik des Senats am größten war, als wir die Mißstände im MV mit Erfolg bekannt machten, kurz: eine sozialistische Stadtteilarbeit im Entstehen war und wir eine leerstehende Halle im Viertel besetzen wollten, um so ein für unsere Aktivitäten notwendig gewordenes großes Kommunikations- und Aktionszentrum zu schaffen, bewies der Staatsapparat durch Polizeieinsatz seine Gewalttätigkeit. Unsere Zeitung wurde beschlagnahmt, und wir wurden in der Öffentlichkeit als «linksradikal» gebrandmarkt. Das Vorgehen gegen die MVZ ist exemplarisch für die innerstaatliche Feinderklärung, die vor etwa drei Jahren gegen die gesamte linke Bewegung in der BRD in allen gesellschaftlichen Bereichen einsetzte und sich von dem Berufsverbot im öffentlichen Dienst über die Militarisierung der Polizei, Aufstellung von

Werkschutztruppen, über Einschränkungen demokratischer Rechte in den Fabriken, wie Beschneidung des Einflusses der Gewerkschaften im Betrieb, bis zu den Notstandsgesetzen erstreckte. Diese Maßnahmen sollten vor allem diejenigen treffen, die sich nicht integrieren lassen wollten, sondern autonome politische Arbeit bevorzugten.

Diese Reaktion der Herrschenden zu beklagen, hieße sich Illusionen über die Machtverhältnisse im Kapitalismus zu machen und beinhaltet letzten Endes, Fairnessparolen an einen Gegner zu richten, der genau weiß, in welchem Moment seine Positionen gefährdet sind, und dann bedingungslos alle Hebel in Bewegung setzt, um diese Machtposition aufrechtzuerhalten. Die Reaktion ist vielmehr als Ausdruck des Kampfes zu verstehen, den wir gegen das kapitalistische System aufgenommen haben. Die Augen zu sehr auf den Gegner zu richten führt allzuleicht zu dem Argument «Wir können ja doch nichts machen» und lenkt nur von unseren begangenen Fehlern ab.

Gegenstrategien des Bezirksamts

Neben den inneren Problemen, die sich aus der Selbstorganisation ergaben, und dem schier unlösbaren Zeitproblem führten aber auch immer wieder die Gegenstrategien des Senats und des Bezirksamts dazu, daß vieles «zerbricht, wenn ein Ziel erreicht ist».

Im Hinblick auf die Halle hat das Bezirksamt so etwas wie eine «Doppelstrategie» erprobt. Einmal versuchte es, uns mit Versprechungen hinzuhalten, und appellierte an unsere «Einsicht». Seine Vertreter bedauerten auch, daß es nicht schneller gehe, aber der Etat sei nun mal schon langfristig beschlossen und man könne das erst wieder in Angriff nehmen, wenn der nächste Etat beschlossen werde. Dann versuchten sie uns abzuwehren, indem sie meinten, daß wir erst Pläne für den Umbau der Halle vorlegen müßten. Und das ist ja auch eine schwierige Aufgabe, weil eine Menge Verordnungen und Bestimmungen zu beachten ist. Aber als wir auch das geschafft hatten, hielten sie uns wieder hin.

Schließlich sind wir ungeduldig geworden und haben die Halle demonstrativ besetzt, und schon holt das Bezirksamt die altbewährte Methode aus der Reserve: Es schickte die Polizei, um das «Eigentum» zu schützen und uns zu kriminalisieren, denn schließlich muß ja kriminell sein, wer sich am Eigentum eines anderen vergreift.

Diese Taktik hatte allerdings einen ganz bestimmten Einfluß auf die politische Arbeit im Viertel und auch auf unsere Zeitungsgruppe.

Claus:
«... also, wenn ich mich so an die Stimmung von damals erinnere, dann war das immer hin- und hergerissen zwischen auf der einen Seite so einem fast heroischen Bewußtsein, ‹wir sind es wert geworden, Opfer eines Polizeieingriffs zu werden, also is det ja doch nich so'ne kleinkarierte Sache, die wir da machen›, und auf der anderen Seite die individuelle Wirkung der Einschüchterung und Vereinzelung ... (z. B. durch Prozesse wegen Beleidigung und Widerstand gegen die Staatsgewalt) ... so was hat insgesamt als Ergebnis im Grunde schon ein ganzes Stück Lähmung an sich gehabt ... zunächst einmal war es mehr desorientierend, als es einem als Moment des politischen Kampfes Klarheit verschafft hätte und Mut ...»

Und als wir nach fast fünf Jahren dann endlich die Halle hatten, da waren wir alle nicht mehr in der Lage, ein gemeinsames Konzept zu entwickeln, weil wir eben nicht so einen langen Atem hatten.

Hans:
«... wir haben nur immer unsere Fehler aufgezählt, es sind ja ooch welche jemacht wordn, wir habn aber verjessen zu betrachten, wer eigentlich der Stärkere is. Det is ja nu die rechte Reaktion. Die haben ihre Presseorgane, Sprecher überall, für die det 'ne Kleinigkeit is, 'ne gut funktionierende Organisation, die se uff de Füße tritt, uns zu diffamieren ...»

Tilman:
«Das sieht im Moment so aus!»

Hans:
«Doch, doch! Die könn' es sich leisten, den MV-Express, mit 17000 Zeitungen in die Briefkästen zu stecken! Und det is doch wohl klar, wenn die da drinne schreiben ‹Der Mieterschutzbund is von der SEW gelenkt›, det det uff die Bürger 'ne Wirkung hat.»

Richard:
«Der Vergleich hinkt doch von A bis Z, denn der MV-Express, der hat doch 'ne Druckerei, wat macht denn dat dem, wenn der 'ne Zeitung druckt, 'n Leserbrief, 'ne Bezirksamtsnachricht verbreitet und so weiter. Für die is det keen Problem. Die brauchen sich nich hinsetzen und Themen erarbeiten wie wir.»

Hans:
«Det is doch nich det Problem! Det Problem is, det der MV-Express sagt, wat der Bürger erwartet, und det wir det nich machen können, zu sagen

wat der Bürger erwartet, sondern wir sagen müssen ‹Det sind Banditen› meinetwegen, und denn muß ick schon ins Fettnäpfchen treten, denn kann ick keene Leserschaft mehr so dicke habn. Ick muß doch aber sagen, wenn die Zeitung will erfolgreich wat bezwecken, ick muß Aktionen ansagen, zum Beispiel Autokorso, det tut so weh, und schon geht die Kampanje los! Und det is eben beim MV-Express nich, der sagt, wat die jerne hörn wolln, ‹Na, die wolln endlich mal 'ne neue Kindertagesstätte sehn›, ‹Na ja, die is eröffnet worden, wat wollt ihr denn!›, und die Leser sajen: ‹Gott sei Dank, prima›. Und wir müssen sagen, daß das nich jenug is, eene, wir brauchen noch zehne! Und det is det, wat dem Bürger nich sofort einjeht. Und dann kommt die Mauer. Sofort. Die die dann dagegen aufbaun, das ist unrealistisch und so weiter.»[5]

Was der Hans da anspricht, ist tatsächlich etwas, was uns vor neue Schwierigkeiten stellt. Haben wir zwar noch einigermaßen erfolgreich die Senatsstrategie erkannt und uns dagegen gewehrt, so hat sich unter der Hand die Situation herausgestellt, daß jeder von den Gruppen errungene Fortschritt – ob es nun eine neue Kita oder ein neuer Abenteuerspielplatz oder der Erfolg gegen die DeBauSie war, die Mietnachforderungen zurückzuziehen, oder ob es die Halle war – letzten Endes eine scheinbare Zufriedenheit im Viertel herstellte.

Das erscheint uns auch ganz klar, solange die Menschen für die minimalsten Dinge kämpfen, müssen sie irgendwie zu einem Gespräch kommen, dann läuft auch die Kommunikation. Wenn sie dann aber erst einmal die ersehnte «Ruhe» genießen wollen, dann sitzen sie so schön isoliert in ihren Wohnungen, dann merken sie ganz plötzlich, daß es ja eigentlich nicht die Kita war, die ihnen «gefehlt» hat, die haben sie zwar gebraucht, aber «gefehlt» hat sie ihnen nicht. Und da meint nun der Hans, daß all die Tricks der Herrschenden mit ihrem tollen Werbefernsehen, mit ihrem «Hast du was, dann bist du was» und den vielen Reformerfolgen nun die Leute mutlos machen, dann heißt es «Uns geht es doch viel besser als unsern Eltern, unsern Kindern soll es auch mal besser gehen». Die tägliche Suggestion, der sie ausgesetzt sind, macht sie mutlos, sie zwingt sie letztlich, sich wieder allein mit ihren Problemen herumzuschlagen, anstatt sie mit anderen zu besprechen.

Dieses Problem, wenn in einem Neubauviertel wie dem MV der Alltag einzieht, heißt für uns auch eine neue Agitationsform zu finden, das heißt, wir müssen viel stärker die Probleme der meisten Bürger im Viertel erkennen und müssen vor allem auch Angebote machen, Alternativen zeigen, wie man sich selbst bestätigen kann, wie man mit anderen sprechen kann, wie man erkennen kann, daß die eigenen Probleme auch die Probleme der anderen sind und was sie verursacht hat. Einige Vorschläge hatten wir schon dazu, Hausfrauentreff am Sonntagvormittag, Sportveranstaltungen, Selbsterfahrungsgruppen, Feste, Einkaufsorganisation und vieles mehr. Wenn wir versuchen, irgendwie einen Lebenszusammenhang zwischen politischem Kampf und Wohnbereich und den Bedürfnissen und Problemen der Menschen im Viertel herzustellen, dann ist es vielleicht auch möglich, daß die Bürger im MV die Erfahrung machen, daß wir nicht «ferngelenkt» von der DDR, der SEW, kurz: den bösen Kommunisten, sind, sondern unsere Forderungen, unsere Nöte und Ängste auch die ihren sind, dann werden sie vielleicht auch erkennen, wem es nützt, wenn unser Kampf diffamiert wird.

Aber im Wohnbereich ist die Lage deshalb so kompliziert, weil die Bewohner zunächst isoliert als Privatmenschen leben, sich nicht kennen und sich auch kein gemeinsamer Erfahrungsbereich aus dem Betrieb beziehungsweise der Arbeit herstellen läßt. Hinzu kommt, daß die Methoden des «Sozialstaats» und der Unternehmer sehr viel differenzierter geworden sind und verhindern, daß im Wohnbereich gemeinsame Erfahrungen gemacht werden. Diese Methoden des Verhinderns gehen vom Wohngeld über den im Neubauviertel angesiedelten Sozialarbeiter bis zur Aktion «Sport für alle» und die spektakuläre «Trimm-dich-Aktion». Diese Palette wird ergänzt durch Werbefernsehen, das Angebot in den Supermärkten, die Zeitungen im Stil des *MV-Express* und die Springer-Zeitungen. Im Wohnbereich werden die Angestellten und die Arbeiter auseinanderdividiert wie im Betrieb.

Im Wohnbereich liegt aber auch die Chance für die Politisierung in Selbstorganisationsgruppen. Tatsächlich ist es zum Beispiel immer noch so, daß ein großer Teil der Frauen, auch wenn sie berufstätig sind, von der Politisierung abgeschnitten sind. Tatsächlich ist es doch so, daß die «Parteipolitik» in den Betrieben verboten ist, weil sie den «Arbeitsfrieden» stören könnte. Tatsache ist doch, daß die Gewerkschaften zwar den Kampf um den «Lohngroschen» führen, den um das «Teewasser» oder um die «Macht im Staat», wie Brecht das einmal in einem Gedicht formuliert hat.

Möglichkeiten und Grenzen der Arbeit im Reproduktionsbereich

Der Reproduktionsbereich oder einfacher der Wohn- und Freizeitbereich stellt im Bewußtsein der arbeitenden Bevölkerung den Bereich dar, in dem sie unabhängig lebt und der nichts mit der Arbeit zu tun hat, die sie verrichtet. Dadurch wird aber das Leben im Kapitalismus in zwei verschiedene Daseinsformen unterteilt, die scheinbar nichts miteinander gemeinsam haben: in das Leben, in dem ich mich oder meine Arbeitskraft verkaufen muß, indem ich arbeite, und das Leben, das ich zwar durch den Lohn der Arbeit finanziere, aber das ich selbst bestimmen kann. Ich kann mir in beschränktem Maße Wohlstandsgüter kaufen, ein einigermaßen gemütliches Heim schaffen, eine Familie gründen und bin im übrigen ich selbst, ich kann also in diesem Bereich über mich bestimmen, wie ich will.

Dieser scheinbar private und unabhängige Lebensbereich stellt aber für denjenigen, der ihn im Tausch mit der Arbeitskraft finanziert, lediglich den Teil des Lebens dar, in dem der Arbeiter seine am Arbeitsplatz verbrauchte Arbeitskraft wieder auffrischen kann und Kinder zeugen kann, die später wieder Arbeiter werden sollen.

Der private «Reichtum», der meist aus Konsumgütern (Wohnungseinrichtung, Fernsehen, Auto) besteht, ist zwar vom Arbeiter erarbeitet, jedoch bekommt er nur so viel Konsumgüter, wie es ihm durch unser gesellschaftliches System zugestanden wird. Von demjenigen, was der Arbeiter oder besser die ganze Klasse der Arbeiter innerhalb ihrer Tätigkeit im Produktionsbereich geschaffen hat, bekommen die Arbeiter nur einen Teil zum persönlichen Konsum wieder zurück; und zwar nur so viel, wie sie einerseits brauchen, um ihre Arbeitskraft zu erhalten und ihre Familien zu ernähren (also die künftige Arbeitergeneration zu gewährleisten), und andererseits so viel, wie zum Erhalt des sozialen Friedens notwendig ist. (Es ist bezeichnend, daß die Errungenschaften der Arbeiterbewegung wie Achtstundentag dann erst zugestanden wurden, als die verstärkte Unzufriedenheit bei den Arbeitern sich in Kampfbereitschaft ausdrückte, und nicht schon dann, als es gesellschaftlich möglich gewesen wäre.)

Die Arbeiter werden so mit dem im Verhältnis zu ihrer Arbeitsleistung spärlichen Konsum und geringen sozialen Leistungen abgespeist, damit sie nicht die Ursachen der ungerechten Verteilung in unserer Gesellschaft zu verändern suchen und nicht einen Lebens- und Arbeitszusammenhang aufbauen, der ihren Interessen und nicht denen der Besitzenden entspricht.

Besonders die Einstellung zum Konsum- und Freizeitbereich hat sich in der Arbeiterschaft radikal gewandelt. Erlaubte früher dieser Bereich nur Erholung durch Schlafen und Essen, so erscheint er heute als «Erfüllung der persönlichen Bedürfnisse». Erstaunlich ist dies insofern, als gerade im Konsum- und Freizeitbereich immer mehr die Bedürfnisse des Kapitalismus als die Bedürfnisse der Bevölkerung ausgegeben werden und diese dann als eigene erfahren werden. Durch den vermehrten Einfluß des

Kapitals auf diesen Bereich sind die Möglichkeiten gegeben, zu profitgerechtem Konsumverhalten zu verführen, zu prestigeorientierter bewußtloser Befriedigung. Das zeigt sich darin, daß in immer schnellerer Folge Möbelmodelle, Autokarosserien und Kleidermoden auf den Markt geworfen werden und der größte Teil der Bevölkerung dazu verführt wird, diese (soweit es vom Lohn her möglich ist) sich anschaffen zu müssen, um den ihnen von der Werbung eingetrichterten Ansprüchen zu genügen. Nur darin sehen sie die Möglichkeit, sich selbst zu bestätigen. Andererseits zeigt sich gerade bei Arbeitern darin auch ein Nachholbedürfnis, die von ihnen hergestellten Güter endlich einmal gebrauchen zu können und sie nicht immer nur als begehrte Lebenskultur im Schaufenster zu sehen.

Hans:
«Ick brauche ja bloß mal meinen Fall zu nehmen, mich hat man anjegriffen, weil ick mir hab jute Möbel da hingestellt, wa, da war ick 'n Konsumidiot, die Leute, die mir det angekreidet haben, die haben ein jutes Zuhause gehabt und in Luxus gelebt, die wissen es nicht, wie es ist, wenn man acht Stunden auf dem dreckigen Bau zwischen Mist und Lärm arbeitet, da will man abends ein gemütliches Zuhause haben, det wurde mir angekreidet.»[5]

Im persönlichen Bewußtsein stellt sich für die Arbeiter ihr ganzer Lebenszusammenhang als «arbeiten, um zu leben» dar. Dabei sind ihre privaten Anschaffungen wie ihre gesamten Lebensverhältnisse (Wohnung, Einrichtung, Auto, Bildung der Kinder) für sie Ausdruck ihrer persönlichen Schaffenskraft und Leistung. Jedoch sind alle Möglichkeiten ihrer vermeintlichen Lebensqualität letztlich abhängig vom Arbeitslohn. Der Lohn ist Preis der Arbeitskraft, und der Lohn unterscheidet sich je nach dem Wert der persönlichen Arbeitskraft für dessen Käufer (den Kapitalisten). Dieser Wert aber bestimmt sich durch die Herstellungskosten der Arbeitskraft wie Ernährung, Wohnung, Ausbildung. Was sich also vom Standpunkt der Arbeiter als «arbeiten, um zu leben» darstellt, offenbart sich als «leben, um zu arbeiten».

Neben der Bestimmung der Lebensverhältnisse über die Arbeitssituation und den Lohn und deren Vermittlung im Wohnbereich (zum Beispiel Mieterhöhung als Lohnabzug, zunehmende Entfernung der Wohnbereiche von den Arbeitsbereichen, erhöhte Anfahrtszeiten zum Arbeitsplatz, damit verminderte Freizeit usw.) treten aber gerade im Reproduktionsbereich der Staat und seine Institutionen auf. Der Staat hat hier die Aufgabe, die allgemeinen Reproduktionsbedingungen durch den Bau von Schulen, Kindertagesstätten usw. zu schaffen. Jedoch – und hier zeigt sich besonders der Zusammenhang zur Produktionssphäre – ist der

Ausbau der allgemeinen Reproduktionsbedingungen abhängig von der Vergabe der vorhandenen Gelder gemäß dem Konjunkturverlauf. Dadurch, daß der Staat das Funktionieren aller Bereiche im Auge hat, muß er als wichtigste Aufgabe die Aufrechterhaltung und Unterstützung des Kapitalverhältnisses wahrnehmen. Sozialpolitik gewinnt damit lediglich die Aufgabe einer Befriedungspolitik.

Die Schwierigkeit im Wohnbereich besteht aber nun gerade darin, daß viele im Stadtteil auftretende Widersprüche nicht unmittelbar auf den Grundwiderspruch zwischen Lohnarbeit und Kapital zurückgeführt werden können, sondern nur vermittelt über den Staat oder gemeinnützige Wohnungsbaugesellschaften erfahren werden können. Dabei ist die Befriedungspolitik des Staates durch seine den konkreten Widersprüchen übergeordnete Funktion gekennzeichnet; diese umfaßt aber neben der Steuerung der Grundbedingungen der Produktion und der «Steuerung der Krisen» (Infrastruktur-, Struktur- und Konjunkturpolitik) auch die notwendigste Sicherung der Existenzbedingungen der Arbeiter als Klasse. Von daher müssen alle Reformen gesehen und darum der Staat nicht einfach als Vertreter der Kapitalistenklasse verteufelt werden. Er sollte in seiner Reformtätigkeit, in seinen praktischen Ansätzen der konkreten Füllung und Verwirklichung des Demokratieanspruchs von jeder linken Bewegung soweit wie möglich ausgenutzt werden. Dabei sollte nicht die hauptsächliche Bestimmung des Staates, die reibungslose Durchsetzung der Kapitalinteressen, als deren Bestandteil die Reformpolitik gesehen werden muß, durch Gesetz und Staatseingriffe vergessen werden.

Wem nützen Reformen?

Reformen müssen – dienen sie der Selbstorganisation der Betroffenen oder bringen sie soziale Fortschritte – von jeder emanzipatorischen Bewegung aufgegriffen werden. Die staatliche Finanzierung von Selbstorganisationen, Selbsthilfeorganisationen und Bürgerinitiativen unter weitgehendstem Verzicht auf inhaltliche Kontrolle der Aktivitäten bedeutet letztlich eine Auslagerung gesellschaftlicher Probleme aus dem Zuständigkeitsbereich des Staates. Inwiefern dies eine Tendenz innerhalb der staatlichen Reformpolitik ist – Entlastung des Beamtenapparates einerseits, Ausdruck der linken SPD andererseits –, kann noch nicht abgesehen werden. Fest steht lediglich, wie wir an der Geschichte der MVZ gesehen haben: Nehmen im Stadtteil die geförderten Selbsthilfeorganisationen politisch Stellung, ergreifen sie Partei für die arbeitende Bevölkerung, geraten sie immer mehr aus der Kontrolle der staatlichen Institutionen und beginnen sie zu einem Machtfaktor zu werden, dann schlägt die Reformpolitik in eine Unterdrückungspolitik um.

Da der Staat aber Schwierigkeiten hat, die Lebensbedingungen großer Teile der Bevölkerung auf dem erreichten Stand aufrechtzuerhalten*, hoffen gerade die Reformisten innerhalb der im Parlament vertretenen Parteien auf die Bürgerinitiativen, um auf diesem Wege wieder Zugang zu den Bewegungen an der Basis zu bekommen.

Ausgelöst durch die Aktionen innerhalb der Studentenbewegung einerseits und durch autonome Betriebspolitik in den Septemberstreiks 1969 andererseits, haben sich in der BRD und in West-Berlin in den letzten fünf Jahren mehr und mehr Basisaktivitäten entwickelt, die in erhöhtem Maße den Wunsch großer Bevölkerungsteile nach Teilnahme an Entscheidungen beziehungsweise der Eigenvertretung ihrer Interessen anzeigen.

Parteienvertreter versuchen hier Einfluß auf die Zielrichtung der Bürgerinitiative zu nehmen, indem sie die Teilnahme an kommunalen Entscheidungen anbieten, aber deren Durchsetzung nicht einlösen können. Je nach inhaltlicher Ausrichtung und der Radikalität der Bürgerinitiative versuchen sie hier entweder Bürger für die Partei zu gewinnen oder der Bewegung die Spitze abzubrechen. Dabei drückt sich bei den zumeist sprach- und redegeschulten Parteienvertretern Sprache auch als Herrschaft aus: Gerade sprachlich nicht gewandte Leute haben Schwierigkeiten, sich verständlich zu machen, besonders gegenüber anderen, sprachlich besser vertretenen Interessen.

Auch die Jungsozialisten, die sich in ihrer Doppelstrategie enorm basisfreundlich geben, versuchen Bewegungen an der Basis in erster Linie nicht zur Unterstützung von Selbstorganisationen, sondern für ihre innerparteiliche Position zu gebrauchen. Dabei stehen sie in dem unausweichlichen Konflikt, daß, wenn sie ernsthaft die Interessen der Betroffenen aufgreifen, sie gegen die Interessen der kommunalen Verwaltung verstoßen, in der ja die SPD vertreten ist.

Bürgerinitiativen stellen eine Form der Selbstorganisation der unmittelbar Betroffenen dar, die im System der politischen Institutionen nicht vorgesehen sind; sie sind zumeist zeitlich und inhaltlich begrenzt und versuchen im lokalen kommunalen Bereich eine bessere bürgerliche Öffentlichkeit wiederherzustellen. In ihrer inhaltlichen Festlegung auf

* Kleine Mängelerscheinungen, wie ungenügende Anzahl von Kindertagesstätten, Schulen, Spielplätzen, kann der Staat zwar in einigen Bereichen durch neue Planstellen und zusätzliche finanzielle Mittel beheben. Jedoch kann er die gesamten Mißstände, die ja auch durch staatliche Eingriffe entstehen, wie Mieterversetzung von billigen Altbau- in teurere Neubauwohnungen durch Sanierungspolitik, nicht beseitigen, will er nicht das ganze kapitalistische System abschaffen.

kommunalpolitische Fragen stellen Bürgerinitiativen dem Staat auf der einen Seite die verschiedenen Interessen und Bedürfnisse der Bevölkerung gegenüber, bringen also zunächst eine zunehmende Politisierung der Lebensverhältnisse hervor. Auf der anderen Seite zeigen sie in der Auseinandersetzung mit der kommunalen Bürokratie die Interessenverknüpfung von Parteien, Bürokratie und Kapital auf, die das Verwaltungshandeln bedingen. Wichtig dabei sind die politischen Erfahrungen, die eine Bürgerinitiative mit der kommunalen Verwaltung beziehungsweise dem Staatsapparat macht: «Wenn sich im Laufe des Bestehens der Bürgerinitiativen Veränderungen in der Qualität der Beziehungen zur Verwaltung ergaben, dann entweder zur Kooperation oder zur Gegnerschaft. Neutralität als Endstadium war praktisch ausgeschlossen.»[5]

Bürgerinitiativen und Stadtteilarbeit

Stadtteilarbeit ist im Gegensatz zu Bürgerinitiativen, die einen auf ein bestimmtes Ziel (entweder Abwehr einer geplanten Maßnahme – Verhinderung der Zerstörung von Grünanlagen durch Autobahnbau – oder Erreichen von mehr Versorgungseinrichtungen – Forderung nach mehr Kinderspielplätzen) kurzfristig zusammengeschlossenen Interessenverbund von betroffenen Bürgern bedeuten, längerfristig angelegt und beinhaltet alle politischen Aktivitäten, die im Wohn- und Freizeitbereich auftreten, die parteilich die Interessen der Betroffenen wahrnehmen und einen Lebenszusammenhang von Arbeit und Wohnbereich über die politische Aktion der Betroffenen herzustellen versuchen.

Die Schwierigkeiten, Stadtteilarbeit theoretisch zu definieren, liegt in den mangelnden praktischen Erfahrungen, die bisher in der BRD und West-Berlin mit Stadtteilarbeit gemacht worden sind. Stadtteilarbeit entwickelte sich nicht aus den Organisationen der Arbeiterbewegung zur Entfaltung und Erkämpfung eines proletarischen Lebenszusammenhangs, sondern wurde anfangs hauptsächlich von Studenten betrieben, um neben der Betriebsarbeit ein Agitations- und Mobilisierungsfeld für die besonders schweren Repressionen unterworfenen Lehrlinge, Jungarbeiter und Randgruppen zu haben. In der Stadtteilarbeit wurde eine Möglichkeit gesehen, außerhalb des Arbeitsbereiches politische Aktivitäten gegen das herrschende System zu mobilisieren. Die sich als politische Vorhut verstehenden Studenten konnten sich dabei auf eine Tradition von Arbeiterkämpfen in Wohnvierteln berufen, die jedoch fünfzig Jahre zurücklagen.

In Romanen wie ‹Barrikaden am Wedding› von Neukrantz oder ‹Rosenhofstraße› von Willi Bredel schildern die Autoren eindrucksvoll den revolutionären Kampf von Arbeitern der Weimarer Zeit gegen die Verelendung und Unterdrückung in den Arbeitervierteln.

Sie zeigen, wie sich die Arbeiter dort organisierten, welche Lebensgewohnheiten sie hatten und was der Kampf in den Straßen für den Kampf in den Betrieben bedeutete. Das ganze Netz von Beziehungen in und zwischen proletarischen Familien wird hier im Verbund mit der Politisierung von Frauen und Männern dargestellt.

Bedeutsam für die heutige Stadtteilarbeit wurden aber auch Konzepte, wie sie beispielsweise Walter Ulbricht in einem ‹Bericht über die Aufgaben der Straßenzellen zur Vorbereitung der Zweiten Organisationskonferenz der Kommunistischen Internationale› vortrug. Er ging damals davon aus, daß die Betriebszellen das Schwergewicht der Parteiarbeit zu tragen hätten, daß die KPD aber auch «jene Arbeitermassen und Mittelschichten beeinflussen» müsse, «die nicht in den Betrieben, sondern nur in den Wohngebieten erfaßt werden können». Für ihn war die Straßenzelle nur in engem Zusammenhang mit der Parteiarbeit vorstellbar. Sie sollte sich mit Fragen der Kommunalpolitik, Steuern, Preise und Löhne, mit den Mieterfragen, mit den verschiedensten Wahlen (Krankenkasse, Gewerbegericht), mit den Fragen der Sozialpolitik, mit den sanitären Verhältnissen usw. beschäftigen. Sie sollte es verstehen, diese Probleme auf Grund der besonderen Lebensverhältnisse der Bevölkerung ihres Gebietes zu behandeln. Formen der politischen Arbeit von Straßenzellen waren in dieser Konzeption: Hausagitation, Gespräche an wichtigen Punkten wie Einkaufszentren, Verkehrslokale der Arbeiter, Versammlungen usw. Außerdem erachtete er Hilfsmaßnahmen, die Unterstützung von Genossen sowie die Herstellung und den Verkauf kommunistischer Straßenzellenzeitungen, innerhalb der Organisierung in Straßenzellen für wichtig.

Jedoch waren und sind die Erfahrungen der Stadtteilarbeit in den zwanziger Jahren nur bedingt anwendbar auf die heutige Situation. Verstanden sich damals die Straßenzellen als Organe der Kommunistischen Partei, die die Interessen der Arbeiter vertrat, so fehlten, als man Ende der sechziger Jahre Stadtteilarbeit zu machen begann, eine parteiliche Organisation der Arbeiter, als deren Ausdruck sich Stadtteilarbeit hätte verstehen können. Das politische Bewußtsein weiter Teile der Arbeiter war 1968 und ist heute noch verschüttet beziehungsweise stark in oben beschriebener Form geprägt. Eine lange Phase wirtschaftlichen Aufschwungs nach dem Zweiten Weltkrieg, mit dem (bedingt durch die Teilung Deutschlands in einen sogenannten sozialistischen und kapitalistischen Teil) ein starker Antikommunismus einherging, hat die Einsichtsfähigkeit der Arbeiter in ihre eigene Lage getrübt. So bestand zu

Beginn der Studentenbewegung, aus der ja Stadtteilarbeit entstanden ist, kein politisches Organisationspotential, das richtungweisend für die junge politische Bewegung hätte sein können. Die meisten Ansätze der Stadtteilarbeit entstanden deshalb ohne eigentliche Perspektive und waren kurzlebig oder wurden längere Zeit unterbrochen, um dann möglicherweise von anderen Gruppen mit anderen Zielvorstellungen weitergeführt zu werden. Bezeichnend für die strategischen Überlegungen in dieser Phase der Stadtteilarbeit ist die Tatsache, daß man glaubte, der Politisierungsprozeß breiter Teile des Proletariats sei im Wohnbereich vor allem über Randgruppen möglich, also Gruppen, die besonders im gesellschaftlichen Leben benachteiligt sind (Obdachlose, Heimjugendliche, Trebegänger).

Andere Ansätze sahen vor, innerhalb der Arbeiterschaft die Teile anzusprechen, die auf Grund ihrer untergeordneten Stellung am Arbeitsplatz am meisten unterdrückt und ausgebeutet sind und daher am leichtesten mobilisierbar schienen: Lehrlinge und Jungarbeiter und unqualifizierte ausländische Arbeiter aus Sanierungsgebieten und Trabantenstädten.

Es liegt auf der Hand, daß diese beiden strategischen Ansätze am häufigsten in sanierungsbedrohten Altbaugebieten (Berlin-Kreuzberg, Frankfurt-Westend, München-Lehel) erprobt worden sind. Aber auch parteipolitische Aktivitäten etablierter Parlamentsparteien wie die der Jungsozialisten entwickelten sich, soweit sie stadtteilbezogen waren, eher in Sanierungsgebieten (Bremen-Ostertor-Viertel, Hannover-Linden) als in Neubauvierteln.

So gesehen, stellt das Exempel des Märkischen Viertels einen Sonderfall dar, als die Einweisungspolitik des Westberliner Senates und der Wohnungsbaugesellschaften ins Viertel dieser Trabantenstadt zumindest in den ersten Jahren einen wesentlich «proletarischeren» Akzent gaben, als dies in anderen, «bürgerlicheren» Neubauvierteln beobachtet werden kann. Dieser Akzent, verbunden mit dem besonders fatalen Mangel an infrastrukturellen sozialen Einrichtungen mag erklären, warum es möglich war, im MV über einen längeren Zeitraum hinweg die Isolation und die politische Sprachlosigkeit neu hinzugezogener Mieter einer Trabantenstadt aufzubrechen und Ansätze einer stadtteilbezogenen Mieterbewegung auszubilden, die sich weder von taktischen Maßnahmen der Rathausparteien noch von agitatorischen Versuchen neugegründeter Aufbauorganisationen integrieren ließ. Die wohnviertelbezogene Autonomie über ein halbes Jahrzehnt ausgebaut und erhalten zu haben, macht das Lehrreiche, aber gleichzeitig Besondere dieser Praxis aus. Sie illustriert uns die basisdemokratischen Möglichkeiten, aber gleichzeitig auch die Grenzen eines solchen Versuches. Es erscheint uns riskant, aus dem

Beispiel der MÄRKISCHEN VIERTEL ZEITUNG weiterreichende Konsequenzen zu ziehen und die Frage nach seiner Übertragbarkeit eindeutig zu beantworten. Aber wir haben diesen Problemkreis mit den Mitgliedern der MVZ-Redaktion aus der dritten Phase der gemeinsamen Stadtteilarbeit auf Grund des allen vorliegenden Buchmanuskriptes diskutiert, und ihre Einschätzung soll unseren Erfahrungsbericht über Stadtteilzeitungen beschließen.

Von der Geduld zum Agitieren

Hans:
«Wir müssen langfristig arbeiten. Wir könn' nich davon ausgehn, daß wir heute jemand treffen und mit unsren Ideen überrumpeln. Wir müssen da wirklich Jeduld habn. Wie lange hab ick jebraucht. Die Zeit muß ick uffbring'n und den andern ooch lassn.[6]»

Wolfgang:
«Richtig. Der Wolf, der weiß, daß er ein Wolf ist, der kann ja ruhig einen Schafspelz anziehen. Das macht ihm nichts. Nur das Schaf, das kein Schaf sein will, das braucht einen Wolfspelz.»

Hans:
«Ick will die Leute doch für mich jewinn. Und das kann ich nich, wenn ick se laufend schocke.»

Janine:
«Das war ja bei uns auch der Fall. Im Anfang sind wir ausgelacht worden in der Redaktion. Hans hat mal paar Arbeiter mitgebracht, die sind da nicht voll akzeptiert worden, und was haben sie gemacht? Das nächste Mal sind sie natürlich nich erschienen.»

Manfred:
«Du darfst alles andere, nur nich arrogant sein. Gerade wir, die wir glauben, daß wir politisierter sind als andere, grade wir dürfen in den Fehler nie verfallen und einen Anspruch an sie stellen, der einfach nicht berechtigt ist.»

Hans:
«Aber wir dürfn auch nich den hundertprozentig Jovialen spieln und den Arbeeter als Hätschelkind betrachten. Das würde ihm jenau so wenig passn. Er würde sich einfach minderwertig vorkomm. Das is sehr schwierig. Grade für Studenten. Ick bin da abjebrühter. Aber ick war ja nich immer so. Ick selbst bin ja ooch mal jekomm und wollte wissen, was mit

Marx und Brecht los is. Das hat mir ja keener jelernt. Ich hab Sigismund Rüstig jelesen und nich Marx.»

Wolfgang:
«Eben. Ihr dürft ja eure Arbeit nicht nur an dem messen, was dabei rausgekommen ist, sondern müßt auch das berücksichtigen, was ihr dabei gelernt habt.»

Hans:
«Wir gehn ja alle nich – wie wir hier sitzen – zur Tagesordnung über. Wir bleiben ja alle irgendwo tätig.»

Manfred:
«Entscheidend ist, daß man bei solchen Lernprozessen, wie wir sie durchgemacht haben, eine Seite nicht zu kurz kommen lassen sollte. Ich meine die eigene – ich drück mich jetzt vielleicht bissel unglücklich aus – die kritische Selbstreflexion. Wir haben immer krampfhaft versucht, Sachen zu machen, also sachlich zu sein, 'ne Sache durchzuziehen, und wir ham uns selber gar nich mehr kritisch beobachtet. Ich glaub, daß man immer mal wieder Phasen der kritischen Selbstbesinnung braucht, der gemeinsamen Selbstbesinnung.»

Von der richtigen Mischung der Redaktion

Hans:
«Am Schluß kommt ja noch was janz Positives raus. Hier sind ja teilweise Studenten recht schlecht bei wegjekomm. Es wird doch aber am Ende janz deutlich für uns, daß ohne Studenten für uns die Sache och nich jeht. Jenauso, wie die Studenten uns brauchen . . . Wir brauchen sie, bloß: sie dürfen nich die Wortführer sein. Die Zeitung müssen wir bestimm, inhaltlich und formmäßig. Sie müssen die Zuträger sein, die Wasserschlepper. Schön, das is ne billige Rolle, aber sie könn das ja ohne weiteres verkraften, weil ihre Chancen am Ende ja sowieso größer sind als unsre.»

Ursula:
«Aber wie willst du denn über die Zeitung bestimmen, wenn du gar keinen Einfluß darauf hast, welche Informationen du bekommst?»

Hans:
«Das isses eben, wenn ick als Arbeiter in der Minderheit bin! Dann hab ich mit meinen Ideen da sowieso nischt zu melden. Ick muß in der Gruppe bestimmen könn!»

Carola:
«Die Bürgerlichen solln doch ihre Interessen auch in der Gruppe vertreten – aber eben solidarisch mit den Arbeitern.»

Helga:
«Bei konsequenter Interessenvertretung für die Arbeiter mußt du deine eigenen Interessen riskieren.»

Carola:
«Das seh ich aber ganz anders. Das seh ick an meiner eigenen Familie, daß man sowohl eine solidarische Haltung gegenüber den Arbeitern entwickeln und daß man trotzdem noch einige Interessen haben kann. Das seh ick doch an meinen eigenen Kindern. Ick bin aus dem Märkischen Viertel rausgezogen, weil ick mir gesagt habe, ick kenn meine eigene Entwicklung, und ick möchte für meine eigenen Kinder – nicht eine elitäre – aber eine andere. Das heißt aber nich, daß ick in meinem Arbeitsbereich nich solidarisch mit den Arbeitern handeln kann. Aber meine persönlichen Interessen sind im Augenblick eben anders.»

Hans:
«Kannst du das genau überblicken, daß du solidarisch mit den Arbeitern bist?»

Carola:
«Ja das kann ick.»

Von der Schwierigkeit, gemeinsam zu handeln

Ursula:
«Ich meine, der Delegiertenrat war ja nicht nur irgendeine Idee irgendwelcher Studenten. Gerade weil man festgestellt hat, daß man irgendwie politisch isoliert rumlief, war ja der Delegiertenrat ein Versuch, eine Verbindung zu den anderen Gruppen herzustellen.»

Hans:
Konnt doch aber nich jutjehn, bei den vielen verschiedenen Interessen, die dann plötzlich ufftauchten! Vorher hatten se alle det gleiche Interesse jehabt: wat zu sagen und richtige Informationen zu bringen . . . det war ja nich schlecht jewesen. Aber plötzlich, als denn verschiedne Interessengruppen entstanden durch die Kommissionen, denn ging det Hickhack rum. Jeder hat um seine Interessen gekämpft . . . denn ging det um die Jelder, jeder hat um seine Jelder gekämpft! Det hat denn ausgeartet

bis zu persönlichen Angriffen verschiedener Gruppenmitglieder gegen andere wiederum . . .»

Claus:

«. . . ich meine, das ist insgesamt relativ unabhängig von uns persönlich und von den Gruppen. Diese ganze sozialpsychologische Seite des Gruppenprozesses von Leuten, die sich aufmachen, etwas miteinander zu lernen, was ihrem bisherigen Verhalten entgegensteht, also nehmen wir mal Solidarität, und das doch immer wieder in die alten Verhaltensweisen zurückfallen, das hat ja der Richter ganz gut in seinem Buch ‹Solidarität› beschrieben. Das ist uns also nicht anders gegangen als anderen Gruppen auch, das kann man vielleicht sagen. Nur, ist es damit getan, oder gibt es über die Gruppenschwierigkeiten hinaus Dinge, die für uns wichtig geworden sind, in unserer Entwicklung und darüber hinaus gibt es eine Konsequenz oder Überlegungen, ob man es noch mal machen würde und wie dann?»

Wolfgang:

«Ja, das glaub ich eben auch, und insofern ist diese Arbeit vielleicht auch beispielhaft für die Grenzen dieser Arbeit – unabhängig jetzt davon, ob ihr in dem einen oder dem anderen Fall 'ne taktische Entscheidung richtig oder falsch getroffen habt, das ist 'ne andre Frage – aber bei der Frage, wo sind eigentlich die Grenzen, und zwar nicht die Grenzen, die damit zusammenhängen, daß es die falschen Leute waren, sondern die objektiven Grenzen dieser Arbeit.
Ich glaube dafür ist die MVZ wirklich typisch, daß ihr bis an die Grenzen gegangen seid – oder, daß jeder Schritt weiter an die Grenze stößt unabhängig davon, wer diesen Schritt geht.
Für mich stellt sich das so dar. Man hat also gemerkt, da ist was faul, und dann haben ein paar Leute gesagt, gut, dann machen wir eine Zeitung, damit möglichst alle Leute im Viertel möglichst schnell merken, was da faul ist. Und 'ne Zeitung machen, das ist 'ne Sache, die eine Gruppe machen kann, wenn sie ein paar Leute hat, die ein bißchen Zeit haben und was davon verstehen. Das kann man machen. Und beim Machen der Zeitung hat man festgestellt, daß es nicht ausreicht, 'ne Zeitung zu machen, daß man selber Aktivitäten anleiern muß.
Dann hat man festgestellt, daß es nicht ausreicht, Aktivitäten anzuleiern, sondern daß man sich mit anderen Gruppen in Verbindung setzen muß, die auch Aktivitäten anleiern.
Dann hat man festgestellt, daß es nicht ausreicht, sich zusammenzusetzen, sondern daß man eine gemeinsame Linie diskutieren muß. Dann hat man festgestellt, daß dazu gehört, daß man theoretisch arbeitet, daß man sich auseinandersetzt mit verschiedenen Organisationsmodellen, mit verschiedenen Arten, Gesellschaft zu erklären.

213

Und das alles zusammen hat bedeutet, daß dieses kleene Ding: 'ne Zeitung machen, plötzlich ein unheimliches Ding geworden ist, vom Besorgen von Letrasetbuchstaben bis zum Verändern der Gesellschaft. Und da ist eigentlich der Punkt, wo sich auch zeigt, daß man solche Dinge nur arbeitsteilig angehen kann. Und dann hat man festgestellt, daß die Form der Arbeitsteilung, die es gibt, nämlich daß da 'ne Parteizentrale ist, die die Linie festlegt, und daß unten die Leute sitzen, die 'ne Zeitung machen nach der Linie, daß das nicht das Konzept ist, was ihr wolltet. Das heißt, ihr habt den Anspruch gehabt, vom Machen der Zeitung bis zum Festlegen der Linie alles gemeinsam zu machen. Und das im Freizeitbereich und ehrenamtlich, und habt festgestellt, daß das nicht geht, und daß aber die arbeitsteiligen politischen Hilfen in Form einer überregionalen Organisation wieder Konsequenzen haben, die ihr auch nicht wollt. Ich glaube, da sind die Widersprüche! Und zwar nicht Widersprüche die man lösen kann, indem man sagt: wir machen's nächstesmal besser.»

Claus:
«Und vor allen Dingen, noch eins vorweg, was mir jedenfalls wichtig ist bei der Beurteilung. Daß man sich nämlich, wenn man mit dem Motiv, gesellschaftlich was ändern zu wollen, anfängt, daß man sich dann auf 'ne Zeitung stürzt. Das ist ja doch schon eine ganz unreflektierte – das weiß ich eben nicht, wie das Projekt geboren wurde, da war ich nicht dabei –, aber 'ne unreflektierte, so ein bißchen intellektuell, mal jetzt grobschlächtig gesagt, bürgerliche Vorentscheidung. Nämlich noch so aus seinem eigenen Lernprozeß über Gelesenes was gelernt zu haben, das vorauszusetzen und deswegen als ein Instrument zu nehmen zur Veränderung. Und wenn solche Leute das anfangen, dann bleibt natürlich ein Moment von so einer Einschätzung auch immer drin. Und das kann mit ein Grund von vornherein dafür sein für dieses, was ich vorhin schon sagte, heroisch seine Identität abgrenzen, durchhalten zu wollen. Und dazu eben all die zusätzlichen Lernprozesse, zu merken, es geht mit der Zeitung alleine nicht, aber dazu immer so ein bißchen seine eigene Identität des Anfangs durchhalten zu wollen, denn sonst müßte man ja begreifen, daß so 'ne Zeitung eine ganz untergeordnete, zweitrangige oder sogar drittrangige Bedeutung hat, nämlich für schon arbeitende Gruppen, die nicht mit einer Zeitung angefangen haben, sondern mit der unmittelbaren Arbeit, eine Kommunikation nachträglich herzustellen. Und hier ist von hinten aufgezäumt worden, hier sollte erst Kommunikation geschaffen werden, dann gleich – zur Selbstrechtfertigung mit dem irren Anspruch – in einem neuen kommunikativ unstrukturierten Viertel neue Kommunikationsstrukturen und noch gar einen Lebenszusammenhang zu schaffen?! Also, vielleicht muß man auch das ein bißchen sagen, das ist im Grunde von hinten aufgezäumt. Das hat man

jetzt erst gemerkt, das konnte man vorher nicht sagen, aber das hat man jetzt gemerkt, daß man damit, was sich so in dem Prozeß herausgebildet hat, nichts anfangen konnte.»

Ursula:
«Aber daneben gab es doch auch am Anfang schon Gruppen, es war doch nicht nur die Zeitung da.»

Von der Notwendigkeit und Schwierigkeit, sich zu organisieren

Tilman:
«. . . daß wir Fehler gemacht haben, das wissen wir ja, aber die Frage ist doch, was können wir aus unseren Erfahrungen für eine Weiterarbeit gewinnen?»

Hans:
«Das ist fast nicht zu machen, sieh mal, wenn die Zeitung gut sein soll, dann müßte man das immer machen können, nich in der Freizeit . . .»

Wolfgang:
«. . . die beste Art, Probleme zu lösen, ist, sie alle gleichzeitig lösen zu wollen, also muß ich doch irgendwie gewichten, was ist im Moment wichtiger. Natürlich ist alles wichtig . . . aber was ist unter den gegenwärtigen Umständen das Wichtigere . . .»

Hans:
«Ich würde immer sagen, die Basis kriegen! Das ist det Wichtigste.»

Wolfgang:
«Ja. Gut. Wie immer man das entscheidet, das ist die eine Frage: wir können nicht immer alles gleichzeitig machen, was ziehn wir vor. Da hat der Claus schon gesagt, man hätte vielleicht nicht mit einer Zeitung anfangen sollen. Die andere Möglichkeit wäre nun, mit den schmalen Kräften auszukommen und sich in einen Zusammenhang zu bringen, der in stärkerer Weise arbeitsteilig ist. Da kommt nun wieder die Organisationsfrage, das haben wir vorhin schon diskutiert, daß sie zwar effektiver die Arbeit verteilen kann und auch bewältigen kann, aber immer weniger in der Lage sind, einen Überblick zu haben . . . Und ich bin heute soweit, daß ich sage, o. k., beiß ich in den sauren Apfel und geh in eine Organisation, die wenigstens garantiert, daß die Ziele erreicht werden, selbst wenn im Hinblick auf die Wege sie verschiedene Wege gehn, von denen ich jetzt sagen würde, ich möcht's anders. Ich bin nicht

*im Schlaraffenland, ich kann's mir nicht aussuchen. Irgendwo muß ich
mich entscheiden. Und wenn ich nichts tue, steh ich immer zwischen
Baum und Borke!»*

Helga:
«*Aber es gibt Zustände, die sind zwischen Baum und Borke! . . . Ich finde
das, was sich uns jetzt anbietet an Organisationsformen oder an Partei-
möglichkeiten, da ist noch nichts, wo du mit frohem Herzen sagen
kannst, da kannst du reingehen! Da sitzt du dann auch zwischen Baum
und Borke! Und das ist ein Ausdruck, den muß man auch klar benennen,
und zwar nicht als defätistisch, sondern als realen Ausdruck unserer
realen Situation. Wichtig ist für mich, daß man die Kraft hat, das noch
möglichst lange auszuhalten.*»

Carola:
«*Das geht den Arbeitern genauso, aber ich finde es noch besser, wenn die
Arbeiter in den sauren Apfel beißen und in die SEW gehen, um Erfahrungen zu sammeln, um sich zu solidarisieren, um einen Lernprozeß zu
machen und vielleicht auch um die Illusion zu verlieren und dann wieder
rausgehen. Aber das finde ich besser, als wenn die sich heute hinstellen
und echt nischt machen.*»

Tilman:
«*Das ist die Alternative, SEW oder nichts machen?*»

Claus:
«*Nein, darüber brauchen wir doch nicht zu reden. Carola meint doch, es
ist besser, in eine Organisation zu gehen, die man nicht hundertprozentig akzeptiert als gar nichts zu machen.*»

Manfred:
«*Das auf jeden Fall.*»

Helga:
«*Aber du tust ja so, als wenn die Solidarisierungsmöglichkeit nur in der
Partei gegeben ist. Solidarisierungsmöglichkeit ist auch in der oppositio-
nellen Gewerkschaftsarbeit.*»

Manfred:
«*Ich meine, es ist, so wie ich das sehe, sowieso die Frage, ob man mit
irgendeiner Parteipolitik etwas verändern kann, ich bin da eher pessimi-
stisch, was die Veränderungsmöglichkeiten anbelangt.*»

Wolfgang:

«. . . ich bin heute schon froh, wenn ich eine Organisation finde, mit der ich 20 bis 30 Prozent übereinstimme, weil ich auch davon ausgehe, daß ich nicht eine Organisation finde, die Kindererziehung auf 'ne richtige Weise diskutiert, die volle Mitbestimmung in der gesamten Basis realisiert, die außerdem noch die richtige Politik macht und die außerdem noch Erfolg hat.»

(Lachen)

«Und von daher, bestimmte Sachen erwarte ich gar nicht von 'ner bestimmten Organisation.»

Tilman:

«Das ist bloß die Frage, ob das anzunehmen ist, daß man immer mehr reduziert, daß man sich auf immer niedrigerer Ebene einläßt.»

Janine:

«Was machst du aber dann, wenn du an einem Punkt angelangt bist, wo du sagst, ‹jetzt bin ich bei Null›?»

Hans:

«Da ziehst du dich zurück, du willst ja nicht dauernd enttäuscht sein, so war det bei mir, ick bin inne SPD jejangen, bin ich wieder raus, genauso war et inner SEW, wat soll ick da, ick werde als Motzer hingestellt!»

Michael:

«Jetzt stellt sich doch die Frage: wie sich neu organisieren, ohne MVZ-Mythos und mit 'ner finanziellen Basis und so weiter.»

Claus:

«Das ist der zweite Schritt. Der erste wäre zunächst einmal zu sagen, also hat die Zeitung zunächst, wie die meisten ähnlichen Gruppen, ein ‹individuelles Bedürfnis› abgedeckt, aber war wichtig für die Entwicklung der Beteiligten. Und damit ist ja häufig auch von so einer Gruppe schon ein Stück Existenz hinüber. Und das ganze Gruppenbewußtsein zu transformieren und neu zusammenzuhalten auf Grund der ganzen Entwicklung, das ist ein schwieriger Prozeß. Und zweitens kann man jetzt eben sagen, daß man keine Zeitung machen kann, wenn es im Viertel keine politische Arbeit mehr gibt. Und drittens kann man zunächst nur mal sagen, die Alternative besteht darin, daß man sich doch entweder der einen oder anderen Gruppe, mit der man nicht vollkommen übereinstimmt, anschließt und hofft, daß man da etwas erreichen könnte, oder eine Zeitung noch einmal anzufangen, wenn man die Einschätzung teilt, daß die bisherige Arbeit der Zeitung eine qualitativ andere Situation im Viertel geschaffen hat, wenigstens ansatzweise. Das heißt also, die

Zeitung ist ja erst erschienen, nachdem es schon politische Arbeit gegeben hat und die an Leute gerichtet war, die schon in einen Prozeß auf die eine oder andere Weise einbezogen waren. Wenn man jetzt sagt, was bisher im Viertel gelaufen ist, das ist schon so etwas wie ein Bewußtseins- oder Politisierungsprozeß, darauf hin kann man schon eine Zeitung neu anfangen, die aber anders anfangen kann, als es damals gelaufen ist.»

Carola:
«Ick fände das unheimlich wichtig, wenn es eine Möglichkeit der solidarischen Auseinandersetzung für die Kollegen gebe, die in die SEW gegangen sind, ick meine jetzt eine wirklich solidarische Diskussion, eine echte Auseinandersetzung mit der SEW.»

Wolfgang:
«Ja, Claus, in dein Resümee sollte man die Alternative, die die Carola gerade gezeigt hat, auch mit aufnehmen, daß man bei der solidarischen Auseinandersetzung mit anderen Gruppen weg muß von der Alternativentscheidung: ich trete in sie ein, oder ich kämpfe gegen sie. Das halte ich in der Tat für falsch, sondern es muß dazwischen noch 'ne Reihe der partiellen Unterstützung, der distanzierten Kritik bei teilweiser Übereinstimmung, da muß es doch 'ne Menge dazwischen geben.»

Manfred:
«Also doch immer zwischen Baum und Borke, aber bewußt.»

Von der Mühsal der kleinen Schritte

Helga:
«Man müßte so einen Ort haben, so ein Mischmasch aus Kneipe und Information, so einen Treffpunkt.»

Hans:
«Meinste nich, Helga, daß det verträumt is? Nich mal uff'n Rummel gehn die Leute, weil sie einfach keene Zeit haben heute.»

Janine:
«Angelika macht jetzt Sportverein, ick geh da ooch hin, und weißt du, wer da hingeht? Alle meine Nachbarinnen hab ich mobil gemacht. Wir reden über alles. Ich hab schon manchmal die Angelika gefragt, ob denn das die Mühe lohnt. Doch, sagt sie, die Frauen fangen jetzt selbst an zu fragen. Die kommen regelmäßig, um halb acht stehn die bei Angelika vor der Tür und warten auf sie.»

Manfred:
«Ich warne bloß vor diesen aktiven Leistungssportlern!»
(Lachen)

Janine:
*«Nein, das wolln die ja gar nich, die wolln sich unterhalten!! Genauso
die Dampferfahrt, das war auch ein Erfolg, da haben die Frauen Spaß
gehabt, dann fangen sie auch an zu reden, das ist sehr sehr mühselig,
aber das Bewußtsein ist eben noch nicht anders!»*

Anmerkungen

1 Rückerinnerungsdiskussion am 22./23. 6. 1974.
2 Rückerinnerungsdiskussion am 16./17. 6. 1973.
3 Martin Osterland u. a.: ‹Materialien zur Lebens- und Arbeitssituation der Industriearbeiter in der BRD›. Frankfurt am Main 1973, S. 229.
4 Rückerinnerungsdiskussion am 22./23. 6. 1974.
5 Rückerinnerungsdiskussion am 22./23. 6. 1974.
6 Die folgenden Zitate stammen aus der Rückerinnerungsdiskussion vom 13. 7.
  1974.

MVZ

Märkische Viertel Zeitung

No. 6
Dez – Januar 1972/73

4. Jahrg. Aufl. 3 000
Preis im MV 0.30 DM
Außerhalb 0.50 DM

Mieterproteste im MV

WOHNSTE SOZIA HASTE DIE QUAL

Sept - Nov 6 Beispiele

Wir über uns

Im Juni 1969 hatten sich zum ersten Mal einige kritisch einge-
stellte Bürger im MV zusammengefunden, um gemeinsam eine eige-
ne Zeitung zu machen. Im Juni 1972 feierte die MVZ ihr drei-
jähriges Jubiläum.
In der Vergangenheit hat man uns oft gefragt :
Warum macht Ihr diese Zeitung ?
Was wollt Ihr damit erreichen ?
Wer seid Ihr?

1. Wir sind eine Gruppe von Bürgern, die der Meinung ist, daß
es im MV eine Menge brisanter Konflikte gibt, die unsere Lebensbedingungen erschweren und oft unerträglich machen, wenn
wir immer nur sagen: Wir können ja doch nichts machen!, und
den Kopf in den Sand stecken. Wir wollen über die Mißstände
und über die Konflikte im MV berichten und mit dieser selbstgemachten Zeitung daraufhin wirken, daß der Stimme des "kleinen Mannes" mehr Gehör verschafft wird, daß der "verplante
Mensch" seine Lage am Arbeitsplatz und im Wohnbereich kritischer erkennt und sich entschließt, etwas gegen seine bürokratische Verwaltung und Ausnutzung zu unternehmen.Das kann aber
nur in einer Zeitung geschehen, die sich von der Bevormundung
aller etablierten Parteien freihält und auf Geldgeber lieber
verzichtet, wenn deren Interesse allein darin besteht, mit
dem Zeitungsmachen Gewinne zu erwirtschaften.

2. Die MVZ ist unabhängig, finanziert sich durch Straßenverkauf und durch Abonnements. Nur deshalb kann sie es sich leisten, gegen Mieterhöhungen, Kinderfeindlichkeit, Ausbeutung
am Arbeitsplatz, Sozialpolitik des Senats,gegen Benachteiligung und Bürokratismus zu Felde zu ziehen.

3. Die Mitarbeiter der Zeitung sind ausnahmslos Laien im Zeitungmachen. Seit Bestehen der Zeitung haben über 50 Bürger
an ihr mitgewirkt. Die Redaktion ist nämlich nicht eine ständig feste Gruppe, sondern sie wechselt häufig. Zur Zeit schreiben in ihr: 1 Maler, 1 Einrichter, 1   Lehrer, 1 Beamter, 1 technische Assistentin, 2 Hausfrauen, 1 Filmer,
1 Angestellter, 1 Sozialarbeiter, 1 Versicherungskaufmann,
1 Rechtsanwalt, 1 Pfarrer und ein Student.

TROTZDEM BRAUCHEN WIR STÄNDIG VERSTÄRKUNG ! BESUCHEN SIE UNS
DOCH MAL AUF EINER REDAKTIONSSITZUNG .
Kontaktanschrift: Horst Lange, 1 Berlin 26, Wilhelmsruher Damm
201, Tel. 415 45 59

MVZ HEISST: MEHR KONTAKTE, MEHR NACHBARSCHAFTLICHE GESPRÄCHE,
MEHR POLITISCHE DISKUSSIONEN UNTER UNS BEWOHNERN !

LESEN SIE DIE DICKSTE NUMMER, DIE JE ERSCHIEN !!!

Wir sind uffjeklärt ...

...schallte es vierzehn Tage lang
durch das Märkische Viertel. Eine
Filmergruppe führte einen Film
über den Mieterschutzbund vor, in
dem MV-Mieter berichteten, inwieweit sich ihre Lebensbedingungen
verschlechtert haben. Mit Flugblättern wurde zu einer Mieterversammlung eingeladen: 5oo Mieter ka
men am 2o. September in die über -
füllte Schule.
Leider waren die Herren vom Bau-
Senat und von den Wohnungsbaugesellschaften n i c h t erschienen.

Über 5o Mieter meldeten sich spontan, um die Einrichtung von Mieter
vertretungen vorzubereiten. Inzwischen sind sie bereits mitten in
der Arbeit und haben bereits 3 ooo
Unterschriften gesammelt. Die Hand-
tuch- und Bettlakenaktion hätte
sicher einen noch größeren Umfang
gehabt, wenn nicht zahlreiche Mieter, wie aus Gesprächen zu erfahren war, einfach Angst hatten, bei
der GESOBAU "aufzufallen".
In einer Presseerklärung vom 28.
September legte der Mieterschutzbund konkrete Forderungen dar :

1. MIETPREISSTOP UND RÜCKNAHME DER LETZTEN MIETERHÖHUNG UM -,15 DM PRO QM.
2. ABSCHAFFUNG DER BEFRISTUNG DER AUFWENDUNGSZUSCHÜSSE DES SENATS.
3. ÜBERPRÜFUNG DER VOLLSTÄNDIGEN UNTERLAGEN ZUR ERMITTLUNG DER UMLAGENKOSTEN
   UND DEREN VERSTÄNDLICHE ERKLÄRUNG FÜR DIE MIETER.
4. ÜBERFÜHRUNG DES FERNHEIZWERKES MÄRKISCHES VIERTEL IN DIE ÖFFENTLICHE HAND.
5. UNVERZÜGLICHE ZULASSUNG UND ANERKENNUNG VON MIETERVERTRETUNGEN.
6. UNTERLASSUNG VON EINSCHÜCHTERUNNGEN GEGENÜBER DEN AN DEN AKTIONEN BETEI-
   LIGTEN MIETERN!

Höhepunkt der Aktionen war am 3o.
September der Autokorso zum Rathaus Schöneberg. 153 Fahrzeuge
fuhren in einer Schlange von 2 Km
mit Tempo 2o vom MV zum Rathaus
Dort wurde dem Senat, vertreten
durch Senatsdirektor Ziegler, ein
offener Brief übergeben, in dem
die Forderungen der Mieter enthalten waren. Der Bausenator ließ
verlauten, es werde Verbesserungen
geben. Die dürfen natürlich nicht
so aussehen, daß anstelle von Nachforderungen jetzt Vorauszahlungen
gefordert werden. Die "uffjeklärten
Mieter" haben diesen Trick aber inzwischen durchschaut. Die Berech -

nung des Wohngeldes nach der Warm-
miete wäre eine echte Verbesserung
für viele Mieter.
Wir fordern : Senat, Gesellschaften
und Heizwerk müssen alles in ihrer
Macht stehende tun, um die Heizkosten im MV so niedrig zu halten, wie
sie in anderen Neubaugebieten zu
finden sind.

WIE KOMME ICH INS GESPRÄCH MIT MEINEM GEWÄHLTEN VOLKSVERTRETER ?

Zum Beispiel :

Ich erbitte ein Gespräch mit ihm -
ohne Erfolg! Wir laden zu einer Mieterversammlung mit über 5oo Mietern
ein - er kommt nicht ! Wir hängen
über 3ooo Bettlaken aus unseren Fen-
stern- er ist nicht zu sprechen !
Wir sammeln über 3ooo Unterschriften und warten auf Stellungnahme-
nach 2 Monaten immer noch vergeblich!
Wir starten einen Autokorso quer
durch Berlin, mit über 15o Autos-
unser Volksvertreter feiert Geburtstag ! Nahezu 5oo Mieter stehen vor
dem Rathaus und warten auf eine Antwort auf die überreichte Resolution-
statt dessen verläßt unser Bürgermeister Griegers das Rathaus und
steigt, ohne seine wartenden Bürger
aus dem MV auch nur eines Blickes
zu würdigen, in seinen schwarzen
Mercedes und rauscht davon !
**Was müssen wir Bewohner nun tun, um
mit unseren gewählten Volksvertre -
tern ins Gespräch zu kommen ?**

Beim persönlichen Referenten
von Strauß bewarb sich ein
Mann, der eine unwahrschein-
liche Ähnlichkeit mit Strauß
hat. Er bot sich als Double
für Strauß an. "Hören Sie mal,
meint der Referent, "unser
Parteichef wird von allen ge-
liebt und geachtet, ja, sogar
verehrt, er braucht sich nicht
von einem Doppelgänger vertreten zu lassen.Wie kommen
Sie nur auf diese blöde Idee?"
"Weil ich in letzter Zeit immer öfter von unbekannten Leuten verprügelt werde."

Hans Rickmann

Mieterproteste im MV Sept - Nov 6 Beispiele

1 Mieterversammlung

Wieder eine Mieterhöhung und hohe
Heizungsnachzahlungen!
Aus diesen Gründen lud der Mieterschutzbund am 2o.Sept.72 zu der
gr+ßen Mieterversammlung in einem
viel zu kleinen Raum der 27.Grund-
schule ein.
Die empörten Mieter kamen in
Scharen.Die Stimmung war geladen.
Zu Beginn wurde ein Film gezeigt,
in dem einige Familien im MV über
ihrer Schwierigkeiten mit den neuen
Heizungsnachzahlungen berichten.In
der darauf anschließenden heftigen
Diskussion tachten immer wieder die
gleichen Fragen auf,z.B.
Warum wurde das Heizwerk nicht dem
Gemeinwesen sondern Privatunter-
nehmern unterstellt?Warum wurde es
nicht nach der wirtschaftlicher
Lage von Steinkohle auf Öl oder
umgekehrt hergestellt,so daß man
es umstellen kann?

Wie kommt es zu den unterschiedlichen
Heizungs-Warmwasser-und Fahrstuhl-
kosten innerhalb des MV's?Woher
die Unterschiede zwischen vergleichbaren anderen Neubaugebieten
z.B. der Gropiusstadt?

Doch wo waren der Bausenator
Schwedler und die Herren von der
GeSoBau,die zu diesen Fragen
Stellung nehmen sollten?Die hielten
es nicht für nötig zu kommen.Die anwesenden Vertreter der 3 Parteien,
Döring (SPD),Liebig (FDP), und
Müller (CDU) brachten für das Verhalten des Senats nichts als Ent-
schuldigungen hervor,und die obendrein schon aufgebrachten Mieter ge-
rieten dadurch noch mehr in Wut.Sie
fühlten sich von ihnen nach Hause ge-
schickt.Frau Döring sprach dann noch
von "Irreführung",von"unsachlicher Information",vom"Aufputschen der Mieter"
Hier brauche niemand mehr aufzuhetzen,
wurde von mehren Rednern festgestellt,
das hätten die Wohnungsbaugesellschaft
mit ihren Zahlungsbescheiden bestens
besorgt.
Der Gipfel de Hohnes war dann folgende
Versicherung von Frau Döring auf die
Frage,ob sie denn nicht mal Änderungs-
vorschläge im Interesse der Mieter vor-
bringen könne." Ich beschäftige mich
voll und ganz mit den Sorgn der Mieter"
Schon im nächsten Satz gab sie schon
die nächste Entschuldigung für die
Fehlplanung des Heizwerkes (nicht als
kombiniertes),nämlich:Die krisenfeste
und umweltfreundliche Steinkohle.

Weihnachtsgeschenk der GESOBAU

Es geschehen noch Zeichen und Wunder!
Die Gesellschaft für sozialen Wohnungsbau fängt an,
sozial zu handeln. Mit dem Kanzlerwort auf der Zunge:
"Für mehr Lebensqualität", nimmt die Gesobau ihre Repressalien gegen die Mieter des MV's zurück.

Die Gesobau ließ verlauten:

1. Die Gesobau leistet ihren Beitrag zur Stabilität.
2. Die Gehälter des Vorstandes und die Tantiemen des Auf-
   sichtsrates der Gesobau werden ab sofort nicht mehr
   erhöht.
3. Die Mieterhöhung vom 1.10.72 wird zurückgenommen. Schon
   bezahlte Miete wird zurückerstattet.
4. Keine Mieterhöhung am 1. Januar 1973 oder später!
5. Die Gesobau anerkennt das Urteil der 12. Zivilkammer
   des Landgerichts Berlin wegen der unberechtigten Heizungs-
   und Warmwasserkostennachzahlungen.
6. Die Gesobau zahlt eventuell gezahlte Nachforderungen
   für die Heizperiode 71/72 in den nächsten Tagen zurück.
7. Die umstrittenen Abmachungen der Gesobau mit dem Fern-
   heizwerk werden ab sofort Bestandteil des Dauermietvertrages!
8. Die Gesobau fordert vom Mieterschutzbund MV e.V., die Wahl
   von Mieterräten durchzuführen.
9. Die Gesobau führt die paritätische Mitbestimmung der MV-Mieter
   ein.
10. Die Gesobau legt die Bauendabrechnungskosten nicht weg für Mietver-
    Mieter um.
11. Die Aufwendungszuschüsse fallen nicht weg für Mietver-
    hältnisse ab Beginn 1. Juli 1968.
12. Die Gesobau stellt dem Mieterschutzbund MV Büroräume zur
    Verfügung.
13. Auslagen, die dem Mieterschutzbund zur Wahrung der Inter-
    essen der Mieter gegenüber der Gesobau entstehen, werden von
    der Gesobau ersetzt.
14. Die Gesobau zahlt allen Mietern DM 100,-- als Treueprämie
    für 5-jähriges Aushalten!
15. Die Gesobau wünscht der MÄRKISCHEN VIERTEL ZEITUNG weiterhin
    viel Erfolg in ihrer Arbeit gegen unsoziale Wohnungsbaugesell-
    schaften und schlägt die MVZ für den diesjährigen Empfang
    des GOLDENEN PRESSELORBEERS als Preisträger vor.
16. Mit der neuen Heizkostenvorausbezahlung unter Ihren Weihnachts-
    bäumen wünscht die Gesobau ihren Mietern ein besonders

                              frohes Weihnachten 1972.

Da frage ich mich,wann es mal krisenfeste
Mieten und umweltfreundliche Müllberge
im MV gibt.
Das wird wohl noch lange unerfüllter
Wunsch bleiben,wenn man sich das große
Interesse des Senats für die Sorgen der
Mieter ansieht.
Alle Beteiligten dieser Mieterversammlung
waren sich einig darüber,daß man nicht
mehr nur tatenlos zusehen will,wie eine
Mieterhöhung nach der anderen ins Haus
flattert,sondern daß man sich gemeinsam
dagegen zur Wehr setzen will.
Die Frage war nur,wie?
Weitere langatmige Vergleiche wurden
dann auch durch Zurufe unterbrochen wie
z.B. Wir wollen jetzt mal darüber reden,
was wir dagegen tun können. Mit großer
Mehrheit wurde dann folgende Resolution
angenommen:

Resolution
Wir fordern Senat und Wohnungsbaugesellschaften auf:
1. Mietpreisstop
2. für jeden tragbare und kontrollierbare
   Heizungs- und Warmwasserkosten.
   Kontrolle der Mietpreisbildung durch
   den Mieter.
3. Anerkennung von gewählten Mietervertretungen.
4. Zur Bekräftigung dieser Resolution
   und als Ausdruck unserer Unzufriedenheit
   bekunden wir unsren gemeinsamen Protest,
   indem wir ab Montag,den 25.9. Handtücher,
   Bettlaken aus unseren Fenstern hängen.
Weiterhin ent die Versammlung sich zu
einer Unterschriftensammlung.
Um die Bildung eines Mieterrates angehen
zu können,rief man auf,daß sich Inter-
ressierte als Kontaktpersonen zwischen
Mieterschutzbund und Mietern zu Verfügung stellen sollten.Spontan meldeten
sich 4o-5o Mieter,deren Namen festgehalten
wurden

Steuern
sparen
Vermögen
bilden

Mieter
gegen
220%
Gesamtverlustzuweisung bis 1974

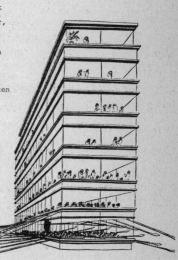

Handtuchaktion

2

Der Beschluß der Mieterversammlung, es würdeb ab diesem Morgen
Handtücher und Bettlaken ausgehängt,
soll nun in die Tat umgesetzt werden.
Um 8 Uhr in der Frühe rufe ich Bekann
te in derTiefenseerstr.,Quickborner-
str. und Finsterwalderstr. an und er-
kundige mich, ob die Mieter dort dem
Aufruf schon gefolgt sind. Die ersten
Berichte fallen mager aus. Im ganzen
"Langen Jammer" hängen 15 Bettlaken.
In der Papageiensiedlung ein einziges
in der Finsterwalderstr. gar keines!
Aber in der Quickbornerstr. bereits
18 ! Ich schaue aus meinem Fenster auf
die Häuser des Eichhorster Weges und
bin einigermaßen niedergeschlagen :
nach der zum Bersten überfüllten Mieterversammlung ist mir diese spärliche
Reaktion unverständlich.Waren auf der
Versammlung nur Maulhelden ? Kommt die
Wahl für diese Form des Protestes bei
den Mitbewohnern nicht an ?
Oder wissen einfach noch zu wenige
Mieter von der gemeinsam verabschiedeten Resolution auf der Mieterversammlung ?

Um 9 Uhr treffen 4 Mitglieder des Mieterschutzbundes bei mir ein (einer
hat frei genommen, eine ist Hausfrau
und Mutter von 4 Kindern, einer hat Ur-
laub und einer ist Student). Wir befestigen Spruchbänder und Transparente
an meinem VW-Bus und überlegen gemeinsam den Text für den Lautsprecher. Sehr
wohl ist uns nicht in unserer Haut,
weil noch niemand von uns jemals an einer solchen Lautsprecheraktion teilgenommen hat. Wir reden uns noch einmal
gegenseitig Mut zu und beginnen ab lo
Uhr mit dem anstrengenden Geschäft ,
rund 15.000 Mitbewohner des Viertels
über den Lautsprecherwagen zu solidarischen Protesten aufzurufen.
In der Mittagspause hören wir im Radio
ein Berolina - Interview mit dem Direktor der GESOBAU, Herrn Wegener. Er versucht, die MIeterhöhungen und Umlagen-
berechnungen herunterzuspielen, indem
er, schon fast frohlockend, auf die bis

zu dieser Stunde von seiner Gesellschaft
abgezählten 4oo Handtücher verweist.
Herr Wegener weiß zu dieser Stunde noch
nicht, daß die Protestaktion gerade
erst anläuft.

Der Grund ist uns inzwischen klar.

Dienstag

Das Ergebnis am Montag Abend war eher
deprimierend. Dieser Tag gehörte der
Gesobau.
Heute wollen wir unsere Anstrengungen
verstärken. Wir erfahren durch Gespräche mit Mietern vor den Hausaufgängen,
auf den Parkplätzen und im Einkaufszentrum, daß die meisten Bürger den
Mieterschutzbund gar nicht kennen oder
hinter dieser Interessenorganisation
eine politische Partei befürchten. Wir
weisen ausdrücklich auf die Überpar-
teilichkeit des MSB hin und verteilen
Informationsmaterial. Unsere Ausdauer
erntet die ersten sichtbaren Erfolge.
Immer mehr Mieter ziehen ihre Gardi-
nen beiseite , öffnen Fenster und
Balkontüren, hören interessiert auf
den Lautsprechertext und hängen mit
spontaner Zustimmung ihre Bettlaken
heraus. Am Abend zwingt uns unsere

Neugier zu einer letzten Rundfahrt
durchs Viertel. Wir zählen über 1000
Handtücher und Bettlaken.

Mittwoch

Der Morgen beginnt mit einem Skandal.
Es ist 10 Uhr 30. Wir stehen mit unserem Lautsprecherwagen auf einem
Hinterhof des Senftenberger Ringes
und verlesen unseren Protestaufruf.
Vom Balkon eines Hauses bittet uns
eine Mieterin in ihre Wohnung. Wir
folgen der Einladung und erfahren,daß
vor einer Stunde der Hauswart durchs
Gebäude gelaufen ist und alle erreich-
baren Mieter wegen der herausgehängten Handtücher einzuschüchtern ver -
suchte. "Nehmen Sie Ihre Bettlaken
sofort herein , Sie könnten Unannehmlichkeiten mit der Gesellschaft bekommen" , hieß es da und " die GE-
SOBAU läßt jeden Mieter notieren,der
sich an der Handtuchaktion beteiligt".

Einige von uns sind echt schockiert.
Eine solch offene und ungeschminkte
Drangsalierung hatte man der GESOBAU
bislang nicht zugetraut.
Viele Mieter, besonders Rentner und
Ausländer, sind total verängstigt
und befürchten., die GESOBAU habe
jede Macht über sie. Viele Handtücher verschwinden wieder von den F
Fenstern. Bis zum späten Abend laufen zahlreiche Berichte beim Mieterschutz bund ein : überall Empörung
über die Reaktion der GESOBAU. Selbst
einige Hauswarte finden dieses Vorgehen skandalös, wollen aber um keinen Preis ihren Namen bekannt geben.

Donnerstag

Der Mittwoch hat einige von uns über-
anstrengt. Die heiser gewordenen
Stimmbänder sind durch frische ersetzt. ? Mit neuen Kräften geht es
gleich morgens zur "Papageiensied-
dlung". Dort kann man die bisher
herausgehängten Bettlaken an einer
Hand abzählen. Wir fahren auf die
Hinterhöfe und kommen mit einigen
Hausfrauen, die i uns v8 den
Balkons zuhören, ins Gespräch. Die
meisten Mieter hier sind Wohngeld-
und Fürsorgeempfänger, erfahren wir,
also sozial schwache Mieter und vo n
daher besonders abhängig von den
Almosen der Sozialbürokratie.
Diese Situation,meinen die Mieter
hier, sei mit einem Protest gegen
die hohen Mieten ihrer Gesellschaft
nicht gut vereinbar. Wir sind anderer Meinung und versuchen die Mieter
davon zu überzeugen, daß das eine
mit dem anderen nichts zu tun hat.
Wer schlecht dran ist, muß deshalb
nicht mit einem Pflaster vor dem M
Mund durch die Welt laufen.
Immerhin: Auch hier zählen wir am
Nachmittag etliche Handtücher mehr.

Freitag

Sonniges Herbstwetter. Trotzdem sind
unsere Kräfte nun nach einer Woche
unermüdlichen Einsatzes fast erschöpft. Noch einmal raffen wir uns

auf, bestärkt durch den Erfolg von
bisher fast3000 gehängten Bettlaken.
Was allerdings eher ins Auge springt,
sind die Lücken zwischen den Handtü-
chern und Bettlaken. Können wir wi
wirklich von Erfolgen sprechen ? Wir
ändern wiederum unseren Text und d
danken allen Mietern, die den Mut
und die Courage besessen haben, sich
diesem massiven Protest anzuschlie-
ssen. Daß es von 50.000 Mietern im MV
nicht mehr als 3000 sind, die sich
beteiligt haben, mag jedem Mieter
selbst zu einigem Nachdenken über
seine Haltung anregen. Wenn dieser
Protest den Senat zu keiner Änderung
seines Verhaltens veranlaßt, so
waren die Protestrufe der MV-Mieter
eben noch zu wenige. Wer sich nicht
wehrt, muß eben zahlen. Die nächste
Mieterhöhung ist schon beschlossen.
Es bleibt abzuwarten, ob die Bereitschaft zu zahlen anhält oder die
Front der Protestentschlossenen
wächst. Mit einem letzten Aufruf zur
Teilnahme am Protestkorso am Samstg.
beschließen wir unseren Einsatz.

"ELTERN SUCHEN LEHRER"

Nee, det soll keen Witz sein. Det hab ick vor einiger Zeit in eena Zeitung als Inserat jelesen. Ick jlobe, im Tagesspiegel.

Ick dachte erst, ick hab ń Knick inne Optik. Aba wennet bei mir mit det Schreiben ooch een bißken hapert, lesen hat mir inne Schule imma ne 1 einjebracht. Also nach nochmaligem intensivem Studium krieje ick so allmählich mit, det Eltern aus unserm schönen MV Lehrer für ihre Pennejänga suchen. Ick bin der Sache nu nachjeschnüffelt und hab rausjekricht, det wir hier bei uns im MV 15 Lehrer zu wenich habn. Also det Ding is wirklich jut. Man stelle sich det mal illustriert vor. Heute suchen Eltern Lehrer, morjen mieten se ne Schule und übamorjen machen se denn die Schulbücha für ihre hoffnungsvollen Sprößlinge selba. Allet imma nach dem Motto: "Machet nur selba und valasst da nich uff hochbezahlte Minister, Senatoren und Stadträte. Und det allet in een "sozial jeordneten und ooch noch Rechtsstaatt". Det dollste aba kommt noch. Wenn se dann nämlich die 15 Lehrer jefunden habn, dann kriejen se die noch nich mal. Denn vateilt se der saubere Herr Stadtrat Dietze an andere Schulen im weiten Bereich von Jroß-Reinickendorf und nich an die Schulen im MV, und die Muttis und Vatis, die diese jroße Mangelware Lehrer anjeheuert habn, sind Neese. Det aba bedeutet, det der jute Herr Stadtrat Dietze een kleena Schelm is und et mit die Zahlen nich so jenau nimmt, die er uns so treuherzich untajejubelt hat. Ick will ihm ja nich untastelln, det er nich bis 3 zählen kann, aba ick entsinne mir, det er uff eena SPD-Vasammlung wat von 15 nich besetzten Planstellen jeschwafelt hat. Nu wird aba deutlich, det er sich 15 weitere unbesetzte Planstellen inne Tasche jelojen hat.

Anders kann ick det nich vastehn, wenn er die Eltern nich ihre Lehrer lassen will, die se sich selba anjeheuert habn. Dat diese Herren ooch nich det Flunkern sein lassen können. Oda is det etwa keen Flunkern? Is det vielleicht sogar eiskalte Berechnung? Armet Deutschland, du leistest Entwicklungshilfe für untaentwickelte Lända und bist selba untaentwickelt

Die Herren in Bonn und im Senat von Berlin sollten sich mal schon langsam nach jeeigneten Entwicklungshelfa-Lända umsehen, von denen wir in Bälde jute Entwicklungshelfa beziehen können. Vielleicht aus Mali oda Ujanda, aus dem Land der Zulus oder jar aus dem Reich der Mitte, aus dem Lande Maos ???

Beinahe hätt ick noch wat wichtijet vajessen. Der Herr Dietze meinte noch, für Lehrer wäre Reinickendorf nich sehr attraktiv, wejen det -D O R F- hinter dem Reinicken, det hätte imma sowat Ländlichet und Provinziellet an sich.

Bis zum nächsten Mal

Euer S c h n ü f f e l

1/ Ach du meine Güte. Wieder 'ne Mieterhöhung.

2/ Leben teuer. Wohnen teurer. Fahrpreise teurer.

3/ Bei denen piept's wohl. Den halben Lohn für Miete? Denkste.

4/ Wucher ist das! Ich geh zum Mieterschutzbund

Sie auch?

Während der Kampagne der hohen Heizkosten und Mieterhöhungen haben viele Bürger Filmvorführungen im Einkaufszentrum und vor den Häuserblöcken gesehen und sich gefragt: "Wer und was sind diese Leute? Sind sie Mitglieder einer Partei oder einer Organisation? Werden sie dafür bezahlt? Was wollen sie erreichen?" Die Antwort ist für den heutigen nach Gewinn strebenden Menschen wahrscheinlich unverständlich. Es sind junge Leute, die beim kommerziellen Film oder Fernsehen sehr hohe Gagen bzw. Gehälter erhalten würden, aber auf Grund ihrer sozialen Einstellung darauf verzichten. Da im Film und Fernsehen den Zuschauern eine heile Welt präsentiert wird, fühlen sich diese Leute verpflichtet, auf Mißstände in unserer Wohn- und Arbeitswelt hinzuweisen. Sie tun also das, was eigentlich die Aufgabe unserer gewählten Mandatsträger wäre, denen es aber wichtiger ist, sich mit anderen Parteien Machtkämpfe zu liefern, ohne auf ihre Wähler Rücksicht zu nehmen. Als bestes Beispiel können wir Herrn Schwedler anführen, der als Vorsitzender im Aufsichtsrat der GeSoBau es nicht es nicht einmal für nötig befand, auf Fragen von tausenden von Bürgern eine Antwort zu geben, dafür aber um ein Bundestagsmandat kämpfte. Hier wird der Bürger nur als Stimmenfang benutzt. An diesem Punkt setzen nun die Filmleute ein, um den Bürger darauf aufmerksam zu machen, daß es bei uns noch viele Dinge gibt, die nur von allen gemeinsam geregelt werden können.

Zunächst drehten sie einen kurzen Film, in dem sich die Bürger aus unserem Viertel zu den hohen Nachzahlungsforderungen äußerten. Diesen Film führten sie auf einer Tageslichtleinwand eine Woche lang im Einkaufszentrum vor. Ich konnte viele Hausfrauen beobachten, die ihre Einkaufstaschen absetzten und zustimmend zu den im Film gemachten Äußerungen nickten. Besonders an einer Stelle im Film: Da sagte eine Mieterin, Frau eines Bauarbeiters und Mutter von vier Kindern, daß ihr nun das Wasser bis zum Halse stehe und sie bei 363,54 DM Miete mit 1.100 DM Lohn, den ihr Mann mit nach Hause bringt, nicht mehr weiter wisse.

filmmatinee

KINO im MV

SONNTAG 26.11.
10.30 H

GE SO BAU

MsтHREISSNER

Veranstalter: MIETERSCHUTZBUND MV.

Ein Film über die Proteste und Aktivitäten der Mieter des Märkischen Viertels gegen steigende Mieten.

Einen zweiten Film drehten die jungen Filmer über den Mieterschutzbund und seine Ziele. Mit diesem Film zogen sie an mehreren Abenden vor die Häuser im Viertel, um die Mieter von der Existenz ihrer Interessenvertretung zu informieren und für die Mitgliedschaft zu werben. Viele Mieter zogen sich warm an und kamen nach unten, um sich die Informationen, sozusagen frei Haus geliefert, abzuholen. Der Erfolg schlug sich in einer wachsenden Mietgliederzahl im Mieterschutzbund nieder.

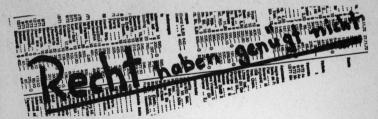

Recht haben genügt nicht

Wir sind ein demokratisch geordneter
Rechtsstaat.So und nicht anders hört
man det imma wieda tönen von da poli-
tiscen Prominez,ob kleen oda jroß,
mit dem Maul oder von Statur,alle
behaupten imma wieda det selbe.
Forneweg aba besonders unsa Kandidus
von Gottes Gnaden Reina Barzelchen
und nich zu vajessen unser braun
" M A U S " Franz Joseff,der afinda
der Demokratie.Halt stop,bald hätt
icks vajessen,et jab aber och schon
welche die det bezweifelt haben,und
nochwelche die det soja jesacht haben,
aba die sitzen heute alle hinta je-
siebte Luft oda kieken sich die
Radieschen von unten an.Ick häts ja
och schon jesacht,-jedacht hab icks
schon-.,aber ick hab keene Sehnsucht
Horst Mahlers Nachbar zu sein.Nischt
jejen Horst persönlich,aba ick ver-
trage nu mal keene verdünnte Luft
und ick bin och nich jerne im Somma
braun jestreift.det könnte ja Leute
jeben die daraus falsche Schlüsse
ziehen.Meiner Frau und besonders
meinen Jören würde det übahaupt nich
in den Kram passen wenn ihr Pappi
nich da wäre.
Nanu,nu hab ick mir ja vaplauscht,wat
ick eijendlich sagen wollte war janz
offiziel die Bestätijung det wa doch
keen sozialdemokratisch jeordneta
Rechtsstaat sind,sondern ne "rechts"
Ordnung haben.Nu werdense fragen wie
ick ma glauben kann zu behaupten.
Janz einfach öfta mal Tele sehen,
zwischen 18-19 Uhr,fast jeden Abend.
Da kommt ihr "juter Nachbar,der
Allianzonkel und der sacht der et
hören will:"Recht haben genügt nicht,
zum Recht bekommen gehört Geld"!Da
ham wa den Salat.Wer Jeld hat für
een juten Rechtsvadreher der kriecht
och Recht.Wer noch mehr Jeld hat,noch
mehr Recht.Wat aba wer nu keen Jeld
hat?Det is nu die jrosse Preisfrage
die ick dem Lesa zu beantworten
selbst übalasse.Det Fernsehen jibt
die Antwort,"Recht haben jenügt nicht"

Reinhold Oberlercher

Das Kapitalunser

Kapital unser das Du bist im Westen
Amortisieret werde Deine Investition –
Dein Profit komme
Deine Kurse steigen wie in Wall Street,
also auch in Europen –
Unser täglich Umsatz gib uns heute –
Und verlängere uns unsere Kredite,
wie wir sie stunden unsern Gläubigern –
Und führe uns nicht in Konkurs,
Sondern erlöse uns von den Gewerkschaften.
Denn Dein ist die halbe Welt und die Macht
und der Reichtum seit zweihundert Jahren –

Mammon.

„Verdammt noch mal, die wollen keine Märchenstunde mehr."

Märchen für Erwachsene

**GESELLSCHAFT
FÜR SOZIALEN
WOHNUNGSBAU**
GEMEINNÜTZIGE AKTIENGESELLSCHAFT

An unsere Mieter
im Märkischen Viertel

1 BERLIN 65 MÜLLERSTRASSE 15-16
FERNRUF-SAMMEL-NUMMER 46 44 41
(4 65 90 01)

Wohnungs-Nr.
(bei Antwort bitte angeben)   Unsere Zeichen: Tag:

1 Berlin 65, im Juli 1969

Sehr geehrter Mieter!

Am 1. Januar 1970 wird Berlin im Sinne des „Lücke-Plans" weißer Kreis. Durch dieses Bundesgesetz entfallen von diesem Stichtag an für Berlin die Mietpreisbindung und der Mieterschutz in der bisher geltenden Form.

Diese Änderungen betreffen Sie nicht. Der Dauermietvertrag sichert unvermindert Ihr Wohnrecht. So bleibt es auch in Zukunft.

Das neue Gesetz wird auch die Höhe Ihrer Miete nicht beeinflussen. Auch künftig wird die Ge So Bau allein die Kostenmiete berechnen.

Was man Ihnen auch erzählt, wer auch immer versucht, Sie zu beunruhigen, Sie brauchen sich vor dem 1. Januar 1970 nicht zu fürchten. Diese Erklärung Ihres Vermieters ist verbindlich.

Gesellschaft für sozialen Wohnungsbau
gemeinnützige Aktiengesellschaft

LOHNKLAU - GESOBAU

So steht es am "Roten Pavillon".Sicher wollte damit irgendein Neumärker
seine Meinung zu Miethöhe und Mieterhöhungen bekunden.Hier einige Frei-
heiten zur Art der Zahlung:Welcher Unterschied besteht zwischen Ein-
ziehungsauftrag ' Dauerauftrag und Barzahlung am Schalter?"
Einziehungsauftrag:Sie ermächtigen den Vermieter soviel von ihrem Konto
zu nehmen,wie er als Miete haben will.
Eine fremde Hand in der Tasche kann ja unter Umständen schon mal ganz
angenehm sein,aber nicht immer und ständig,besonders wenn sie der GeSoBau
gehört.
Dauerauftrag:Der Mieter beauftrgt seine Bank (Sparkasse) eine bestimmte
Summe dem Vermieter zu überweisen.Hierbei können Sie vorher überlegen,
ob Sie die Hand tiefer in Ihre Tasche lassen wollen oder nicht,mit dem Nachbar
reden,bevor Sie den Dauerauftrag erhöhen.
Schwacher Trost,Sie wissen vorher Bescheid,daß man mehr Geld aus Ihne her-
ausholen will und vor allen Dingen wieviel.
Barzahlung am Schalter:Sie bezahlen selbst und bestimmen selbst,ob Sie
am 1. oder 7. des Monats zahlen oder ob Sie nicht mal einen Teil der Miete
einbehalten,weil Sie schwere Mängel in der Wohnung haben oder weil Sie nicht
mehr soviel zahlen können und bemerkt haben,daß es vielen Mitmietern ebenso
geht wie Ihnen und das ist wichtig,daß diese vielen Mitmieter miteinander
gerade auf die gleichen Ideen gekommen sind wie Sie ! ! !

**Wir machen Ihnen
das Konto leichter
und
das
Leben
schwerer**

INFORMATION   BERATUNG

Empfehlung der Redaktion !

Kündigen Sie Ihren Dauerauftrag: Kündigen Sie Einziehungsaufträge
auf jeden Fall !

Muster: Per Einschreiben

An die   Name
GeSoBau   Adresse
1 Berlin 26   Whg. Nr.
Wilhelmruher Damm 142

Betr. Kündigung des Dauerauftrages/Einziehungsauftrages

Hiermit widerrufe ich/den Dauerauftrag/Einziehungsauftrag,
da ich/wir beabsichtigen künftig wieder selbst über mein/
unser Konto zu verfügen.Eine Durchschrift ist an meine/unsere
Bank/Sparkasse gegangen.

                          Mit freundlichem Gruß

                              (Name)

Wie denken **Sie** darüber ?

PREIS pro Abonnement 4.00 DM im Zustelldienst innerhalb des MV
                      8.00 DM im Postversand

Bestellschein

NAME :   VORNAME :
POSTLEITZAHL / ORT:
STRASSE / HAUSNR.:

Den Betrag überweise ich im Voraus auf das Sonderkonto der M V Z
Berliner Disconto Bank AG, 1 Berlin 26, MV Zentrum. Kto. Nr. 693 / 5555

4 Pressekonferenz des Mieterschutzbundes MV

Im Zusammenhang und zur Vorbereitung der Protestaktionen gegen die Miet-
erhöhungen und die Heizkostennachzahlungen gab der Mieterschutzbund
Märkisches Viertel eV. am 12.9.72eine Pressekonferenz in der Brücke.
Eingeladen waren Vertreter der Westberliner Presseorgane sowie das Fernsehen.
Es erschienen dann je ein Vertreter der "BZ",der "Morgenpost" und des MV-
Objektiv.In einer Darstellung der Probleme,die zu den Aktionen geführt haben,
nahm der erste Vorsitzende des MSB Stellung zu den Vorwürfen der bürgerlichen
Presse,sowie von GeSoBau Direktor Wegener,daß die Proteste SEW gesteuert seien.
Er betonte, der MSB sei völlig überparteilich,begrüße allerdings jeden
Bürger,der im Interesse der Mieter des MV mitarbeiten wolle.
Es wurde deutlich gemacht,daß auch die beim Autokorso mitzuführenden Spruch-
bänder keinerlei parteipolitische Aussagen machen dürfe und daß sie im
Gremium des MSB abgesprochen worden seien.
Außerdem wurden die Pressevertreter aufgefordert dafür zu sorgen,daß über
die Handtuchaktion und die Stimmung in der Bevölkerung wahrheitsgetreu be-
richtet werde.
Das wirkliche Ausmaß,der Beteiligung,der Mieter am Protest werde in den
Berichten der Presse weit heruntergespielt und sei einer objektiven Meinungs-
bildung abträglich.
Nach einer knappen halben Stunde entschudigte sich die Vertreterin der
Berliner Morgenpost mit einem anderen Termin und verließ die Konferenz.Auch
von dem noch anwesenden Vertreter der "BZ" kamen kaum sachliche Fragen,auch der
Bericht zweier Bewohnerinnen des MV über angedrohte Repressalien im Zu-
sammenhang mit ihrer Beteiligung an der Handtuchaktion,fand keine sonderliche
Beachtung.
In Anbetracht des Verlaufes der Pressekonferenz und der darauf folgenden
kargen,die echten Probleme der Menschen dieses Stadtteils kaum streifende
Berichterstattung,muß man sagen das neben dem Senat und den Partein auch die
Presse unserer Stadt sich würdig einfügt in die Reihe derjenigen,die unsere
berechtigten Forderungen geflissentlich überhören - oder soll man sagen -
totschweigen?

WIDERSTAND ORGANISIERT SICH

Am 29.November sprechen die Haus-und Grundbesitzer in Kreuzberg und Neukölln ihr gemeinsames Vorgehen bei der 15 prozentigen Mieterhöhung zum 1.1.73 ab. Die örtlichen Mieterinitiativen werden Gegendemonstrationen veranstalten. Endlich beginnen nämlich auch die Mieter,sich gegenüber um schlagkräftigen Haus-und Grundbesitzer-Vereinen zusammenzuschließen.
Am 8.November trafen sich die Vertreter von mehr als fünfzehn Mieterorganisat aus ganz Westberlin.Sie vereinbarten eine bessere gegenseitige Information und gemeinsammes Vorgehen bei der Unterrichtung der öffentlichkeit und bei Aktionen gegen die zunehmende Willkür der Grundbesitzer.
Die MVZ wird über die weitere Entwicklung berich8en und die einzelnen Gruppen vorstellen.In dieser Ausgabe lesen Sie von der Mietervertretung in der Gropiusstadt und einer Protestversammlung der Kaussen-Mieter.
Gemeinsam sind wir stark!

●●●●● ●● ─────────────

Milliarden-Ding

Richter: Industrielle bestehlen den Staat

Ein Drittel weniger Steuern müßten alle Bürger in der Bundesrepublik zahlen, wenn die Konzernherren nach Art der Arbeitnehmer ehrlich ihre steuern entrichteten. Das erklärte Generalstaatsanwalt Rudolf Gensse vor der in Bamberg tagenden Richterakademie.

In seinem Referat über Norm und Wirklichkeit in der Wirtschaftskriminalität" beklagte der leitende Jurist, die Bundesrepublik sei in den letzten Jahren an die Spitze jener Staaten gerückt, in denen die Wirtschaftskriminalität die gesamte Geschäftswelt durchwuchert.

Den von den Finanzabteilungen der Monopole angerichteten Schaden schätzte Grasse auf jährlich 50 Milliarden DM. Der Bundeshaushalt 1972 ist auf 106,5 Milliarden DM angesetzt. Der angerichtete Wirtschaftsschaden, so erklärte der Nürnberger Generalstaatsanwalt weiter, entspreche mittlerweile dem jährlichen Kaufkraftschwund. Dies lasse den Schluß zu, daß die Kriminalität der weißen Kragen" maßgeblich an der inflationären Entwicklung schuld sei. Für das Strafrecht gebe es deshalb nicht länger an, Steuerhinterziehungen und betrügerische Manipulationen als "Kavaliersdelikte" abzutun.

> Enteigneter
> Hauswirt
> Sucht
> Arbeit.

●●●

SILBENRÄTSEL

ak-Ar-Au-bau-bau-ber-Brük-der-do-E-ga-gar-Ge-Hand-hu-ke-kin-Kor-ler-lärm-Lohn-mes-Nepp-ni-ok-or-on-on-sa-schutz-Schwed-sel-so-so-sung-ten-ti-ti-to-to-tuch-u-u-wo-

1. Entgeld
2. Zusammenschluß
3. Aktion d. Mieterschutzbundes i. Sept.
4. Wucher
5. Aufbewahrungsstätte f. junge Bürger
6. Aktion d. Senators f. Gesundheit u.d. TU i. Okt. 72
7. Kfz.-Umzug
8. Vorname eines bek. Sängers
9. Berliner Wohnungsbaugesellschaft
lo. Störrischer Vierbeiner
11. Name eines noch i. Amt bef. Bau-Senators
12. Monat
13. Überweg
14. Gewerksch. eigene Wohnungsbaugesellsch. i. MV
15. Nachtvogel

Die Anfangsbuchstaben der Wörter ergeben von 1-15 von oben nach unten gelesen einen Ausspruch der z.Z. im MV kursiert.

Verewigt am roten Pavillon Eichhorster Weg Ecke W-D.

Auflösung auf Seite 18

Ein Westberliner

Ein Westberliner kommt zum erstenmal in die DDR, um einen alten Freund zu besuchen. Auf die Frage, wie es ihm in der DDR gefalle, antwortet er, es gefällt mir hier recht gut bei Euch, nur habe ich noch keinen so smarten, gewieften, Geschäftemacher getroffen, wie sie zu hunderten bei uns anzutreffen sind. "
Das glaube ich Dir gerne, sagt der Freund, die Sorte sitzt bei uns im Knast oder ist zu Euch übergelaufen.

Hans Rickmann

Nicht wahr, eine Bank zu gründen muß doch jeder wichtig finden. Kann man schon sein Geld nicht erben, muß man's irgendwie erwerben. Dazu sind doch Aktien besser als Revolver oder Messer. Nur das eine ist fatal - man braucht Anfangskapital. Wenn die Gelder aber fehlen, woher nehmen , wenn nicht stehlen ? Aber wir woll'n uns da nicht zanken, woher habens denn die Banken ? Irgendwoher ist's gekommen, irgendwoher haben sie's genommen.

B. Brecht

GESOBAU SCHLÄGT ZU!

Hier ein Brief-Beispiel :

Sehr geehrter Herr   XXXXXXX
Sehr geehrte Frau   XXXXXXX

Zum wiederholten Male mußten wir uns mit Ihnen beschäftigen. Einmal ist es Ihr Mietkonto, das andere Mal Ihre Kinder, die sich in unseren Häusern nicht so benehmen, wie es sein soll. Am XXXXXX wurden Sie dabei gesehen, wie Sie ....
usw. usw.

Hiermit mahnen wir Sie nach § 2 des Mieterschutzgesetzes wegen laufender Belästigungen ab.
Weitere Abmahnungen haben unweigerlichZwangsmaßnahmen zur Folge.

Solche und ähnlich lautende Abmahnungen versendet die GESOBAU in letzter Zeit an zahlreiche Mieter.

„Wir wollen doch mein Vermögen vergrößern, dazu brauche ich deine
Miete..... Miete .... Miete .... Miete .... Miete !!!

Die GeSoBau (wer ist das eigentlich?) fühlt sich "belästigt" durch die verschiedensten Selbstverständlichkeiten wie Kinderspiele, einkommensbedingte kurzfristige Mietrückstände, vernehmbare Eheauseinandersetzungen usw.

Uns normalen Sterblichen scheint es ohnehin schon grotesk genug, daß sich eine "juristische Person", und zwar noch dazu eine "gemeinnützige" davon "belästigt" fühlen kann; deshalb die Frage danach, wer denn eigentlich die GeSoBau sei. Die Gemeinheit liegt je-

doch darin, daß die "Belästigungen" mangels anderer Argumente dafür herhalten sollen, eventuell Mietaufhebungsklagen zu begründen. Das sind allerdings die schwächsten und eigentlich nur in ganz extremen Fällen zum Erfolg führende Klagegründe.

Das weiß natürlich die GeSoBau auch. Die jetzt zahlreichen Mietern des Märkischen Viertels ins Haus flatternden Abmahnungen nach § 2 des Mieterschutzgesetzes sind deshalb Papiertiger. Auf der anderen Seite verbreiten sie ein oft nicht geringes Maß an Furcht und Schrecken. Sie haben dann die Wirkung, daß verunsicherte Mieter die GeSoBau nach Möglichkeit nicht mehr "belästigen", indem sie sich Gedanken über die Zulässigkeit von Mieterhöhungen, obskuren Heizungskostenabrechnungen mehr machen oder Anzeigen über Baumängel erstatten oder gar die Rechte ihrer Kinder verteidigen.

Deshalb sollten alle Mieter dem Papiertiger "Abmahnung" auf die Pfoten hauen, die Vorwürfe in ihnen schriftlich zurückweisen und gemeinsam mit den Nachbarn und Freunden die Initiative ergreifen, um die Rechte der Mieter zu wahren. Wer sich einschüchtern läßt, wird entrechtet! Deshalb hilft nur aktive Solidarität, wie sie viele Mieter des Märkischen Viertel bereits beim Zurückweisen des Vorwurfs der Belästigung bewiesen haben.

Karl-Heinz Altklug

Auflösung von S 17

1. Lohn
2. Organisation
3. Handtuchaktion
4. Nepp
5. Kindergarten
6. Lärmschutzmessung
7. Autokorso
8. Udo
9. Gesobau
lo. Esel
11. Schwedler
12. Oktober
13. Brücke
14. Arwobau
15. Uhu

5

Der Protestkorso

Es ist Samstagvormittag,der 30.9.72.
Am Wilhelmsruher Damm/Ecke Treuen-
brietzner Staße herrscht reges
Leben und Treiben.Eine lange Auto-
schlange steht da und man ist eifrig
bei der Sache ,mitgebrachte Transparente,bemalt mit unseren bekannten
und vorher abgestimmten Forderungen
und Parolen anzubringen.Der geplante
Autokorso ist Höhepunkt der berechtigten Empörung der MV-Bewohner über
erhöhte Nachforderungen von Heizungs-
kosten und über die letzte Mieter-
höhung.Vorausgegangen waren viele bekannte Aktivitäten der MV-Bürger zusammen mit dem Mieterschutzbund,der
lange Zeit vergeblich versuchte,mit
den zuständigen Stellen (Wohnungsbaugesellschaften und Senat) ins Gespräch zu kommen.An dieser Stelle
wäre es vielleicht angebracht,den
leuten eine sportliche Anerkennung
auszusprechen,die in mühsamer Kleinarbeit bei den umfangreichen Vorbe-
reitungen halfen und eine Menge Freizeit opferten.
Inzwischen läuft alles auf Hochtouren
Es kommen ständig neue Autos hinzu.
Mitfahrer helfen,die Tranparente an-
zubringen.Eine angespannte Erwartung
ist zu spüren,als gegen 11 Uhr die
Polizei anrückt.Es ist ein ziemlich
großes Aufgebot von Motorrädern

und Wagen.Die Polizisten fangen an,
den Verkehr zu ordnen,aber man hat
auch das dumpfe Gefühl,daß sie gleich
damit beginnen,jedes Auto zu kontrollieren,um vielleicht die Wagenkolonne
etwas zu reduzieren.Inzwischen hat
man sich formiert.Per Megafon wird
noch schnell durchgegeben,in welchen
Aotos noch freie Plätze sind und wie
der Kurs ist.Letzteres geht leider
im allgemeinen Tohuwabohu etwas
unter.Nach dem Zeichen zum Aufbruch
setzt sich der Korso in Bewegung.
Voran ein Polizeiwagen,dann folgt
ein Lautsprecherwagen und es geht
los im 20 km-Tempo.Zuerst geht die
Fahrt durch das MV.Irgendeiner
fängt an zu hupen und im Nu
pflanzt sich das Hupkonzert fort.
Man spürt mit einem Male die gro:e
Solidaritätt einer Gemeinschaft,die
bereit ist,für ihre und die Sache
ihrer mitbewohner zu streiten,sich
offen zu bekennen.Hinter vielen
Fenstern wird es lebendig.Man
läuft auf die Straße und schaut,

aber es gibt auch viele,die so tun,als
ginge sie das alles nichts an.In-
zwischen haben sich noch einige Wagen
angeschlossen und wir sind jetzt bestimmt ein beachtlicher Zug (wie sich
später herausstellte waren es 153

wagen,alle sehr gut besetzt).Mittler-
weile sind wir im Wedding und immer
noch hupen viele ab und zu trotz
drohender gebärden der Polizisten.
Einer steht sogar später da und gibt
sämtliche Autonummern per Funk
weiter.Die Reaktion der Passanten auf
unser Autokorso ist sehr verschieden.
Einige zeigen Sympathie.Einzelne
ältere Leute,wahrscheinlich mehr durch
unser Hupkonzert aufgeschreckt,deuten
sich an die Stirn.Die Mehrheit der
Passanten ist zwar aufmerksam geworden,zeigt jedoch keine erkennbare
Reaktion.Nach dem Willen der Polizei
werden wir durch möglichst verkehrs-
arme Straßen geleitet bis hin zum
Schöneberger Rathaus,vor dem man unsren
Forderungen pfonetisch Nachdruck ver
leiht:Mitpreisstop,Rücknahme der er-
höhten Heizungkostennachforderung,
Anerkennung von Mieterräten!
Das Schöneberger Rathaus ist durch
Sperrgitter abgeschirmt.Wir werden
von noch mehr Polizisten umringt.Vor
des Mieterschutzbundes MV e.V. Horst
Buckbesch überreicht einen offenen
Brief an Senatsdirektor und Presse-
sprecher des Senats Ziegler.In

ironischen Ton gratuliert er zu Innensenator Neubauers Geburtstag.Im Rathaus findet nämlich gerade aus diesem
Grunde eine Feier statt.Während drinnen
mit Sekt angestoßen wird,man dem Senator
Neubauer einen silbernen Helm überreicht
und feuchtfröhliche Reden hält,stehen
wir,die Mieter aus dem MV draußen und
müssen feststellen,daß sich für unsere
Sorgen und Nöte keiner interessiert.
Jetzt erscheint auf der Szene ein
Passant,der ein kleines Kind bei sich
hat.Aufgrund eines unserer Transparente
mit der Forderung nach Mieterräten
(die demokratische Mitbestimmung genauso
praktizieren sollen wie z.B.Betriebsräte)
geht dieser in die Luft und beginnt
wild und voller Haß zu schimpfen.Zu
nächst nimmt keiner ihn ernst,jedoch
er wird immer ausfälliger,wir hören
ihn "Kommunistenschweine" und ähnliches
am laufenden Band schreien.Man versucht
den Typ zu beruhigen,aber umsonst.Es
fehlt nicht viel und der Kerl bekommt

_____

Der Strauß das ist ein Tier. Er hat zwei stämmige Beine. Auch hat er einen großen dicken runden Bauch. Ein ziemlich großes Maulwerk, das hat er auch. Dann ist er noch braun und sehr häßlich anzuschauen. Auch hat er ein paar mächtige Klauen, mit den kann er auch mächtig hauen. Wird es dann einmal brenzlig, dann steckt er ganz einfach den Kopf in den Sand. So kennt ihn Groß und Klein bei uns hier im Land.

Der Schüler kann bestimmt nichts dafür wenn man nicht erkennen kann welcher Strauß wohl gemeint ist.Es muß wohl doch daran liegen,daß unsere Bildungs-politik eine Steinzeitüberlieferung ist.
Kunststück,4o Kinder und ein Lehrer.

WAS?! Nur 1 Million Gewinn bei Ihren Häusern?! Sie haben wirklich keine Ideale mehr!

BETRUG?

Mancher MV-Mieter fragte vor Einzug und Abschluß vorsichtig nach der Miethöhe.Alle erhielten beruhigende Auskünfte:Sie zahlen die niedrige Grundmiete (z.B. 3,5o DM/qm).Darauf kann man noch Wohngeld beantragen. Die Miete erhöht sich erst nach 5 oder 3 Jahren,wenn nämlich der Auf-wendungszuschuß wegfällt.
Vom Weißen Kreis = Unsicherheit keine Rede .Sicherheit haben wir MV-Mieter alle ,die Sicherheit mehr zu zahlen als beim Einzug.Solange bis wir uns wehren.
Noch ein Beispiel: Anlage 3 zum Dauermietvertrag,Ziffer 8. Die Um-lage der Kosten erfolgt im allge-meinen nach beheizter Fläche/Wohn-fläche.
Warum weigert sich die GeSoBau alle Unterlagen,einschließlich des Ver-trages mit dem Heizwerk,uns Mietern vorzuzeigen?Sehr einfach,wir zahlen mit der Wohnfläche und im besonderen nach den Profiten beim Ankauf des Grundstückes,des Baues und des Be-triebes des Heizwerkes.Diese Tatsache der "bverteilung der Mieter wird

von den Verantwortlichen(Senat,GeSoBau Wohnungsbaukreditanstalt und Bezirks-verwaltung) bewußt übersehen.Man kann sich nicht wundern,denn sie führen ja die Aufsicht während wir nur bezahlen. Wie lange noch ?

Mietsteigerung

0 1 2 3 4 5 6 7 8 9 10
%

Wucher-profite

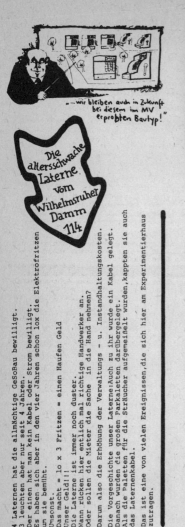

...wir bleiben auch in Zukunft bei diesem im MV erprobten Bautyp!"

Die altersschwache Laterne vom Wilhelmsruher Damm 114

4 Laternen hat die allmächtige GeSoBau bewilligt.
3 leuchten aber nur seit 4 Jahren.
Der einen hat man kein Kabel oder Strom bewilligt.
Es haben sich aber in den vier Jahren schon 1ox die Elektrofritzen um sie bemüht.
Umsonst.
Das macht = 1o x 3 Fritzen = einen Haufen Geld
Unser Geld!!!
Die Laterne ist immer noch duster.
Wann rücken hier entlich mal richtige Handwerker an.
Oder sollen die Meter die Sache in die Hand nehmen?

Darum also die Erhöhung der Verwaltungs- u. Instandhaltungskosten.

Die Vorgeschichte unser Laterne:Auch zu ihr wurde ein Kabel gelegt.
Danach wurden die großen Parkaletten darübergelegt.
Als die Paletten für die Sträucher aufgemeißelt wurden,kappten sie auch das Laternenkabel.

Das ist eine von vielen Ereignissen,die sich hier am Experimentierhaus zutragen.

KENNEN SIE ERBSE?

"Erbse hat nüscht mit Speck zu tun, sondern mit schlafen.Da schreibt doch neulich eene Erbse im MV Express Nr 21 die MVZ sei leise entschlafen.Wie fest muß dies Erbse doch schlafen,von leise kann da schon nicht mehr die Rede sein Sie merkt nicht wie wachsam die Bürger welche in der MVZ arbeiten noch immer sind.Nur eine Erbse hat es natürlich bedeutet leichter schlafen zu können. In einen Blatt wo die fetten Aktionäre und Unternehmer ihre Produkte schmackhaft anpreisen,wo die Herren der Wohnungsbaugesellschaften und des Bezirksamtes ihre graue Maus MV mit allen Mitteln weiß zu machen versuchen dafür nicht mit schönen Worten und weißen Riesen sparen und sich diese Posaune MV Express mit allen Mitteln zu erhalten,ist ihnen keine Summe zu hoch.Warum auch,mit unsrer Miete,mit den Preisen,die man von uns nimmt bei jedem Artikel,den wir für unseren Lebensunterhalt benötigen bezahlen wir ja ihre "Mülleimergazette" selbst. Also,an unser geld,an Zeit und Leute mangelt es nicht.
Ganz anders bei uns.Nachdem wir einige Großinserenten einige Male auf den Schlips getreten sind haben sich diese zurückgezogen.Also leiden wir unter akuten Geldmangel.Die Mitarbeiter finanzieren ihre Artikel teilweise selbst.Nach dem wir einige "Erbsen" aus unserem Redaktionskreis aussortierten,waren wir auch arbeitsmäßig überlastet.Dann kam die Wiederrechtliche vollkommen illegale Beschlagnahme,auch die Warf uns zurück, aber nicht aus der Bahn.Kurze Zeit später kündigte Herr Direktor Wegener von der GeSoBau dem Nachbarschaftsverband das Forum um uns die Readaktionsräume zu nehmen.Er selbst kretisiert zwar gerne aber gegen sich und seine Institution kann er sowas nicht vertragen,also dachte er schmeißen wir die MVZ einfach raus und dann haben wir Ruhe.Auch diese Aktion warf uns zurück,aber wiederum nicht aus

unserer einmal eingeschlagenen Bahn. Nachdem wir der Apostel Petrus Gemeinde auf die Hühneraugen getreten sind und die eingezäunte Wiese attakierteen,flogen wir auch dort wieder hinaus,obwohl jeder Bürger im MV der Kinder hat recht gab.(6 Kinder staben bis jetzt nur auf dem Wilhelmsruher Damm).Damit aber noch nicht genug.

Polizeirat Krüger - Leiter der Polizeitrppe,welche mit dem Gummiknüppel die Halle räumen ließ,welche heute schon fast verfallen ist - zeigte jeden einzelnen Redakteur der MVZ persönlich an wegen Beleidigug.Er konnte es nicht verwinden das seine schöne Beschlagnahme so jämmerlich in die Hose ging,durch rechtkräftiges Urteil wurde festgestellt das unsere Berichterstattung gegen keinerlei Gesetze verstoßen hatte.Wir konnten diesen Einsatz ja auch schlecht als "Ringelpietz" mit bezeichnen.Nachdem zwei Instanzen uns Recht zu sprachen,hat der allgewaltige Herr Krüger immer noch nicht genug. Kunststück,er braucht ja den ganzen Aufwand ,wenn er auch das nächstemal wieder verliert nicht bezahlen.Die Kosten des Verfahrens trägt die Staatskasse.Also, wieder wir,die hart arbeitenden Bürger.Müßte der Herr seine verlorenen Prozesse selber bezahlen,hätte er nicht einmal den ersten Ablauf zu dieser unsinnigen Klage gewagt und wäre auf dem Boden der Realitäten gobliben.Aber desto Trotz,mir und uns anderen kann er nicht bange machen. Sie sehen also,wenn man das Kind beim richtigen Namen nennt und nicht aus grau weiß macht,dann gilt die Demokratie nicht mehr,dann wird man wie ein Hase gehetzt.
Mit all solchen Schwierigkeiten hat eine Erbse ja nichts zu tun,wenn er nur so schreibt wie seine Herren Brötchengeber es gerne wollen.Hoffendlich hält sie ihren Tiefschlaf weiter so fest,umso wachsamer werden wir weiterhin bleiben.Derjenige Leser welcher diesen Beitrag ließt oder DIESE NUMMER in den Händen hält wird es genau wissen ob die MVZ leise entschlafen ist.Es mag wohl der Wunschtraum einiger "Hülsenfrüchte" sein und wird es auch bleiben.
Noch eines zum Schluß,besser alle 2 Moate eine MVZ,als alle 14 Tage ein voller Hauspapierkasten mit MV Express.

Rickmann

Feuerpause

Weihnachten
das ist Feuerpause
um danach
pausenlos zu feuern.

MV-EXPRESSionen

„Du unterdrückst mich!"
„Nein, du!"

Bürgermeister Grigers hat's allen gesagt:
DaSS mir keiner mehr über dies Viertel klagt!

Sind erst die Bäume grün und groß
dann ist die Viertel ganz famos
Was wollt Ihr bloß?

Da gibt es zwar zu große Klassen
Na,bei den Massen!
Für Kinder zwar zu wenig Räume
Aber Bäume!

Und sind die erst mal grün und groß
dann ist dies Viertel ganz famos
Was wollt Ihr bloß?

Die Miete klettert zwar hinauf
Doch müßt Ihr zum Pinkeln nicht treppauf.
Das Heizwerk ist modern,modern,
für Fortschritt zahlen wir doch gern?

Und erst vom Fenster,grün und groß
Die vielen Bäume ganz famos
Was wollt Ihr bloß?

Die Kneipe an der Ecke fehlt?
Und Euer Fritzchen,das krakeelt,
Weil's viel zu lang vorm Fahrstuhl steht
Und alles in die Hose geht?

Dafür gibt's doch bald Bäume,grün und groß,
Dann ist dies Viertel ganz famos
Was wollt Ihr bloß?

Ihr sagt: kein Spielplatz,lauter Wagen,
Ihr müßt vom Einkauf lange tragen,
Die Häuser zu hoch,die Straßen zu leer?
Das seht Ihr doch bald alles nicht mehr

Sind erst die Bäume grün und groß.
Dann ist die Viertel ganz famos
Was wollt Ihr bloß?

Es haben die Büttel,Gefängnisse und Knüppel.
Wir hätten sie auch,nur schlafen wir selig
und füll'n uns den Bauch. —Gute Nacht—

H. Rickmann

6 Konzept für Mieterräte.

(Entwurf des M i e t e r s c h u t z b u n d e s M V e. V.)

I. Rechte und Pflichten der Mieterräte

1. Die Mieterräte vertreten die Interessen der Mieter.

2. Die Mieterräte sollen den Mietern die Organisation der Wohnungsbaugesellschaften durchsichtig und verständlich machen.

3. Die Mieterräte erhalten im Interesse der Mieter von den Wohnungsbaugesellschaften Geschäftslegung und Auskunft.

4. Die Mieterräte sind bei Auseinandersetzungen zwischen Mietern und Vermietern durch den Vermieter einzuschalten.

5. Die Mieterräte erhalten von den Vermietern rechtzeitig Information in allen Fragen, die die Interessen der Mieter berühren.

6. Die Mieterräte verpflichten sich, Verbesserungsvorschläge, Anregungen und Empfehlungen der Mieter dem Vermieter zu unterbreiten.

7. Die Mieterräte verpflichten sich, den Mietern regelmäßig über ihre Arbeit Bericht zu erstatten.

8. Die Mieterräte übernehmen weder wirtschaftliche Verantwortung noch Weisungsbefugnis.

9. Die Tätigkeit der Mieterräte ist ehrenamtlich.Der Vermieter erstattet den Mieterräten Auslagen, die im Zusammenhang mit ihrer Tätigkeit entstehen. Diese Kosten dürfen nicht Eingang in die Kalkulation zur Ermittlung des Mietpreises finden.

10. Die Mieterräte erhalten geeignete Räumlichkeiten, die im direkten Einzugsbereich ihres Wirkungskreises vorhanden sind, zu ihrer ausschließlichen Verfügung.

11. Die Mieterräte geben sich eine Geschäftsordnung.

II. Richtlinien zur Wahl der Mieterräte

1. In jedem Hausaufgang werden von den Mietern pro angefangene 25 Mietparteien je ein Vertreter als Vertrauensleute gewählt.

2. Die Vertrauensleute wählen aus ihrer Mitte pro angefangene 100 Vertrauensleute je 1 Vertreter in den Mieterrat.

3. Der Tätigkeitsbereich eines Mieterrates soll die Gebäude einer Wohnungsbaugesellschaft (z.B. DeBauSie), eine Wirtschaftseinheit oder einen Bauabschnitt umfassen.

Londoner Mietstreik

... Parallele zum MV heute

In den Jahren 1967 bis 1970 standen die Mieter einer Londoner Wohnungsbaugesellschaft für sozialen Wohnungsbau (GLC-Greater London Counil, einer der größten Grundeigentümer Europas mit 230 000 Mietern in mehr als 400 Wohnungsbauprojekten) vor gleichen Problemen wie wir Mieter heute im Märkischen Viertel.

1967 beschloß die GLC, die Mieten für ca. 200 000 Wohnungen drastisch zu erhöhen, bei gleichzeitiger Verringerung der Mittel für Instandsetzungsarbeiten und ein vom Einkommensnachweis abhängiger Mietnachlaß (bei uns vergleichbar mit Wohngeld). Ab Oktober 1968 waren 25%, ab Oktober 1969 auch 25% und ab 1970 nochmals 20% Mieterhöhung vorgesehen. Das ergab eine Gesamtmieterhöhung von 70%, was jedoch von staatlicher Seite in dieser Form keine Zustimmung fand. Daraufhin beschloß die GLC, die Erhöhung von 70% auf einen Zeitraum von 5 Jahren einzutreiben.

Seit 1952 stiegen die GlC-Mieten stetig, egal welche Partei die Regierung bildete. Hinzu kam, daß erst kürzlich ein Lohnstop verfügt wurde. Das war der Funke im Pulverfaß.

Durch ein spontan ins Leben gerufenes Mieteraktions-Komitee wurde ein Flugblatt gedruckt und an die 200 000 Haushalte der GLC durch Eigeninitiative verteilt.

Das Wesentliche im Text lautete:

Gebietsweise wurden verschiedene Kontaktadressen auf das Flugblatt gestempelt. Bei der Verteilung der Flugblätter stellte sich heraus, daß bereits viele Mieter, die heute zu den Aktivsten zählen, die Idee gehabt hatten, solche Vereinigungen ins Leben zu rufen. Die Mieterkomitees bildeten sich im Verlauf von Versammlungen, indem Interessenten aus dem Publikum zur Mitarbeit aufgerufen wurden. Nun begann man in mühevoller Kleinarbeit die noch unorganisierten Wohngebiete in eine aktive Mitarbeit einzubeziehen.

Ein großes Hindernis im Kampf gegen die hohen Mieten stellten jedoch die von der GLC geförderten örtlichen Organisationen (evtl. vergleichbar mit den von den hiesigen Wohnungsbaugesellschaften erwünschten Mieterbeiräten) dar. Diese waren dazu noch von der GLC finanziell abhängig und deshalb nicht imstande, sich am Kampf gegen den Mietwucher zu beteiligen.

Der Erfolg des Aktionskomitees der GLC-Mieter beruhte darauf, daß es niemals sein Ziel aus dem Auge verlor, und daß es sich nicht um große Politik kümmerte. Es setzte sich dafür ein, daß sein Kampf nicht den Zielen einer politischen Gruppe diente, sondern ausschließlich den Interessen der Mieter entsprach. Das waren die Grundlagen der Organisation. Innerhalb der Mieterorganisation bildete sich ein Exkutiv-Komitee, dem Vertreter des in 10 Bezirke aufgeteilten Viertel aktiv angehörten. Allen Beteiligte wurde klar, daß die einzig wirksame Waffe der Mietstreik war, denn mit Petitionen in der Lobby der Wohnungsbaugesellschaften vorzusprechen hatte nur zu Folge, daß wertvolle Zeit nutzlos vergeudet wurde. Das Exkutiv-Komitee beschloß daher:

...**stoppt die Mieterhöhung!**

...**warum steigen die GLC-Mieten?**

...**der Großteil eurer Mieten ist dazu da, die Taschen der Wucherer zu füllen.**

...**der Wucherzins betrug in den Jahren 1967 und 1968 76%!**

...**Mieter, organisiert euch noch heute! Kämpft gegen die Mieterhöhung! Verlaßt euch nicht auf andere, daß sie euren Kampf ausfechten**

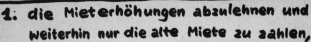

1: die Mieterhöhungen abzulehnen und weiterhin nur die alte Miete zu zahlen,

2. den Streik auf die volle Miete auszudehnen und eine massenhafte Aktion anzukündigen, falls jemand von Exmittierung bedroht wird.

In ihrem Informationsblatt gab das Mieterkomitee bekannt,daß der totale Mietstreik ausgerufen würde,falls jemand aufgrund der Einbehaltung der Mieterhöhung vor Gericht geladen würde.Auf einer spontan einberufenen Mieterversammlung wurde dies noch nicht bekräftigt.

Um eine Mietervereinigung zusammenzuhalten,war es notwendig,den ständigen Kontakt zwischen den Deligierten der einzelnen Wohnblocks und ihren Mietern aufrechtzuerhalten. Es wurde jedem Mieter Name und Anschrift einer zuständigen Kontaktperson bekanntgegeben.

Jeder wußte,die Stärke des Komitess bestand nur in der Aktivität seiner Mitglieder.
Am 2. November 1969 wurde eine Resolution an den Wohnungsbauminister Antony Greewood gerichtet,in welcher die grundlegenden Forderungen enthalten waren:
"Wir sind der Meinung,daß Wohnen eine gesellschaftliche Notwendigkeit ist und auch als solche behandelt werden müßte.Die Mieten der Gesellschaft sind aber so hoch geschraubt wegen der übermäßig hohen Zinsen(an die Geldgeber und Kreditinstitute) und der wachsenden Bodenpreise.Die Regierung muß diese Grundprobeme in Angriff nehmen.So lange sie nicht mit der Lösung dieser Probleme beginnt,zahlen wir keinen Pfennig mehr drauf".

Weiter verlangte man Mietpreissicherung und gesetzliche Bindung der Geldmittel für Renovierung und Schönheitsreparaturen.Das Recht zum Mietsteik wurde gefordert,wann immer die Gesellschaft sich weigerte,diese Reparaturen auszuführen.Die Vertreter der Mieter und der Wohnungsbaugesellschaft sollten abwählbar sein durch die Mieter.

Als der Steik bekannt wurde,richteten sofort Angehörige der führenden Parteien(Konservative u.Labour-Party) die Drohung an die Mieter,daß sich bei einem Mietstreik auf die Straße gesetzt werden könnten.Eine Paralle zu uns weist die Tatsache auf,daß auch Vertreter der Regierung gleichzeitig im Aufsichtsrat der Wohnungsbaugesellschaft waren.Diese bemühten sich ebenfalls,die Mieter durch massive Drohungen von einem Mietsteik abzubringen.

Doch die Organisation entwickelte sich.Protestmärsche und Demonstrationen fanden statt.Die entscheidende Aktion haben jedoch Tausende von Mieter durchgeführt,indem sie geschlossen ihre Mieterhöhungen einbehalten haben.Einer der Hauptgründe, der noch viele Mieter gehindert hat, sich der Aktion anzuschließen,war die Angst vor Exmittierung.

Von sympathisierenden GLC-Angestellten sickerte durch, daß trotzdem etwa 80 000 von 230 000 Mietern im Mietrückstand waren, d.h. sich am Mietstreik beteiligen.

Nun erst sagte die GLC der Mieterorganisation zu,keine Exmittierungen vorzunehmen.Das bedeutete einen großen Erfolg für die Mieterorganisation. Gleichzeitig sicherte man ihr das Anbringen von Anschlagtafeln für die Verbreitung von Nachrichten der Mieterorganisation in jedem Hause zu. Da eine akute Spielraumnot für die Kinder bestand, versprach man die Errichtung von Spielanlagen.

(Im Vergleich dazu haben wir z.Zt. im Märkischen Viertel ausreichend Spielraum für Kinder bis zu 8 Jahren,leider jedoch keine Möglichkeiten der Entfaltung für ältere Kinder)

Überall in London hatten die Mieter begonnen ihre Angelegenheiten selbst in die Hand zu nehmen.Daraus resultierte ein immer größeres Vertrauen der Mieter in ihre Fähigkeiten,aus ihren Problemen das Bestmögliche zu machen und der Wohnungsbaugesellschaft wirksam entgegen zu treten.

Immer wieder wurde versucht,durch Radio, Presse und Fernsehen diese Probleme den Experten und leitenden Persönlichkeiten zu überlassen,da diese besser informiert wären und eine bessere Erziehung genossen hätten.Aber seit Beginn der Organisation und des Zusammenschlusses der Mieter sah man die eigene Kraft und durchschaute das Riesengebäude der Lügen.

In einer Zeit,in der keine politische Partei die Leute vereinigen konnte, wurde eine Bewegung unter der Bevölkerung hervorgerufen,die noch im Wachsen begriffen ist.

LIEBE MIETER IM MV !

In den nächsten Tagen werden Sie von Beauftragten des Mieterschutzbundes aus ihrem Wohnbereich besucht werden. Es sind Nachbarn von Ihnen,die erkannt

haben,daß gegen immer höhere Mieten und ständige Nachforderungen etwas unternommen werden muß.Sie werden Ihnen im Gespräch einige Vorschläge zum gemeinsamen Handeln unterbreiten, insbesondere über den Aufbau von zu wählenden Mieterräten.

Bitte beachten!

Die nächste öffentliche

Redaktionssitzung

findet statt am 20. 12. 1972

WO? im Gemeindezentrum am Seggeluchbecken, Finsterwalder Str. 68

wann? um 20°° Uhr

Südwestfunk, 7570 Baden-Baden, Postfach 820

Frau

Helga Reidemeister

1 Berlin 15

Pfalzburgerstr. 14

Baden-Baden
Hans-Bredow-Straße

Fernsprecher (07221) 2761
Durchwählverkehr 276..

Telex 784236 B
Durchwählverkehr 784236..

Ihr Zeichen	Ihre Nachricht	Unser Zeichen	Datum
		Wa/Re	13. Oktober 1972

Sehr geehrte Frau Reidemeister,

wie mir unsere Mitarbeiterin Frau Schaar sagte, hatte sie
mit Ihnen vereinbart, bei einer von Ihnen genannten Familie im MV in Berlin zu drehen. Wir hatten von dieser Frau
über Sie eine entsprechende Zusage erhalten und Honorarver-
einbarungen in Höhe von 3oo Dm waren auch getroffen worden.
Leider konnte Frau Schaar dann entgegen diesen Absprachen
bei der Familie nicht drehen, weil von der Frau unannehm-
bare Forderungen (Einsicht in das Filmmaterial usw.) gestellt wurden, und zum anderen das Benehmen dieser Dame derart unverschämt und unflätig war, daß eine Zusammenarbeit
unmöglich wurde. Es läge nahe , daß wir Ihnen auf Grund der
nicht eingehaltenen Zusagen eine Forderung über die uns entstandenen Unkosten schicken. Wir möchten davon jedoch absehen.
Notwendig scheint mir jedoch der Hinweis, daß bei der betroffenen Familie offensichtlich Ideologie verbreitet wurde,
die nicht so recht verkraftet zu werden scheint.
Ich bedaure außerordentlich, daß die Verpflichtung, die Sie
eingegegangen sind, von Ihrer Seite nicht eingehalten
wurden.

Hochachtungsvoll

Jochen Waldmann

Zum Brief des Herren Jochen Waldmann vom Südwestfunk:

Also liebe Freunde und Leser der MVZ-Zeitung, der oben jenannte Brief is et wert, nicht unbeantwortet zu bleiben.

Wir alle wissen, daß unser Märkisches Viertel und seine Bewohner eene interessante Fundgrube für Film und Fernsehen ist. Sogar in Baden-Baden beim Südwestfunk machen sich manche Leute über unsere anjeknackste Jesundheit hier in Berlin im MV Sorgen. Ick finde det dufte, wenn man hier die Symptome und deren tiefe Ursachen erforschen will. Zu diesem Zweck benötigte man u.a. eene zünftige Arbeetafamilie mit Kindern und so, die in einem Filminterview in der genannten Richtung befragt werden sollten. Det macht sich hinterher immer jut aus, wenn die Filmlinse uff`s Antlitz eener Arbeiterfamilie jerichtet war, bringt et doch so nebenher Miljö und Atmosphäre uff den Bildschirm. Eene anfangs von Freundlichkeit triefende Redaktionsjuste , so eene mit eenen Doppelnamen, der sich gleich so vornehm ausmacht, bat Frau Reidemeister um Unterstützung fü ter um Unterstützu ng für ihr Projekt. Nun, Frau Reidemeister kannte eine Arbeiterfamilie, die auch bereit war, ein Filminterview zu geben. Die "Kohlen" wurden ausgehandelt und dann konnte es zun ausjemachten Termin losjehen.

Tatendurstig reiste die Ratgeberin in Sachen Jesundheit mit ihrem Drehstab ins MV an. Ruff zur Arbeiterfamilie, Scheinwerfer uffstellen, Ton - und Filmjerät fertig machen, een bißchen Psychomassage und dann nichst wie ran an den abjerackerten Puls des schaffenden Volkes.

Doch nun, Freunde, kommt der Knüller, der später zum Brief des flotten Jochen an Frau Reidemeister führte :

Die Filmmannschaft war bereit. Die Scheinwerfer strahlten ihr grelles Licht in die jute Stube der Auserkorenen,der Kameramann quetschte seine Neese janz dicht am Sucher der Filmkamera, een Jehilfe hielt noch schnell mal sein Belichtungsmesser ans Kinn der Redaktionstante und een anderer hockte mit Kopphörer vor einem Tonbandgerät auf dem Boden. Die Spannung hielt an. Doch halt ! Das haute die Filmjuste vom Regiestuhl. Sie bekam eene unjesunde Jesichtsfarbe und eenen ondolierten Jang. Wie konnte eene branchenfremde Frau so etwas verlangen. Der janze Drehstab kam ins Schwimmen. Die Scheinwerfer qualmten und mußten ausjeschaltet werden. Det war zu viel für die Gnädigste aus Baden-Baden.

Hier muß ick als Schreiber bemerken, det die Frau des Hauses mit eenem jesunden Mißtrauen ausjestattet war. Sie muß jewußt haben, daß Filminterviews hinterher zum Nachteil der Jefilmten, durch Filmschnitt und Kommentierung zusammenjestellt werden kann.Dagegen wollte sie ihre Familie und sich geschützt wissen. Aus diesem Grunde sollte auch aus dem Vertrag 8 zu ersehen sein, daß die Familie ein Veto gegen die Veröffentlichung ihres In-

terviews haben sollte,falls sich
das Mißtrauen nach Einsichtnahme
des zusammengestellten Filminterviews bestätigen sollte.
Alles legitim, was der helle Kopf
der Arbeiterfrau verlangt hatte.
Nur nicht für das Südwestfunkmarie-
chen,die später durch ihren Redak-
tionsboß, den ach so naßforschen
Jochen Waldmann an Frau Reidemeister schreiben ließ,daß das unan-
nehmbare Forderungen jewesen wären.
Mit den unannehmbaren Forderungen
hatte der Schlemil auch noch etwas
anderes gemeint :
Die jute Arbeetafrau hatte,außer
auf dem Vertrag, auch noch auf etwas anderem bestanden : im Filminterview wollte sie auch über die
tiefen Ursachen so mancher Krankheitssymptome zu sprechen kommen.
Als Warenhausangestellte inmitten
dieser Betonstadt,die sich so ro-
mantisch Märkisches Viertel nennt,
ist gerade sie dafür prädestiniert.
Hat sie doch dadurch zu allen Be-
rufsschichten Kontakt. Sie hört
von den Nöten, von den Sorgen, von
den Krankheiten und deren oft be-
klemmenden Ursachen, die da sind :
abgeschlafft sein durch Akkordhetze,
durch Überstundenschinden, und das
nicht aus Dollerei , nee, sondern
wegen laufender Mietserhöhungen,
wegen jeforderter Nachzahlungen der
"sozialen" Wohnungsbaugesellschaften,die sich seit langem mit allen
juristischen Mätzchen wehren,sich
von ihren Mietern kontrollieren zu
lassen. Dann die immer höher steigenden Lebenshaltungskosten.Da muß
man schon schaffen und schaffen,
hetzen und hetzen. Nur nicht schlapp
machen.Tabletten fressen,um fit zu
bleiben, mithalten, ist die Devise.
Wir sind doch eine Leistungsgesell-
schaft. Da kann man nur sagen: Es
lebe die freie Marktwirtschaft!Es
lebe das abendländische Unterneh-
mertum,denn nur sie sind berufen,
uns auszunehmen.Nur sie verstehen
mit Geld,Besitz und Reichtum umzu-
gehen. Es wäre deshalb nicht zu
verantworten,wenn wegen Geldmangel
die Aktionäre und andere Geldhaie
anstatt die Arbeiterschicht S I E
in Obdachlosenasyle umziehen müs-
sten.
ddas,was die Menschen krank macht,
die tiefen Ursachen,daß wollte die
Filmfee im Filminterview nicht er-
wähnt haben.Dann nicht,sagte sich
die Arbeiterfrau, und

schicktedie Filmmärchenerzählerin
unverrichteter Dinge nach Baden-
Baden zu ihrer Verdummungsanstalt
des öffendlichen Rechts zurück.Der
Redaktionsknilch muß vor Wut ge-
kocht haben.Ohne Erfolg ist seine
Film-Naive zurückgekommen.Außer
Spesen nichts gewesen.Der Ärger darüber bekam postwedend dann auch
Frau Reidemeister zu spüren.
Erst beschimpfte er die Arbeiterfamilie,die Frau sei unverschämtund
unflätig gewesen.Dann drohte der
Lauser Frau Reidemeister mit Sip-
penhaftung wegen der entstandenen
Kosten, die er am liebsten von ihr
zurückhaben wollte. Doch jetzt
kommt der I-Punkt : faselt der Jochen von Ideologie, die offensichtlich, was er weiß, bei der Familie
verbreitet worden sei, die diese
nicht so recht verkraften konnte.
Doch hierzu ein paar schlichte,
abschließende Worte : mein lieber
Gesundheitsratgeber, Ihr Brief an
Frau Reidemeister zeigt in seiner
ganzen Bandbreite ihre vermiefte
kleinbürgerliche Ideologie. Daraus
ist zu entnehmen, daß Sie und Ihres-
gleichen Ihr baldiges Ende erahnen.

Waldmannsheil

Ihr Rulle.

Technischer FORTSCHRITT =

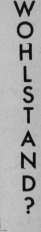

WOHLSTAND?

Durch Presse,Rundfunk und Fernsehen wird in uns arbeitenden Menschen die Meinung gebildet,daß durch Automatisierung und technischen Fortschritt es uns heute gut geht und wir in einem nie zuvor gekannten Wohlstand leben.Stimmt es überhaupt und wenn ja,ist dieser Wohlstand nicht zu teuer gekauft?Sehen wir uns die Menschen einmal genauer an,dann sieht man Gehetztheit in den Gesichtern.Niemand hat Zeit und hetzt durchs Leben.Müßte technischer Fortschritt nicht das Gegenteil bewirken? Sollte Automatisierung nicht das Leben erleichtern?Warum tut sie das nicht?

All der Fortschritt wird nur auf erhöhte Leistung von uns Arbeitern erreicht. Jeder eingesparte Arbeitsplatz bewirkt für die verbleibenden Arbeiter mehr Leistung und nur für den Unternehmer mehr Gewinn.Durch das neue MTM-System wird jede Bewegung und jeder Handgriff nach Zentimeter umgerechnet,gemessen und die Arbeiter zu Roboter umfunktioniert.

So wird seine Arbeitskraft bis zur Leistungsgrenze ausgenutzt.Jede Produktionskraft muß ständig für mehr unproduktive Personen,die meißten noch mehr verdienen als er selbst,mitarbeiten.Es hat sich zwar die körperliche Arbeit verringert, aber dafür ist höhrer Konzentration und Aufmerksamkeit getreten,was den Körper noch mehr erschlaffen läßt. Wenn die Leute ihren Arbeitsplatz verlassen,sind sie geistig und körperlich total ausgebrannt.Es folgt eine Phase der Erschlaffung, die es unmöglich macht,sich mit seinen Problemen zu beschäftigen.Es ist also am einfachsten sich der Dinge zu bedienen,die eigenes Denken nicht benötigen und sogar ablenken.Man drückt auf's Knöpfchen und wird aus dem Radio oder Fernseher berieselt Dazu bekommt man noch seine Meinung,die man als Mensch ja haben muß,von Leuten, die mehr Zeit zum Denken haben,gesagt. So ist also die Welt in Ordnung. Was wäre wohl wenn jeder selbst denken würde?Das wäre für Leute,die auf unsere Kosten leben,dazu noch sehr viel besser als wir,sehr gefährlich.Die Arbeiter wurden dahinter kommen,daß sie nur Werkzeug Weniger sind und der sogenannte

Wohlstand nur das Schmieröl zum Instand-

halten der Maschinerie unserer Gesellschaftsform ist.Durch manipulierten
Konsumzwang wird der Arbeiter gezwungen,sich in eine wirtschaftliche
Abhängigkeit zu bringen und noch mehr
noch zu arbeiten.Das Geld wird nicht
zum besseren Leben verwendet,sondern
zum Lebensinhalt.So geht der Mensch
am Leben vorbei.Für die schönen,gehalt-
vollen Seiten des Lebens ist keine
Zeit vorhanden.Das geistige Niveau
sinkt immer tiefer.So ist man langsam
aber sicher zum bequemen Untertan und
willfähigen Werkzeug der uns Ausbeu-
tenden geworden.
Wo früher die Peitsche regierte und
zur Arbeit trieb,ist es heute der Konsumzwang der uns treibt.Es ist der
Punkt erreicht wo wir nicht mehr
arbeiten um zu Leben,sondern Leben
um zu arbeiten.
Ist dieser Preis nicht zu hoch ?

WITZ des MONATS
von HOLA

„Wat' Ihr wollt, mir jeht's doch jut!"

MVZ = Welt-
best-
seller
No 1

DEMONSTRATION UND KUNDGEBUNG AM 16.12.72 AM HERMANNPLATZ 14ʰ

Von den ständigen Mieterhöhungen, die die Wohnungsbaugesellschaften bei uns im Märkischen Viertel fordern, sind nicht nur die Mieter von Neubaugebieten betroffen. Auch die Bewohner von Altbauwohnungen werden immer mehr von raffgierigen Hausbesitzern zur Kasse gebeten. Dabei können wir gerade bei Altbauwohnungen rückblickend genau erkennen, mit welchem Geld die Hausbesitzer (auf unsere Kosten) ein angenehmes Leben führen. So ergeben z.B.die jährlichen Mieteinnahmen des Miethauses Berlin-Schöneberg, Akazienstr.22, das 1900 gebaut wurde, 52.000 DM. Ziehen wir Grundsteuer, Straßenreinigung, Müll, Wasser, Licht, Versicherung, Hauswart und die Reparatur-Rücklagen in Höhe von 19.222 DM ab, so bleiben immer noch 32.778 DM Reingewinn !!! Dieses Haus wird jetzt zu 396.000 DM verkauft, was bedeutet, daß in 12 Jahren die Mieter dem Hausbesitzer das Haus bezahlt haben. Das Haus wurde also seit 1900 schon einige Male von den Mietern bezahlt.

Und nun kommen gerade diese Hausbesitzer mit einer 15%igen Mieterhöhung (und noch einige Prozente dazu für Erhöhungen bei Müll und Wasser) für das nächste Jahr (1.1.73).

Unter diesen Bedingungen haben sich einige Stadtteilgruppen (Kreuzberg: SKS und Gruppe Dresdenerstr.;Stadtteilgruppe Neukölln und Kaußenmieter), die sich mit Mieterberatung, Unterstützung der Mieter von Abbruch-

häusern u.a. schon längere Zeit und teilweise erfolgreich beschäftigen, zusammengeschlossen. Dabei wollen sie ihre in den einzelnen Bezirken gewonnenen Erfahrungen austauschen, und die Grundlage für ein gemeinsames späteres Vorgehen schaffen; denn nur gemeinsam sind wir stark.

In den Tagen vor der Demonstration werden in Kreuzberg und Neukölln Flugblätter verteilt, Hausbesuche gemacht und an verschiedenen Stellen Stände aufgestellt, die über die bisher gelaufenen Maßnahmen gegen den Mietwucher unterrichten.

Am 16.12. findet dann die Kundgebung um 14 Uhr am Hermannplatz statt. Um den ganzen Hermannplatz werden die Stände, die von den Mietaktivitäten der einzelnen Bezirke berichten, aufgestellt. Dann gibt es auch Tee mit Rum zum Aufwärmen, Theatergruppen zu bestaunen u.a.mehr.

Mein ist das Wohnreich und der Profit und die Macht in Ewigkeit [?] Amen

Stadtteilgruppe Kreuzberg

Stadtteilgruppe Neukölln